中国困难家庭儿童社会政策支持研究

王杰秀　主编

中国社会科学出版社

图书在版编目（CIP）数据

中国困难家庭儿童社会政策支持研究／王杰秀主编．—北京：中国社会科学出版社，2020.9
ISBN 978 – 7 – 5203 – 6711 – 0

Ⅰ.①中… Ⅱ.①王… Ⅲ.①贫困—家庭—儿童—社会政策—政策支持—研究—中国 Ⅳ.①D669.5

中国版本图书馆 CIP 数据核字（2020）第 113281 号

出 版 人	赵剑英
责任编辑	王莎莎
责任校对	张爱华
责任印制	张雪娇

出　　版	中国社会科学出版社
社　　址	北京鼓楼西大街甲 158 号
邮　　编	100720
网　　址	http://www.csspw.cn
发 行 部	010 – 84083685
门 市 部	010 – 84029450
经　　销	新华书店及其他书店
印　　刷	北京君升印刷有限公司
装　　订	廊坊市广阳区广增装订厂
版　　次	2020 年 9 月第 1 版
印　　次	2020 年 9 月第 1 次印刷
开　　本	710×1000　1/16
印　　张	23.5
插　　页	2
字　　数	339 千字
定　　价	139.00 元

凡购买中国社会科学出版社图书，如有质量问题请与本社营销中心联系调换
电话：010 – 84083683
版权所有　侵权必究

编 委 会

主　　编：王杰秀

副主编：付长良　韩克庆　江治强

成　　员：（按姓氏拼音排序）

安　超　白　晨　成　彦　樊丹迪　付媛媛
郭　瑜　江治强　李　莹　刘宝臣　刘　凯
刘振杰　王燊成　王天宇　魏　达　徐　曼
杨晶晶　张一文　赵　晰　郑林如　张　静

项目组织：江治强　张　静　刘振杰　安　超

目 录

第一章 困难家庭儿童多维贫困状况 （1）
- 第一节 研究背景与意义 （1）
- 第二节 文献综述 （6）
- 第三节 维度、指标选取和计算方法 （20）
- 第四节 困难家庭儿童多维贫困现状 （24）
- 第五节 多维贫困的测度及影响因素 （34）
- 第六节 主要结论与政策建议 （43）

第二章 困难家庭儿童的营养与健康 （47）
- 第一节 问题的提出 （47）
- 第二节 困难家庭儿童的营养健康状况 （59）
- 第三节 困难家庭儿童的营养与健康影响因素 （71）
- 第四节 主要结论与政策建议 （79）

第三章 困难家庭儿童"收入—健康"梯度及其政策干预 （81）
- 第一节 研究背景与文献综述 （81）
- 第二节 数据来源、指标及模型设定 （93）
- 第三节 描述性统计 （98）
- 第四节 实证分析结果 （107）
- 第五节 主要结论与政策建议 （118）

第四章 困难家庭儿童的教育支持政策 (121)
- 第一节 困难家庭儿童教育政策及研究综述 (121)
- 第二节 困难家庭儿童教育和学业情况 (132)
- 第三节 困难家庭儿童教育支持政策分析 (148)
- 第四节 主要结论与政策建议 (160)

第五章 困难家庭儿童的教育投入 (166)
- 第一节 研究问题与理论依据 (166)
- 第二节 政策背景 (172)
- 第三节 困难家庭儿童教育投入情况描述 (174)
- 第四节 困难家庭儿童教育投入的实证分析 (190)
- 第五节 主要结论与政策建议 (211)

第六章 困难家庭儿童认知能力的发展 (214)
- 第一节 研究背景、目标与意义 (214)
- 第二节 文献综述 (218)
- 第三节 困难家庭儿童的社会政策支持 (224)
- 第四节 描述性统计分析 (228)
- 第五节 回归分析与结果 (235)
- 第六节 主要结论与政策建议 (249)

第七章 困难家庭儿童的心理健康 (251)
- 第一节 问题的提出 (251)
- 第二节 政策背景 (258)
- 第三节 数据描述与统计分析结果 (263)
- 第四节 主要结论与政策建议 (282)

第八章 困难家庭儿童的社会关系 (285)
- 第一节 问题的提出 (285)

目 录

　　第二节　理论分析视角 …………………………………… (289)
　　第三节　数据变量与统计模型 …………………………… (292)
　　第四节　城乡困难家庭儿童社会关系的描述性分析 …… (295)
　　第五节　城乡困难家庭儿童社会关系的回归分析 ……… (301)
　　第六节　主要结论与政策建议 …………………………… (321)

第九章　"贫困+残疾"家庭儿童的身心发展 …………… (330)
　　第一节　问题的提出 ……………………………………… (330)
　　第二节　贫困残疾家庭儿童的社会救助政策 …………… (335)
　　第三节　残疾家庭与非残疾家庭儿童的身心发展环境与
　　　　　　结果比较 ………………………………………… (338)
　　第四节　"贫困+残疾"对儿童身心发展的回归分析 …… (357)
　　第五节　主要结论与政策建议 …………………………… (366)

后　记 …………………………………………………………… (370)

第一章　困难家庭儿童多维贫困状况

第一节　研究背景与意义

一　研究背景

消除贫困是当今世界面临的最大全球性挑战，作为发展中国家的重要代表，中国将消除贫困、改善民生、实现共同富裕视为社会主义的本质要求。改革开放以来，中国在经济发展过程中创造了"东方奇迹"，同时也为世界减贫事业付出了卓有成效的努力。据统计，1978年到2017年，中国经济连续39年年均增速9.5%，在此过程中，中国人均GDP由153美元增长至8826美元，7亿多人口摆脱国际贫困线标准，中国对过去40年世界减贫事业的贡献率超过70%。[①] 在相关扶贫政策和救助政策的实践过程中，我国贫困发生率从10.2%下降至4%以下，从2012年到2018年，累计脱贫人口数达8239万，年均脱贫人数达1373万人次，取得了脱贫攻坚战的阶段性胜利。然而，在斐然的减贫绩效背后，我国发展任务仍然十分艰巨，发展面临的挑战仍然十分严峻。[②] 同时，我国仍有众多低收入人口，截止到2019年2月，我国城市低保人数为987.0万人，城市低保户数为593.8万户；

[①] 中国新闻网：《中国40年减贫成绩单：7亿多人脱贫创造世界奇迹》，2018年11月17日，https://baijiahao.baidu.com/=1617381715049168614&wfr=spider&for=pc。

[②] 大公网：《国务院扶贫办：2019年确保减贫1000万人以上，对脱贫人口实时"回头看"》，2019年2月20日，http://www.takungpao.com.hk/mainland/text/2019/0220/249940.html。

农村低保人数为3508.7万人，农村低保户数为1893.8万户。[①] 这些人口普遍贫困程度较深，内生发展动力和能力弱，不仅自身受教育程度和健康水平低，而且也无法为子女提供良好的教育和健康条件，具有明显的贫困代际传递趋势。

生活在困难家庭中的儿童受到家庭收入影响，无法平等享有相应的教育、卫生保健、社会服务等资源，在多维度上受到剥夺，这导致其极易延续父辈较低的社会经济地位，成为社会被排斥的底层和边缘群体。《2018年中国农村贫困监测报告》显示，2017年我国农村贫困人口为4335万人，其中17岁以下的儿童贫困发生率为3.9%，可能陷入贫困的儿童的绝对数量依然庞大，近20%的儿童由于家庭贫困而缺乏适当的营养、养育和教育机会，陷入多维贫困，无法充分分享发展成果；部分非贫困家庭的儿童由于留守和忽视等原因也处于多维贫困的状况，[②] 儿童贫困呈现一种高发与高危状态。

传统观点认为，经济增长及其带来的收入增加能够改善贫困儿童早期发展状况，但这种以货币为主，间接以家庭为中介，对儿童贫困进行测度的方法在后来的研究中受到了批判。戈登（Gordon）等人认为儿童贫困是一个多层面的概念，有多重表现形式。儿童贫困不仅意味着家庭资源不足，而且意味着物质和社会资源匮乏，陷入贫困的儿童往往会遭受饥饿与营养不良的现实困境，他们无法获得水、卫生、教育、保健、住房和相关社会信息。[③] 相关研究表明，儿童生活状况与家庭生活条件并不绝对相关，家庭成员的收入分配并不是公平的，而且往往违背我们研究时假设的"平均共享"的传统规则，由于货币补贴政策很少考虑家庭结构、性别和年龄，其提高个人收入水平的解

[①] 民政部官网：2019年2月份民政统计月报，http://www.mca.gov.cn/article/sj/tjyb/qgsj/201902/20190203221720.html。
[②] 李伟主编：《反贫困与中国儿童发展Ⅱ》，中国发展出版社2017年版，第2页。
[③] David Gordon, Shailen Nandy, *Measuring child poverty and deprivation*, Bristol: The Policy Press, 2012, pp. 4–6.

第一章 困难家庭儿童多维贫困状况

决办法忽视了一些家庭成员受到歧视,可能得不到家庭收入的比例份额。[1] 尤其对于贫困儿童而言,年龄特点决定了他们在家庭资源获得上的被动性。由于贫困家庭的父母通常缺乏足够的教育,在面对短期紧急需求与儿童发展长期重要性之间的冲突时,常倾向于优先牺牲儿童利益。因此,即使收入增加惠及大部分脆弱家庭,成人也不一定将其投资于改善儿童的生存与发展状况。[2] 同时,由于儿童处于生理高速发展的时期,影响他们的剥夺形式可能与影响成人的剥夺形式不同,货币补贴政策忽略了儿童需要不同于成人的事实。[3] 另外,儿童的需求不仅依赖于家庭财政资源,更受限于周围环境所提供的基础设施和公共服务的可及性,[4] 这使得非货币性资产和服务的获得并不一定与收入水平紧密相关,较高的家庭收入水平不一定带来儿童福利水平的增加,这一现象在发展中国家表现得尤为突出,因此以家庭为单位的单维收入水平来测量儿童的贫困状况并不合理。[5] 而特古姆(Tegoum)等人通过深入研究儿童贫困和家庭贫困的具体关系时也发现,尽管儿童贫困与家庭贫困的联系非常强烈,但在他的研究中仍有27.6%的非贫困家庭儿童也受到多维贫困的影响,这就说明,以货币和家庭为主的测度与儿童贫困和剥夺的实际情况之间存在较大误差。[6]

在社会发展变迁的进程中,人们对于贫困问题的认识不断深化,贫困类型从单纯的收入贫困发展到能力贫困和权利贫困;研究视角经

---

[1] David Gordon, Shailen Nandy, Christina Pantazis, Simon Pemberton, Peter Townsend, *The distribution of child poverty in the developing world*, Bristol: The Policy Press, 2003, pp. 3–5.

[2] 杨晨晨、刘云艳:《可行能力理论视域下早期儿童教育扶贫实践路径建构》,《内蒙古社会科学(汉文版)》2017年第6期。

[3] Alberto Minujin, Enrique Delamonica, Alejandra Davidziuk, Edward D. Gonzalez, "The definition of child poverty: a discussion of concepts and measurements", *Environment&Urbanization*, Vol. 18, 2006, pp. 481–500.

[4] Di Qi, Yichao Wu, "Child income poverty levels and trends in Urban China from 1989 to 2011", *Child Indicators Research*, Vol. 9, No. 4, 2016, pp. 1043–1058.

[5] 葛岩、吴海霞、陈利斯:《儿童长期多维贫困、动态性与致贫因素》,《财贸经济》2018年第7期。

[6] Nguetse Tegoum pierre, Hevi Kodzo Dodzi, "Child Poverty and Household Poverty in Cameroon: A Multidimensional Approach", *Poverty and Well-Being in East Africa*, 2016.

历了从收入的绝对贫困到社会排斥的过程。① 贫困是一个具有各种定义的复杂概念,不能用涉及收入或消费的简单衡量标准来适当理解,需要采用不同的衡量方法,仅从一种衡量贫穷的指标中获得的结果缺乏可靠性和有效性,政策也因所采取的措施类型而异。作为家庭的重要成员,同时也是家庭中脆弱性最强的成员,儿童的贫困问题由于其长期性和复杂性而备受关注,儿童贫困的内涵也已从单维上升到多维,其表现形式也不仅仅局限于物质资源的匮乏,在教育卫生保健、文化、照顾等方面同样面临困境。② 正如联合国儿童基金会对贫困儿童进行定义时说明的那样:"物质匮乏的其他方面,例如获得基本服务的机会,以及影响自尊和心理发展的歧视和排斥等问题,也是儿童贫困定义的核心。"③ 因此,仅从收入视角考察儿童贫困问题,将儿童贫困视为家庭贫困的延续和衍生品,认为解决家庭贫困问题即可根除儿童贫困的思路,既无法全面反映其在成长中面临的困境,不利于个体的全面可持续发展,亦难阻断贫困代际传递的恶性循环。

二 研究意义

对于长期贫困群体而言,个人的重要能力通常要遭受五年或更长时间的剥夺,而收入贫困往往要持续很多年甚至于全部生命周期并跨代传递。生活在困难家庭中的儿童在遭受了贫困代际传递带来的物质保障不足的情况下还要面临着多维度的匮乏,诸如饥饿和营养不足、难以获得基本公共服务以及社会的孤立与剥削等。更为重要的是,儿童时期是个体认知和身体成长的关键时期,儿童贫困带来的负面影响不仅阻碍了该阶段儿童基本能力的培养,也将阻碍儿童成年后多方面技能获取的能力,贫困的长期负向作用可能通过代际传递导致家庭甚

---

① 祝建华:《城市居民最低生活保障制度的评估与重构》,中国社会科学出版社2011年版,第7页。
② 李晓明、杨文健:《儿童多维贫困测度与致贫机理分析——基于CFPS数据库》,《西北人口》2018年第1期。
③ Enrique Delamonica, Alberto Minujin, Alejandra Davidziuk, Edward D Gonzalez, *Children living in poverty*: *overview of definitions*, *measurements and policy*, UNICEF, 2006, p. 3.

第一章 困难家庭儿童多维贫困状况

至国家陷入贫困。但是，由于儿童刚刚开始其生命历程，处于大脑和各项能力发育最快的时期，针对儿童早期发展的投资与干预也就能获得最高的经济回报率。研究表明，儿童早期发展的干预能够带来的回报率范围在6%—10%，远高于金融资本的回报率。[①] 对儿童早期的投入效益远超后续的补偿教育，成为改善不平等最有成本收益的策略之一。因此，儿童政策能够在个人生命初期在最广泛的范围内帮助提升儿童及其家庭的人力资本与社会资本，提高其经济发展能力，并使其成为活跃的生产力要素，提升国家核心竞争力。同时，对儿童的早期干预与保护不但有利于儿童个人的未来发展与自我目标达成也能够帮助家庭走出贫困代际传递的恶性循环，实现社会的有序流动，维护社会公平与正义。

2010年以来，国家先后制定实施《中国儿童发展纲要（2011—2020）》《国家贫困地区儿童发展规划（2014—2020年）》《中国落实2030年可持续发展议程国别方案》《"十三五"脱贫攻坚规划》《"健康中国2030"规划纲要》，将国家保护与关爱儿童的意志上升为国家战略与发展规划，积极探索一条符合中国特色国情的儿童发展与反贫困之路。但从实践来看，收入取向的家庭经济补助仍是目前儿童扶贫的主流手段。

本章依托于民政部政策研究中心"2018年托底性民生保障政策支持系统建设"儿童青少年调查问卷数据，分析困难家庭儿童在健康、教育、生活条件社会交往等多维度受剥夺的情况，对困难家庭儿童的多维贫困发生率、发生深度进行测量，对单纯以收入为主的儿童贫困测量形成补充。同时，分析造成困难家庭儿童多维贫困的因素，厘清儿童多维贫困的发生机制，通过对儿童成长困境与动态的全面把握，建立有针对性的儿童发展干预策略，保障儿童实现其实质生活的均等机会与权利，为儿童未来的可持续发展奠定坚实的可行能力

[①] James J. Heckman, Dimitriy V. Masterov, "The productivity argument for investing in young children", *Review of Agricultural Economics*, Vol. 29, No. 3, 2007, pp. 446–493.

基础。

第二节 文献综述

一 多维贫困

（一）多维贫困理论

人们对贫困概念的定义经历了一个从单一到多维的不断发展和演进的过程。贫困概念从理论上可以分为收入贫困和多维贫困两类。收入贫困的概念具体可以从收入不足导致物质不足的角度对贫困进行定义。20世纪初，第一个系统研究贫困的英国经济学家西伯姆·朗特里（Seebohm Rowntree），从收入角度区分了初级贫困和中级贫困的家庭：初级贫困是指家庭收入不足，甚至无法获得最基本的生活必需品，而遭受次级贫困的家庭收入充足，但却把一部分钱花在其他事情上。[①] 从收入的角度看待贫困，当收入未能满足个人最基本生存必需品时，贫困就会发生。随着人们对人和社会的认识逐渐深入，物资和精神的缺乏、遭受社会排斥等社会因素逐渐被纳入对贫困的定义。20世纪70年代，汤森（Townsend）最早开始将资源、权利、相对剥夺等概念引入对贫困概念的考察。汤森提出了相对贫困的概念，反对以收入作为绝对贫困的观点，认为贫困家庭的资源低于普通家庭的资源会导致贫困家庭被排除在普通生活方式、习俗和活动之外。汤森强调了在对贫困进行定义时更要引入社会因素。[②]

多维贫困（Multidimensional Poverty）即不仅从单一的收入角度对贫困进行测量。多维贫困的测量指标最早是由哈吉纳（Hagenaars）提出的。20世纪80年代，哈吉纳在对已有的在贫困测量中"道尔顿和阿特金不平等（Dalton and Atkinson inequality）测度"应用考察后认

[①] Rowntree, B. S, "Poverty: a study of town life", *Charity Organisation Review*, Vol. 11, No. 65, May 1902.

[②] Harriett Wilson, "The Concept of Poverty by Peter Townsend", *The British Journal of Sociology*, Vol. 22, No. 2, June 1971.

第一章　困难家庭儿童多维贫困状况

为,应该从收入和闲暇两个维度来建立贫困指数。① 阿马蒂亚·森将能力观点引入贫困的概念,把贫困看成是对基本可行能力的剥夺,而不仅仅是收入低下。② 他对贫困的非经济因素进行了大量的研究和论述,认为贫困的根本问题是权利和基本能力的剥夺,并重新界定了有关贫困的指数,提出了一种新的贫困测定方法,如将权利的方法引入贫困根源的分析中。③ 在森看来,人的可行能力就是对于此人是可行的、列入清单的所有活动的各种组合,简单来说就是人能够完成自己所设定目标的能力。在这个可行能力"清单"中,首先包括最基本的功能性活动,再逐步扩展到更多有统计资料的项目。除了对贫困概念的认识之外,森还认为对贫困对象的识别和对贫困深度的测量都要从多维福利视角出发。④

虽然针对能力贫困及其概念运用仍然存在一些争议,但从多维贫困观点的演变历史来看,自阿马蒂亚·森的能力贫困理论提出以后,对于多维贫困的研究逐渐趋向于方法论的层面。总的来说,多维贫困理论自20世纪80年代发展至今不断深化,概念上从争议到形成初步共识,测量指标上从双维到多维,测量方法上从单一转向多元。

虽然多维贫困仍然是一个有争议的、非成型的贫困理论,但多维贫困至少从以下几个方面给贫困理论的发展提供了新思路。从实践上看,多维贫困首先有助于对于经济弱势以外的社会弱势群体的识别,同时也给非现金救助提供介入思路;从更宏观的社会思潮和理论上看,并不仅或者只依据经济因素判定人是否贫困,是对传统经济至上

---

① Hagenaars A. J. M., "A Class of Poverty Indices", *International Economic Review*, Vol. 28, No. 3, October 1987.
② [印] 阿马蒂亚·森:《以自由看待发展》,任赜等译,中国人民大学出版社2002年版,第15页。
③ 王三秀:《中国扶贫精细化:理念、策略、保障》,社会科学文献出版社2017年版,第38页。
④ 周强:《多维贫困与反贫困绩效评估:理论、方法与实证》,经济科学出版社2018年版,第40页。

伦理价值的一种反叛——贫困是社会赋予个人的一种判定，在以经济为核心的社会的贫困判定中，经济获取一切，没有经济就什么都没有。将多重因素纳入对贫困的判定，至少包含着某种程度的对人非唯一经济价值的价值多样性的判断。

（二）多维贫困的测量

自多维贫困理论提出后，在哈根尔斯的两个维度测量指标的基础之上，各类多维贫困指数的构建、测量、计算的讨论逐渐成为贫困研究领域的热点议题。对于多维贫困的测量总体来说可以分为两类：第一类是基于非公理化方法的多维贫困测量，第二类是基于公理化方法的多维贫困测量。[1] 前者主要有联合国开发计划署（UNDP）在人类发展报告中所运用的人类贫困指数（Human Poverty Index，HPI），在HPI 基础上构建的人类发展指数（Human Development Index，HDI），取代 HPI 以及完善 HDI 的 MPI 多维贫困指数（Multidimensional Poverty Index，MPI）。后者如沃茨（Watts）多维贫困指数、查克拉瓦蒂（Chakravarty）和都井（Tsui）构建的多查克拉瓦蒂维贫困指数（Chakravarty Multidimensional Poverty Index，CH-M），以及在满足相关多维度贫困公理的基础上推导出的福斯特多维贫困指数（Foster Multi-dimensional Poverty Index，F-M）。

关于多维贫困测量的研究和难点主要集中于四个方面：（1）确定能反映贫困不同特征的维度指标；（2）对维度下各指标加总和权重设定；（3）各个维度间的相互关系；（4）各维度指标在统计和测算中的可获得性。[2] 下表具体展示了国际上比较成熟和已经得到较多运用的测量方法（表1）。

H-M 指数是由哈吉纳最早提出的多维贫困测量方法——一种用于福利比较和贫困测量的方法。在对社会福利及其隐含假设考察的基础上，哈吉纳建立了一个基于社会福利框架的一般类别的贫困指数，具

---

[1] 张全红、周强：《多维贫困测量及述评》，《经济与管理》2014 年第 1 期。
[2] 张建华：《贫困测度与政策评估：基于中国转型时期城镇贫困问题的研究》，人民出版社 2010 年版，第 113 页。

第一章　困难家庭儿童多维贫困状况

体包括收入和闲暇两个维度。此后，逐渐发展出了多个公理化多维贫困测算方法。由于这些公理化测算方法的主要贡献在于维度和指标的加总、计算、相互作用等方面，鉴于本书侧重于福利和政策，因此在此对多维贫困的公理化测量方法不作展开。而对于多维贫困测量和指数选择，非公理化的测量方法的研究在这一方面有较大贡献，下文将进一步详述。

表1　　　　　　　　多维贫困的测量方法

非公理化的测量方法	公理化的测量方法
HPI 人类贫困指数 （Human Poverty Index）	H-M 指数 （Hagenaars Multidimensional Poverty Index）
HDI 人类发展指数 （Human Development Index）	W-M 指数 （Watts Multidimensional Poverty Index）
MPI 多维贫困指数 （Multidimensional Poverty Index）	CH-M 指数 （Chakravarty Multidimensional Poverty Index）
	F-M 指数 （Foster Multidimensional Poverty Index）

资料来源：笔者根据相关文献整理。

（三）MPI 多维贫困指数

MPI 多维贫困指数是在人类贫困指数（HPI）和人类发展指数（HDI）的基础上提出来的，在对多维贫困进行具体测量时，HPI 和 HDI 在指标测量和权重选取方面存在较大的主观性。基于此，2007年，在阿马蒂亚·森的发起下，阿尔基尔和福斯特等成立了英国牛津贫困与人类发展中心（Oxford Poverty & Human Development Initiative，OPHI），同年该组织又与 UNDP 合作开发了人类发展指数（MPI）。MPI 具体分为全球 MPI（G-MPI）和国内 MPI（C-MPI）。两者在指数的测量、贫困线的确定等方面存在差异，但总体维度是一致的，都包括健康、教育和生活水平三个维度。健康维度包括营养状况和儿童死亡率两个指标；教育维度包括儿童入学率和受教育年限指标；生活水平维度则包括饮用水、电、燃料、室内空间面积、环境卫生和耐用品六个指标。以中国为例，在2018年OPHI出版的MPI报告中具体包括三个维度、10个指标和权重，具体如下（图1）。

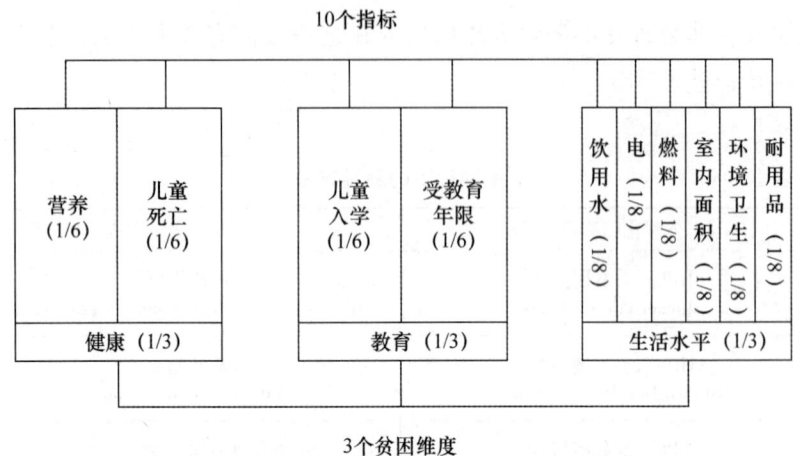

图1 中国MPI多维贫困指数的维度、指标和权重

资料来源：Oxford Poverty and Human Development Initiative, "Global MPI Country Briefing 2018, China (East Asia and the Pacific)", *Working Paper of OPHI*, December 2019.

OPHI推荐的MPI维度和指标的选取主要有五种来源，分别是：（1）正在进行的由民众广泛参与和政府审议的，同时能够激发利益相关者的观点的研究或调查等，例如有关生活必需品的调查数据；（2）已经取得公众共识、有合法性的清单，如《世界人权宣言》(Universal Declaration of Human Rights)、《联合国千年宣言》(UN Millennium Declaration)，或国家和地方层面的类似清单；（3）来自社会或理论层面的，如习俗、社会或心理理论或哲学领域关于人们做什么或应该做什么的隐含或明确假设，也可以是研究者的主观假设；（4）研究中具有人类需求特征共识方面的一些可用数据；（5）来自于人们价值观的实证证据，特别是关于消费者偏好和行为的数据，或关于最有利于人们的身心健康或社会利益的相关研究。① 从以上五点可以看出，对于 MPI 指标的选取既包含研究者主观判断方面，也包含一些已在其他人类发展领域研究中所形成的共识的维度，甚至包括一些社会民众普遍关注的需求。基于数据的方法在给定维度内增加指标时非常有用，它们能够灵活的依据手头数据将其维度化；基于规范的方法似乎更适合跨维度聚合。而依靠专家的参与性办法虽然具有权威性，但这种方法过于主观，在实施过程中的民主和效率也有待提升。也因此，MPI 各维度指标的选取往往有多方面来源，并不唯一。

MPI 的权重分为等权重和分别加权两种方法。关于 MPI 的权重的设定，OPHI 专门在 2008 年召开了工作会议，并确定了三种可接受的确定权重的办法：（1）参与性办法（participatory approaches），即以专家参与判定为基础的办法；（2）基于规范的方法（normative-based methods），即以调查为基础的办法，包括不限于主观幸福感等；（3）基于数据的方法（data-driven methods），即统计方法，包括不限于因子分析、主成分分析、潜在变量模型等。对于 MPI 权重设定方法的选择并不存在孰优孰劣，每一种方法都有各自的优缺点。卢戈（Lugo）和玛利亚（Maria）提出了三种判定权重优劣的原则：首先，权重要明确，便于公众监督；其次，权重的设置应考虑到它们在决定维度之间的权衡方面的作用；最后，权重应该尊重人们对这些维度的偏好。② 依据这些原则对已有的六种权重设定方法进行考察后发现，等权重的缺陷在于等权重并不意味着中立。例如，从伦理意义上说，温饱的权重可能重于受教育程度的权重。但是，等权重在计算方面确实更为便利。

二 从儿童贫困到儿童多维贫困

（一）儿童贫困与其测量

受贫困研究影响，儿童贫困起初是在社会救助和狭义的儿童社会

---

① 整理自 OPHI 官网：https://ophi.org.uk/。
② Koen Decancq and María Ana Lugo, "Setting Weights in Multidimensional Indices of Well-being and Deprivation", *Working Paper of OPHI*, Vol. 18, No. 7, August 2010.

保护观念和模式下被定义的,侧重于经济效用下儿童物质需求的不能满足,认为贫困儿童仅是物质上匮乏的儿童。例如,张时飞、唐钧在研究中国贫困儿童救助时认为,贫困儿童主要包括下列四类群体:城乡低保家庭中的儿童、孤儿、受艾滋病影响的儿童和低收入家庭中的儿童。① 管健等在对贫困儿童心理健康进行研究时,也认为贫困儿童为低收入家庭儿童。② 也有人认为,从经济角度定义贫困儿童,确实在政策研究和心理学等研究领域便于贫困儿童对象的识别,但却存在一些缺陷:一方面,忽视了家庭结构对消费的影响以及家庭内部不同成员间收入分配的差异,也忽视了儿童维持生存和实现发展需要上的差异;另一方面,对儿童而言,教育服务、卫生保健、照顾看护、文化服务等影响其生存与发展的项目服务,并不只与收入有关,更受到政府与社会公共服务供给的影响。③

在单一经济视角的儿童贫困定义下,货币分析法(Monetary Approach)是儿童贫困的主要测量方法。货币分析法首先用绝对贫困线或者相对贫困线来识别社会中的贫困家庭,如果家庭的收入低于所设定的贫困线,那身处该家庭的儿童就是贫困儿童。

(二)儿童多维贫困及其测量

伴随着儿童发展等概念的产生和发展,研究者对儿童贫困的定义也逐渐从单一经济角度扩展到多维贫困角度。通常来说,贫困有三种类型:绝对贫困、相对贫困和社会排斥。④ 国际上对儿童多维贫困的研究,也多从这三个角度展开。儿童多维贫困的定义,可以追溯到1989年联合国《儿童权利公约》(Convention on the Rights of the Child)。《儿童权利公约》认为,儿童贫困是儿童在生存、发展以及健康等领域遭遇匮乏及剥夺,进而致使儿童不能实现个体权利和发展

---

① 张时飞、唐钧:《中国贫困儿童救助:问题与对策》,《新视野》2009年第6期。
② 管健、孙琪:《亲子关系对贫困儿童问题行为的影响》,《心理科学》2018年第5期。
③ 王作宝、满小欧:《儿童贫困治理的几个理论问题》,《人口与社会》2014年第3期。
④ 王小林、Sabina Alkire:《中国多维贫困测量:估计和政策含义》,《中国农村经济》2009年第12期。

第一章 困难家庭儿童多维贫困状况

潜力。2002 年，基督教儿童福利基金会（Christian Children's Fund, CCF）在对儿童贫困经历及其影响的调查中提出，应该从剥夺、排斥和脆弱性三个角度定义儿童多维贫困。2005 年联合国儿童基金会又在《2005 年世界儿童状况报告》（The State of the World's Children 2005）中，从物质和情感被剥夺的角度定义了儿童贫困。此后，儿童多维贫困研究逐渐引起中国学界和政策界注意。王小林、尚晓援在对中国儿童权利进行研究的时候，从儿童基本权益和基本可行能力角度对贫困儿童进行了定义。[①] 2011 年，国务院扶贫办在《中国多维度儿童贫困政策研究报告》中又从儿童能力、权利和资源被剥夺的角度定义了儿童贫困。李晓明、杨文健又从物质资源、教育卫生保健、文化、照顾等方面的匮乏定义了儿童贫困。[②] 葛岩等在参考了普林斯顿大学和伦敦政治经济学院的相关研究后，从教育、健康、生活水平和个体成长被剥夺的四个角度考察了儿童的多维贫困。[③] 国内外对儿童多维贫困的定义可以综合如下（表2）。

总的来说，国际上对儿童贫困问题关注较早，对其界定也经历了从最初的经济贫困到现在各种类型资源和发展机会的缺乏和剥夺上面，更加注重从不同维度保障儿童生存和发展的权利，针对儿童贫困的政策和举措覆盖儿童群体的面积也相应变大，保障层次加深。[④] 目前，国内外对于儿童贫困的多维定义集中在剥夺（匮乏）、排斥（权利）和脆弱性三个领域，对于贫困的内容则涉及生存与健康、教育、情感与文化、能力和照顾等多个方面。

[①] 王小林、尚晓援：《论中国儿童生存、健康和发展权的保障——基于对中国五省（区）的调查》，《人民论坛》2011 年第 14 期。
[②] 李晓明、杨文健：《儿童多维贫困测度与致贫机理分析——基于 CFPS 数据库》，《西北人口》2018 年第 1 期。
[③] 葛岩、吴海霞、陈利斯：《儿童长期多维贫困、动态性与致贫因素》，《财贸经济》2018 年第 7 期。
[④] 宋亚萍、张克云：《儿童贫困界定和测度研究综述》，《北京青年研究》2014 年第 2 期。

表2 儿童多维贫困观点涉及领域、内容

时间	提出机构（者）	领域 剥夺（匮乏）	领域 排斥（权利）	领域 脆弱性	内容 生存与健康	内容 教育	内容 情感与文化	其他
1989	联合国	√	√		√	√	√	
2002	基督教儿童福利基金会	√	√	√	√	√	√	
2005	联合国儿基会	√			√			
2011	王小林等		√		√			可行能力
2011	国务院扶贫办	√	√					能力
2018	李晓明等	√			√	√	√	照顾
2018	葛岩等	√			√	√	√	

资料来源：笔者根据相关文献整理。

儿童多维贫困的测量方法与多维贫困的测量方法是一致的，只是在分析单位上从成人或家庭转向了儿童，具体测算方法前文已有综述，在此不再重复。国内已有的对儿童多维贫困测量的研究则具体包括以下几个方面：第一，对多维贫困测量方法进行直接运用。具体包括对不同地区儿童多维贫困情况进行测量、跨地区比较和对不同类型儿童多维贫困情况进行测量、跨人群比较。魏乾伟等对山西和贵州贫困地区儿童多维贫困测量及现状分析后发现，调查地区婴幼儿面临严重的多维度贫困，单纯经济导向的扶贫难以改善他们的福利状况；多维贫困测量方法有利于识别和定位儿童贫困，制定特异性策略来改善儿童福利，促进儿童早期发展。[①] 吕文慧等则将农村留守儿童和其他儿童进行比较后发现，农村留守儿童的多维贫困发生率和贫困指数均明显高于农村非留守儿童；西部地区留守儿童的贫困状况明显地比东

---

① 魏乾伟、王晓莉、郝波、张敬旭、罗树生、赵春霞、郭素芳、Scherpbier Robert：《山西和贵州贫困地区儿童多维贫困测量及现状分析》，《中国公共卫生》2018年第2期。

第一章 困难家庭儿童多维贫困状况

部和中部地区更严重；留守儿童多维贫困方面不存在显著的性别差异。[①] 第二，在运用多维贫困对儿童进行测量后，尝试找到儿童的致贫原因并提出政策建议。例如，张赟以儿童和妇女的多维贫困测量为例，试图找到贫困群体的致贫原因。[②] 第三，对多维贫困的维度和指标选择、权重值设定等方面进行本土化探索。例如，郭建宇等以MPI测算维度和指标调整为例，研究了多维贫困在中国贫困群体研究中的本土化方法。[③] 总的来说，学界对于儿童多维贫困的测量仍然侧重于实证运用，对于测量理论和测量方法少有涉及。

三 致贫因素：从个体到社会

（一）个体性致贫因素

个体性致贫因素将导致贫困的原因归咎于贫困者个人。这类观点主要流行于20世纪中期前。马尔萨斯认为，应该形成一种风气，把没有自立能力而陷于贫困看作是一种耻辱。[④] 19世纪盛行的社会达尔文主义者比古典政治经济学家们更甚，将贫困看作是社会中强者排除弱者的必然结果，人必须通过自身努力来不断改正自身以适应社会。人的贫困是（个人）素质不适应外在条件的结果，也基于此，一切关于教育、政府和社会改良的计划都是无用的。[⑤] 进入20世纪，各领域的研究者对贫困的理解逐渐深入，对贫困者的责怪逐渐减轻，代表性的个体性因素致贫观点是人类学奥斯卡·刘易斯（Oscar Lewis）的贫困文化论和哲学家罗纳德·德沃金（Ronald Dworkin）的个人选择论。贫困文化论将贫困的成因归咎于贫困群体内部无规划、无抱负、安于

[①] 吕文慧、苏华山、黄姗姗：《被忽视的潜在贫困者：农村留守儿童多维贫困分析》，《统计与信息论坛》2018年第11期。

[②] 张赟：《多维视角下的贫困群体的实证分析——以贫困儿童和流动妇女为样本》，《经济问题》2018年第6期。

[③] 郭建宇、吴国宝：《基于不同指标及权重选择的多维贫困测量——以山西省贫困县为例》，《中国农村经济》2012年第2期。

[④] [英] 马尔萨斯：《人口原理》，朱泱等译，商务印书馆2014年版，第33页。

[⑤] [英] 赫伯特·斯宾塞：《社会静力学》，张雄武译，商务印书馆1999年版，第26页。

现状和不思进取的贫困亚文化。贫困亚文化群体中的贫困者将贫困视为自己的宿命,并基本不通过任何方式对贫困现状加以改变。德沃金察觉到了环境的重要性,但仍十分强调个人选择在造成贫困中的作用。个人选择具体指个人的抱负和性格,个体贫困的决定性因素之一就是个人选择。总的来说,18世纪到20世纪中期研究者对致贫因素的探讨,集中于个体性致贫因素方面。在此基础上所形成的贫困解释、贫困治理观念也忽视了贫困的结构性致贫因素。对不发达等概念都有着在根本上属于机会主义的巨大偏见,政策结论则是建立在关于现实一贯被歪曲了的概念基础上的。①

(二)社会性致贫因素

随着贫困定义、贫困内涵的逐渐发展,研究者意识到贫困不仅是经济的结果,贫困的成因也不全在于个体责任,包括自然地理环境、国家整体经济发展水平、社会结构在内的非个体性致贫因素愈加受到重视。自然地理环境致贫论认为,地理环境会对人的身体素质产生影响,同时区域资源、气候、自然灾害、疾病传播等也会产生重要影响。这些因素又与区域经济发展水平高度相关,国家整体经济发展水平论则认为,贫困的成因与国家经济发展水平低相关。

贫困成因的社会性因素可以从微观、中观和宏观三个方面来考察,分别对应了贫困者的个体、家庭和社会三个方面。从个体方面来看,个体在社会中的物质、文化、人力等多方面的匮乏会导致贫困;从家庭方面来看,家庭类型、结构、成员与贫困成因相关,且家庭内的个体因素与家庭因素对贫困的代际传递具有重要影响;从社会方面来看,社会支持网络与贫困脆弱性关系紧密。

微观的社会性致贫因素,将贫困的发生机理放入社会环境中考察,研究个体在家庭与社会中的贫困成因。社会性致贫因素又具体分为微观社会性致贫因素、中观社会性致贫因素和宏观社会性致贫因

---

① [瑞典]冈纳·缪尔达尔:《世界贫困的挑战——世界反贫困大纲》,顾朝阳等译,北京经济学院出版社1991年版,第3页。

第一章 困难家庭儿童多维贫困状况

素,分别对应了贫困者个体、贫困者所处家庭和贫困者所处的社会环境。微观的社会性致贫因素致使人陷入贫困的个体因素,这些微观个体特征本身是中性的,但是由于特定的社会历史环境下的歧视、剥削、压迫等社会性因素,会导致具有这些特征的群体成为社会中的弱势群体,因而陷入贫困。性别是最典型的个体性致贫因素,女童是儿童这一弱势群体中更加弱势的群体。将贫困与性别相联系主要是出于两方面的原因:一是对贫困认识的深入和对贫困内涵的扩展;二是得益于性别研究的进展。[1] 在男女之间存在社会差距的社会中,男性和女性在贫困方面的分布也不尽相同,但贫困的根源不在于性别和性别不平等。性别涉及社会分工、性别歧视、家庭平等及社会救助等多重问题。人口特征、婚姻家庭、就业和性别观念四方面因素,对男女两性贫困造成差异化影响。[2] 此外,性别也会与其他致贫因素相互影响。在性别和教育方面,汪三贵等对西部贫困地区小学生的研究发现,在住家学生中,女孩在贫血的发生率、心理健康水平以及数学成绩上仍然显著落后于男孩。[3] 同时,贫困也是影响教育性别不平等的重要因素。[4] 贫困地区农村的教育收益率具有显著的性别差异。[5] 性别与教育、健康、地域等多重因素存在关联,而这些因素又对贫困产生重要影响。

受教育水平低也是重要的个体性致贫因素。对于贫困儿童而言,儿童自身受教育水平低和儿童父母受教育水平低,都对儿童陷入贫困有重要影响。在多维贫困视域下,收入、教育和医疗健康三个维度已

---

[1] 刘晓昀、李小云、叶敬忠:《性别视角下的贫困问题》,《农业经济问题》2004年第10期。

[2] 王金玲、侯国凤、赵群、李洪涛:《社会性别视角下的贫困与反贫困》,《妇女研究论丛》2007年第6期。

[3] 汪三贵、曾俊霞、史耀疆、罗仁福、张林秀:《西部贫困地区小学生健康与教育性别差异研究》,《农业技术经济》2012年第6期。

[4] 董强、李小云、杨洪萍、张克云:《农村教育领域的性别不平等与贫困》,《社会科学杂志》2007年第1期。

[5] 张永丽、李青原、郭世慧:《贫困地区农村教育收益率的性别差异——基于PSM模型的计量分析》,《中国农村经济》2018年第9期。

经成为长期多维贫困的主要贡献因素,并且随着贫困持续时间的增加对家庭贫困的影响作用上升了,尤其是教育维度。① 从家庭外部的比较来看,教育对贫困的影响在不同类型家庭中存在差异,贫困家庭教育收益率显著低于非贫困家庭。② 对1995—2016年的相关数据追踪发现,虽然我国的教育贫困发生率呈逐年下降趋势,但其变动的敏感性在不断增强;教育贫困发生率在地区上表现出较大的差异,西南、西北各省远远高于全国其他地区。③ 从家庭内部对教育因素进行纵向考察后发现,教育与贫困的代际传递紧密相关。家庭中父母的教育和职业状况与子女的教育发展和职位获取存在代际传递性,为缓解贫困代际传递,要通过多种途径促进家庭中父母的教育发展,促进儿童教育的发展。④

在中观的社会性致贫因素中,家庭基本特征与贫困成因相关。家庭居住的区域及地貌特征、非农就业以及家庭中的未成年人口数量是中国农村贫困的决定性因素。⑤ 家庭结构也是关键致贫因素。一方面,贫困家庭和非贫困家庭在家庭劳动力情况、家庭人口情况、家庭人口健康状况和家庭资产状况方面存在较大差异。⑥ 另一方面,特殊的家庭结构,例如单亲家庭,尤其是以女性为户长的单亲家庭中贫困化比例是相当高的。⑦ 贫困家庭父辈和子辈在重要社会因素方面具有明显的相关性,贫困家庭子女容易受到上一代经济和社会劣势的影响。⑧

---

① 周强、张全红:《中国家庭长期多维贫困状态转化及教育因素研究》,《数量经济技术经济研究》2017年第4期。
② 张永丽、李青原:《贫困与非贫困家庭教育收益率的差异及原因分析——基于甘肃省14个贫困村1749个农户的调查》,《教育与经济》2018年第3期。
③ 张俊良、张兴月、闫东东:《公共教育资源、家庭教育投资对教育贫困的缓解效应研究》,《人口学刊》2019年第2期。
④ 祝建华:《贫困代际传递过程中的教育因素分析》,《教育发展研究》2016年第3期。
⑤ 魏众、B. 古斯塔夫森:《中国农村贫困机率的变动分析——经济改革和快速增长时期的经验》,《中国农村观察》2000年第2期。
⑥ 张永丽、杨红:《西部贫困地区农户致贫因素分析——基于农村家庭结构转变视角》,《社会科学》2018年第12期。
⑦ 王世军:《谈谈城市单亲家庭的贫困问题》,《社会》2001年第4期。
⑧ 林闽钢、张瑞利:《农村贫困家庭代际传递研究:基于CHNS数据的分析》,《农业技术经济》2012年第1期。

第一章 困难家庭儿童多维贫困状况

在宏观的社会性致贫因素中，社会网络支持与贫困脆弱性紧密相关，也与贫困的成因具有高度相关性。有研究表明，社会网络会通过其他中介因素影响多维贫困。[①] 反过来，人口的贫困也会导致他们社会支持网络的缺乏。[②] 社会支持网络在降低贫困脆弱性上可分为主体内部路径和外部路径，外部路径是政府、市场、社会组织、社区等外部主体作用结果的总和，而家庭自身的努力是降低贫困脆弱性的内部路径。[③] 家庭层面的社会网络不仅能够直接有助于降低家庭的贫困脆弱性，而且还能够有助于家庭应对负向冲击的影响，从而间接降低家庭的贫困脆弱性。[④] 同时，农村家庭中父辈的社会网络变量对子女的贫困也具有显著影响。[⑤] 城市中贫困人口与其父母或子女的教育和职业阶层的同质性，是导致贫困状况代际传递的重要因素。[⑥] 从宏观地域差异来看，在我国城乡二元结构特征下，农村个体和家庭与城市中的相比，社会支持网络更为不足。农村贫困户与非贫困户之间在家庭人力资本、物质性经济资源、结构性社会地位以及关系性社会处境等方面，多数情况下存在明显差异，人力资本短缺、物质资源不足、社会结构制约和社会排斥等问题，可以部分地或不同程度地解释贫困的成因。[⑦] 目前的研究表明，个体的贫困与他们社会网络之间的因果关系和作用机制仍然是有争议的，但两者的显著相关性则是无争议的。

[①] 谭燕芝、张子豪：《社会网络、非正规金融与农户多维贫困》，《财经研究》2017年第3期。

[②] 方大春、魏巍：《中国农村贫困人口的空间关联网络结构特征及其影响因素研究》，《统计与信息论坛》2017年第12期。

[③] 胡洁怡、岳经纶：《农村贫困脆弱性及其社会支持网络研究》，《行政论坛》2016年第3期。

[④] 徐伟、章元、万广华：《社会网络与贫困脆弱性——基于中国农村数据的实证分析》，《学海》2011年第4期。

[⑤] 刘欢、胡天天：《家庭人力资本投入、社会网络与农村代际贫困》，《教育与经济》2017年第5期。

[⑥] 尹海洁、关士续：《城市贫困人口贫困状况的代际比较研究》，《统计研究》2004年第8期。

[⑦] 陈光金：《中国农村贫困的程度、特征与影响因素分析》，《中国农村经济》2008年第9期。

总的来说，无论是贫困的个体性致贫因素还是社会性致贫因素，抑或是两大类致贫因素内部的各类致贫因素的关系并不是割裂的，研究者对于贫困成因的理解也逐渐呈现交叉融合的趋势。

第三节 维度、指标选取和计算方法

一 儿童多维贫困的维度和指标选取

本章所采用的数据来自前述项目2018年家庭入户调查，调查具体涉及了中国城乡困难家庭儿童的个人及家庭基本情况、健康营养情况、教育与学业成就、政策支持、心理行为与社交和访员对家庭生活环境的观察信息六个方面。样本涵盖了中国城乡低保户家庭、低保边缘户家庭和普通家庭，涉及中国多个地域，具有较高的代表性。

在儿童多维贫困指标方面，依据MPI多维贫困指数和国内学者对于儿童多维贫困测量的相关研究，同时在考虑问卷数据可获得性的基础上，从营养与健康、教育、生活条件以及社会交往四个维度，选取了刷牙频率、贫血情况、吃水果频率、喝牛奶频率、是否住院、失学情况、就读学校类型、课外辅导参与情况、家中基本物品拥有情况、用电情况、独立洗浴设施拥有情况、自来水拥有情况、独立卫生间拥有情况、独立厨房拥有情况、与邻居熟悉度、和老师关系、在校受欺情况等指标对儿童多维贫困进行测度。

在指标权重的确定上，本书采用Alkire和Foster《计量和多维贫困测量》等权重方法[1]，给四个维度均等的权重，每个维度内的各个指标也赋予相等的权重，即营养与健康、教育、生活条件以及社会交往四个维度的权重均为1/4，健康与营养维度5个指标的权重分别是1/20，教育维度的3个指标的权重分别是1/12，生活条件维度的6个指标的权重分别是1/24，社会交往维度的3个指标的权重分别是

---

[1] Alkire S., Foster J., "Counting and multidimensional poverty measurement", *Journal of Public Economics*, 2011, 95 (7-8), pp. 476-487.

第一章　困难家庭儿童多维贫困状况

1/12。儿童多维贫困维度、指标、临界值以及权重如表3所示。

表3　　　儿童多维贫困维度、指标、临界值以及权重

维度	指标	临界值	权重
营养与健康	刷牙频率	平均每天刷牙小于1次，赋值为1，否则为0	1/20
	贫血情况	贫血赋值为1，否则为0	1/20
	吃水果频率	一周吃水果频率小于3次，则赋值为1，否则为0	1/20
	喝牛奶频率	一周喝牛奶频率小于3次，则赋值为1，否则为0	1/20
	是否住院	住过院赋值为1，否则为0	1/20
教育	失学情况	未上学赋值为1，否则为0	1/12
	就读学校类型	普通学校赋值为1，重点学校赋值为0	1/12
	课外辅导参与情况	没有参与课外辅导班，赋值为1，否则为0	1/12
生活条件	家中基本物品拥有情况	无彩色电视机、洗衣机、冰箱则赋值为1，否则为0	1/24
	用电情况	月平均用电量小于150度，则赋值为1，否则为0	1/24
	独立洗浴设施拥有情况	无独立洗浴设施赋值为1，否则为0	1/24
	自来水拥有情况	无自来水赋值为1，否则为0	1/24
	独立卫生间拥有情况	无独立卫生间赋值为1，否则为0	1/24
	独立厨房拥有情况	无独立厨房赋值为1，否则为0	1/24
社会交往	与邻居熟悉度	若为大部分不熟悉或都不熟悉，则赋值为1，否则为0	1/12
	和老师关系	若为比较疏远或非常疏远，则赋值为1，否则为0	1/12
	在校受欺情况	若受同学欺负，则赋值为1，否则为0	1/12

二 儿童多维贫困（MPI）计算：A-F方法

测量 MPI 的 A-F 方法是由 OPHI 的阿尔基尔和福斯特开发的一种衡量多维贫困的方法，它基于福斯特-格里尔-托尔贝克的贫困测量（Foster-Greer-Thorbecke poverty measures），计算包括个人同时经历的不同类型的被剥夺的方面，如教育、就业、健康或生活水平等。为了识别贫困人群，A-F 方法计算了一个人或一个家庭在不同指标中经历的重叠或同时的贫困。指标权重的选择可以是相同的，也可以是不同的。如果贫困人口的加权总和大于或等于贫困人口减少的幅度（比如所有贫困人口的 20%、30% 或 50%），那么他们就被认定为多维贫困人口。在不同维度的选择中也可以灵活处理，以教育为例，可以根据教育各个不同的方面认定剥夺，例如一个人受教育的年数少于六年等。A-F 方法的运用包括 12 个标准步骤，其中前六点与其他多维贫困测量方法相似，后面则存在一定差异，在本研究中的具体运用如下（见表4）。

表4　　儿童多维贫困 A-F 计算步骤

A-F 计算标准化步骤	儿童多维贫困 A-F 计算
选择分析单元	儿童（个人）
选择维度	4 个
选择指标	18 个
确定临界值（cut-off）	见前文
确定贫困线	
给每个分析单元的被剥夺次数计数	
确定第二临界值	
获取临界值内贫困人口的集合	
计算贫困单元占总单元的比率（H）	
计算平均贫富差距（A）	
计算 MPI（M0 = H × A）	
确定权重	等权重

第一章 困难家庭儿童多维贫困状况

可以看出，A-F方法的独特之处在于在确定了贫困人口之后确定贫困衡量方法（M_α）。为了具体测量贫困，A-F方法计算了贫困人口占总人口的百分比（H）和平均一个贫困人口被剥夺的次数（A）。M_α具体包括M_0、M_1和M_2，分别指MPI、调整后的贫富差距（Adjusted Poverty Gap）和调整后的贫困差方（Adjusted Squared Poverty Gap）。调整后的贫困人数比率M_0即MPI，MPI = H × A。在本书中，这一指标反映了贫困发生率（贫困儿童占儿童总数的百分比）和贫困程度（每个儿童平均遭受贫困的百分比）。

（一）贫困人口的识别

用n表示样本数，m表示指标数，x_{ij}表示个体i（$1 \leq i \leq n$）在维度j（$1 \leq j \leq m$）上的取值，则样本观测值的矩阵表示为：X = $(x_{ij})_{n \times m}$，设立剥夺临界值集合Z = $(Z_1, Z_1, \ldots, Z_m)$ 以及剥夺矩阵G = $(g_{ij})_{n \times m}$，g_{ij}表示个体i在维度j上是否被剥夺，若$x_{ij} \leq Z_j$，则$g_{ij} = 1$，否则$g_{ij} = 1$。

（二）计算多维贫困发生率H

令w_j表示第j项指标的权重，则C_i表示个体i的被剥夺分数加权总和，则$C_i = \sum_{j}^{m} = 1 W_j g_{ij}$；令贫困阈值为k，$q_i$表示个体i是否属于多维贫困，若$c_i \geq k$，则$q_i = 1$，否则$q_i = 0$，则多维贫困发生率 H = $\dfrac{\sum_{i=1}^{n} q_i}{n}$，即多维贫困发生率为处于多维贫困状态的样本数量与总样本数的比值。

（三）计算多维贫困强度A

多维贫困强度为处于多维贫困状态样本的被剥夺分值总和与处于多维贫困状态的样本数的比值，即 A = $\dfrac{\sum_{i=1}^{q} c_i(k)}{q}$。

（四）计算多维贫困指数M_0

多维贫困指数为贫困发生率与贫困强度的乘积，即$M_0 = H \times A$。

（五）多维贫困指数指标的分解

在计算总体的多维贫困指数后，可进一步计算各项指标对总体多维贫困状况影响的大小，即各项指标的贡献率，令M_j表示维度j的多维贫困指数,则 M_j 为处于多维贫困状态的样本在 j 维度上的加权被剥夺分数之和除以总样本数,即 $M_j = \dfrac{\sum_{i=1}^{q} w_j g_{ij}(k)}{n}$,从而第 j 个指标在总体多维贫困状况上的贡献大小 $L_j = \dfrac{M_j}{M_0}$ 。

第四节 困难家庭儿童多维贫困现状

基于上文对多维贫困维度的梳理及指标数据的可得性,本节将对困难家庭儿童在营养与健康、教育、生活环境、社会交往四个方面的贫困状况进行描述性统计,以阐明家庭收入对于儿童多维度剥夺的影响,并从多层次展现我国儿童贫困现状。

一 营养与健康状况

儿童早期的发展对于其大脑发育和能力形成起到决定性的作用,而早期的认知能力、语言功能和社会情感发育水平,同时也是预测未来教育成就的重要指标。[1] 均衡营养和科学养育环境不仅能够决定大脑的发展潜能,也制约着大脑潜能实现的程度,如果在这段时期营养摄入不充分或者长期生活在贫困的环境中,儿童的发育将错失黄金窗口期,增加儿童期的疾病和健康风险,还会影响其一生的生活质量和健康发展。研究表明,幼年时期的社会经济不平等和家庭贫困,对于儿童健康的影响会延续至其成年阶段。例如,贫困家庭的儿童更容易患有慢性病,心理健康状况更差,同时更容易在成年后习得不良健康行为。[2] 健康方面的负向影响,将有可能导致儿童在成年后延续父辈

---

[1] John Cawley, James Heckman, Edward Vytlaci, "Three observations on Wages and Measured Cognitive Ability", *Labour Economics*, Vol. 8, No. 4, 2001, pp. 419–442.

[2] Amy L. Non, Jorge Carlos Román, Christopher L. Gross, Stephen E. Gilman, Eric B. Loucks, Stephen L. Buka, Laura D. Kubzansky, "Early childhood social disadvantage is associated with poor health behaviours in adulthood", *Annals of Human Biology*, Vol. 43, No. 2, 2016, pp. 144–153.

第一章　困难家庭儿童多维贫困状况

的低社会经济地位。不良的健康状况将会使得他们支付更高的医疗保健费用，获得更低的教育成就，这将会增加他们青年和老年的贫困风险。① 从长远来看，儿童营养摄取不足和健康状况不良也会影响整个国家的劳动力质量和未来发展。

表5　　　　困难家庭儿童营养与健康贫困情况（N=1616）

变量	指标	频数	百分比（%）
过去一周吃水果频率	零次	250	15.47
	一周1—2次	651	40.28
	一周4—5次	284	17.57
	每天一次	322	19.93
	每天多于一次	109	6.75
过去一周喝牛奶频率	零次	733	45.36
	一周1—2次	379	23.45
	一周4—5次	161	9.96
	每天一次	281	17.39
	每天多于一次	62	3.84
刷牙频率	从不	17	1.05
	偶尔刷	182	11.26
	每天早上或晚上一次	838	51.86
	早晚各一次	579	35.83
贫血状况	贫血	208	12.87
	不贫血	1408	87.13
过去一年是否住院	是	173	10.71
	否	1443	89.29

儿童营养不良与家庭食物匮乏和饮食方式不当直接相关，食物中

---

① Harry J. Holzer, Diane Whitmore Schanzenbach, Greg J. Duncan, "The economic costs of childhood poverty in the United States", *Journal of Children and Poverty*, Vol. 14, No. 1, 2008, pp. 41–61.

营养物质的摄取将会直接影响到儿童的身体健康状况。而水果和乳制品可提供儿童生长发育所必需的维生素、钙、优质蛋白等多种营养物质，对改善儿童健康状况，提高身体素质有重要作用。① 数据显示，困难家庭儿童过去一周饮食中水果和牛奶的摄入量偏低，从侧面反映了困难家庭在儿童养育方面的不足。在问卷调查的困难家庭中，有15.47%的儿童过去一周吃水果的次数为零，超过40%的儿童一周仅吃1—2次水果，超过45%的困难家庭儿童过去一周喝牛奶的次数为零，比问卷普通家庭儿童高出了近10%。根据2016年《中国居民膳食指南》，每人每天的水果摄入量应达200—300克，液态奶摄入量应达到300克。② 显然，困难家庭儿童普遍无法实现相应的营养物质摄入。由于食物多样性缺乏，蛋白质和维生素不足，困难家庭儿童的身体健康状况也受到了严重影响。贫血是铁、叶酸、维生素B等微量营养素缺乏的病症，是营养不良的指标之一。《中国食物与营养发展纲要（2014—2020）》和《中国儿童发展纲要（2011—2020）》都将控制儿童贫血率作为营养性疾病控制的重要目标。③ 数据显示，超过12%的贫困家庭儿童贫血，贫血比例是普通家庭儿童的两倍。而贫血会造成儿童对疾病的抵抗力降低和成人劳动生产力降低。已有研究表明，发现铁缺乏且已经造成贫血后，再进行补铁治疗并不能有效逆转幼儿时期铁缺乏造成的不利影响，这种在幼儿期间由于营养缺乏带来的潜能损失是不可挽回的。④ 因此，应当密切关注困难家庭儿童营养摄入，实施相关的营养干预措施。

除营养状况外，困难家庭儿童的健康习惯也值得关注。数据显

---

① 潘德鸿、翟恩来、赵东哲、李学志、尹竞：《学生饮用"学生奶"营养状况跟踪调查》，《中国公共卫生》2001年第12期。

② 《中国居民膳食指南》2016，http://dg.cnsoc.org/article/04/8a2389fd5520b4f30155b41b364b23df.html。

③ 房红芸、于冬梅、郭齐雅、琚腊红、许晓丽、于文涛、贾凤梅、赵丽云：《2013年中国0—5岁儿童贫血现状》，《中国公共卫生》2018年第12期。

④ Betsy M. Lozoff, Esmeralda Jimenez, Jayne Hagen, Eileen Mollen, Abraham W. Wolf, "Poorer behavioral and developmental outcome more than 10 years after treatment for iron deficiency in infancy", Pediatrics, Vol. 105, No. 4, 2000.

示，有1.05%和11.26%的困难家庭儿童未能坚持每日刷牙的习惯，而这一比例在普通家庭儿童中为0.42%和9.26%。口腔健康作为全身健康的重要组成部分，理应得到家长和儿童的重视，不良的刷牙习惯将会导致儿童患上龋齿、牙周炎、牙结石等疾病，影响儿童正常饮食和身体发育。困难家庭儿童刷牙习惯不良，也从侧面反映了家长对于儿童口腔健康教育较少、口腔保健意识薄弱等问题。

困难家庭儿童的健康状况同样不容乐观。由于困难家庭收入微薄，生活环境不佳，儿童容易受到疾病的侵袭，加之儿童医疗费用较高，这就导致困难家庭的低收入与高医疗支出之间形成了一种恶性循环。从数据来看，过去一年有10.71%的困难家庭儿童有过住院经历，住院次数从1次到24次不等，普通家庭儿童中仅有6.73%有过住院经历，住院次数为1—5次之间，困难家庭儿童的患病次数多，患病比例高，身体健康状况十分堪忧。由此，加强困难家庭儿童医疗救助和医疗保险制度设计，势必成为儿童保护中的重要政策着力点。

二 教育状况

在弗格森（Ferguson）等人的研究中，贫困通过健康、家庭生活和家庭教育等方面对儿童的学校准备产生负面影响，来自低收入家庭的儿童往往无法从家庭中获得相应的教育刺激，也没有学习到上学所需的社交技能，他们在词汇和沟通技巧、精力集中和协作能力方面的得分显著低于高收入家庭的儿童。[1] 学校准备差距对儿童的学业成绩造成直接影响，随着儿童年龄的增加，这种差距也在逐渐拉大，社会经济劣势和与贫困相关的其他风险因素同样会对儿童的认知发展和学习能力产生负向影响，这直接导致低社会经济群体中的一部分儿童过早离开学校，面临更高的辍学风险。[2] 文化作为一种惯习系统性地规

---

[1] Ferguson H. B., Bovaird S., Mueller M. P., "The impact of poverty on educational outcomes for children", *Paediatr Child Health*, Vol. 12, No. 8, 2007, pp. 701–706.

[2] Greg J. Duncan, Jeanne Brooks-Gunn, Pamela Kato Klebanov, "Economic deprivation and early childhood development", *Child Development*, Vol. 65, No. 2, 1994, pp. 296–318.

范与安排着人们的具体活动,贫困亚文化也同样形塑着家庭成员的行为,对于困难家庭的儿童而言更是如此,如果不通过教育来帮助他们回归社会主流文化,融入社会环境,他们将会不断强化"贫困圈"内的不良行为,难以实现阶层向上流动。

表6　　　　　困难家庭儿童教育贫困状况（N=1616）

变量	指标	频数	百分比（%）
失学情况	正在上学	1611	99.69
	从未上学	5	0.31
就读学校类型	普通学校	1475	91.27
	重点学校	141	8.73
过去半年是否参与课外辅导	参与过课外辅导	660	40.84
	未参与课外辅导	956	59.16

我国《义务教育法》规定:"凡年满六周岁的儿童,其父母或者其他法定监护人应当送其入学并完成义务教育;条件不具备的地区的儿童,可以推迟到七岁。"① 我国目前实行的是九年义务教育,按此规定,年龄在6—15周岁或7—16周岁的儿童必须接受义务教育。问卷数据显示,在受调查的1616名困难家庭儿童中,仍有5位儿童从未接受过正规教育,存在失学问题,困难家庭儿童的失学率为0.31%,儿童在义务教育阶段存在的失学问题仍应受到重视。

此外,贫困对于儿童教育的直接影响还体现在教育投资方面。在我国,教育平台与教育质量之间的密切关系直接提高了大众对于"学区房"和择校的需求程度,因而普通家庭儿童更有可能通过父母的各种投资方式获得进入重点学校的机会,而在不同学校接受的不同质量的教育进一步影响了儿童进入重点学校的比例,这导致困难家庭儿童在社会经济地位上的劣势直接延伸至其教育阶段。在困难家庭儿童

---

① 中国人大网:《中华人民共和国义务教育法》,http://www.npc.gov.cn/wxzl/gongbao/2000-12/06/content_5004469.htm。

中，有91.27%的儿童在普通学校中就读，仅有8.73%的困难家庭儿童有机会接受重点学校的教育，而在普通家庭中，超过15%的儿童有机会享受更为优质的重点学校教育资源，另外，家庭对于子女教育的投资不仅仅局限于正规的学校教育，还包括在学校教育之外的课外辅导。在我国，升学标准与高等教育资源的稀缺，使得课外辅导成为"培优"的重要手段，在限定了教育体制和学校特征的约束之后，课外辅导在微观层面成为学生（及其家庭）与同辈群体之间相互竞争的场域，目的是在有限的教育资源中胜出。[1] 问卷数据显示，在过去半年中，仅有40.84%的困难家庭儿童参与了课外辅导，这一比例在普通家庭儿童中为64.52%。由此可见，受到家庭经济收入的影响，困难家庭儿童缺乏良好的成长环境和基本的教育投资，难以实现教育起点和过程公平，教育结果的不公平在社会流动渠道窄化的叠加影响下，使得他们在以知识经济为导向的现代化发展进程中处于不利地位，易陷入贫困代际传递的恶性循环。因而，在关注困难家庭儿童的正规学校教育的同时，适时为其提供适当的课外辅导，成为改善其教育贫困状态的政策关注重点。

三 生活环境状况

家庭作为儿童初始社会化的基本场域，在儿童成长过程中扮演着重要角色，家庭环境不仅包括亲子关系和家庭教育等隐性环境，还包括居住环境和生活条件等显性环境。住房是一个承担心理和社会功能的物理场所，优质居住空间会带来"社会心理利益"，而劣质居住环境则会产生负面社会后果。[2] 在中国当前住房两极分化尤其严重的情况下，有学者将住房和居住条件视为家庭社会经济地位代代相传的重要机制，以此揭示中国阶层再生产的路径。相关研究发现，住房贫困

---

[1] 周东洋、吴愈晓：《教育竞争和参照群体——课外补习流行现象的一个社会学解释》，《南京师大学报》（社会科学版）2018年第5期。

[2] Barker David, Eric Miller, "Homeownership and Child Welfare", *Real Estate Economics*, Vol. 37, No. 2, 2009, pp. 279–303.

会通过剥夺私人空间和父母惩罚性行为对儿童学业产生负面影响，住房充当了家庭背景与后代教育发生相互联系的重要桥梁机制，参与了阶层再生产的过程。[1] 此外，不良的居住环境和生活条件也与个人的健康直接相关，[2] 儿童作为家庭中的脆弱群体更易受到负面影响，哈克（Harker）的研究表明，住房条件和过度拥挤可能对儿童的健康、教育、安全和行为产生直接和长期的影响。[3] 同时，缺乏相关的设施设备，不仅会限制儿童享有正常的生活质量的能力，也会对他们的健康、学业和行为养成产生负面影响。

表7　　　困难家庭儿童生活条件贫困情况（N=1616）

变量	指标	频数	百分比（%）
家中基本物品拥有情况	有彩电	1420	87.87
	有洗衣机	1341	82.98
	有冰箱	1302	80.57
家中基本设备设施拥有情况	有独立洗浴设施	883	54.64
	有自来水	1431	88.55
	有独立卫生间	1130	69.93
	有独立厨房	1272	78.71
家庭每月用电量	家庭每月用电量	153.99	124.57（标准差）

依据调查问卷，本书从家中基本物品和设备设施的拥有情况和家庭每月用电量来考察困难儿童的生活条件。数据结果显示，与普通家庭儿童相比，困难家庭儿童的生活条件在三个维度上存在不同程度的相对劣势。从家中基本物品拥有情况来看，有彩电的困难家庭比例为

---

[1] 黄建宏：《住房贫困与儿童学业：一个阶层再生产路径》，《社会学评论》2018年第6期。

[2] Rashidah Zainal, Gurmit Kaur, Aisah Ahmad, Jamaliah Mhd. Khalili, "Housing Conditions and Quality of Life of the Urban Poor in Malaysia", *Procedia-Social and Behavioral Sciences*, Vol. 50, 2012, pp. 827–838.

[3] Lisa Harker, "The impact of housing on children's life chances", *Journal of Children's Services*, Vol. 2, No. 3, 2007, pp. 41–43.

87.87%，普通家庭比例为 95.09%；有洗衣机的困难家庭比例为 82.98%，普通家庭比例为 95.65%；有冰箱的困难家庭比例为 80.57%，普通家庭比例为 95.39%。由此可见，从基本物品的拥有情况上看，两类家庭在三项指标的差距均为 10% 左右，困难家庭儿童基本物品拥有情况要显著差于普通家庭。

同样的，困难家庭也缺乏基本设备设施。从家中基本设备设施的拥有情况上看，困难家庭自来水普及水平较高，独立洗浴设施和独立卫生间的普及水平最低。已有研究表明，住宅和家庭设备的落后会在一定程度上影响儿童青少年身心健康发展，例如不易养成洗澡、清洁等卫生习惯，缺乏安静的学习环境以及独立且能保护隐私的空间等。[1]

最后，从问卷显示的家庭每月用电量来看，困难家庭每月用电量为 153.99 度，普通家庭每月用电量为 230.58 度，普通家庭每月用电量是困难家庭的 1.5 倍之多。这从侧面反映出了消费预算约束对于不同类型家庭的用电影响。不足的用电可能会增加儿童视力下降的风险，也可能会限制不同类型家庭基本物品购买的决策，导致困难家庭生活质量下降，生活满意度不高，所以在对贫困家庭和儿童进行扶助时也需要考虑到对其家庭用电费用的补贴。

四 社会交往状况

如果说家庭是个人社会化的初始起点，那么社区和学校则是儿童生活中不可缺少的重要系统。由邻里关系构成的地缘关系是儿童社会交往的重要组成部分，良好的邻里关系能够为儿童提供一个健康成长的和谐社区环境，而不安全的社区环境与青少年的心理健康负向相关。[2] 有研究表明，社区对于低收入家庭的影响大于对高收入家庭的

---

[1] 孙莹：《贫困的传递与遏制——城市低保家庭第二代问题研究》，社会科学文献出版社 2005 年版，第 48—51 页。

[2] Azhar Zahir Izuan, Shah Shamsul Azhar, Mooi Koon SusanTan, Syed Abdul RahimSyed-Sharizman, "Neighbourhood influences and its association with the mental health of adolescents in Kuala Lumpur", *Asian Journal of Psychiatry*, Vol. 38, 2018, pp. 35–41.

影响,对于儿童和青少年的影响大于对成人的影响。[①] 同样的,学校中同辈关系与师生关系互动的情况,与儿童的行为和心理健康直接相关,儿童在学龄阶段与犯罪倾向较高的同龄人接触的增加,会导致其成年后犯罪率上升。[②] 而高质量的师生关系则会对儿童起到保护作用,有利于其健康成长。[③]

表8　　困难家庭儿童社会交往贫困情况 (N = 1616)

变量	指标	频数	百分比 (%)
与邻居熟悉度	都熟悉	559	34.59
	比较熟悉	716	44.31
	大部分不熟悉	261	16.15
	都不熟悉	80	4.95
和老师关系	非常亲密	216	13.37
	比较亲密	632	39.11
	一般	677	41.89
	比较疏远	64	3.96
	非常疏远	27	1.67
是否受到同学欺负	从未/几乎没有	1350	83.54
	一周好几次	86	5.32
	一周一次	62	3.84
	两周一次	30	1.86
	一个月一次	88	5.45

从社区和学校两个层面考察儿童的人际关系和社会交往,作为社会

---

① Raj Chetty, Nathaniel Hendren, Lawrence F. Katz, "The Effects of Exposure to Better Neighborhoods on Children: New Evidence from the Moving to Opportunity Experiment", *American Economic Review*, Vol. 106, No. 4, 2016, pp. 855 – 902.

② David Deming, "Better Schools, Less Crime?", *Quarterly Journal of Economics*, Vol. 126, No. 4, 2011, pp. 2063 – 2115.

③ Erin E. O'Connor, Eric Dearing, Brian A. Collins, "Teacher-child relationship and behavior problem trajectories in elementary school", *American Educational Research Journal*, Vol. 48, No. 1, 2011, pp. 120 – 162.

第一章 困难家庭儿童多维贫困状况

适应的主要指标，社会交往能力体现了儿童心理发展和融入的情况。从数据来看，困难家庭儿童与邻居的熟悉度尚可，有34.59%和44.31%的困难家庭儿童表示自己都熟悉或比较熟悉邻居。社区间的邻里交往可以为困难家庭提供非正式的社会网络支持，而困难家庭儿童与邻居关系的疏远可能会使得他们在面临风险时无法获得更多有效支持。

和老师的关系方面，师生互动的质量与儿童行为有直接联系。教师除了传播知识外，也必须提供教室常规，让学生能专心于课堂活动，为自己的行为负责，并表现出良好的人际关系。同时，教师在情绪支持方面也扮演着重要的角色，学业表现较差的学生，若无法从教师或同学身上得到情绪支持，为了保持自尊，他们反而会以偏差和退缩的行为来面对其认为是不友善的学习环境。研究表明，很多辍学的学生，离校的原因之一就是得不到老师的支持，以及无法符合老师的期待。[1] 因此，教师如果能在儿童或青少年需要时，提供情绪支持并协助寻求解决问题的办法，将有助于避免青少年偏差心理和行为的产生。数据表明，绝大多数的困难家庭儿童表示自己与老师的关系一般，困难家庭儿童的师生关系较差。具体来看，有41.89%的困难家庭儿童认为自己和老师的关系一般，有3.96%的儿童认为自己和老师的关系比较疏远，有1.67%的儿童认为自己和老师的关系非常疏远。因此，在对困难家庭儿童进行教育辅导或心理教育的时候，需要帮助他们协调与教师的关系，以获得更多的教师关注和支持，提高其学习的自信心。

除此之外，同辈群体在学校系统中的影响力也不容忽视。研究表明，与同伴的交往在青少年时期取代了家庭对于儿童的情感支持作用，在必要时能够为儿童提供情绪支持和鼓励。同辈群体会对青少年产生正向和负向影响，家庭背景不足的"问题"学生容易受到同学在课余生活中的奚落嘲讽，成为"青少年社会"中的弱势群体。[2] 数据

---

[1] 孙莹：《贫困的传递与遏制——城市低保家庭第二代问题研究》，社会科学文献出版社2005年版，第198—200页。
[2] 戴羽、李立国：《学校欺凌行为类型化分析及对策研究》，《现代教育管理》2019年第3期。

表明，虽然绝大多数的困难家庭儿童并没有遭受校园暴力，但仍有近20%的困难家庭儿童在同伴交往中处于不利地位，5.32%的儿童在一周内会受到好几次同学的欺负，这表明，困难家庭儿童的校园暴力和同伴交往亟须得到社会各界的关注。

第五节　多维贫困的测度及影响因素

一　多维贫困的测度

如上文所述，我国困难家庭儿童在营养与健康、教育、生活环境、社会交往四个维度均存在不同程度的贫困。然而，如何衡量儿童多维贫困的总体状况？困难家庭儿童多维贫困的城乡差异及地区差异是怎样的？困难家庭儿童多维贫困的状况与普通家庭儿童有何不同？针对以上问题，本节基于前文介绍的 A–F 多维贫困测度方法，对儿童多维贫困状况进行了测度。多维贫困发生率 H、平均剥夺份额 A 和多维贫困指数 M_0 分别表示儿童多维贫困的发生广度、发生强度和发生深度。剥夺临界值 K 的取值，关系到儿童是否贫困，也关系到测度的多维贫困指数 MPI 的高低。K 值越大，贫困发生深度 A 则越高，而对应的多维贫困发生率 H 则越低，多维贫困指数 M_0 也相应降低。

（一）困难家庭儿童多维贫困指数、发生率与发生深度

贫困阈值 K 的取值在多维贫困的测算中十分重要，但学界目前并没有形成共识，主流做法是将 K 的取值设置在 1/3 附近。[1] 本书以此为依据，将 K 值选取在 30%—50% 之间进行探讨。

---

[1] 沈扬扬、Sabina Alkire、詹鹏：《中国多维贫困的测度与分解》，《南开经济研究》2018 年第 5 期；李博、张全红、周强、Mark Yu：《中国收入贫困和多维贫困的静态与动态比较分析》，《数量经济技术经济研究》2018 年第 8 期；李晓明、杨文健：《儿童多维贫困测度与致贫机理分析——基于 CFPS 数据库》，《西北人口》2018 年第 1 期；葛岩、吴海霞、陈利斯：《儿童长期多维贫困、动态性与致贫因素》，《财贸经济》2018 年第 7 期；徐文奇、周云波、平萍：《多维视角下的中国贫困问题研究——基于 MPI 指数的比较静态分析》，《经济问题探索》2017 年第 12 期。

第一章　困难家庭儿童多维贫困状况

表9　困难家庭儿童多维贫困指数、发生率和发生深度

	M₀ 贫困指数	H 贫困发生率	A 贫困发生强度
K = 30%	0.217	0.540	0.402
K = 40%	0.112	0.235	0.479
K = 50%	0.038	0.068	0.561

表9显示了不同K的取值下，困难家庭儿童多维贫困指数、发生率和发生深度的情况。当K取30%时，困难家庭儿童贫困率为54%，贫困深度为0.402，贫困指数为0.217。随着K取值的提升，贫困指数、贫困发生率呈现下降的趋势，而贫困发生深度则呈现升高的趋势，即随着贫困判定标准的提升，困难家庭儿童的贫困程度减弱，贫困发生率降低，但是单个贫困个体的贫困程度增大。K值的不同直接影响贫困参数的变化，为了更合理的选取K值，后文的分析中将沿用学界主流做法，将K的取值设置为33%。

（二）困难家庭儿童多维贫困的城乡比较

历史原因、城乡二元体制、城市的虹吸效应及城乡产业差异等因素导致了我国城乡在居民收入、居民消费、教育、医疗卫生、就业、公共投入等方面存在一定差距。[①] 这些差异必然对城乡困难家庭儿童的营养与健康状况、教育状况、生活环境及社会交往产生重要影响。相较于城市家庭，农村家庭儿童在教育、生活条件、医疗等方面的资源较少，在营养获取状况和健康状况方面也较差。同时，农村儿童在社会交往方面也面临着更多的问题，农村家庭儿童的贫困更容易在多个维度上展开。通过对城乡困难家庭儿童多维贫困的定量测算，可更直观地展现我国城乡困难家庭儿童多维贫困的状况及差异。

---

① 史主生：《城乡差距现状及对策研究》，《北方经贸》2018年第7期。

表10　　　　　困难家庭儿童多维贫困的城乡比较

	M₀ 贫困指数	H 贫困发生率	A 贫困发生深度
城市	0.149	0.355	0.420
农村	0.233	0.538	0.433

如表10所示，农村困难儿童的贫困指数、贫困发生率和贫困发生深度均高于城市困难儿童，农村困难儿童多维贫困发生率和贫困指数均约为城市困难儿童的1.5倍，农村困难儿童多维贫困程度比城市困难儿童多维贫困程度更为严重，我国城乡之间存在较大差距。同时，为避免城乡家庭贫困代际传递现象的频繁产生，对于农村，应改善教育状况，加大对农村的教育补助力度；对于城市，应提供多样化的医疗保障，防止"因病致贫"。[①] 加快城乡统筹发展，实现基本公共服务均等化和资源均等化将有助于缩小城乡多维贫困差距。

（三）困难家庭儿童多维贫困的地区比较

根据国家统计局对我国经济区域的划分[②]，我国四个经济区域分为东部地区、中部地区、西部地区和东北地区。通过分地区困难家庭儿童多维贫困的测算，可得知不同地区贫困指数、贫困发生率及贫困发生深度的差异。如表11所示，贫困指数、贫困发生率、贫困发生深度三项指标均在东部地区、中部地区、西部地区和东北地区依次递增，表明不同地区间困难家庭儿童多维贫困程度存在较大差异，如东部地区的贫困发生率为38.2%，而东北地区的贫困发生率达到了49.7%——接近一半的儿童处于多维贫困状态，且东北地区的贫困发生深度也更大。测算显示，相较于东部地区和中部地区，西部地区和东北地区的困难家庭儿童多维贫困程度更深。

[①] 李长健、胡月明：《城乡贫困代际传递的比较研究》，《财经问题研究》2017年第3期。
[②] 国家统计局：《统计制度及分类标准》，2018年1月24日，http://www.stats.gov.cn/tjzs/cjwtjd/201308/t20130829_74318.html。

第一章　困难家庭儿童多维贫困状况

表 11　　　　　困难家庭儿童多维贫困的地区比较

	M_0 贫困指数	H 贫困发生率	A 贫困发生深度
东部	0.161	0.382	0.423
中部	0.181	0.426	0.426
西部	0.212	0.490	0.433
东北	0.213	0.497	0.429

我国各个地区在经济发展、社会条件、自然资源和气候等方面存在差异，这些差异进一步导致了各地区在经济资源和社会资源供给、人们的观念和行为特征等不同。经济新常态下，东北三省在经济增长、社会发展等方面均遇到众多问题，如产业结构失衡、人才外流、经济发展缓慢。东北地区存在严重的失业问题，父母的就业状况又直接影响着儿童的教育、营养和生活条件等，且东北地区因地理位置特殊，天气寒冷，气候上的特殊因素也将限制儿童的课外活动，导致校外教育活动的缺失。相比于东部沿海地区，西部地区在基础设施建设、经济发展水平、居民思想观念等方面均表现出显著差异，基础设施的欠缺使得儿童在上学途中需要花费更多的时间，同时导致睡眠时间的减少，影响着儿童的受教育条件和健康状况。另外，取水系统、电网等基本生活设施的不健全也不利于儿童的身体发育和生活条件的改善。受到生活条件的限制，西部地区人们的观念较为朴实，更追求经济上的汇报，"读书无用论"在许多经济困难的家庭中盛行，剥夺了儿童受教育的机会。另外，西部地区整体收入水平偏低也导致了儿童生活环境偏差、教育资源偏少、营养摄入量偏低等现象，使儿童更容易陷入多维贫困。

（四）困难家庭与普通家庭的对比

困难家庭指低保户家庭和低保边缘户家庭，普通家庭为除了低保户和低保边缘户之外的一般家庭，困难家庭与普通家庭的差异主要体现为经济收入水平上的不同。研究表明，家庭经济上的困难会使儿童在教育、健康、个人的发展等方面面临困境，[1] 长期生活在贫困环境

---

[1] Jane D., Michael J., "Trajectories of poverty and children's mental health", *Journal of Health and Social Behavior*, Vol. 37, No. 3, 1996, pp. 207–220.

中的儿童容易产生如孤僻、冷漠、自卑等的情感障碍。[1] 与普通家庭儿童相比,困难家庭儿童更容易在营养与健康状况、教育状况、生活环境、社会交往方面陷入贫困。本部分通过测算困难家庭与普通家庭儿童的多维贫困指数,比较两种家庭类型儿童多维贫困的情况。

表12 困难家庭与普通家庭儿童的多维贫困指数、发生率和发生深度

	M_0 贫困指数		H 贫困发生率		A 贫困发生深度	
	困难家庭	普通家庭	困难家庭	普通家庭	困难家庭	普通家庭
K = 30%	0.217	0.088	0.540	0.234	0.402	0.375
K = 40%	0.112	0.030	0.235	0.063	0.479	0.467
K = 50%	0.038	0.008	0.068	0.015	0.561	0.544

表12展示了不同 K 取值下,困难家庭儿童与普通家庭儿童的贫困指数、贫困发生率及贫困发生深度。数据表明,一方面,困难家庭儿童的多维贫困程度比普通家庭儿童更严重,在 K = 30% 的阈值下,困难家庭儿童的贫困发生率为54.0%,普通家庭儿童则为23.4%。同时,困难家庭儿童的贫困指数约为普通家庭儿童的2.5倍,表明困难家庭儿童的多维贫困程度远高于普通家庭。另一方面,测算结果表明,在非收入贫困的普通家庭中也存在儿童多维贫困现象,且贫困发生率为17.3%（K = 30%）。这印证了贫困概念是多维度的,传统以单一经济条件为依据的贫困评判标准已不再准确,普通家庭儿童会在经济条件以外的其他方面陷入贫困。所以,社会政策的实施不仅要惠及困难家庭的儿童,也要关注普通家庭儿童的贫困问题。

二 困难儿童多维贫困的影响因素分析

(一) 变量及描述性统计

本部分基于前文的综述,结合问卷数据的可获取性,从微观、中观

---

[1] Miech R. A., Caspi A., Moffitt T. E., et al. ,"Low Socioeconomic Status and Mental Disorders: A Longitudinal Study of Selection and Causation during Young Adulthood", *American Journal of Sociology*, Vol. 104, No. 4, 1999, pp. 1096 – 1131.

第一章 困难家庭儿童多维贫困状况

和宏观三个层面构建影响儿童贫困的自变量指标。微观变量为儿童的个体特征，包括儿童是否残疾和性别；中观变量为儿童的家庭情况和所在社区服务提供情况，变量包括父母是否离异、是否隔代教养、父母受教育程度、父母就业情况和社区服务；宏观变量主要考虑城乡差异、地区差异以及教育政策支持情况，包括家庭城乡属性、地区、是否免学费和是否免杂费4个变量。被解释变量为儿童的多维贫困状况，以前文的测算为基础，选取 K = 33% 为阈值，若儿童的个体被剥夺得分大于该值，则儿童陷入多维贫困。各个变量的定义和描述性统计如表13所示。

表13　　　　　　　变量定义和描述性统计

变量类型	变量	定义	均值	标准差	样本量
被解释变量	多维贫困	多维贫困 = 1，非多维贫困 = 0	0.43	0.495	1616
微观变量	是否残疾	残疾 = 1，非残疾 = 0	0.02	0.150	1616
	性别	男性 = 1，女性 = 0	0.50	0.500	1616
中观变量	父母是否离异	父母离异 = 1，父母未离异 = 0	0.17	0.379	1616
	是否隔代教养	隔代教养 = 1，非隔代教养 = 0	0.21	0.407	1616
	父母受教育程度	指父母最高受教育程度，1 = 没受过任何教育，2 = 小学，3 = 初中，4 = 中专/技校，5 = 职业高中，6 = 普通高中，7 = 大学专科，8 = 大学本科，9 = 研究生及以上	3.59	1.599	1616
	父母就业情况	就业 = 1，失业 = 0	0.85	0.362	1616
	社区服务	有社区服务 = 1，没有社区服务 = 0	0.82	0.382	1616
宏观变量	家庭城乡属性	城市 = 1，农村 = 0	0.60	0.491	1616
	地区	1 = 东部地区，2 = 中部地区，3 = 西部地区，4 = 东北地区	2.01	0.989	1616
	是否免学费	免学费 = 1，不免学费 = 0	0.61	0.489	1616
	是否免杂费	免杂费 = 1，不免杂费 = 0	0.34	0.474	1616

（二）多重共线性检验

为避免解释变量间存在相关关系而使回归模型的估计失真，我们对解释变量进行多重共线性检验，结果如表14所示。各解释变量之间的相关系数均小于0.5，表明变量之间的相关性均较弱，不存在多重共线性问题。

表14　　　　　　　　　　各解释变量 Pearson 相关分析

	(X1)	(X2)	(X3)	(X4)	(X5)	(X6)	(X7)	(X8)	(X9)	(X10)	(X11)
是否残疾（X1）	1										
性别（X2）	0.00	1									
父母是否离异（X3）	-0.03	0.00	1								
是否隔代教养（X4）	0.00	-0.02	0.28	1							
父母受教育程度（X5）	-0.02	-0.02	0.02	-0.04	1						
父母就业情况（X6）	0.02	0.00	-0.01	0.04	0.00	1					
社区服务（X7）	0.00	0.04	0.00	-0.02	0.17	-0.02	1				
家庭城乡属性（X8）	0.00	0.02	0.11	-0.05	0.28	-0.20	0.23	1			
地区（X9）	0.04	0.00	0.05	-0.04	0.03	-0.01	0.05	0.01	1		
是否免学费（X10）	0.04	0.02	-0.06	-0.08	0.04	-0.04	0.06	0.01	0.10	1	
是否免杂费（X11）	-0.01	0.02	0.00	-0.07	0.06	0.00	0.07	0.00	0.07	0.43	1

（三）模型设定

考虑到被解释变量为 0—1 变量，本书选取 Probit 模型进行回归分析，统计软件为 Stata 14.0，构建的困难儿童多维贫困估计模型如下所示：

$$MP = \alpha + \beta_i Micro_i + \gamma_j Meso_j + \delta_l Macro_l + \varepsilon$$

其中，MP 表示困难儿童的多维贫困状态，为 0—1 变量；$Micro$ 表示微观变量，包括是否残疾和性别；$Meso$ 代表中观变量，包括父母是否离异、是否隔代教养、父母受教育程度、父母就业情况和社区服务；$Macro$ 表示宏观变量，包括家庭城乡属性、地区、是否免学费和是否免杂费。α 为常数项，β_i、γ_j 和 δ_l 分别表示第 i 个（i = 1，2）微观变量、第 j 个（1≤j≤5）中观变量和第 l 个（1≤l≤4）宏观变量对应的系数，ε 是随机误差项。

（四）回归结果

采用嵌套模型，分别建立模型 1、模型 2 和模型 3，在模型 1 中引入微观因素，模型 2 在模型 1 的基础上引入中观因素，模型 3 在模型 2 的基础上再引入宏观因素，三个模型的回归结果如表 16 所示。

通过对统计量 -2LL 的检验发现，模型 2 优于模型 1，模型 3 优于模型 2，即将全部变量纳入后，得到相对最优的模型 3。在模型 3 中，性别、父母是否离异、父母受教育程度、父母就业情况、社区服务、家庭城乡属性和地区对困难儿童多维贫困有显著性影响。通过计算边际效应发现，男童比女童陷入多维贫困的概率大 5.5%。父母离异的儿童比父母未离异的儿童陷入多维贫困的概率大 6.6%。儿童由于缺少关爱而产生心理失衡问题，如孤独、自卑、叛逆等，父母离异给儿童带来的心理压力还会进一步引发行为问题，影响儿童的学业和人际交往。另外，父母受教育程度每提高一个层级，儿童陷入多维贫困的概率便下降 6.6%，父母受教育水平的提高使得他们获得更多教养儿童的知识，从而能为儿童成长提供更安全、更健康的环境。[①]

[①] Glewwe P. W., "Why Does Mother's Schooling Raise Child Health in Developing Countries?", *The Journal of Human Resources*, Vol. 34, No. 1, 1999, pp. 124 – 159.

表15　模型回归结果

	变量	模型1 系数	模型1 边际效应	模型2 系数	模型2 边际效应	模型3 系数	模型3 边际效应
微观变量	是否残疾	0.076	0.030	0.053	0.019	0.017	0.006
	性别	0.137**	0.053**	0.146**	0.053**	0.154**	0.055**
中观变量	父母是否离异			0.146*	0.053*	0.185**	0.066**
	是否隔代教养			-0.020	-0.007	-0.033	-0.012
	父母受教育程度			-0.206***	-0.076***	-0.185***	-0.066***
	父母就业情况			-0.084	-0.031	-0.164*	-0.059*
	社区服务			-0.289***	-0.106***	-0.236***	-0.085***
	家庭城乡属性					-0.335***	-0.120***
宏观变量	地区（东部地区为参照组）						
	中部地区					0.144*	0.051*
	西部地区					0.260***	0.094***
	东北地区					0.418***	0.152***
	是否免学费					0.059	0.021
	是否免杂费					-0.071	-0.025
	Log likelihood					-1019.3301	
	Pseudo R2					0.0764	
	Prob > chi2					0.0000	
	Number of obs					1616	

注：***、**、*分别表示1%、5%、10%的显著性水平

第一章　困难家庭儿童多维贫困状况

受教育水平高的父母往往更关注孩子的饮食习惯和卫生习惯，有利于儿童营养和健康状况的改善，同时可有效避免儿童疾病发生。父母失业的儿童比父母未失业的儿童更有5.9%的可能性陷入多维贫困：一方面，父母失业带来的家庭经济压力将限制儿童教育资源的获取，降低儿童的生活质量和营养摄入，不利于儿童的身心健康发展；另一方面，父母的长期失业还可能引发家庭矛盾的频繁产生，对儿童的心理健康产生负面影响。社区服务的提供使得儿童陷入多维贫困的概率减小了8.5%，社区服务形式多样，可从多维度缓解儿童的贫困问题，如医疗卫生服务的提供对改善儿童健康状况有着积极的作用，文化馆、图书室的建设可为儿童提供更好的学习环境和学习条件，社区的幼儿园、托儿所可为儿童提供直接的教育资源，缓解儿童教育维度的贫困等。考虑城乡因素和地区因素，城市家庭儿童比农村家庭儿童的贫困率低1.2%，相比于东部地区，中部地区的儿童更有5.1%的可能性陷入贫困，西部地区儿童比东部地区儿童贫困的概率大9.4%，而东北地区儿童比东部地区儿童贫困的概率则高达15.2%。城乡之间公共设施、医疗、教育、生活水平的差距以及不同地区之间社会发展、资源禀赋、产业结构和文化观念等的差异导致了儿童多维贫困状况的不同。在本次计量过程中，儿童是否残疾、是否隔代教养以及教育政策对儿童多维贫困的影响暂未得到验证。

第六节　主要结论与政策建议

一　主要结论

通过描述性分析，笔者认为困难家庭儿童的多维贫困体现为四个层次不同程度的剥夺与劣势。具体而言，在营养与健康维度，困难家庭儿童食物多样性不足，营养不良导致贫血率偏高，口腔卫生清洁习惯不良增加了患口腔疾病的风险，身体健康状况不佳，患病率和住院频率较高。在教育维度，《义务教育法》保证了儿童义务教育的普及和儿童接受教育的权利，但仍有极少数困难家庭儿童存在失学问题，需要进行有针对性的扶助。同时，不论是在正规的课堂教育还是"培优"性质的课外教育，困难家庭儿童都处于不利地位，绝大多数的困难家庭儿童仅能获得普通学校的教育资源，且很少有机会参与课外辅导。在生活环境维度，困难家庭缺乏基础的家用电器和基本的家庭设施，独立卫生间和独立洗浴设备需求程度最高。在社会交往维度，困难家庭儿童与邻居的熟悉度偏低，无法从社区的非正式网络中获得社会支持，大部分的困难家庭儿童与老师的关系一般，这可能是他们无法获得更多的教育支持和关注、学习成绩偏低的关键原因，另外仍有小部分困难家庭儿童遭遇了校园暴力和同辈欺凌，儿童的心理健康和社会交往值得重视。

实证分析部分使用 A-F 方法，测度了困难儿童多维贫困指数、贫困发生率及贫困发生深度，分城乡、分地区、困难家庭和普通家庭对比了困难儿童的多维贫困情况，同时对多维贫困的影响因素进行了探讨。总体而言，随着阈值 K 的升高，困难儿童贫困指数、贫困发生率和贫困发生深度分别呈现前两者下降、后者升高的趋势。同时，在城乡困难儿童多维贫困的对比中发现，农村困难儿童多维贫困指数约为城市困难儿童多维贫困指数的 1.5 倍，农村困难儿童多维贫困程度更为严重。在困难儿童多维贫困的分地区比较方面，东部地区、中部地区、西部地区及东北地区的多维贫困指数依次升高，表明相对于东部地区和中部地区，西部地区和东北地区的困难儿童多维贫困程度更大。通过对比困难家庭和普通家庭发现，普通家庭儿童也存在着多维贫困的现象，但贫困程度低于困难家庭儿童。最后，对困难儿童多维贫困致贫因素的分析表明，儿童性别、父母离异情况、父母受教育程度、父母就业情况、社区服务、家庭城乡属性和地区对困难儿童多维贫困均有显著性影响。

二 政策建议

基于前文的研究发现与研究结论，本部分针对我国困难家庭儿童的社会政策支持系统建设提出以下建议。

第一章 困难家庭儿童多维贫困状况

（一）通过地区经济发展缩小困难家庭儿童多维贫困的地区、城乡差异

研究显示，困难家庭儿童多维贫困的城乡差距较大，相较于城市困难儿童，农村困难儿童的多维贫困指数和多维贫困发生率都要更高。在地区差异方面，本书测算的贫困指数、贫困发生率和贫困发生深度三项指标均在东部地区、中部地区、西部地区和东北地区依次递增。由此可见，经济发展水平的差异是导致我国困难家庭儿童多维贫困城乡差异和地域差异的直接原因。因此，需要从宏观社会经济发展着眼，通过建立与经济发展相适应的区域性扶贫开发战略，通过经济发展增加低收入人群的就业机会，增加困难家庭的社会融入和社会参与，减少困难家庭儿童的社会排斥。同时，还要通过加强西部和东北地区的基础设施建设，改善当地的教育资源和文化环境，缩小区域城乡之间儿童发展鸿沟，从起点上维护和促进公平，以缩小地区收入差距扩大带来的社会分层固化。

（二）通过人力资本投资减少贫困代际传递

困难家庭儿童的多维贫困体现了贫困的复杂性和多样性，贫困的各个维度形塑了困难家庭儿童被排斥的日常生活，收入增长和保障对于困难家庭条件改善有重要作用，但仅依靠增长式扶贫或保障式救助并不能完全解决代际流动的社会问题。父母受教育水平的提高能够有效防止儿童陷入多维贫困，有利于弥补困难家庭儿童在先天禀赋和家庭资源方面的相对劣势。因此，政府部门要针对低收入人群和困难家庭提供充足的教育经费资助，在教育投入方面注重对困难家庭子女的财政补助，同时将教育财政投入向处于相对于劣势的落后地区、困难群体倾斜，确保困难家庭儿童的教育公平机会。另外，也要重视课外辅导对于儿童发展的重要影响，通过政府购买服务，增加困难家庭儿童接受更多"培优"教育资源的机会，充实儿童的生命历程，充分发挥教育在促进代际流动和保障社会公平方面的经济社会功能，减少贫困的代际传递。

（三）通过就业实现儿童发展政策和家庭支持政策的有效衔接

贫困现象不仅涉及宏观的制度—文化结构维度，也涉及微观个体和

家庭能力和心理维度，它并非仅由单一维度主导，而是宏观结构与微观家庭之间多重交互的结果。贫困作为困难家庭的显性特征，不仅使他们在物质方面表现出匮乏和短缺，更容易在心理层面造成困难家庭成员自我认识的贬低和社会关系的疏远，这些内外机制的形成，给他们的心灵打上了比物质生活更为持久的负面烙印。享受救济是低收入群体作为社会公民应有的权利，但如果仅仅依靠政府进行兜底，很容易造成困难家庭福利依赖和家庭成员的思想惰怠，对于儿童的家庭教育和生活教养也会造成负面影响。父母就业不仅为困难家庭提供了除社会救助之外的经济收入，改善了家庭经济条件，还为困难家庭的父母提供了积极参与社会生活、参与正常社会活动和融入主流社会关系的重要途径，这有利于减少低收入家庭的排斥感和污名感，同时能够帮助父母提升自我效能感，有利于形成良好的家庭教育氛围，进而为家庭早日脱离贫困奠定基础。因此，为消除贫困的脆弱性和持久性，需要对贫困人口的能力进行开发，通过就业救助和相关职业技能培训将低保制度从生存救助向能力救助延伸，使低收入者利用自己获取的能力来提高收入水平、改善其家庭的生活质量以及增强应对风险的能力。

（四）通过社区及社会组织服务供给为儿童提供社会支持

社区作为家庭和个人生活的重要场域，在熟人社会的文化传统下，邻里等社会网络能够为困难家庭提供非正式的社会支持。社群纽带和社会关系网络对儿童福利有着正向的促进作用，社区的资源和信息也有利于防止困难家庭儿童陷入多维贫困。因此，整合社区资源，为困难家庭儿童提供相应的课外辅导资源、安全健康知识、社会活动参与机会和社会交往平台，使他们能够更多地从社区资源中受益，是社区在提供相关服务时需要考虑的重点。社会资本既包括家庭、朋友、邻居和熟人这些非正式的关系，也包括各种社会组织的参与。针对父母离异和父母受教育程度低而更容易陷入多维贫困的困难家庭儿童，应通过社会组织或社区对其进行保护，同时提供父母教育培训计划，增强父母养育子女的责任心，提高其养育子女的各项能力，保障困难家庭儿童的健康成长与发展。

第二章　困难家庭儿童的营养与健康

第一节　问题的提出

儿童能否健康成长，决定着一个国家和民族未来在人力资源上的可持续发展，影响未来劳动力的素质和整体社会人口的质量。儿童的营养与健康是政策和学术研究关注的重点。营养是保持人体健康的基础条件，个体只有摄入合理营养，增强自身抵抗力以适应外界环境的变化，才能保持身体健康的状态。对于儿童来说，营养与健康指其能合理摄入促进其成长发育所需要的物质，从而保持健康体魄的状态。

现代科学的发展将营养作为重要的生物和社会问题加以研究。营养是人体利用食物满足其生理需要，从而维持其生命活动的过程。[1] 从生物学的角度来看，营养是任何生物体维持生存所必需的，主要是指可以从外界获取的，维持生命所必需的生物素。人们在日常生活中所谈论到的营养主要是指人体所需的六大营养素，分别是：碳水化合物（Carbohydrates）、脂类（Lipids）、蛋白质（protein）、维生素（Vitamines）、矿物质（Minerals）和水（Water）。其中，碳水化合物、脂类、蛋白质和水因每日所需量较大而被称为宏量元素，维生素和矿物质因每日所需量较小而被称为微量元素。[2] 人体摄取这些营养素最主要的来源是食物，不同的食物有着不同的营养素，人体对它们的需求

---

[1] Whitney, Ellie, Rolfes, Sharon Rady, *Understanding Nutrition*, Wadsworth: Cengage Learning, 2018, pp. 2–27.

[2] 陈辉：《现代营养学》，化学工业出版社 2005 年版，第 25—80 页。

量有着严格标准。不同的人群对于营养的需求是不同的,比如儿童及青少年、孕产妇、中老年人群等,在营养的需求上都会存在一定的差异。

健康这一词的含义则较为广泛,世界卫生组织定义健康"乃是一种在身体上、精神上的完满状态,以及良好的社会适应力,而不仅仅是没有疾病和衰弱的状态"[1]。一般包括生理健康和心理健康两个层面,本章主要关注生理健康。就生理健康而言,它一方面指人体的身体器官无较大功能问题,人体的各系统都具有良好的生理功能;另一方面则指身体能适应环境的变化以及各种不利因素对身体的刺激作用。[2]

对于儿童营养和健康的重视程度随着经济社会的发展而逐步加强。在经济发展的初期,社会和家庭往往会忽视儿童营养和健康状态,加之医疗卫生水平低下,导致许多儿童不仅存在营养不良的问题,而且还因免疫力低下而患有多种疾病。但是随着经济卫生水平的提高,健康宣传教育的推广,儿童的营养与健康问题的重视程度得到了广泛提高。总体而言,我国儿童营养与健康状况水平随着经济社会的发展而总体呈现出不断提高趋势,且对其的重视程度也有所加强,但主要矛盾已从解决温饱问题转向保持营养均衡与健康的生活方式。

虽然就纵向而言,儿童的营养与健康状况呈现出不断提高的趋势,但是从横向来看,儿童群体内部也存在一定的差异,尤其是困难家庭的儿童,其营养与健康状况不容乐观,贫困地区及贫困家庭儿童营养不良的比例高于一般地区与家庭。

本章将在综合回顾相关政策和前人研究的基础上,采用2018年度"托底性民生保障政策支持系统建设"项目人群调查儿童青少年调查问卷数据,对困难家庭儿童的营养与健康现状进行科学测量和全面

---

[1] The World Health Organization, *Constitution of the World Health Organization*, New York: The World Health Organization, 1946, p.1.
[2] 王亚娟:《浅析人体心理健康对生理健康的影响》,《科技创新导报》2015年第22期。

第二章 困难家庭儿童的营养与健康

描述,并以 Grossman 模型为框架,探讨困难家庭儿童的营养与健康状况的决定因素。本章还将对比困难家庭儿童和普通家庭儿童的营养与健康水平差异。在本章中,困难家庭是指享受低保的家庭和低保边缘家庭。

一 政策背景与文献综述

儿童的营养和健康水平的高低一方面直接反映着个体及群体的发展状况,另一方面也可以作为衡量一个国家和地区经济、卫生等各方面发展水平的综合指标。为此,各个国家及国际组织都高度重视儿童的营养与健康,并采取多种方式促进儿童营养与健康的发展。此外,儿童的营养与健康问题是公共卫生、社会保障以及其他社会科学研究的一个重要主题,已经取得了丰硕的研究成果。

我们首先回顾儿童营养与健康的政策背景,从国际和国内两个层面梳理涉及儿童营养与健康的相关政策;还从影响因素和研究群体两个角度梳理了研究儿童的营养与健康影响因素的研究成果。

（一）政策背景

根据《中华人民共和国未成年儿童保护法》以及《联合国儿童权利公约》规定:"儿童是指 18 岁以下的任何人。"儿童的生长发育是一个连续的动态过程,因此在医学界中,为了更好地对儿童的身体发育情况进行观测和指导,将儿童年龄划分为七个时期,分别是胎儿期、新生儿期、婴儿期、幼儿期、学龄前期、学龄期和青春期。其中,胎儿期是指从受精卵的形成到胎儿出生为止,共四十周;新生儿期是指胎儿的脐带结扎至出生后 28 天起;婴儿期是指从出生到满一周岁,这一阶段实质上包含了新生儿期;幼儿期则是指一周岁到三周岁;而三周岁至六七岁入小学期则为学龄前期;至入小学起至青春期开始为学龄期;青春期的范围一般是指 11 岁至 20 岁,其中女孩开始和结束的时间要比男孩早两年左右。[1] 在儿童发展的不同时期,对于

---

[1] 余萍:《儿童营养与健康》,湖南科技出版社 2007 年版,第 22 页。

营养的要求也存在一定差异。因此，只有在不同阶段都给予儿童对应阶段所需的营养，才能满足儿童健康成长的需求。

在国际层面，随着社会的发展和文明的进步，世界各国已经认识到儿童享有良好的营养和健康水平已经成为儿童应有的权利之一。在1989年11月20日联合国通过的《联合国儿童权利公约》中，各缔约国达成共识，认识到儿童有权享有可达到最高标准的健康，并享有医疗和康复设施。2000年9月，世界各国代表在联合国总部达成了一项新千年宣言的历史性协议——新千年发展目标（MDGs），使用8项主目标和48项指标来监测实施进展，其中减少儿童死亡率成为8项主目标之一。不仅如此，世界各国还先后由政府牵头或通过成立许多非政府组织来呼吁和保护儿童营养与健康发展问题，尤其是针对发展中国家以及困难家庭的儿童。

我国政府在增强儿童营养和促进其健康发展上做出了巨大努力。在20世纪90年代初期，我国政府就签署了世界儿童问题首脑会议所通过的《儿童生存、保护和发展世界宣言》和《执行年代儿童生存、保护和发展世界宣言行动计划》。2007年，我国出台了《中共中央国务院关于加强青少年体育增强青少年体质的意见》，把增强学生体质作为学校教育的基本目标之一，建立健全学校体育工作机制。2011年，为落实联合国儿童问题特别会议精神，我国政府颁布了《中国儿童发展纲要（2011—2020）》，从儿童健康、教育、法律保护和环境四个领域提出了儿童发展的主要目标和策略措施，明确提出了改善儿童营养、促进儿童健康的相关目标任务和策略措施，把保护儿童健康，提高出生人口素质列入国民经济与社会发展规划。同年，国务院颁布了《中国妇女儿童发展纲要（2011—2020）》，2016年8月20日，习近平总书记在全国卫生与健康大会上指出要推进"健康中国"的建设，提出"要把人民健康放在优先发展的战略地位"①。这一提

---

① 习近平：《把人民健康放在优先发展战略地位，努力全方位全周期保障人民健康——在全国卫生与健康大会上的讲话》，《人民日报》2016年8月21日。

第二章 困难家庭儿童的营养与健康

法在党的十九大报告中得到进一步确认,这一部署充分体现了人们,尤其是儿童的身体健康对于国家发展的重要战略意义。

由上可以看出,儿童的营养与健康早已不再是个体与家庭的问题,而是上升到国家和全世界所共同努力和奋斗的目标。儿童作为社会的弱势群体,理应受到社会资源的倾斜。从人道主义的角度看,对儿童营养与健康的关注是生物性的本能,人类社会在此方面应当做出更大努力。

(二) 文献综述

已有研究对于影响儿童营养与健康的因素探究主要集中在以下几个方面:遗传因素、环境因素、习惯因素以及医疗因素。其中遗传因素主要是儿童从父母那里继承的健康状态,尤其是儿童的母亲在妊娠时期的状态。环境因素主要是儿童所居住的家庭、社区和社会环境中一系列有利于健康和营养的要素集合。习惯因素主要是儿童自身的健康行为和膳食结构。医疗因素主要是指儿童对于医疗资源的可及性和可负担性。

1. 遗传因素

遗传因素对于儿童营养与健康的影响主要集中在医学与卫生领域,许多学者从生物学的角度出发探讨遗传等基因问题对儿童健康状态的影响。有学者研究指出,父母双方或有一方为肥胖者的儿童肥胖比例为 66.18%,父母均不肥胖者的儿童肥胖比例为 39.71%,显示肥胖具有明显的家族遗传倾向,父母肥胖的儿童更容易发生肥胖[①]。妊娠期间母体的生理与病理状态,如孕期增重、胎龄等因素也可直接影响新生儿代谢,从而影响新生儿与幼儿的营养与健康状况[②]。

2. 环境因素

社区和家庭是儿童重要的生活环境,对儿童的营养与健康有着极

---

① 娄晓明、席江海、卢艳馨等:《遗传对儿童肥胖及相关因子分泌影响》,《中国公共卫生》2007 年第 11 期。

② 胡秋艳:《2—5 岁儿童营养不良状况及其影响因素调查》,《中国卫生标准管理》2015 年第 8 期。

为重要的影响。以往研究重点关注家庭环境的重要性,家庭经济条件、父母文化程度、家庭所采取的儿童照料方式、是否有健康的饮用水以及能否使用厕所等具体要素都会对儿童的营养与健康产生重要影响。

家庭的经济条件直接影响家庭的食品支出,从而影响儿童膳食来源。对于家庭经济困难的儿童,温饱问题是其父母的首要考虑,因而不能满足儿童对于多种营养素的需求。另外,经济困难的家庭往往不能给儿童提供较好的卫生环境及医疗保障,从而不利于儿童的健康成长。父母的文化程度也会影响儿童的营养与健康状况,拥有较高文化水平的父母往往给予儿童的营养与健康较高的重视程度,并且能够掌握科学的养育方法,从而促进儿童的健康成长。儿童照料方式也是影响儿童营养与健康状况的重要因素,留守儿童由于长期由年长的祖父母所看护,而祖父母往往缺乏科学的儿童护理知识,并且由于自身体弱多病而无法全身心投入到儿童看护中,从而造成留守儿童营养缺乏。[①]

家庭是否有健康的饮用水对于人的身体健康具有决定性影响。已有研究证明,家庭中的饮用水情况能反映出儿童所生活的家庭健康卫生状况,饮用水的安全直接影响着儿童的身体健康。

厕所对于人身体健康的影响研究已有一定历史,就我国而言,许多流行病研究早已指出,大量未经过无害化处理的粪便污染环境,多种病原微生物在水土之中,造成了人畜之间的循环感染,在农村地区此种现象尤为严重。[②] 而儿童由于免疫力低下,则更容易受到感染,从而危及健康和正常发育。

3. 习惯因素

以往研究将儿童的习惯和行为作为影响其自身健康的重要因素加

---

① 计美美、林茜:《中国农村留守儿童营养与生长发育现状及影响因素》,《实用预防医学》2018年第10期。

② 王陇德:《提高国民健康水平需要开展行为和膳食及厕所三大革命》,《中华预防医学杂志》2007年第6期。

第二章　困难家庭儿童的营养与健康

以考虑，主要包括儿童的健康行为和膳食结构。

一方面，儿童的健康行为主要反映在儿童是否具有有利于健康的一般生活方式，以及是否从事促进健康的日常性活动。主要测量指标集中于每天是否吃早餐、每天是否早睡早起以及锻炼的频率等。随着生活节奏的加快，人们的生活方式与以往相比也发生了较大的变化，这一变化也影响到了儿童的营养与健康状况。随着电子产品的普及，儿童所受的辐射增强，作息习惯也受到一定影响。而且由于学业压力变大，儿童户外锻炼的时间相应减少，许多儿童处于亚健康状态。

另一方面，儿童的膳食结构直接影响了儿童的营养摄入。对于膳食结构测量的主要方法为记账法，即对观察对象每天的食物摄入量进行统计，并以我国的食物成分标准含量为参照标准，计算儿童每天摄取的各类营养元素的比例，同时也计算蛋白质、脂肪、碳水化合物的供能比例，并研究豆类、动物性食物供能比例、优质蛋白食物摄入比例。[1]

4. 医疗因素

除了上述因素，儿童所在地区的医疗资源分布状况和医疗筹资计划也会影响儿童的医疗服务使用，进而影响到儿童的营养与健康状况。

医疗资源的分布状况在很大程度上取决于地区的经济发展水平。贫困地区往往由于经济水平较低，资源较为匮乏，导致卫生资源较差，儿童没有办法享受到较高水平的卫生设施。有学者研究指出，贫困地区儿童的生长发育迟缓率要高于发达地区，且贫血率要高于发达地区。[2] 同时，贫困地区缺乏营养安全知识教育，从而间接影响儿童的营养与健康状况。

---

[1] 王维清、侯如兰、马晶昕等：《学龄前儿童营养状况及影响因素分析》，《中国妇幼保健》2004年第19期。

[2] 赵文莉、杨海霞、陈瑞等：《甘肃省贫困农村地区5岁以下儿童营养不良和贫血状况调查》，《中国健康教育》2012年第1期。

医疗筹资计划影响儿童及其家庭对于医疗服务的可负担性。我国主要实行社会医疗保险制度，基本医疗保险对于保障居民的健康具有重要影响，对于儿童的健康水平也是如此。有学者对此进行研究指出医疗保险可以显著促进儿童健康水平[1]，并且城居保与新农合对儿童群体健康影响的绩效还存在不同[2]，城居保对儿童短期的健康绩效要优于新农合，新农合对儿童的长期健康有明显的改善作用。

（三）儿童营养与健康主题的群体研究

关于儿童营养与健康状况的研究，许多学者从不同角度出发进行了探讨，其中，对于不同群体儿童的营养与健康状况进行研究是一种常见的做法。

首先，部分研究对所有类型儿童的营养与健康状况进行了综合描述。马冠生对1992年全国营养调查和2002年中国居民营养与健康状况调查结果进行了对比研究，发现2002年男生与女生的平均身高和体重较1992年均有提升。2002年我国城市学龄儿童平均每日摄入的谷类、蔬菜量均有所下降，而动物性食物的摄入量则有明显增加。在膳食结构方面，与1992年相比，2002年的儿童脂肪供能比均有显著提升，而碳水化合物的功能比均显著下降。膳食结构的不平衡而不是单纯的饥饿成为导致儿童营养不良的主要原因。在贫血率方面，2002年的儿童与1992年相比则有显著下降，而在肥胖率和糖尿病率方面，则有显著提升。[3]

其次，贫困地区的儿童营养与健康状况得到了重点关注。罗仁福等人对贫困农村儿童的营养问题进行了研究，发现这些地区儿童的膳食和营养状况有了很大的改善，但各种微量元素的缺乏以及高血压、糖尿病、肥胖病的流行依然是这些地区儿童面临的主要问题。[4] 王巧

---

[1] 刘玮、孟绍群、韩笑：《医疗保险对儿童健康的影响》，《保险研究》2016年第4期。
[2] 牟珊珊、周志凯：《新农合和城镇居民医保对儿童健康的绩效研究》，《社会保障研究》2017年第4期。
[3] 马冠生：《我国儿童少年营养与健康状况》，《中国学校卫生》2006年第7期。
[4] 罗仁福、张林秀、刘承芳、史耀疆：《贫困农村儿童营养问题及可行方案》，《团结》2017年第6期。

第二章 困难家庭儿童的营养与健康

玲等人研究发现贫困县的困难儿童与非困难儿童在饮食结构与健康水平上存在着相当的差异,贫困地区儿童的发展迟缓率要低于一般地区,贫血情况也要更为严重。[1] 就贫困地区儿童营养不良发生的年龄段而言,不同地区存在一定的差异,但学龄期间的儿童则为高发群体。[2]

再次,还有学者将儿童营养与健康进行城乡对比研究。刘民权和王曲在控制了收入、性别、母亲文化程度等一系列变量之后,发现无论是发育迟缓模型还是体重不足模型,城乡差异对儿童是否处于营养不良都存在显著的影响。[3]

最后,对于特殊群体儿童,如留守儿童的研究也较为普遍。留守儿童是困难儿童的一种典型群体,他们数量庞大,面临的生活环境更为特殊,因而受到了学者和专家的重视。对于留守儿童营养与健康的相关研究显示,留守儿童在蛋白质、脂肪等热量供应上要低于非留守儿童,并且留守儿童的营养状况受到其看护人员的生活习惯的影响。[4] 然而,也有研究在克服了样本自选择以及样本遗漏问题的基础上,使用双重差分的方法,得出父母外出务工对留守儿童自评健康总体上并没有显著的影响。[5]

综上所述,儿童健康和营养问题已经被各国政府列为重要政策议程,我国政府同样对此问题给予了高度关注。已有学术研究围绕儿童健康和营养议题进行了一系列分析,这其中关于儿童的营养和健康影响因素研究和群体研究已经较为成熟。然而,对于贫困家庭儿童的营

---

[1] 王巧玲、张春燕、唐裕、谭丽、闫博华:《重庆市某贫困县农村学龄前留守儿童营养状况及影响因素分析》,《预防医学情报杂志》2018年第2期。

[2] 周勇杰、李赋、曹中强、杜玉开:《湖北贫困地区儿童营养状况分析》,《中国儿童保健杂志》2017年第4期。

[3] 刘民权、王曲:《中国儿童营养的城乡差异分析》,《中华预防医学会会议论文集》,2006年。

[4] 陈玥、赵忠:《我国农村父母外出务工对留守儿童健康的影响》,《中国卫生政策研究》2012年第11期。

[5] 孙文凯、王乙杰:《父母外出务工对留守儿童健康的影响——基于微观面板数据的再考察》,《经济学》(季刊)2016年第3期。

养与健康状况研究依然不充分,对其影响因素以及和普通家庭的对比研究依然不足,这些问题为本书研究的开展提供了基础和空间。

二 数据和指标体系介绍

(一)数据

本书采用2018年度"托底性民生保障政策支持系统建设"项目人群调查儿童青少年问卷数据。该调查由民政部政策研究中心组织,采用计算机辅助面访的方式,于2018年7月至2018年9月对全国29个省(市、自治区)的110个市、150个区县的1800多个村委会和居委会展开了调查。① 调查共包含3342个儿童青少年观测值,其中2531个来自困难家庭,占总数的75.73%,811个来自普通家庭,占总数的24.27%。在来自困难家庭的儿童青少年中,1534个来自于低保家庭,占困难家庭观测值的60.6%,997个来自于边缘家庭,占困难家庭观测值的39.4%。本书的主要分析使用来自困难家庭的儿童样本,在对照分析中使用困难家庭儿童样本和普通家庭儿童样本。

由于儿童的营养与健康状况对年龄较为敏感,因此有必要尽量精确地计算儿童的年龄。该调查包含的儿童年龄范围为8—16周岁,采集了儿童的出生年份和月份,但无法获得具体的调查时间,我们在计算精确年龄时假定调查时间为2018年8月。图1给出了困难家庭儿童分性别的年龄分布。

(二)指标体系

结合上一节文献,笔者从数据中选取了自评健康、残疾情况、出生体重、身高、体重、近视和贫血情况、近期生病住院情况等一系列指标度量儿童和青少年的营养与健康。其中,自评健康是对健康状况的总体评估,残疾情况和出生体重代表了出生时的健康状况,身高、

---

① 参见北京大学中国社会科学调查中心《2018年"中国城乡困难家庭社会政策支持系统建设"项目人群调查数据管理报告》。

第二章 困难家庭儿童的营养与健康

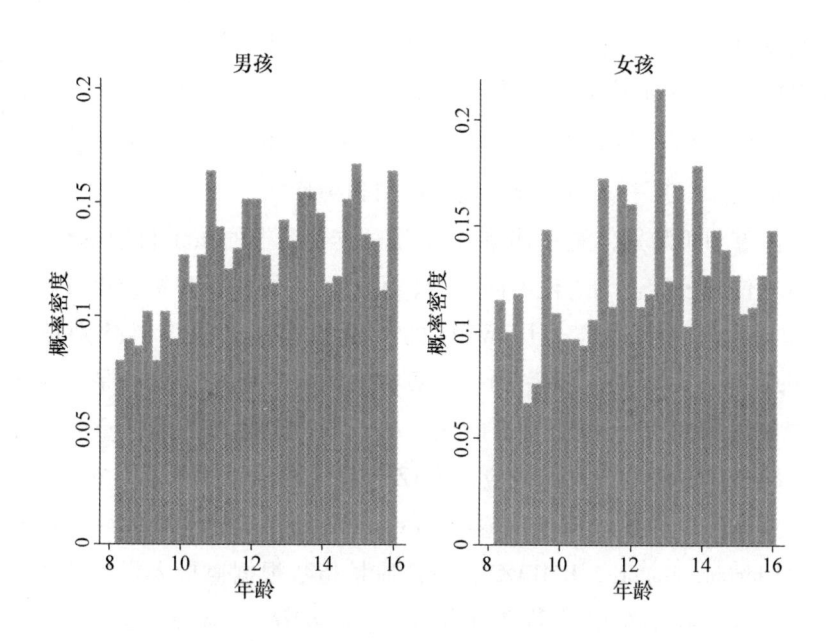

图1 困难家庭男孩和女孩的年龄分布

体重、近视、贫血和近期生病住院情况代表现阶段的营养和健康状况。具体变量及定义方式如下。

主观健康评价：主观健康评价是由监护人对孩子的身体健康状况做出的总体评价，赋值1—5分别代表非常差、比较差、一般、很好和非常好。

残疾状况：包括是否残疾和残疾程度。是否残疾为0、1二元变量，有残疾为1。残疾程度从1到4分别代表无残疾、轻度残疾、中度残疾和重度残疾。该调查对有残疾的儿童详细询问了残疾类型，包括视力残疾、听力残疾、语言残疾、肢体残疾、智力残疾、精神残疾和其他残疾。

出生体重：孩子出生时的体重，度量单位为公斤。

身高和年龄别身高：身高变量为监护人报告的孩子目前的身高，度量单位为厘米。我们修正了数据中部分观测值由于把厘米理解为米造成的记录错误。为了使不同年龄、不同性别的儿童和青少年身高具有可比性，我们采用世界卫生组织（World Health Organization，WHO）发布的常模和计算程序，计算年龄别身高（height-for-age z-score，HAZ）。① 基本计算方法为 HAZ_{iga} =（身高$_{iga}$ − 平均身高$_{ga}$）/ 身高标准差$_{ga}$，其中 g 和 a 分别代表性别和年龄。

体重和年龄别体重：体重变量为监护人报告的孩子目前的体重，度量单位为公斤。为了使不同年龄、不同性别的儿童和青少年身高具有可比性，我们同样采用 WHO 的常模和程序，计算年龄别体重（weight-for-age z-score，WAZ），计算方法同上。值得指出的是，由于青少年在 10 岁后会经历身高的快速生长期，因此单纯的体重测量无法区分身体密度和身高的效应，WAZ 仅仅适用于 5—10 岁儿童。②

身体质量指数（Body Mass Index，BMI）和年龄别身体质量指数（BMI-for-age z-score，BMIAZ）：身体质量指数根据监护人报告的孩子目前的身高和体重计算，计算公式为 BMI = 体重（公斤）/ 身高^2（米）。同样，我们使用 WHO 的常模和工具计算 BMIAZ。当 BMI-AZ 大于 1 个标准差时，判断为超重（overweight）；当 BMIAZ 大于两个标准差时，判断为肥胖（obesity）；当 BMIAZ 小于两个标准差时，判断为过瘦（thinness）。③

是否近视：由监护人报告的孩子的当前视力情况，近视取值为 1，不近视取值为 0。调查中的原始问题区分了轻微近视和重度近视，我们将这两者合并为近视。

是否贫血：由监护人报告的孩子的当前贫血情况，贫血取值为 1，不贫血取值为 0。调查中的原始答案包含是、否和不清楚。我们去除了回答"不清楚"的观测值。

过去两周内是否生病：由监护人报告的孩子在调查前两周是否生

---

① The World Health Organization. Growth reference 5 - 19 years: Height-for-age (5-19 years), https://www.who.int/growthref/who2007_height_for_age/en/.
② Ibid.
③ Ibid.

过病，生过病取值为1，未生病取值为0。

过去一年住院情况：包括二元变量"孩子过去一年是否住院"（有过住院经历取值为1，否则为0）和"过去一年住院次数"。

第二节　困难家庭儿童的营养健康状况

一　困难家庭儿童的总体营养健康状况

下表描述了困难家庭儿童的营养健康状况，每一个指标均给出了均值、标准差、中位数、最小值和最大值五个统计量。

表1　　　　困难家庭儿童营养健康状况的描述性统计

	均值	标准差	中位数	最小值	最大值
主观健康评价	3.675	0.921	4	1	5
是否残疾	0.027	0.161	0	0	1
残疾程度	1.055	0.356	1	1	4
出生体重	3.174	0.673	3	0.15	7.6
身高（cm）	150.286	16.144	152	15	191
年龄别身高（HAZ）	-0.196	1.563	-0.04	-18.93	5.5
体重（kg）	43.163	15.532	40	10	140
年龄别体重（WAZ）	-0.064	1.524	-0.18	-6.23	6.52
身体质量指数（BMI）	19.399	31.247	17.778	6.944	1555.556
年龄别身体质量指数BMI	-0.081	5.248	-0.24	-7.96	246.91
是否近视	0.407	0.491	0	0	1
是否贫血	0.135	0.342	0	0	1
过去两周内是否生病	0.196	0.397	0	0	1
过去一年是否住院	0.109	0.312	0	0	1
过去一年住院次数	0.211	0.963	0	0	24

注：[1]年龄别体重（WAZ）的统计范围仅包含8—10岁的儿童；[2]过去一年住院次数的统计包含了全部观测值，没有住院的观测值住院次数记为0。

从表1来看，困难家庭儿童的监护人对儿童健康状况的评价均值为3.675，即"一般"和"很好"之间。在2523个报告了残疾状况的困难家庭儿童中，残疾的发生率为2.7%，其中轻度残疾、中度残疾和重度残疾分别为20人、23人和24人。残疾类型主要为肢体残疾和视力残疾，分别为38人和14人，另有听力残疾6人，语言残疾5人，智力残疾9人，精神残疾3人和其他残疾3人。

出生体重作为最重要的婴儿健康指标，在困难家庭儿童中均值为3.174千克。按照中国的临床判定标准，出生婴儿体重低于2.5千克为低出生体重儿，低于1.5千克为极低出生体重儿，低于1千克为超低出生体重儿。困难家庭儿童样本中有8.26%的低出生体重儿，0.6%的极低出生体重儿，0.1%的超低出生体重儿。由于该调查中出生体重并非医院记录数据，而是监护人的回忆数据，可能存在一定的误差。

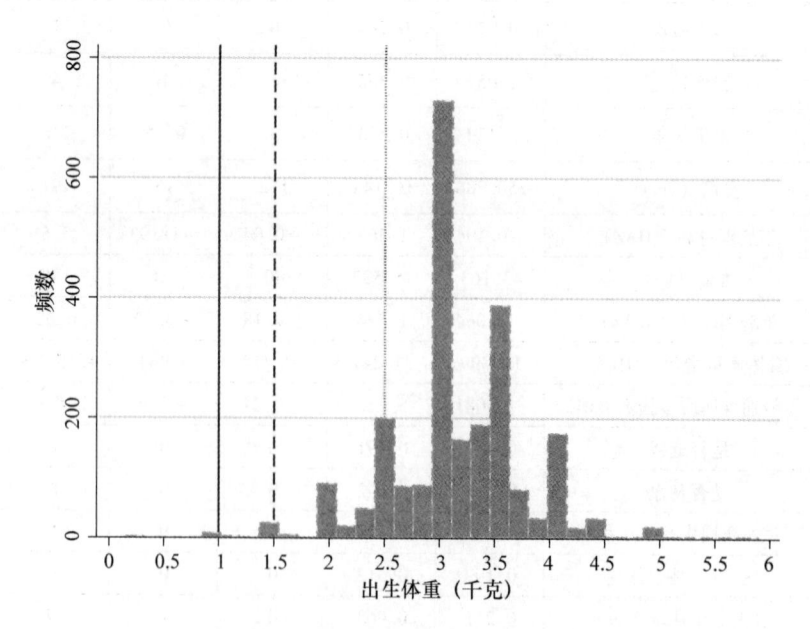

图2 困难家庭儿童出生体重分布

注：从左至右线段分别为超低（1千克）、极低（1.5千克）和低（2.5千克）出生体重儿标准。

◈◈ 第二章 困难家庭儿童的营养与健康 ◈◈

身高和体重是儿童和青少年营养健康状况最重要的指标。身高均值为150.286厘米，体重均值为43.163千克，BMI的均值为19.399。由于青少年的身高和体重受到年龄影响很大，因此，我们将在下一小节着重分析年龄别身高、体重和BMI。

近视问题极为严重，近视儿童占全部困难家庭儿童的40.7%。其中，轻微近视儿童占34.2%，重度近视儿童占6.5%；贫血问题则更为复杂，不同于近视，一般儿童和家长并不能轻易发现贫血问题，在所有明确回答了是否有贫血症状的观测之中，贫血儿童的比例占13.5%，但在所有困难家庭儿童中，有14%的观测值监护人表示不清楚儿童是否有贫血问题。

19.6%的困难家庭儿童在调查前的两周内曾经生病，生病的概率随着儿童年龄的增大而下降。有10.9%的困难家庭儿童在一年内曾经住院，平均住院次数为0.211次。在所有住过院的儿童中，平均住院次数为1.93次，住院超过5次的儿童有20人。

二 困难家庭儿童的分年龄营养健康状况

在本节中，笔者分析几个可能随成长阶段变化较大指标在不同年龄中的分布状况。首先是主观健康评价。从表2可以看出，各年龄段儿童监护人对儿童健康状况的评价均值集中在3.5—3.8之间，绝大部分年龄段的中位数评价是4，即"很好"，8岁年龄段和16岁年龄段儿童的中位数评价是3，即"一般"。从标准差来看，各年龄段主观评价的波动幅度也较为一致。

表2　　　　　　**困难家庭儿童的分年龄主观健康状况**

年龄	观测值	均值	标准差	中位数
8	111	3.586	0.977	3
9	237	3.696	0.957	4
10	282	3.656	0.923	4

续表

年龄	观测值	均值	标准差	中位数
11	325	3.658	0.877	4
12	348	3.649	0.897	4
13	369	3.78	0.966	4
14	360	3.636	0.946	4
15	343	3.697	0.883	4
16	148	3.628	0.883	3

其次是分年龄别身高、体重和 BMI。表 3 展示了困难家庭儿童年龄别身高、体重和身体质量指数的分布，相比于 WHO 的国际标准，无论是 WAZ 还是 HAZ，我国困难家庭儿童都略低（均值小于 0），这一问题在 14 岁以上儿童的 HAZ 中尤为明显，但这很可能是由于我国儿童的平均身高与 WHO 标准的差距造成的，不能全部解释为困难家庭的劣势。8—10 岁儿童的 WAZ 落在 3 个标准差之外的较少，均值左右两个标准差之内的观测值占 82%。8—10 岁儿童的 HAZ 落在均值 3 个标准差之外的同样较少，均值左右两个标准差之内的观测值占 86%。但是从 BMIAZ 来看，困难家庭儿童的过瘦和肥胖现象并存。按照 BMIAZ 小于均值两个标准差即为过瘦的标准，过瘦儿童的总体比例占到了 11.7%，这一问题在 8—10 岁儿童中尤为明显。按照 BMIAZ 大于均值一个标准差即为超重，大于均值两个标准差为肥胖的标准，超重儿童的总体比例占到了 22.7%，肥胖儿童的总体比例占到了 9.4%。体重超标问题同样在 8—10 岁儿童中最为严重，但在 11—16 岁儿童中的状况也并不乐观。

表 3　困难家庭儿童年龄别身高、体重和身体质量指数分布

年龄别体重（WAZ）								
年龄	观测值	均值	标准差	小于3个标准差	小于2个标准差	大于1个标准差	大于2个标准差	大于3个标准差
(5—10)	485	-0.06	1.47	1.4	8.7	21.2	9.3	3.1

第二章 困难家庭儿童的营养与健康

续表

年龄别体重（WAZ）

年龄	观测值	均值	标准差	小于3个标准差	小于2个标准差	大于1个标准差	大于2个标准差	大于3个标准差
8	190	−0.08	1.34	1.1	5.3	17.9	7.4	2.1
9	238	−0.1	1.57	1.3	11.8	21.8	10.5	4.2
10	57	0.15	1.45	3.5	7	29.8	10.5	1.8

年龄别身高（HAZ）

年龄	观测值	均值	标准差	小于3个标准差	小于2个标准差	大于1个标准差	大于2个标准差	大于3个标准差
(5—19)	2507	−0.16	1.44	4	9.4	19.6	4.6	0.8
8	191	−0.31	1.69	7.9	9.9	22.5	5.8	1.6
9	241	−0.23	1.77	4.6	19.1	26.1	10.4	2.1
10	297	−0.13	1.57	6.1	12.1	25.3	5.7	0.7
11	354	−0.02	1.53	4	9.9	23.7	6.8	0.8
12	331	−0.13	1.5	5.4	10.6	23.3	4.5	0.9
13	377	−0.04	1.37	3.2	8.5	20.2	4.2	0.5
14	337	−0.21	1.25	3.3	6.8	12.5	1.8	0.3
15	337	−0.29	1	0.6	3	8.6	0.3	0
16	42	−0.39	0.78	0	0	7.1	0	0

年龄别身体质量指数（BMIAZ）

年龄	观测值	均值	标准差	小于3个标准差	小于2个标准差	大于1个标准差	大于2个标准差	大于3个标准差
(5—19)	2481	−0.18	1.64	4.7	11.7	22.7	9.4	2.9
8	188	0.04	1.78	4.8	10.1	27.7	15.4	2.1
9	235	−0.06	1.96	8.9	15.3	29.8	14	4.7
10	294	−0.05	1.76	7.5	13.6	29.3	11.9	2.7
11	350	−0.1	1.62	4	12.3	26	9.4	2.9
12	326	−0.18	1.7	4.9	11.7	23.9	9.5	3.4
13	374	−0.21	1.49	3.2	8.3	17.9	7.2	2.7
14	336	−0.39	1.53	3	13.4	18.2	6.8	2.4
15	336	−0.31	1.45	3.9	10.7	14.9	6.8	2.4
16	42	−0.24	1.27	0	4.8	19	4.8	2.4

再次是近视和贫血的发生。从表4来看，无论是轻微近视，还是重度近视，其发生率都随着年龄的增加而迅速提高。在8岁儿童中，18.02%有轻微近视，0.90%有重度近视；在16岁儿童中，轻微近视和重度近视的比例提升为52.70%和12.16%。近视与学习习惯密切相关，如果将样本中的儿童年龄段分为小学（8—12岁）和中学（13—16岁），则可看出中学阶段是近视的高发时期。贫血症状的发生率则在年龄上呈现出"U"形规律，8岁儿童的贫血症状发生率为13.51%，随后逐渐下降，从14岁开始反弹，16岁儿童中有17.57%有贫血症状。必须指出的是，贫血并不像近视症状一样容易感知，监护人回答"不知道儿童是否贫血"的比例在年龄上呈现出"倒U"型，与贫血正好相反。因为数据中未记录体检情况，我们尚不清楚这一趋势背后的原因。一个可能的猜想是，监护人得知儿童贫血的主要途径是入学体检。

表4　　　　　　　　困难家庭儿童各年龄段近视发生率

年龄	观测值	视力正常 观测值	视力正常 同年龄占比	轻微近视 观测值	轻微近视 同年龄占比	重度近视 观测值	重度近视 同年龄占比
8	111	90	81.08%	20	18.02%	1	0.90%
9	236	197	83.47%	31	13.14%	8	3.39%
10	282	221	78.37%	55	19.50%	6	2.13%
11	325	221	68.00%	88	27.08%	16	4.92%
12	347	219	63.11%	110	31.70%	18	5.19%
13	369	189	51.22%	156	42.28%	24	6.50%
14	360	159	44.17%	172	47.78%	29	8.06%
15	343	146	42.57%	152	44.31%	45	13.12%
16	148	52	35.14%	78	52.70%	18	12.16%
总计	2521	1494	59.26%	862	34.19%	165	6.55%

第二章 困难家庭儿童的营养与健康

表5　　　　　　困难家庭儿童各年龄段贫血发生率

年龄	观测值	不贫血 观测值	不贫血 同年龄占比	贫血 观测值	贫血 同年龄占比	不清楚 观测值	不清楚 同年龄占比
8	111	84	75.68%	15	13.51%	12	10.81%
9	237	182	76.79%	24	10.13%	31	13.08%
10	282	210	74.47%	32	11.35%	40	14.18%
11	325	245	75.38%	27	8.31%	53	16.31%
12	348	270	77.59%	23	6.61%	55	15.80%
13	369	278	75.34%	34	9.21%	57	15.45%
14	360	254	70.56%	56	15.56%	50	13.89%
15	343	248	72.30%	56	16.33%	39	11.37%
16	148	99	66.89%	26	17.57%	23	15.54%
总计	2523	1870	74.12%	293	11.61%	360	14.27%

最后是生病住院情况。表6展示了困难家庭儿童"过去两周内是否生病""过去一年内是否住院"和"过去一年住院次数"三个变量的分年龄均值。总体来看，过去两周内生病概率和过去一年的住院次数随着年龄的增长而下降，这与疾病发生的年龄规律相吻合。相比于生病概率，住院比例是非常低的，并且过去一年内有住院情况的观测值绝大部分都是一次入院。

表6　　　　　　困难家庭儿童分年龄生病住院情况

年龄	观测值	过去两周内是否生病	过去一年内是否住院	过去一年住院次数
8	111	0.234	0.162	0.198
9	236	0.236	0.169	0.43
10	282	0.255	0.096	0.22
11	325	0.157	0.123	0.212
12	347	0.155	0.109	0.178
13	369	0.201	0.092	0.171

续表

年龄	观测值	过去两周内是否生病	过去一年内是否住院	过去一年住院次数
14	360	0.189	0.094	0.172
15	343	0.195	0.102	0.169
16	148	0.176	0.061	0.223
总计	2523	0.196	0.109	0.211

注：过去一年住院次数的统计包含了全部观测值，没有住院的观测值住院次数记为0。

三 困难家庭儿童的分地区营养健康状况

中国幅员辽阔，各地区呈现出自然条件和发展状况方面的巨大差异。首先，我们将困难家庭分为城镇和农村样本做对比；另外，按照省级行政区将困难家庭儿童营养健康状况作对比。

从城镇和农村的对比来看，总体上农村困难家庭的营养健康状况落后于城镇。显著落后的指标有出生体重、身高、年龄别身高、体重、年龄别体重和是否近视。其中，农村困难家庭儿童的出生体重比城镇低，这一差距在数值上并不大，但在8岁以后，农村困难家庭儿童的平均身高却远低于城镇困难家庭儿童。

表7　城镇困难家庭和农村困难家庭儿童营养健康状况的对比

	（1）总体	（2）城镇	（3）农村	（3）-（2）差值
主观健康评价	3.712	3.755	3.626	-0.130
	(0.964)	(0.943)	(1.002)	(0.100)
是否残疾	0.0218	0.0219	0.0216	-0.000315
	(0.146)	(0.147)	(0.146)	(0.0152)
残疾程度	1.044	1.047	1.036	-0.0115
	(0.316)	(0.344)	(0.253)	(0.0330)
出生体重	3.196	3.251	3.089	-0.161*
	(0.660)	(0.660)	(0.649)	(0.0684)

第二章 困难家庭儿童的营养与健康

续表

	（1）	（2）	（3）	（3）－（2）
身高	132.4	134.5	128.2	－6.231***
	（11.49）	（10.60）	（12.07）	（1.157）
年龄别身高（HAZ）	－0.205	0.112	－0.829	－0.940***
	（1.745）	（1.587）	（1.876）	（0.176）
体重	30.09	31.14	28.03	－3.105***
	（8.839）	（9.562）	（6.777）	（0.909）
年龄别体重（WAZ）	－0.0326	0.134	－0.362	－0.496**
	（1.511）	（1.561）	（1.353）	（0.156）
BMI	－0.00513	－0.0373	0.0582	0.0955
	（2.029）	（2.101）	（1.886）	（0.211）
年龄别BMI	17.21	17.22	17.19	－0.0247
	（4.576）	（4.834）	（4.036）	（0.477）
是否近视	0.179	0.226	0.0863	－0.140***
	（0.384）	（0.419）	（0.282）	（0.0394）
是否贫血	0.126	0.146	0.0863	－0.0597
	（0.332）	（0.354）	（0.282）	（0.0345）
过去两周内是否生病	0.225	0.234	0.209	－0.0249
	（0.418）	（0.424）	（0.408）	（0.0436）
过去一年是否住院	0.140	0.120	0.180	0.0594
	（0.348）	（0.326）	（0.385）	（0.0361）
过去一年住院次数	0.300	0.285	0.331	0.0463
	（1.206）	（1.303）	（0.988）	（0.126）
观测值	2531	1516	1015	

而在出生体重这一项上，呈现出明显的东西部差异，除广东外，出生体重数量较低的省份大多集中于中西部地区（青海、甘肃、四川、重庆、贵州等）。而在年龄别身高（HAZ）上，除了东西差异外，还呈现出明显的南北差异，内蒙古、辽宁、北京等地的HAZ处于全国最高梯队，黑龙江、吉林、山东等省份也超过了标准值，而低于标准值的省份集中于西部和南部。

近视和贫血的发生则很难找到区域规律。山西、陕西和福建三省的近视发生率最高，其次是辽宁、内蒙古和浙江，这些省份的近视率

· 67 ·

都达到了50%以上。贫血最为严重的省份是吉林、青海、重庆、贵州和湖南,超过了20%。

四 困难家庭与普通家庭儿童营养健康状况的对比

2018年度"托底性民生保障政策支持系统建设"项目人群调查同时访问了困难家庭和普通家庭,下表给出了两类家庭儿童营养健康状况的对比。可以看出,困难家庭的儿童和普通家庭的儿童相比,营养健康指标是全面落后的,但落后的程度有所不同,最为显著的差别出现在主观健康评价、身高和是否贫血指标上。上述三个指标差异,在1%的水平上是统计显著的,除此之外,困难家庭儿童的WAZ也落后0.288个单位,过去两周内生过病的概率高出7.59%。上述两个指标差异,在10%的水平上是统计显著的。

表8　　　　困难家庭和普通家庭儿童营养健康指标对比

	(1)	(2)	(3)	(4)
	全样本	普通家庭	困难家庭	差值
主观健康评价	3.851	4.139	3.713	-0.426***
	(0.933)	(0.800)	(0.960)	(0.0782)
是否残疾	0.0161	0.00498	0.0213	0.0164
	(0.126)	(0.0705)	(0.145)	(0.0108)
残疾程度	1.032	1.010	1.043	0.0327
	(0.270)	(0.141)	(0.313)	(0.0231)
出生体重	3.223	3.278	3.196	-0.0820
	(0.631)	(0.565)	(0.660)	(0.0544)
身高	133.5	136.1	132.3	-3.785***
	(11.66)	(11.47)	(11.57)	(0.989)
年龄别身高(HAZ)	-0.0129	0.420	-0.219	-0.639***
	(1.776)	(1.727)	(1.764)	(0.150)
体重	30.60	31.54	30.15	-1.389

第二章 困难家庭儿童的营养与健康

续表

	（1）全样本	（2）普通家庭	（3）困难家庭	（4）差值
	(9.388)	(10.39)	(8.852)	(0.803)
年龄别体重（WAZ）	0.0678	0.263	-0.0252	-0.288*
	(1.539)	(1.583)	(1.510)	(0.131)
BMI	17.25	17.24	17.25	0.00872
	(5.671)	(7.517)	(4.546)	(0.486)
年龄别BMI	0.0108	-0.0108	0.0211	0.0319
	(2.120)	(2.325)	(2.018)	(0.182)
是否近视	0.189	0.219	0.175	-0.0436
	(0.392)	(0.415)	(0.381)	(0.0336)
是否贫血	0.0995	0.0448	0.126	0.0808**
	(0.300)	(0.207)	(0.332)	(0.0255)
过去两周内是否生病	0.201	0.149	0.225	0.0759*
	(0.401)	(0.357)	(0.418)	(0.0342)
过去一年是否住院	0.130	0.114	0.137	0.0230
	(0.337)	(0.319)	(0.345)	(0.0289)
过去一年住院次数	0.257	0.179	0.294	0.115
	(1.039)	(0.590)	(1.193)	(0.0890)
观测值	3342	2531	811	

注：[1]年龄别体重（WAZ）的统计范围仅包含8—10岁的儿童；[2]过去一年住院次数的统计包含了全部观测值，没有住院的观测值住院次数记为0。

从分性别的结果来看，困难家庭儿童在健康指标上的落后，在男孩身上体现得更为明显。但无论男孩还是女孩，差距最为明显的指标都是身高。

表9　困难家庭和普通家庭儿童营养健康指标差异的性别异质性

	（1） 总体差距	（2） 男孩差距	（3） 女孩差距
总体健康状况	-0.426***	-0.517***	-0.364***
	(0.0782)	(0.115)	(0.108)
是否残疾	0.0164	0.0297	0.00451
	(0.0108)	(0.0174)	(0.0135)
残疾程度	0.0327	0.0545	0.0138
	(0.0231)	(0.0341)	(0.0324)
出生体重	-0.0820	-0.0396	-0.123
	(0.0544)	(0.0824)	(0.0715)
身高	-3.785***	-4.804***	-2.951*
	(0.989)	(1.279)	(1.482)
年龄别身高（HAZ）	-0.639***	-0.780***	-0.514*
	(0.150)	(0.197)	(0.223)
体重	-1.389	-1.281	-1.696
	(0.803)	(1.187)	(1.096)
年龄别体重（WAZ）	-0.288*	-0.283	-0.319
	(0.131)	(0.196)	(0.177)
BMI	0.00872	0.209	-0.171
	(0.486)	(0.263)	(0.258)
年龄别BMI	0.0319	0.640	-0.665
	(0.182)	(0.574)	(0.791)
是否近视	-0.0436	-0.0827	-0.00414
	(0.0336)	(0.0509)	(0.0455)
是否贫血	0.0808**	0.107**	0.0557
	(0.0255)	(0.0391)	(0.0337)
过去两周内是否生病	0.0759*	0.0501	0.0968*
	(0.0342)	(0.0516)	(0.0462)
过去一年是否住院	0.0230	0.0696	-0.00773
	(0.0289)	(0.0431)	(0.0393)
过去一年住院次数	0.115	0.259	-0.00437
	(0.0890)	(0.164)	(0.0807)

第二章　困难家庭儿童的营养与健康

对于身高差异，我们继续考察其在不同年龄段的表现。从下图来看，随着年龄的增长，困难家庭男孩的身高劣势会一直持续，16 岁身高差的突然收敛可能是由于观测值过少的巧合，而困难家庭女孩的身高劣势则会逐渐减小。

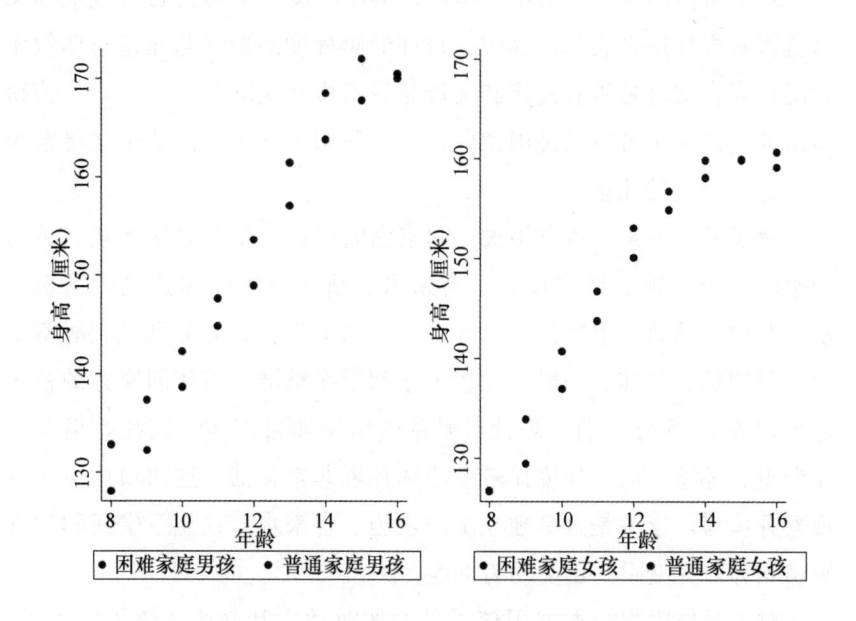

图 3　困难家庭和普通家庭儿童身高对比——分年龄、性别

第三节　困难家庭儿童的营养与健康影响因素

在本节中，以 Grossman 模型为框架，探讨困难家庭儿童的营养与健康状况的决定因素。在 Grossman 的健康需求模型中，健康作为一种资本，从出生开始便不断折旧，需要医疗和好的饮食习惯、生活习惯去维护，而坏的生活习惯和恶劣的自然环境则不断地加速健康的折旧，而遗传因素决定了健康资本的初始存量。这一模型一经提出，便成为健康影响因素分析的标准框架。世界卫生组织的实证研究也表明，遗传、环境、习惯和医疗是影响儿童营养与健康的四大因素。我们从数据中挑选出遗传、环境、习惯和医疗的因素，考察这些因素和困难儿童营养与健康的关系。

一　困难家庭儿童营养与健康影响因素的提炼

对于遗传因素，本书用父母自评健康程度、父母是否有残疾和父母是否有慢性病来表示。其中，自评健康程度的定义与儿童总体健康状况相同，父母是否有残疾和父母是否有慢性病均为二元变量。值得指出的是，为了考察遗传因素的作用，我们舍弃了观测值中父母至少一方已经去世的儿童。

对于环境因素，本书用被访问家庭的居住环境和社区环境，被访问家庭是否有独立洗浴设施、自来水、独立卫生间和独立厨房来表示。其中，被访问家庭的居住环境评分从1分到5分分别代表居室卫生状况糟糕、欠佳、一般、比较干净和干净整洁，被访问家庭的社区环境评分1—5分分别代表社区脏乱差情况非常严重、脏乱差情况比较严重、环境一般、环境比较整洁和环境非常整洁。这两项均由访员观察并填写。家中是否有独立洗浴设施、自来水、独立卫生间和独立厨房均为二元变量，由受访者回答。

对于习惯因素，本书用孩子是否按时睡觉和起床，孩子吃水果、喝牛奶和刷牙的频率来表示。其中，是否按时睡觉和起床从1—4分分别代表完全不是、偶尔是、大部分时间是和完全是。吃水果和喝牛奶的频率从1—5分分别代表一周零次、一周1—2次、一周4—5次、每天一次和每天多于一次，刷牙的频率从1—4分分别代表从不、偶尔、每天早上或晚上一次和早晚各一次。

对于医疗因素，调查中的直接问题较少，本书从问卷中归纳出所在社区是否有卫生服务中心、是否不存在看不起病的现象两项指标表示医疗资源的可及性和可负担性。其中，所在社区是否有卫生服务中心为二元变量，是否不存在看不起病现象从1—3分分别为受访者主观判断不同意、有时或部分同意和同意。

第二章 困难家庭儿童的营养与健康

表10 困难家庭儿童遗传、环境、习惯和医疗因素的描述性统计

	均值	标准差	中位数	最小值	最大值
遗传因素					
父亲自评健康程度	2.846	1.054	3	1	5
母亲自评健康程度	2.982	1.03	3	1	5
父亲是否有残疾	0.2	0.4	0	0	1
母亲是否有残疾	0.15	0.357	0	0	1
父亲是否有慢性病	0.415	0.493	0	0	1
母亲是否有慢性病	0.291	0.454	0	0	1
环境因素					
居住环境	3.544	0.813	4	1	5
社区环境	3.24	0.623	3	1	5
独立洗浴设施	0.542	0.498	1	0	1
自来水	0.89	0.313	1	0	1
独立卫生间	0.7	0.458	1	0	1
独立厨房	0.781	0.414	1	0	1
习惯因素					
是否按时睡觉和起床	3.252	0.757	3	1	4
吃水果频率	2.577	1.154	2	1	5
喝牛奶频率	2.076	1.262	2	1	5
刷牙频率	3.195	0.697	3	1	4
医疗因素					
是否有卫生服务中心	0.581	0.494	1	0	1
不存在看不起病现象	2.332	0.864	3	1	3

在研究困难儿童的营养与健康决定因素时，一个棘手问题是上一节中的指标体系过于庞杂，同时使用15个指标工作量过大。一种常见的方法是，运用主成分分析的方法从上述15个指标中提取出对健康和营养状况特征值贡献度大的主成分，再把主成分作为因变量。但经过尝试，我们决定放弃这种做法，一是经过主成分分析，特征值超过1的主成分有6个，并且直到第9个主成分累积贡献率才超过

90%,说明我们的各个指标间独立性较高;二是用主成分做因变量,本身即为含有误差的合成变量,会对回归分析结果造成影响。

表 11　　　　困难儿童营养和健康指标的主成分分析

组成	特征值	区分度	占比	累积
组成 1	2.56076	0.314721	0.1829	0.1829
组成 2	2.24604	0.374224	0.1604	0.3433
组成 3	1.87181	0.234734	0.1337	0.477
组成 4	1.63708	0.436181	0.1169	0.594
组成 5	1.2009	0.186435	0.0858	0.6798
组成 6	1.01446	0.15103	0.0725	0.7522
组成 7	0.863434	0.100618	0.0617	0.8139
组成 8	0.762816	0.050416	0.0545	0.8684
组成 9	0.712401	0.177316	0.0509	0.9193
组成 10	0.535085	0.216368	0.0382	0.9575
组成 11	0.318716	0.12359	0.0228	0.9803
组成 12	0.195127	0.122522	0.0139	0.9942
组成 13	0.072605	0.063847	0.0052	0.9994
组成 14	0.008758	0.	0.0006	1

注:为避免观测值的大幅度缩减,WAZ 没有被纳入到主成分分析中。

因此,笔者决定使用原始指标。在去除一些明显度量相同方向的指标后,保留主观健康评价、出生体重、HAZ、是否贫血、过去两周内是否生病等几项指标。

二　困难家庭儿童营养和健康影响因素的描述性统计分析

在本节中,笔者给出四方面的因素与儿童营养健康主要指标之间的相关性。

从表 12 来看,遗传因素中父亲和母亲的健康对儿童的各个指标呈现出非对称的影响,母亲的各项指标与儿童之间的相关性更高。

第二章 困难家庭儿童的营养与健康

表12　　　　　遗传因素和儿童营养健康指标的相关性

儿童营养 健康指标	父亲自评 健康	母亲自评 健康	父亲是否 残疾	母亲是否 残疾	父亲是否 有慢性病	母亲是否 有慢性病
主观健康 评价	0.281	0.296	0.004	-0.077	-0.147	-0.112
出生体重	-0.004	0.057	-0.004	-0.064	0.04	0.026
HAZ	-0.009	0.062	0.008	-0.069	0.032	0.023
是否贫血	-0.069	-0.083	-0.03	0.05	0.075	0.078
过去两周内 是否生病	-0.099	-0.135	-0.023	-0.002	0.075	0.105

表13显示了环境因素和儿童营养健康指标之间的关联。总体来讲，居住环境与儿童营养健康的相关性要高于社区环境与儿童营养健康的相关性。在具体的家居卫生条件中，是否有自来水与主观健康评价、出生体重、HAZ和是否贫血相关性最高，而是否有独立洗浴设施则与过去两周内是否生病相关性最高。

表14显示了习惯因素和儿童营养健康指标之间的关联。与主观健康评价关联度最高的是喝牛奶频率，其次是吃水果频率。与出生体重关联度最高的是吃水果频率，当然两者显然不具有因果关系。与HAZ关联度最高的是吃水果频率。是否贫血和过去两周内是否生病是两个负向健康指标。

表13　　　　　环境因素和儿童营养健康指标的相关性

儿童营养 健康指标	居住 环境	社区 环境	独立洗浴 设施	自来水	独立卫生间	独立 厨房
主观健康 评价	0.099	0.036	0.033	0.078	0.031	0.066
出生体重	0.019	0.019	0.053	0.042	0.041	0.026
HAZ	0.107	-0.006	0.038	0.105	0.069	0.054
是否贫血	-0.043	-0.008	-0.012	-0.026	0.022	-0.024
过去两周内 是否生病	-0.012	-0.016	-0.070	-0.002	-0.021	-0.046

表14　　　　习惯因素和儿童营养健康指标的相关性

儿童营养 健康指标	是否按时 睡觉和起床	吃水果频率	喝牛奶频率	刷牙频率
主观健康 评价	0.081	0.110	0.115	0.059
出生体重	0.004	0.061	0.050	0.039
HAZ	0.022	0.127	0.078	0.111
是否贫血	-0.108	-0.071	-0.046	0.014
过去两周内 是否生病	-0.051	-0.053	-0.005	0.010

表15显示了医疗因素和儿童营养健康指标之间的关联。医疗服务的可负担性（是否不存在看不起病的现象）与儿童营养健康之间的关联程度明显高于医疗服务的可及性（是否有社区卫生服务中心）。一方面，这可能是由于可及性指标选取的问题，由于我国基层医疗力量的薄弱，社区卫生服务中心的利用率不高；另一方面，对于困难家庭来说，因病致贫、因病返贫的确可能是更严重的问题。

表15　　　医疗因素和儿童营养健康指标的相关性

儿童营养健康指标	是否有社区卫生服务中心	是否不存在看不起病现象
主观健康评价	0.004	0.146
出生体重	0.012	0.049
HAZ	0.056	0.071
是否贫血	0.034	-0.088
过去两周内是否生病	0.024	-0.094

三　困难家庭儿童营养和健康影响因素的回归分析

上一节给出的四类指标与儿童营养健康之间的关联，是未控制其他因素的单变量分析，由于各变量之间相关性的存在，这样的分析无法分离出各变量的独立影响。在本节中，笔者尝试使用回归分析探索

第二章 困难家庭儿童的营养与健康

各个因素对困难家庭儿童营养和健康状况的独立影响。表16给出了贫困家庭儿童营养健康状况的决定因素的回归结果。遗传因素、环境因素、习惯因素和医疗因素均对总体健康状况有一定的影响。其中，父母的自评健康程度对儿童的健康状况有正向的传递作用，医疗的可负担性也对儿童健康状况的改善有正面影响。除此之外，整洁的居住环境和规律的作息也都对儿童的营养状况有正向作用。出生体重代表的是儿童出生时的营养健康状况，因此不太可能与后天的环境、习惯相关，与家庭的医疗可负担性和父母的健康状况有一定的关系。HAZ指标则和环境、习惯以及医疗因素密切相关，环境因素中居住环境和家中的自来水设施均对HAZ有显著的正向影响，吃水果频率也与HAZ呈正相关，医疗资源的可及性和可负担性均对HAZ有正向作用。在对贫血的解释中，父母健康因素起了一定的作用，而好的作息习惯与贫血的发生呈负相关。值得指出的是，社区医疗资源的可及性与贫血是呈正相关的，这很可能是由于更加方便的社区医疗资源帮助家长及早发现了贫血症状。过去两周内是否生病的最主要因素是父母的自评价康和医疗成本的可负担性。总体来看，对困难家庭儿童的营养健康影响最大的是代际因素，即父母的健康程度，其次是医疗资源的可及性和医疗成本的可负担性，而后者应当是政策的着力点。

表16　　　　　困难家庭儿童营养健康状况的决定因素

变量	(1) 总体健康状况	(2) 出生体重	(3) HAZ	(4) 是否贫血	(5) 过去两周内是否生病
父亲自评健康程度	0.165***	0.004	-0.064	-0.012	-0.022**
	(0.022)	(0.017)	(0.039)	(0.009)	(0.010)
母亲自评健康程度	0.201***	0.035*	0.067*	-0.005	-0.034***

· 77 ·

续表

变量	（1）总体健康状况	（2）出生体重	（3）HAZ	（4）是否贫血	（5）过去两周内是否生病
	(0.023)	(0.018)	(0.040)	(0.010)	(0.010)
父亲是否有残疾	0.143***	-0.015	-0.001	-0.048**	-0.037
	(0.050)	(0.040)	(0.089)	(0.021)	(0.023)
母亲是否有残疾	0.019	-0.064	-0.162*	0.036	-0.044*
	(0.053)	(0.042)	(0.095)	(0.023)	(0.024)
父亲是否有慢性病	-0.051	0.060*	0.075	0.020	0.026
	(0.045)	(0.036)	(0.080)	(0.019)	(0.020)
母亲是否有慢性病	0.095**	0.052	0.114	0.034*	0.028
	(0.048)	(0.038)	(0.085)	(0.020)	(0.022)
居住环境	0.061**	-0.012	0.142***	-0.020*	0.003
	(0.025)	(0.020)	(0.044)	(0.010)	(0.011)
社区环境	0.003	0.007	-0.084	0.001	-0.015
	(0.031)	(0.025)	(0.055)	(0.013)	(0.014)
独立洗浴设施	-0.039	0.053	-0.048	-0.014	-0.040**
	(0.043)	(0.034)	(0.077)	(0.018)	(0.020)
自来水	0.127**	0.068	0.373***	-0.010	0.003
	(0.063)	(0.050)	(0.110)	(0.026)	(0.029)
独立卫生间	0.007	0.027	0.037	0.028	0.015
	(0.050)	(0.040)	(0.088)	(0.021)	(0.023)
独立厨房	0.039	0.002	0.027	-0.018	-0.010
	(0.052)	(0.041)	(0.092)	(0.022)	(0.024)
是否按时睡觉和起床	0.102***	0.015	0.038	-0.051***	-0.021*
	(0.025)	(0.020)	(0.045)	(0.011)	(0.012)
吃水果频率	0.008	0.016	0.106***	-0.008	-0.008

续表

变量	(1) 总体健康状况	(2) 出生体重	(3) HAZ	(4) 是否贫血	(5) 过去两周内是否生病
	(0.018)	(0.014)	(0.031)	(0.007)	(0.008)
喝牛奶频率	0.009	0.010	-0.005	-0.001	0.014*
	(0.016)	(0.013)	(0.029)	(0.007)	(0.007)
刷牙频率	0.035	-0.017	0.165***	0.020*	0.009
	(0.028)	(0.022)	(0.050)	(0.012)	(0.013)
是否有卫生服务中心	-0.007	0.002	0.198***	0.050***	-0.010
	(0.039)	(0.031)	(0.069)	(0.016)	(0.018)
不存在看不起病现象	0.094***	0.034*	0.097**	-0.015	-0.036***
	(0.023)	(0.018)	(0.040)	(0.010)	(0.010)
常数项	1.519***	2.817***	-2.088***	0.372***	0.529***
	(0.187)	(0.148)	(0.330)	(0.078)	(0.085)
观测值	2040	1993	2034	1758	2040
R方	0.153	0.017	0.050	0.039	0.038

注：[1]括号里为标准差；[2] *、**和***分别表示10%、5%和1%的统计显著水平；[3]表中所有回归均采用OLS方法。

第四节 主要结论与政策建议

总体来讲，困难家庭儿童的监护人对儿童身体健康状况的评价均值介于"一般"和"很好"之间。困难家庭儿童中残疾的轻、中和重度残疾比例相当。困难家庭中近视和贫血问题极为严重，近视儿童占到全部困难家庭儿童的40.7%；贫血儿童占全部困难家庭儿童的13.5%，除此之外，有14%的观测值监护人不清楚儿童是否有贫血问题。19.6%的困难家庭儿童在调查前的两周内曾经生病，10.9%的困难家庭儿童在一年内曾经住院，但生病和住院的概率随着儿童年龄的提高而下降。年龄别身高和年龄别体重是儿童成长发育最重要的指标。相比于 WHO 的国际标准，无论是年龄别体重（WAZ）还是年龄别身高（HAZ），中国困难家庭儿童都略低于标准值，14 岁以上儿童尤其明显。从年龄别身体质量指数（BMIAZ）来看，困难家庭儿童的过瘦和肥胖现象并存，体重超标问题在 8—10 岁儿童中最为严重。从城乡对比来看，农村困难家庭的儿童营养健康状况有劣势，出生体重、身高、年龄别身高、体重、年龄别体重和近视等指标的城乡差异是显著的。在地域上，困难家庭的儿童营养健康状况随着指标的变化呈现出各自不同的特征，除了东西部差距外，还有南北差距和其他难以解释的省际差异。

困难家庭的儿童和普通家庭的儿童相比，营养健康指标是全面落后的，尤其是总体健康状况、贫血和身高等指标，差异显著。按照遗传、环境、习惯和医疗四个类别对可能影响困难家庭儿童营养健康投入的因素进行分类，发现在遗传因素中，母亲健康对儿童健康有着更强的传递效果；在环境因素中，家居环境比社区环境对儿童营养健康的影响更大，饮用水的清洁卫生与儿童的营养健康相关性很高；在习惯因素中，吃水果与健康的关联最强，其次是喝牛奶习惯和作息习惯；在医疗因素中，卫生资源的可负担性对儿童营养健康的影响要高于卫生资源的可及性。回归分析的结果则表明，父母的健康状况产生的代际传递效果高于其他几类因素的影响。

上述结论给了我们一定的政策启示：对困难家庭给予低保等现金补贴是可行的制度选择，成人的健康状况会间接改善儿童的健康状况，这一改变可能通过先天传递或收入增加后的营养、卫生环境和医疗条件改善达成。同时，要着力改善困难家庭医疗资源的可负担性，避免因病致贫、因病返贫，促进健康代际公平。

第三章 困难家庭儿童"收入—健康"梯度及其政策干预

第一节 研究背景与文献综述

因家庭收入差异引起的儿童健康与发展不平等,是各国政府普遍关注的一个重要的公共健康与社会问题。大量研究显示,这一问题不仅存在于医疗卫生保障水平较低的发展中国家以及商业医疗保险占主导地位的发达国家(如美国),即便像英国这样全民医保已经十分健全、医疗服务全民可及性(accessibility)与可负担性(affordability)水平很高的老牌福利国家,其国民家庭收入与儿童生理、心理、认知及学业发展之间依然存在着十分密切的关联性,收入水平越高,儿童的健康状况往往越好。对此,国际学界将之称为儿童健康与家庭收入的"梯度"现象(Child health-family income gradient,以下简称"收入—健康"梯度),它不仅是国际儿童健康与社会政策研究的一个重要议题,同时也是各国政府通过"现金转移"(cash transfer)等社会救助及财政补贴措施提高困难家庭收入、改善儿童健康状况主要的政策依据。

目前,已有研究对"收入—健康"梯度现象的讨论大多集中在诸如英国、美国、澳大利亚、加拿大、德国等发达国家,但对发展中国家的研究仍然十分薄弱。事实上,近年来加强面向困难家庭儿童的社会安全网(social safety nets)建设已经成为一项重要的国际共识,被越来越多的发展中国家政府接受并付诸实践。像中国这样的发展中大国,尽管从改革开放以来,在社会与经济发展领域取得了突出的成绩,但贫困儿童的规模仍然庞大。据统计,2017年中国城乡低保人口中未成年人达到723.6万,其中城镇205.4万、农村509.2万,占总低保人口的13.6%,特别是在集中连片的深度贫困地区,更是有超过4000万儿童的健康与发展状况明显低于全国平均水平。[1] 对此,中国政府采取了一系列措施,着力通过全面推进"适度普惠型"儿童福利制度建设,提高各项救助的财政补贴水平,改善困难家庭儿童的健康与发展状况,充分保障其生存与发展权益。

鉴此,本章将以家庭收入与儿童健康关系为切入,利用"托底性民生保障政策支持系统建设"项目数据,在深入考察家庭收入影响中国儿童健康内在机制的基础上,实证评估现行社会政策对困难家庭儿童健康的干预绩效。

一 文献综述

家庭收入与儿童健康的关系一直是国际儿童健康与社会政策界关注的热门议题。大量实证研究显示,儿童生理、心理、认知及发展行为与家庭社会经济地位(social economic status, SES),特别是家庭收入之间存在着显著相关性。具体来说,已有研究针对"收入—健康"梯度问题的讨论主要集中在以下几个方面:

第一,"收入—健康"梯度的年龄效应。尽管"收入—健康"梯度被证实是一个普遍存在的社会现象,但这一现象主要发生在儿童成长的哪一阶段,即随着儿童年龄的增长,"收入—健康"梯度分化究竟是会不断强化,还是渐趋弱化,学界对此仍然莫衷一是。总体来说,已有研究大致形成两种观点:持"强化"说(也称"The adolescent-emergent model")的学者认为,"收入—健康"梯度在较大年龄(8—16岁)儿童群体中表现得更为明显。这是因为,一方面,低收

---

[1] 《国家贫困地区儿童发展规划(2014—2020年)》,http://www.mohrss.gov.cn/SYrlzyhshbzb/dongtaixinwen/shizhengyaowen/201501/t20150115_149068.htm。

第三章 困难家庭儿童"收入—健康"梯度及其政策干预

入对儿童健康的消极影响具有明显的累积性,随儿童年龄的增长,这种累积效应会从家庭及同辈关系等多个渠道释放,因而会对儿童健康产生更加显著而不利的影响;另一方面,Case et al.(2002、2008)、Condliffe & Link(2008)、Currie & Stabile(2003)、Case et al.(2005)和 Khanam et al.(2009)等学者分别利用美国、加拿大及澳大利亚的儿童调查数据,发现困难家庭儿童比高收入家庭儿童在成长阶段不仅会遇到更多新的健康冲击(health shock),而且往往更难从过去的健康损伤中(例如慢性疾病)恢复。因此,因家庭收入差异而出现的健康分化会在年龄较大的儿童群体中更加明显。相反,持"弱化"说(也称"childhood-limited model")的学者认为,幼儿及低龄儿童往往更难以应对因贫困而带来的外部健康冲击,因此抚育条件(如哺乳时间)、家庭条件、父母生理及心理健康、生活环境对儿童健康的影响更多体现在儿童发育的早期阶段。如 Chen et al.(2006)、Currie et al.(2007)、Propper et al.(2007)、Reinhold & Jürges(2012)利用英国与德国的数据发现,"收入—健康"梯度现象集中发生于幼年阶段,随年龄的增长反而逐渐弱化。

第二,"收入—健康"梯度的形成机制。随着研究的深入,学者们发现在进一步控制诸如儿童营养状况、父母精神状态及健康行为、居住环境以及父母对儿童健康投入等因素后,家庭收入对儿童健康的影响效应明显减弱甚至消失。这说明,家庭收入对儿童健康的作用机制是复杂多样的,前者往往通过不同的渠道对后者产生影响。概括来说,目前国际学界对"收入—健康"梯度形成机制的研究主要基于两种理论:其一,家庭(家长)投资/过程理论(family investment/family process),该理论一方面立足人力资本投资的视角,认为低收入(贫困)不仅会限制家长对儿童发展,同时也无助于家长为儿童健康的持续改善提供更好的生活、饮食、医疗卫生及居住条件;另一方面从家庭发展的角度,注重父母的职业教养及健康行为对儿童健康发展的影响。其二,家庭(家长)压力理论(family stress/parental stress),该理论主要从发展心理学的视角,强调贫困会增加家庭的生活压力,使得家长更容易出现健康受损并长期处在负面、压抑的情绪之中。这种状况不仅会对儿童的心理、行为产生直接的消极影响，还会通过引发父母"不当"的养育行为和生活方式（如更少的时间精力投入与子女的交流和陪伴或更少的物质资金投入对子女生活环境及营养行为的持续改善）间接地阻碍儿童的健康成长。

英国、澳大利亚等国家的证据都显示，家庭压力更多地来自于母亲。母亲的精神状态（maternal mental health），特别是抑郁情绪不利于儿童的健康成长，对他们的自评健康、认知及行为等方面都会产生显著的负面影响。总之，家庭投资/过程与压力理论为考察"收入—健康"梯度的形成机制提供了有效的解释框架，也得到越来越多实证研究的证实。例如，Violato et al.（2011）利用英国3—5岁儿童调查数据发现，在控制家庭投资与家庭压力相关变量后，收入对儿童社会情绪行为的直接影响大幅削弱甚至消失，类似的结果同样存在于美国、澳大利亚的儿童群体中。除此之外，近年来社区环境作为影响"收入—健康"梯度形成的一个重要因素，引起学界越来越多的关注。研究发现，困难家庭不仅无力改善儿童的居住条件，同时贫困的"集聚性"也会使得他们所处的社区在医疗卫生、公共服务及社会治安条件等方面都远远落后于高收入家庭所处社区，社区环境的不利同样会对儿童的健康与发展产生诸多消极影响。

第三，缩小"收入—健康"梯度的政策设计与干预效果评估。低收入对儿童健康的消极影响使得包括英国、美国及加拿大在内的西方国家试图通过推出一系列面向儿童的"无条件现金转移"及税收减免项目，增加困难家庭收入，进而缩小因家庭社会经济地位差距导致的儿童健康的不平等。以英国为例，从1997年开始，英国政府就通过福利补贴、税收抵免（child tax credit）等措施提高贫困家庭儿童的收入水平，改善儿童健康状况。那么这些救助与福利措施是否起到了积极的健康促进作用？对此，卫生经济学家们通过工具变量及准实验等方法，针对由税收政策改革、社会福利补贴等外生政策因素所引起的收入变化对儿童行为、认知及健康状况的影响效果展开了一系列因果

第三章 困难家庭儿童"收入—健康"梯度及其政策干预

识别及评估分析。如有研究通过考察墨西哥政府面向困难家庭儿童的现金转移项目发现,接受政府现金资助有助于改善儿童学习状况。有些研究通过考察南非社会保险扩面发现,社会保障水平提升对家庭收入的促进有助于改善儿童的健康状况。一系列研究对美国、加拿大等国税收政策改革,特别是儿童税收抵免政策施行效果的评估研究显示,税收优惠政策所带来的家庭收入改善不仅有助于提高低收入家庭增加儿童教育与健康投入水平,同时还能够改善父母的精神健康状态,最终对儿童学业及健康状况起到了积极的促进作用。

总之,已有研究在考察家庭收入与儿童健康关系的基础上,从理论与实证层面深入分析了"收入—健康"梯度形成的内在机制以及社会救助与福利措施对儿童健康改进的"政策绩效"。尽管如此,受数据来源(截面或面板数据)及健康指标设定差异(大多研究采用儿童自评或监护人他评健康作为衡量儿童健康的指标,较少涉及客观健康指标及心理量表的使用)等因素的影响,学者们在这个议题上不仅仍存有争议,而且表现出一定的局限性:一方面,研究对象多聚焦0—5岁幼儿群体(early childhood),较少讨论"收入—健康"梯度问题在"大龄"儿童(older children)中的表现;另一方面,健康指标多采用受访儿童监护人对儿童健康的主观评价,指标内容相对单一,较少使用客观度量;此外,对发展中国家,特别是中国儿童的"收入—健康"梯度及政策干预绩效的研究仍然非常有限。

二 政策背景

儿童健康是国际儿童权益保障的核心内容之一。联合国在1990年生效的第一部有关儿童权益保障的国际性约定——《儿童权利公约》(*Convention on the Rights of the Child*)中就明确指出:"儿童有权享有可达到的最高标准的健康;每个儿童均有权享有足以促进其生理、心理、精神、道德和社会发展的生活水平。"中国作为《儿童权利公约》的签约国,自20世纪90年代初制定施行第一个儿童发展规划纲要——《九十年代中国儿童发展规划纲要》以来,始终将保障儿童健康,特别是贫困家庭儿童的健康放在十分重要的位置。

2011年,随着第三个《儿童发展纲要(2011—2020年)》(国发〔2011〕24号)(以下简称《纲要》)的实施,中国儿童福利制度的建设开始从"补缺型"向"适度普惠型"迈进。与此同时,随着基本公共服务均等化与精准扶贫工作的不断推进,以及深化财税制度改革的继续深入,加大贫困儿童健康保障力度,提高儿童救助的财政补贴水平,"创造公平社会环境,确保儿童不因……家庭财产状况受到任何歧视,所有儿童享有平等的权利与机会"[1],成为新时代中国儿童福利制度发展的重要内容与主要方向。

儿童福利制度面向的群体既包括普通儿童,也包括来自困难家庭的困境儿童及孤儿群体,本章重点讨论的是困难家庭儿童的健康保障政策。概括来说,2011年以来,我国在加强困难家庭儿童健康保障制度建设上大致经历了两个阶段:

"适度普惠型"儿童福利制度探索阶段(2011—2014)。这一时期,在困难家庭儿童健康保障的制度建设上重点解决三个问题。第一,明确保障策略。2011年,中央政府首次以《纲要》的形式正式提出"扩大儿童福利范围,建立和完善适度普惠的儿童福利体系"。在该体系下,《纲要》强调儿童福利与既有社会救助制度相衔接的重要性,将"现金转移"(cash transfer)与"费用豁免"(waiver fee)作为政府改善困难家庭儿童健康主要的政策工具。一方面,提高面向困难家庭儿童医疗救助、费用减免以及资助参保的补贴水平,旨在保障基本医疗卫生服务对困难家庭儿童的可及性(accessibility)与可负担性(affordability);另一方面,营养干预与在校学生生活补贴方案的探索,有助于进一步改善对困难家庭儿童健康行为的积极引导与干预。不仅进一步明确了健康保障的基本策略(表1),同时通过要求各级政府将发展儿童福利所需经费纳入财政预算,加大财政投入,加

---

[1] 国务院:《儿童发展纲要(2011—2020年)》(国发〔2011〕24号)。

强相关财政的保障力度。

表1 儿童福利体系中的健康保障

类别		内容
主要目标		保障儿童享有基本医疗卫生服务,提高儿童基本医疗保障覆盖率和保障水平,为贫困和大病儿童提供医疗救助。
策略措施	保障基本医疗	在城镇居民基本医疗保险和新型农村合作医疗制度框架内完善儿童基本医疗保障,逐步提高儿童医疗保障水平,减轻患病儿童家庭医疗费用负担。
	提高医疗救助水平	加大对大病儿童和困难家庭儿童的医疗救助。对困难家庭儿童、孤儿、残疾儿童参加城镇居民基本医疗保险及新型农村合作医疗个人缴纳部分按规定予以补贴。
	扩大福利范围	完善城乡居民最低生活保障制度,通过分类施保提高困难家庭儿童生活水平。探索对儿童实施营养干预和补助的方法,改善儿童营养状况。逐步提高农村义务教育寄宿制学校家庭经济困难学生生活补助标准,扩大补助范围。

注：根据《儿童发展纲要（2011—2020年）》内容整理。

第二，明确目标人群（targeting）。2013—2014年，为了深入贯彻党的十八届三中全会精神，民政部发布《关于开展适度普惠型儿童福利制度建设试点工作的通知》（民函〔2013〕206号）和《关于进一步开展适度普惠型儿童福利制度建设试点工作的通知》（民函〔2014〕105号），先后在江苏省昆山市、浙江省海宁市、河南省洛宁县、广东省深圳市等50个市（区县）开展试点，正式启动"适度普惠型"儿童福利制度的建设工作。《通知》确立了儿童福利制度"适度普惠、分层次、分类型、分标准、分区域"的基本理念，与"分层推进、分类立标、分地立制、分标施保"的基本原则,初步建立起包括孤儿、困境儿童、困境家庭儿童、普通儿童在内的四个层次、九个类别的分类保障框架(表2),在明确目标人群的同时,进一步突出了困境儿童在儿童福利保障中的重要地位。

表2　　　　　　　儿童福利体系中的分类体系

层次		类别
孤儿		社会散居孤儿、福利机构养育孤儿
困境儿童①	困境儿童	残疾儿童、重病儿童、流浪儿童
	困境家庭儿童	父母重度残疾或重病的儿童 父母长期服刑在押或强制戒毒的儿童 父母一方死亡另一方因其他情况无法履行抚养义务和监护职责的儿童、贫困家庭
普通儿童		—

注:根据《关于开展适度普惠型儿童福利制度建设试点工作的通知》内容整理。

第三,明确具体措施。2014年,随着精准扶贫工作的全面启动,国务院印发《国家贫困地区儿童发展规划(2014—2020年)》(国办发〔2014〕67号)(以下简称《规划》)《规划》指出中国当前儿童事业发展不平衡,特别是集中连片特殊困难地区儿童在健康等方面发展水平明显低于全国平均水平的突出问题,要求"以健康和教育为战略重点,以困难家庭为主要扶持对象",从出生健康、营养改善、医疗保健等方面给予困难家庭儿童更加丰富具体的财政补贴与免费服务(表3)。

---

① 针对困境儿童的界定,民政部在《通知》中将困境儿童与困境家庭儿童区分开来,前者主要指自身状况存在困境的儿童(包括残疾儿童、重病儿童和流浪儿童)。但国务院在2016年发布的《关于加强困境儿童保障工作的意见》(国发〔2016〕36号)中,将困境儿童界定为包括因家庭贫困导致生活、就医、就学等困难的儿童,因自身残疾导致康复、照料、护理和社会融入等困难的儿童,以及因家庭监护缺失或监护不当遭受虐待、遗弃、意外伤害、不法侵害等导致人身安全受到威胁或侵害的儿童,实际上同时涵盖了困境家庭儿童。

第三章 困难家庭儿童"收入—健康"梯度及其政策干预

表3　　　　　　　　　　困难家庭儿童健康保障措施

类别		具体措施
出生健康	出生缺陷综合防治	国家免费孕前优生健康检查，增补叶酸预防神经管缺陷、新生儿先天性甲状腺功能减低症、苯丙酮尿症、听力障碍等疾病筛查。
	孕产妇和新生儿健康管理	实施农村孕产妇住院分娩补助项目，做好与新型农村合作医疗和医疗救助制度的有效衔接。
营养改善	改善婴幼儿营养状况	扩大贫困地区困难家庭婴幼儿营养改善试点范围，以低保家庭、低保边缘家庭为重点，逐步覆盖到集中连片特殊困难地区的680个县，预防儿童营养不良和贫血。
	农村义务教育学生营养改善	农村义务教育学生营养改善计划管理责任和配套政策；支持各地开展义务教育阶段学生营养改善试点。
	儿童营养改善保障	建立儿童营养健康状况监测评估制度；引导学生及其家庭形成健康饮食习惯。
医疗卫生保健	儿童健康检查	基层医疗卫生机构免费提供学前儿童健康体检；学校公用经费支付义务教育阶段学生按中小学生健康检查基本标准进行体检。
	儿童疾病预防	为适龄儿童免费提供国家免疫规划疫苗接种服务；有效控制地方病对儿童健康的危害。
	儿童基本医疗保障	完善城乡居民基本医疗保险制度，通过全民参保登记等措施，使制度覆盖全体儿童；全面推进城乡居民大病保险，逐步提高儿童大病保障水平；完善城乡医疗救助制度，加大儿童医疗救助力度，做好与大病保险制度、疾病应急救助制度的衔接，进一步提高儿童先天性心脏病、白血病、唇腭裂、尿道下裂、苯丙酮尿症、血友病等重大疾病救治费用保障水平。
	儿童心理健康教育	建立健全儿童心理健康教育制度，重点加强对留守儿童和孤儿、残疾儿童、自闭症儿童的心理辅导。
福利保障		探索建立困境儿童基本生活保障制度。为0—6岁残疾儿童提供康复补贴。

注：根据《国家贫困地区儿童发展规划（2014—2020年）》内容整理。

"适度普惠型"儿童福利制度地方实践与完善阶段（2016年至今）。这一时期，儿童福利制度在地方逐步推行并不断完善，具体表现在：

一方面，困境儿童基本生活保障制度初步建立。2016年国务院发布《关于加强困境儿童保障工作的意见》（国发〔2016〕36号），首次针对困境儿童建立专门生活保障制度。《意见》特别强调对困境儿童生活与健康保障的重要性，从基本生活、医疗救助、医疗保险覆盖等方面加大对困难家庭儿童的倾斜和保障力度（表4）。

表4　　　　　　　　　　困难家庭儿童保障工作重点

方向	内容
保障基本生活	困难家庭儿童：1）对于法定抚养人有抚养能力但家庭经济困难的儿童，符合最低生活保障条件的纳入保障范围并适当提高救助水平；2）对于遭遇突发性、紧迫性、临时性基本生活困难家庭的儿童，按规定实施临时救助时要适当提高对儿童的救助水平。
保障基本医疗	1）救助倾斜：对于困难的重病、重残儿童，城乡居民基本医疗保险和大病保险给予适当倾斜，医疗救助对符合条件的适当提高报销比例和封顶线； 2）扩大保障：落实小儿行为听力测试、儿童听力障碍语言训练等医疗康复项目纳入基本医疗保障范围政策； 3）资助参保：对于最低生活保障家庭儿童、重度残疾儿童参加城乡居民基本医疗保险的个人缴费部分给予补贴，对于纳入特困人员救助供养范围的儿童参加城乡居民基本医疗保险给予全额资助； 4）制度衔接：加强城乡居民基本医疗保险、大病保险、医疗救助、疾病应急救助和慈善救助的有效衔接，形成困境儿童医疗保障合力。

注：根据《关于加强困境儿童保障工作的意见》内容整理。

另一方面，地方政府结合当地实际情况，加快推进"适度普惠型"儿童福利制度的建设工作。从各地实施办法的内容来看，目前地方的工作重心主要还是集中在困难家庭目标人群的界定以及基本生活保障财政给付标准的确立上。以杭州市为例（表5），根据《杭州市人民政府办公厅关于推进适度普惠型儿童福利制度建设的意见》（杭政办函〔2015〕174号）可知，地方政府主要是在城乡最低生活保障

第三章 困难家庭儿童"收入—健康"梯度及其政策干预

制度的基础上，面向包括低保家庭及低保边缘家庭（符合低保标准但没有被纳入低保范围的困难家庭）在内的困难家庭，参照低保标准，给予一定比例的财政补贴。

表5　　　　　　　　地方儿童福利制度基本内容（杭州市）

类别	界定方式	补贴标准
孤儿基本生活保障制度	指失去父母或者查找不到生父母的未成年人，包括福利机构养育孤儿和社会散居孤儿	福利机构养育孤儿的年基本生活最低养育标准按不低于当地上年度城镇居民人均消费性支出的80%确定；社会散居孤儿的年基本生活最低养育标准按不低于当地福利机构孤儿养育标准的70%确定。
困境儿童基本生活补贴制度	事实无人抚养困境儿童（父母死亡、服刑、失踪、重残）	将事实无人抚养困境儿童纳入最低生活保障范围，按照当地社会散居孤儿的养育标准，采取补差方式发放基本生活补贴。
贫困家庭重残、患重病和罕见病儿童基本生活补贴制度	指持有效期内享受城乡最低生活保障、残疾人基本生活保障或者困难家庭救助证的家庭中，残疾等级为一、二级或者患有艾滋病、白血病、先天性心脏病、尿毒症、恶性肿瘤等重大疾病的未成年人。	按照当地低保标准与社会散居孤儿养育标准的差额发放生活补贴。
低保家庭基本生活补贴制度	指持有效期内享受城乡最低生活保障、残疾人基本生活保障救助证家庭中的未成年人（重残、患重病和罕见病儿童除外）	对低保家庭儿童，按照当地低保标准与社会散居孤儿养育标准差额的50%发放生活补贴。
困难家庭基本生活补贴制度	指持有效期内享受除城乡最低生活保障、残疾人基本生活保障以外的困难家庭救助证家庭中的未成年人（重残、患重病和罕见病儿童除外）	对困难家庭儿童，按照当地低保标准与社会散居孤儿养育标准差额的30%发放生活补贴。

资料来源：《杭州市人民政府办公厅关于推进适度普惠型儿童福利制度建设的意见》（杭政办函〔2015〕174号）。

此外，这一时期，随着基本公共服务均等化与基本公共服务领域中央与地方共同财政事权和支出责任划分改革工作的全面推进,进一步提升了困难家庭儿童救助与福利保障水平。2017年,首个基本公共服务均等化规划,即《"十三五"推进基本公共服务均等化规划》(国发〔2017〕9号)发布,首次将困难家庭儿童保障服务纳入规划范围,强调为困难家庭儿童提供基本医疗,解决因家庭贫困就医难的问题。2018年,《国务院办公厅关于印发基本公共服务领域中央与地方共同财政事权和支出责任划分改革方案的通知》(国办发〔2018〕6号)将贫困地区学生营养膳食补助、家庭经济困难学生生活补助以及与困难家庭儿童健康保障密切相关的医疗救助、最低生活保障纳入中央与地方共同财政事权范围(首批18项),通过明确央地权责划分,进一步强化了对困难家庭儿童各项救助与福利措施的财政保障水平(表6)。

表6　　推进困难家庭儿童健康保障相关服务的均等化措施

服务项目	服务对象	服务指导标准	支出责任
贫困地区学生营养膳食补助	贫困地区农村义务教育学生	中央统一制定膳食补助国家基础标准。在集中连片特困地区开展国家试点,中央财政为试点地区学生提供每生每年800元的营养膳食补助,鼓励各地因地制宜开展地方试点。	国家试点县学生营养膳食补助所需资金由中央财政承担;地方试点县学生营养膳食补助所需资金由地方财政承担,中央财政给予奖励性补助。
困境儿童保障	因家庭贫困导致生活、就医、就学等困难的儿童,因自身残疾导致康复、照料、护理和社会融入等困难的儿童,以及因家庭监护缺失或监护不当遭受虐待、遗弃、意外伤害、不法侵害等导致人身安全受到威胁或侵害的儿童	为困境儿童提供基本生活、基本医疗、教育等服务,落实监护责任。各地统筹考虑困境儿童的困难类型、困难程度、致困原因,完善落实社会救助、社会福利等保障政策。	地方人民政府负责。

续表

服务项目	服务对象	服务指导标准	支出责任
农村留守儿童关爱保护	父母双方外出务工或一方外出务工另一方无监护能力、未满16周岁的农村户籍未成年人	强化家庭监护主体责任;落实县、乡镇人民政府和村(居)民委员会职责;加大教育部门和学校关爱保护力度;动员群团组织开展关爱服务;推动社会力量积极参与。	地方人民政府负责。
困难残疾人生活补贴和重度残疾人护理补贴	困难残疾人和重度残疾人	为低保家庭中的残疾人提供生活补贴,为残疾等级被评定为一级、二级且需要长期照护的重度残疾人提供护理补贴。有条件的地方可逐步提高补贴标准、扩大补贴范围。	地方人民政府负责,中央财政适当补助。

资料来源:根据《国务院关于印发"十三五"推进基本公共服务均等化规划的通知》(国发〔2017〕9号)及《国务院办公厅关于印发基本公共服务领域中央与地方共同财政事权和支出责任划分改革方案的通知》(国办发〔2018〕6号)内容整理。

第二节　数据来源、指标及模型设定

一　数据来源

本章数据来自2018年度"托底性民生保障政策支持系统建设"项目人群调查(以下简称"困难家庭项目"),是由民政部政策研究中心组织的大型全国抽样调查项目。该项目采用计算机辅助面访(CAPI)的调查方式,于2018年7月至2018年9月对全国29个省内1800多个村居展开了调查,是目前中国针对困难家庭儿童所开展的样本量较大、调查范围最广的全国抽样调查项目。2018年困难家庭项目的样本为2015年或2017年完成困难家庭项目访问,并且通过以往困难家庭访问数据判定存在符合访问条件的人员的家户样本,包括低保户(1534人)、低保边缘户(997人)及普通户(811人)三类共3342人,剔除家庭收入缺失样本,以及总收入小于0.5分位及大于

99.5 分位的极端值,最终保留 3267 人。

二 主要指标设定

(一)儿童健康状况(被解释变量)

本章对儿童健康状况的测度主要包含四个方面:

首先,采用国际文献最常用的父母或监护人对儿童健康的主观评价。"儿童健康评价"由问项"孩子身体健康状况如何?(A08)"得到,回答包括"非常好、很好、一般、比较差、非常差"五项,回答为前两项的赋值1,表示儿童健康评价良好,否则为零。

第二,为了提高对受访儿童健康评估的客观性,本章参照世界卫生组织儿童成长标准(WHO Child Growth Standards reference median)[1],利用 Stata 14.0 "WHO 2007_ stata"(WHO Reference 2007 STATA macro package)软件包[2]计算得到年龄别身高 Z 评分(Height-for-age z-score)、年龄别体重 Z 评分(Weight-for-age z-score)及年龄别身体质量指数(BMI)的 Z 评分(BMI-for-age z-score)。此三项评分测度了儿童身高、体重及 BMI 指数偏离世界卫生组织推荐理想儿童发育指标值中位水平的程度,能够反映因慢性营养不良(chronic malnutrition)等因素对儿童成长的长期影响。三项评分值越高(正值),表示成长状况越好,反之(负值)则越低,成长状况越差。

第三,本章还通过"是否残疾""是否贫血""是否患有近视""过去两周是否患病""过去一年是否住院"等指标考察受访儿童的疾病情况。

最后,除了生理层面,本章还关注儿童心理健康,基于"修改版儿童焦虑与抑郁量表"(Revised Child Anxiety and Depression Scale, RCADS-25)、"自尊量表"(self-esteem scale)及"学习倦怠量表"

---

[1] WHO Multicentre Growth Reference Study Group, WHO Child Growth Standards: Length/Height-for-Age, Weight-for-Age, Weight-for-Length, Weight-for-Height and Body Mass Index-for-Age: Methods and Development. Geneva: World Health Organization, 2006.

[2] https://www.who.int/growthref/tools/readme_stata.

(Learning burnout scale),结合相关问项生成评分指标。其中,"修改版儿童焦虑与抑郁量表"是国际常用的测量8—18岁儿童心理焦虑及抑郁状况的标准量表,该量表由25个问项组成,根据回答(从不、有时、经常、总是)情况依次赋0—3分,可生成焦虑抑郁总评分(0—75分)、焦虑评分(0—45分)与抑郁评分(0—30分),克朗巴哈系数为0.85,体现了较好的内部一致性。[1] "自尊量表"为Rosenberg(1965)年编制的青少年关于自我价值和自我接纳的总体感受的量表,由10个问项组成,根据回答(非常符合,符合,不符合,很不符合)情况依次赋3—0分,生成自尊评分。总分值0—30分,分值越高,自尊程度越高,克朗巴哈系数分别为0.77。"学习倦怠量表"为莲蓉编制,由16个问项组成,加总生成学习倦怠评分,克朗巴哈系数分别为0.81,体现了较好的内部一致性,分值越高表示倦怠程度越高。[2]

(二)家庭社会经济地位(解释变量)

家庭社会经济地位主要通过家庭收入来衡量,参照Gravelle & Sutton(2003)的计算方法得到人均家庭收入水平,计算公式如下:

$$\frac{家庭年总收入}{\sqrt{成人数 + 0.5 \times 儿童数}}$$

除家庭收入外,本章同时将儿童平均半年支出水平(半年内儿童总支出/儿童数)纳入分析。

(三)家庭收入对儿童健康的作用渠道(中间变量)

家庭收入对儿童健康作用渠道的度量,主要从"家庭投资/过程""家庭压力"及"居住及社区环境"三个维度展开(详见表7)。其中

---

[1] Ebesutani, C., Tottenham, N., & Chorpita, B., The Revised Child Anxiety and Depression Scale—parent version: Extended applicability and validity for use with younger youth and children with histories of early-life caregiver neglect. Journal of Psychopathology and Behavioral Assessment, Vol. 37, No. 4, 2015, pp. 705 – 718.

[2] Luo, Yun, Zhenhong Wang, Hui Zhang, and Aihong Chen, "The Influence of Family Socio-Economic Status on Learning Burnout in Adolescents: Mediating and Moderating Effects", *Journal of Child and Family Studies*, Vol. 25, No. 7, 2016, pp. 2111 – 2119.

"家庭投资/过程"主要使用"父母教育水平""父母就业状况""父母健康行为""教育投入比重"四个指标度量。"家庭压力"主要用父母自评健康、残疾程度、慢性病程度、灾难性医疗支出来度量。考虑到问卷中并没有针对父母的精神健康的考察,这里使用"父母沟通频率"间接考察因父母负面情绪对子女的影响。[①]"居住及社区环境"主要包括家庭居住环境及社区整体环境。

表7　　　　　　　　　　　指标设定

维度	变量	问项	赋值
家庭投资/过程维度	父母教育水平	A13_3"父亲/母亲/监护人受教育程度"	文盲=0,小学及高中学历=1,大学及研究生以上=2
	父母就业状况	A13_4"父亲/母亲/监护人职业类型"	干部及高级管理与技术人员=2、个体户工人及农民=1、失业及未就业人员=0
	父母健康行为	A13_8"父亲/母亲/监护人饮酒状况";A13_9"父亲/母亲/监护人吸烟状况"	经常吸烟=1,否=0 经常饮酒=1,否=0
	教育投入比重	A15_1"孩子半年实际支出" A15_3"孩子半年实际教育支出"	"孩子半年实际教育支出"/"孩子半年实际支出"
	医疗保健投入	E10_5 因为付不起医疗费用而在需要的时候不能看病 B09_1"如何处理孩子生病"孩子患病后,是如何处置的?	同意/有时或部分同意=0 不同意=1 未处置/自我治疗=0,送医=1

---

① Kiernan, K. E. & Huerta, M. C., "Economic deprivation, maternal depression, parenting and children's cognitive and emotional development in early childhood", *British Journal of Sociology*, Vol. 59, No. 4, 2008, pp. 783–806.

第三章 困难家庭儿童"收入—健康"梯度及其政策干预

续表

维度	变量	问项	赋值
家庭压力维度	父母自评健康	A13_5 "父亲/母亲/监护人身体健康状况"	非常好或很好=1,否=0
	父母残疾程度	A13_6 "父亲/母亲/监护人残疾状况" A13_6_1 "父亲/母亲/监护人残疾类型"	残疾=1,否=0 残疾数量加总
	父母慢性病程度	A13_7 "父亲/母亲/监护人慢性病" A13_7_1 "父亲/母亲/监护人慢性病类型"	患慢病=1,否=0 慢病数量加总
	灾难性医疗支出	A15ba "自付费用"所有医疗花费中,自付费用大概是多少元?	医疗总费用中自付费用占家庭总收入的比重超过40%的即认为存在灾难性大病支出
	父母沟通交流	A26_2 父亲/母亲经常和你说话、聊天(通电话)吗?	经常沟通=1,否=0
居住及社区环境维度	居住环境	I03 被访家庭的居住环境 A24 您家中有没有独立的卫生间?	干净整洁=1,否=0 有卫生间=1,否=0
	社区服务供给	I06 社区内或周边可否为社区居民提供如下生活类服务	服务数量加总
	社区环境	D19 你觉得在学校里安全吗? D15 你家附近治安情况如何? I08 该社区是否脏乱差? I09 你觉得该社区是否安全?	校园安全=1,否=0 社区安全=1,否=0 社区干净=1,否=0 治安好=1,否=0

此外,本章还将控制儿童年龄、性别、城乡户籍,健康行为(经常吃水果、喝牛奶、按时起床、按时刷牙)以及是否为低保户、是否享有营养餐和省哑变量。

三 模型设定

本章要估计的回归方程设定如下:

$$H_i = \beta_0 + \gamma Incoe_i + \beta_1 Channel_i + \beta_2 comtrol_i + \varepsilon_i \quad (1)$$

这里,被解释变量 H_i 是个体 i 的健康或疾病变量。$Income_i$ 是个体

i 的家庭收入指标，γ 即为我们所关注的家庭高收入对儿童健康或相关疾病的效应。$Channel_i$ 是个体或家庭层面的中间变量，$conrol_i$ 是控制变量，ε_i 是随机扰动项。

除了考察家庭收入对儿童健康的影响外，本章还将评估现行的"现金转移"政策是否通过增加困难家庭收入达到改善儿童健康的目的，估计模型如下：

$$H_i = \theta_0 + \delta Govtrans_i + \theta_1 control_i + \mu_i \quad (2)$$

其中，被解释变量 H_i 是个体 i 的健康或疾病变量。$Govtrans_i$ 是个体 i 所在家庭接受政府转现金转移支付的金额（对数值），δ 是即时我们所关注的政府现金转移对儿童健康的效应。$control_i$ 是控制变量，μ_i 是扰动项。

为了在估计这一方程时，有效控制不可观测的遗漏变量，本章进一步采用个体所在区县 2018 年城乡最低生活保障标准为工具变量，采用最小二乘法（Two Stage Least Square，TSLS）来估计空气污染对微观个体健康影响的因果效应。其中，一阶段方程可写作：

$$Govtrans_i = \alpha_0 + \rho dbline_j + \alpha_1 control_i + \vartheta_i \quad (3)$$

这里，$dbline_j$ 即为我们构建的工具变量"城乡最低生活保障标准"。对公式（3）进行回归，得到被解释变量的预测值 $\widehat{Govtrans}_t$ 以此替换公式（2）$Govtrans_i$，然后估计二阶段方程：

$$H_i = \theta_0 + \hat{\delta}\widehat{Govtrans}_t + \theta_1 control_i + \mu_i \quad (4)$$

即可得到我们关注的 δ 的 $\hat{\delta}$ 一致估计量。

第三节 描述性统计

首先，从不同收入组儿童各项健康指标差异来看，如表 8 所示，基于受访儿童家庭人均年收入四分位对比可知，反映儿童健康的各项指标在不同收入水平的家庭间存在着比较明显差异。第一，前 25% 的高收入人群"自评健康良好"的平均比例高达 78.7%，比最后的 25% 低收入群体（47.7%）要高。第二，年龄别身高 Z 评分，前

25%的高收入人群超出世卫组织儿童年龄别身高评分0.508,最后的25%低收入儿童反而低出0.577。第三,从儿童患病情况来看,收入垫底的25%家庭,儿童贫血、近两周患病及过去一年住院发生率,均显著高于前25%的收入组。第四,从儿童心理健康情况来看,前25%的高收入组焦虑评分与学习厌倦评分均显著低于收入垫底的25%家庭,但其自尊评分显著高于低收入组。此外,有趣的是,近视的发生率在高收入组中更加明显。

表8　家庭收入四分组儿童各项健康指标均值比较

儿童健康指标	家庭人均收入四分位				P值
	Q1	Q2	Q3	Q4	
自评健康好 (否=0)	0.477 (0.501)	0.585 (0.495)	0.540 (0.500)	0.787 (0.411)	P<0.001
出生体重 (千克)	3.082 (0.736)	3.204 (0.595)	3.209 (0.578)	3.346 (0.604)	P<0.001
身高 (厘米)	129.9 (12.01)	132.4 (11.75)	134.2 (10.83)	136.6 (11.09)	P=0.004
体重 (千克)	28.11 (7.577)	29.66 (7.403)	31.32 (10.55)	32.22 (10.51)	P=0.119
年龄别身高 Z评分	-0.577 (1.815)	-0.184 (1.845)	0.0661 (1.570)	0.508 (1.688)	P=0.017
年龄别体重 评分	-0.404 (1.458)	-0.0710 (1.417)	0.119 (1.570)	0.419 (1.585)	P=0.349
年龄别BMI 指数评分	-0.210 (1.964)	-0.0891 (2.020)	-0.00747 (1.976)	0.138 (2.456)	P=0.290
BMI指数	16.72 (4.091)	17.04 (4.310)	17.24 (4.693)	17.59 (8.067)	P=0.487
近视 (否=0)	0.242 (0.352)	0.144 (0.376)	0.169 (0.396)	0.193 (0.429)	P<0.001

续表

儿童健康指标	家庭人均收入四分位				P 值
	Q1	Q2	Q3	Q4	
贫血（否 =0）	0.114	0.113	0.127	0.0506	P = 0.008
	(0.319)	(0.317)	(0.334)	(0.220)	
近两周患病（否 =0）	0.288	0.148	0.180	0.185	P = 0.001
	(0.454)	(0.356)	(0.385)	(0.390)	
过去一年住过院（否 =0）	0.174	0.134	0.120	0.107	P < 0.001
	(0.381)	(0.342)	(0.326)	(0.310)	
过去一年住院次数	0.447	0.254	0.253	0.140	P = 0.096
	(1.631)	(1.014)	(0.950)	(0.435)	
焦虑评分	7.477	6.641	7.407	6.562	P < 0.001
	(5.041)	(4.741)	(5.789)	(4.903)	
抑郁评分	13.55	13.37	12.89	13.21	P = 0.243
	(8.402)	(8.008)	(8.137)	(8.945)	
焦虑抑郁总评分	21.03	20.01	20.30	19.78	P = 0.166
	(12.02)	(11.44)	(12.84)	(12.95)	
自尊评分	18.35	18.68	18.37	19.40	P < 0.001
	(3.551)	(3.177)	(3.716)	(3.340)	
自尊强（否 =0）	0.886	0.894	0.887	0.955	P < 0.001
	(0.319)	(0.308)	(0.318)	(0.208)	
学习厌倦评分	39.02	36.18	36.73	33.56	P = 0.001
	(9.702)	(8.098)	(10.34)	(9.512)	

注：括号内为标准差。

第二，从不同支出组儿童各项健康指标差异来看，如表9所示，这种存在于收入组别上的差异同样也存在于支出组，儿童半年间平均支出水平最高的25%组同最低的25%组相比，有更好的自评健康与自尊评分，及相对较低的抑郁、焦虑、学习厌倦评分。

第三章 困难家庭儿童"收入—健康"梯度及其政策干预

表9　　　　家庭儿童平均支出四分组各项健康指标比较

儿童健康指标	儿童平均半年支出四分位				P值
	Q1	Q2	Q3	Q4	
自评健康好 （否=0）	0.582 (0.495)	0.507 (0.502)	0.636 (0.482)	0.687 (0.465)	P<0.001
患有残疾 （否=0）	0.00820 (0.0905)	0.0208 (0.143)	0.00568 (0.0754)	0.0307 (0.173)	P=0.409
出生体重 （千克）	3.115 (0.568)	3.190 (0.650)	3.221 (0.643)	3.343 (0.641)	P<0.001
身高 （厘米）	131.2 (12.70)	132 (10.95)	134.2 (10.97)	136.0 (11.64)	P<0.001
体重 （千克）	29.51 (12.83)	28.85 (7.007)	30.94 (8.356)	32.42 (9.087)	P=0.002
年龄别身高 Z评分	-0.415 (1.932)	-0.244 (1.638)	0.105 (1.651)	0.407 (1.786)	P=0.057
年龄别体重 评分	-0.274 (1.880)	-0.205 (1.368)	0.164 (1.417)	0.434 (1.461)	P=0.316
年龄别BMI 指数评分	-0.192 (2.409)	-0.250 (2.045)	0.0514 (1.801)	0.261 (2.318)	P=0.862
BMI指数	17.14 (6.927)	16.67 (4.055)	17.15 (3.989)	17.83 (7.382)	P=0.055
近视 （否=0）	0.0984 (0.299)	0.181 (0.386)	0.216 (0.413)	0.239 (0.428)	P<0.001
贫血 （否=0）	0.0820 (0.275)	0.146 (0.354)	0.0852 (0.280)	0.0920 (0.290)	P=0.248
近两周患病 （否=0）	0.197 (0.399)	0.194 (0.397)	0.170 (0.377)	0.245 (0.432)	P=0.401
过去一年住 过院（否=0）	0.115 (0.320)	0.146 (0.354)	0.108 (0.311)	0.160 (0.367)	P=0.058
过去一年 住院次数	0.189 (0.875)	0.354 (1.421)	0.159 (0.510)	0.350 (1.210)	P=0.025

续表

儿童健康指标	儿童平均半年支出四分位				P值
	Q1	Q2	Q3	Q4	
焦虑评分	7.566	7.257	6.915	6.454	P=0.001
	(5.281)	(5.286)	(4.757)	(5.248)	
抑郁评分	13.74	12.76	13.23	13.16	P=0.041
	(8.456)	(7.689)	(8.774)	(8.584)	
焦虑与抑郁总评分	21.30	20.01	20.15	19.61	P<0.001
	(12.53)	(11.73)	(12.38)	(12.73)	
自尊评分	18.60	18.38	18.78	19.18	P=0.001
	(3.413)	(3.639)	(3.221)	(3.521)	
自尊强（否=0）	0.910	0.875	0.909	0.939	P=0.568
	(0.288)	(0.332)	(0.288)	(0.241)	
学习厌倦评分	38.16	37	36.86	33.55	P=0.016
	(8.965)	(9.664)	(9.574)	(9.792)	

注：括号内为标准差。

第三，从不同家庭类型儿童各项健康指标差异来看，如表10所示，根据家庭类别来划分，低保户、边缘户与普通户之间儿童各类健康指标的差异同样明显，而且呈现出更强的"梯度性"，特别是在自评健康、患病、住院、贫血上的差异尤为显著。但值得注意的是，边缘户儿童的心理健康状况较低保户更差，体现了边缘户家庭儿童健康脆弱性的特殊一面。由此可见，不论是依据收入、支出水平，还是家庭类别所划分的组别间，8—16岁受访儿童自评健康、年龄别身高/体重/BMI指数Z评分、患病情况以及心理健康等各个维度都表现出明显"梯度性"。

第四，从家庭接受政策支持及负担的分组来看，一方面如表11所示，困难家庭（包括低保及边缘户）中，享受到营养餐的儿童，其自评健康及贫血状况要略好于没有享受到营养餐的儿童，但其在残疾状况、年龄别身高Z评分上较没有享受到营养餐的儿童较差。从全样本来看，享受到营养餐的儿童总体健康状况较差，这可以从

第三章 困难家庭儿童"收入—健康"梯度及其政策干预

一定程度上反映，营养餐供给还是能够较好地瞄准"健康状况较差"的群体。

表10　　　　　　　　家庭类别划分与儿童健康状况

儿童健康指标	家户类型			P 值
	低保户	边缘户	普通户	
自评健康好 （否 = 0）	0.453 (0.499)	0.645 (0.480)	0.779 (0.416)	P < 0.001
患有残疾 （否 = 0）	0.0364 (0.188)	0 (0)	0.00503 (0.0709)	P = 0.005
出生体重 （千克）	3.182 (0.729)	3.218 (0.542)	3.278 (0.565)	P = 0.002
身高 （厘米）	131.9 (11.96)	133.0 (10.74)	136.2 (11.38)	P = 0.658
体重 （千克）	29.60 (8.026)	30.83 (9.906)	31.58 (10.41)	P = 0.129
年龄别身高 Z 评分	-0.278 (1.812)	-0.0964 (1.640)	0.435 (1.717)	P = 0.259
年龄别体重 Z 评分	-0.117 (1.460)	0.0924 (1.579)	0.267 (1.586)	P = 0.430
年龄别 BMI 指数 Z 评分	-0.0722 (2.054)	0.0946 (1.993)	-0.0193 (2.335)	P = 0.860
BMI 指数	17.10 (4.411)	17.37 (4.820)	17.24 (7.555)	P = 0.507
近视 （否 = 0）	0.174 (0.380)	0.187 (0.391)	0.221 (0.416)	P = 0.189
贫血 （否 = 0）	0.150 (0.358)	0.0904 (0.288)	0.0452 (0.208)	P < 0.001
近两周患病 （否 = 0）	0.247 (0.432)	0.193 (0.396)	0.151 (0.359)	P < 0.001

续表

儿童健康指标	家户类型 低保户	家户类型 边缘户	家户类型 普通户	P值
过去一年住过院（否=0）	0.146 (0.354)	0.133 (0.340)	0.111 (0.314)	P=0.003
过去一年住院次数	0.372 (1.467)	0.193 (0.632)	0.176 (0.590)	P=0.037
焦虑评分	6.826 (4.888)	7.295 (4.978)	6.950 (5.514)	P=0.352
抑郁评分	12.83 (8.143)	13.57 (8.528)	13.35 (8.522)	P=0.048
焦虑抑郁总评分	19.66 (11.92)	20.86 (12.13)	20.30 (12.95)	P=0.215
自尊评分	18.18 (3.851)	18.94 (3.119)	19.31 (3.072)	P=0.084
自尊强（否=0）	0.866 (0.341)	0.934 (0.249)	0.945 (0.229)	P=0.028
学习厌倦评分	37.30 (9.998)	36.92 (8.478)	34.47 (9.932)	P=0.064

注：括号内为标准差。

表11　　儿童健康在是否享受营养餐群体中的差异

	困难家庭（低保+边缘） 无营养餐	困难家庭（低保+边缘） 有营养餐	P值	全部样本 无营养餐	全部样本 有营养餐	P值
自评健康好（否=0）	0.527 (0.500)	0.547 (0.501)	0.061	0.623 (0.485)	0.554 (0.500)	<0.001
患有残疾（否=0）	0.0149 (0.121)	0.0533 (0.226)	0.014	0.0118 (0.108)	0.0396 (0.196)	0.275
出生体重（千克）	3.169 (0.643)	3.314 (0.731)	0.309	3.210 (0.621)	3.284 (0.685)	0.003

第三章 困难家庭儿童"收入—健康"梯度及其政策干预

续表

	困难家庭（低保＋边缘）			全部样本		
	无营养餐	有营养餐	P值	无营养餐	有营养餐	P值
年龄别身高Z评分	－0.139 (1.766)	－0.509 (1.629)	0.050	0.0487 (1.763)	－0.228 (1.741)	0.056
年龄别体重评分	0.0134 (1.532)	－0.244 (1.413)	0.922	0.118 (1.572)	－0.204 (1.354)	0.950
年龄别BMI指数评分	0.0167 (2.017)	－0.0912 (2.062)	0.216	0.0383 (2.164)	－0.244 (1.928)	0.352
BMI指数	17.25 (4.658)	17.00 (4.195)	0.927	17.34 (6.005)	16.62 (3.892)	0.910
近视 （否＝0）	0.179 (0.384)	0.173 (0.381)	0.063	0.202 (0.402)	0.139 (0.347)	0.039
贫血 （否＝0）	0.143 (0.350)	0.0533 (0.226)	0.075	0.112 (0.316)	0.0396 (0.196)	0.195
近两周患病 （否＝0）	0.205 (0.405)	0.307 (0.464)	0.604	0.183 (0.387)	0.287 (0.455)	0.274
过去一年住过院 （否＝0）	0.134 (0.341)	0.173 (0.381)	0.972	0.126 (0.332)	0.158 (0.367)	0.405
过去一年住院次数	0.232 (0.818)	0.613 (2.223)	0.372	0.210 (0.743)	0.515 (1.953)	0.207
焦虑评分	7.116 (4.927)	6.747 (4.860)	0.201	7.029 (5.084)	6.950 (5.269)	0.034
抑郁评分	13.24 (8.232)	12.99 (8.475)	0.425	13.25 (8.358)	13.22 (8.316)	0.490
抑郁焦虑总评分	20.35 (11.93)	19.73 (12.10)	0.726	20.28 (12.27)	20.17 (12.34)	0.553
自尊评分	18.58 (3.312)	18.56 (3.584)	0.548	18.76 (3.256)	19.09 (3.421)	0.101
自尊强 （否＝0）	0.905 (0.294)	0.867 (0.342)	0.119	0.916 (0.278)	0.901 (0.300)	0.231
学习厌倦评分	37.03 (9.075)	38.67 (8.958)	0.490	36.23 (9.531)	37.22 (8.995)	0.887

注：括号内为标准差。

另一方面，如表 12 所示，不论从自负费用占总收入的比重，还是占总支出比重来衡量，存在灾难性医疗支出（大病支出）的家庭，其儿童的自评健康、患有残疾、贫血、自尊评分等状况均较没有灾难性医疗支出的家庭更差。

表 12　　　　儿童健康在是否存在灾难性医疗支出
（大病支出）群体中的差异

	自付费用/总收入			自负费用/总支出		
	无大病支出	有大病支出	P 值	有大病支出	无大病支出	P 值
自评健康好 （否=0）	0.653 (0.476)	0.396 (0.492)	<0.001	0.640 (0.480)	0.364 (0.485)	<0.001
患有残疾 （否=0）	0.0120 (0.109)	0.0396 (0.196)	0.020	0.0112 (0.105)	0.0606 (0.240)	0.043
出生体重 （千克）	3.240 (0.610)	3.122 (0.734)	0.351	3.230 (0.618)	3.191 (0.756)	0.553
年龄别身高 Z 评分	0.101 (1.715)	-0.530 (1.948)	0.431	0.0385 (1.715)	-0.422 (2.080)	0.744
年龄别体重 评分	0.131 (1.528)	-0.362 (1.562)	0.276	0.0800 (1.525)	-0.0792 (1.758)	0.049
年龄别 BMI 指数评分	0.0162 (2.114)	-0.241 (2.257)	0.069	-0.0117 (2.119)	0.0929 (2.327)	0.237
BMI 指数	17.21 (5.832)	17.06 (5.228)	0.852	17.18 (5.765)	17.76 (5.634)	0.804
近视 （否=0）	0.186 (0.390)	0.208 (0.408)	0.520	0.183 (0.387)	0.258 (0.441)	0.481
贫血 （否=0）	0.0802 (0.272)	0.178 (0.385)	<0.001	0.0821 (0.275)	0.242 (0.432)	<0.001
近两周患病 （否=0）	0.170 (0.376)	0.327 (0.471)	<0.001	0.183 (0.387)	0.333 (0.475)	<0.001
过去一年 住过院 （否=0）	0.110 (0.313)	0.228 (0.421)	<0.001	0.116 (0.320)	0.242 (0.432)	0.003

第三章 困难家庭儿童"收入—健康"梯度及其政策干预

续表

	自付费用/总收入			自负费用/总支出		
	无大病支出	有大病支出	P值	有大病支出	无大病支出	P值
过去一年住院次数	0.180 (0.664)	0.663 (2.070)	<0.001	0.203 (0.784)	0.697 (2.212)	<0.001
焦躁评分	6.810 (5.166)	7.822 (4.955)	0.337	6.916 (5.105)	7.530 (4.937)	0.383
抑郁评分	13.07 (8.488)	13.92 (7.862)	0.148	13.18 (8.355)	12.70 (8.222)	0.695
负面情绪评分	19.88 (12.44)	21.74 (11.85)	0.157	20.09 (12.27)	20.23 (12.12)	0.295
自尊评分	18.94 (3.358)	17.81 (3.870)	0.007	18.94 (3.337)	17.36 (4.120)	0.006
自尊强（否=0）	0.920 (0.272)	0.851 (0.357)	0.390	0.920 (0.272)	0.818 (0.389)	0.240
厌学度评分	35.74 (9.628)	38.23 (9.565)	0.490	35.90 (9.628)	38.73 (9.830)	0.358

注：括号内为标准差。

第四节 实证分析结果

首先，如表13显示，logistic模型估计显示，家庭收入与儿童自评健康及疾病之间存在着非常密切的正相关性，呈现出明显的梯度变化。在控制相关变量及省哑变量的情况下，比之于最低收入组家庭收入越高，自评健康好的概率越大，特别是最高收入组，自评健康好的概率是最低收入组的一倍多，且在0.01的水平上显著，其近两周患病及过去一年住院的风险较最低收入组低出37.3%、46.8%。

表 13　　家庭收入与儿童自评健康及疾病关系（odds ratio 值）

变量	（1）自评健康好	（2）患近视	（3）患贫血	（4）近两周患病	（5）过去一年住院
人均收入 Q1	1.00	1.00	1.00	1.00	1.00
人均收入 Q2	1.224**	1.196	1.115	0.754**	0.882
	(0.123)	(0.131)	(0.181)	(0.094)	(0.134)
人均收入 Q3	1.376***	1.309**	1.030	0.709***	0.777
	(0.146)	(0.149)	(0.178)	(0.094)	(0.130)
人均收入 Q4	2.100***	1.201	0.868	0.627***	0.532***
	(0.251)	(0.149)	(0.174)	(0.094)	(0.108)
控制变量	√	√	√	√	√
省哑变量	√	√	√	√	√
样本数	3,251	3,248	2,835	3,251	3,251

注：括号内是稳健标准误，＊＊＊ $p<0.01$，＊＊ $p<0.05$，＊ $p<0.1$。

在此基础上，进一步加入中间变量，家庭收入对儿童自评健康及疾病的影响有所弱化，说明收入的确是通过相关机制间接影响儿童健康。尽管如此，家庭收入的直接影响依然存在，特别是自评健康，最高收入组自评健康好的概率依然高出最低收入组37.7%。从各个潜在的影响机制来看，在自评健康方面，家庭投资/过程（父母教育水平、子女的教育投入、生病有钱就医）及家庭压力（父母自评健康、父母与孩子经常交流、发生灾难支出）以及社区环境（社区治安）都与自评健康之间有着密切的关系。在儿童疾病方面，儿童患病及住院风险与能否生病有钱就医之间的关系更为密切。

第三章　困难家庭儿童"收入—健康"梯度及其政策干预

表14　家庭收入对儿童自评健康及疾病影响渠道分析（odds ratio 值）

变量	（1）自评健康好	（2）患近视	（3）患贫血	（4）近两周患病	（5）过去一年住院
人均收入 Q1	1.00	1.00	1.00	1.00	1.00
人均收入 Q2	1.215	1.180	1.016	0.767*	1.082
	(0.155)	(0.149)	(0.195)	(0.112)	(0.194)
人均收入 Q3	1.187	1.176	1.073	0.762*	1.030
	(0.166)	(0.157)	(0.220)	(0.121)	(0.204)
人均收入 Q4	1.377**	1.107	0.913	0.838	0.819
	(0.223)	(0.166)	(0.224)	(0.154)	(0.198)
父亲教育水平	1.393**	0.860	0.770	0.730*	1.132
	(0.221)	(0.119)	(0.178)	(0.130)	(0.264)
母亲教育水平	0.937	1.324**	1.226	0.995	0.992
	(0.129)	(0.171)	(0.261)	(0.159)	(0.200)
父亲经常饮酒	0.869	0.907	1.691*	1.803***	0.974
	(0.177)	(0.170)	(0.459)	(0.384)	(0.282)
母亲经常饮酒	1.113	1.042	0.835	1.100	0.584
	(0.215)	(0.185)	(0.241)	(0.235)	(0.198)
父亲经常抽烟	1.139	0.866	0.863	0.874	1.104
	(0.125)	(0.090)	(0.144)	(0.112)	(0.173)
母亲经常抽烟	1.183	1.191	1.111	1.103	1.229
	(0.141)	(0.130)	(0.192)	(0.147)	(0.212)
子女教育投入比重	2.498***	1.662**	0.814	0.857	0.588
	(0.562)	(0.347)	(0.277)	(0.224)	(0.201)
生病有钱就医	1.407***	0.864	0.766*	0.641***	0.600***
	(0.138)	(0.083)	(0.112)	(0.072)	(0.084)
父亲自评健康	4.929***	0.815*	0.646**	0.623***	0.862
	(0.698)	(0.097)	(0.136)	(0.101)	(0.169)
母亲自评健康	3.941***	1.089	0.619**	0.640***	0.899
	(0.506)	(0.127)	(0.125)	(0.098)	(0.167)

续表

	（1）	（2）	（3）	（4）	（5）
变量	自评健康好	患近视	患贫血	近两周患病	过去一年住院
父亲近两周患病	0.945	1.132***	1.036	1.129**	1.088
	(0.041)	(0.049)	(0.066)	(0.054)	(0.067)
母亲近两周患病	0.990	1.004	1.082	1.058	1.047
	(0.053)	(0.054)	(0.080)	(0.062)	(0.081)
父亲经常交流	1.244**	1.079	0.822	0.896	1.129
	(0.121)	(0.099)	(0.118)	(0.100)	(0.160)
母亲经常交流	1.261**	1.125	1.003	1.064	0.955
	(0.137)	(0.118)	(0.164)	(0.133)	(0.149)
发生灾难支出	0.782**	0.946	1.479**	1.325**	1.683***
	(0.091)	(0.108)	(0.240)	(0.170)	(0.259)
家庭整洁	1.060	1.280**	0.780*	1.122	1.016
	(0.107)	(0.123)	(0.117)	(0.131)	(0.149)
家里有独立卫生间	1.112	0.804**	1.225	0.932	0.875
	(0.123)	(0.086)	(0.208)	(0.117)	(0.135)
社区服务供给	0.997	1.032**	1.043	0.995	0.951*
	(0.017)	(0.016)	(0.027)	(0.020)	(0.025)
住所周围治安好	1.350***	1.067	0.897	0.828*	0.899
	(0.131)	(0.099)	(0.129)	(0.092)	(0.126)
社区干净整洁	0.885	0.982	0.878	1.048	1.016
	(0.111)	(0.113)	(0.162)	(0.151)	(0.183)
校园治安好	1.137	1.066	0.964	0.751	0.849
	(0.218)	(0.202)	(0.253)	(0.147)	(0.209)
社区治安好	0.960	0.935	1.208	0.971	1.288
	(0.110)	(0.100)	(0.202)	(0.129)	(0.213)
控制变量	√	√	√	√	√
省哑变量	√	√	√	√	√
样本数	2694	2692	2362	2694	2694
R-squared	0.265	0.160	0.052	0.060	0.041

注：括号内是稳健标准误，***$p<0.01$，**$p<0.05$，*$p<0.1$。

第三章 困难家庭儿童"收入—健康"梯度及其政策干预

第二,如表 15 所示,OLS 模型估计显示,家庭收入对儿童年龄别身高 Z 评分及年龄别体重 Z 评分有着显著的正向影响,同样呈现明显的梯度趋势。特别是年龄别身高评分,最高收入组收入每提高一个值,年龄别身高 Z 评分上升 0.3 个分值。

表15　家庭收入与儿童年龄别身高、体重及 BMI Z 评分的关系

VARIABLES	(1) 年龄别身高 Z 评分	(2) 年龄别体重 Z 评分	(3) 年龄别 BMI Z 评分	(4) BMI 指数
人均收入 Q1	1.00	1.00	1.00	1.00
人均收入 Q2	0.122	0.170	0.351	1.952
	(0.076)	(0.161)	(0.307)	(1.848)
人均收入 Q3	0.259***	0.314*	0.149	0.469
	(0.075)	(0.173)	(0.103)	(0.413)
人均收入 Q4	0.337***	0.426**	0.246	1.167
	(0.082)	(0.179)	(0.150)	(0.772)
控制变量	√	√	√	√
省哑变量	√	√	√	√
Observations	3245	688	3228	3228
R-squared	0.086	0.082	0.006	0.004

注:括号内是稳健标准误,*** $p<0.01$,** $p<0.05$,* $p<0.1$。

在进一步加入渠道因素后,家庭收入对上述指标的影响明显减弱,但对年龄别身高 Z 评分的影响依然显著。从作用机制来看,父母的教育水平(特别是母亲教育水平)、子女教育投入以及社区服务供给都与年龄别身高 Z 评分有着显著的正相关性,相反,父亲经常抽烟不利于儿童年龄别身高评分的改善。

表 16 家庭收入对儿童年龄别身高、体重及 BMI 的影响渠道

变量	（1）年龄别身高 Z 评分	（2）年龄别体重 Z 评分	（3）年龄别 BMI Z 评分	（4）BMI 指数
人均收入 Q1	1.00	1.00	1.00	1.00
人均收入 Q2	0.161**	0.128	0.005	-0.073
	(0.080)	(0.180)	(0.097)	(0.271)
人均收入 Q3	0.187**	0.244	0.022	-0.051
	(0.085)	(0.198)	(0.103)	(0.297)
人均收入 Q4	0.159	0.241	0.046	0.357
	(0.097)	(0.226)	(0.123)	(0.436)
父亲教育水平	0.145*	0.071	0.016	-0.082
	(0.085)	(0.185)	(0.115)	(0.353)
母亲教育水平	0.303***	0.049	-0.072	-0.325
	(0.081)	(0.197)	(0.101)	(0.293)
父亲经常饮酒	0.163	0.033	-0.076	-0.706**
	(0.106)	(0.274)	(0.120)	(0.336)
母亲经常饮酒	0.060	0.110	-0.060	-0.188
	(0.099)	(0.241)	(0.133)	(0.346)
父亲经常抽烟	-0.137**	0.087	0.092	0.202
	(0.069)	(0.156)	(0.086)	(0.282)
母亲经常抽烟	0.077	0.090	-0.027	-0.273
	(0.068)	(0.164)	(0.087)	(0.293)
子女教育投入比重	0.545***	0.598*	0.410**	0.564
	(0.137)	(0.321)	(0.182)	(0.724)
生病有钱就医	0.105*	-0.025	0.071	0.277
	(0.062)	(0.143)	(0.074)	(0.206)
生病能够就医	-0.092	-0.146	-0.116	-0.411
	(0.066)	(0.144)	(0.085)	(0.331)
父亲自评健康	0.043	0.366*	0.266**	1.007**
	(0.084)	(0.196)	(0.106)	(0.419)

第三章 困难家庭儿童"收入—健康"梯度及其政策干预

续表

变量	（1）年龄别身高 Z评分	（2）年龄别体重 Z评分	（3）年龄别BMI Z评分	（4）BMI指数
母亲自评健康	0.080	-0.007	0.044	-0.223
	(0.078)	(0.182)	(0.096)	(0.320)
父亲近两周患病	0.084***	0.218***	0.070**	0.084
	(0.026)	(0.069)	(0.034)	(0.113)
母亲近两周患病	0.006	0.024	0.035	0.194
	(0.039)	(0.086)	(0.051)	(0.240)
父亲经常交流	0.048	-0.023	-0.017	0.036
	(0.059)	(0.130)	(0.073)	(0.225)
母亲经常交流	0.073	0.151	0.083	0.137
	(0.066)	(0.147)	(0.082)	(0.234)
发生灾难支出	0.044	-0.283	-0.062	-0.164
	(0.072)	(0.173)	(0.089)	(0.250)
家庭整洁	0.101*	-0.080	0.001	0.118
	(0.060)	(0.160)	(0.075)	(0.226)
家里有独立卫生间	-0.058	0.102	0.029	0.192
	(0.070)	(0.147)	(0.081)	(0.223)
社区服务供给	0.032***	-0.002	0.001	-0.021
	(0.010)	(0.023)	(0.014)	(0.056)
住所周围治安好	-0.032	0.299**	0.085	0.258
	(0.059)	(0.142)	(0.072)	(0.211)
社区干净整洁	0.003	0.062	0.034	-0.229
	(0.077)	(0.159)	(0.107)	(0.468)
校园治安好	0.125	-0.118	-0.167	-0.464
	(0.115)	(0.213)	(0.146)	(0.402)
社区治安好	-0.014	-0.201	-0.116	-0.019
	(0.070)	(0.155)	(0.096)	(0.393)
控制变量	√	√	√	√
省哑变量	√	√	√	√

续表

变量	(1) 年龄别身高 Z评分	(2) 年龄别体重 Z评分	(3) 年龄别BMI Z评分	(4) BMI指数
样本量	2690	596	2683	2683
R-squared	0.117	0.131	0.034	0.051

注：括号内是稳健标准误，＊＊＊ $p<0.01$，＊＊ $p<0.05$，＊ $p<0.1$。

第三，OLS 模型估计显示（表17），家庭收入与儿童心理健康状况同样存在着显著的相关性。一方面，从负面情绪来看，家庭收入水平越高，儿童负面情绪的评分就越低，特别是焦虑评分与学习厌倦评分，比之于最低收入组，高收入组每上升一个百分点，焦虑评分下降0.5分，学习厌倦评分下降1.4分，分别在0.1与0.01的水平上显著。与此同时，高收入组较最低收入组而言，儿童的自尊评分会上升0.6分，且在0.01的水平上显著。

表17　　　　　家庭收入与儿童心理健康状况的关系

变量	(1) 焦虑评分	(2) 抑郁评分	(3) 焦虑抑郁总评分	(4) 自尊评分	(5) 学习厌倦评分
人均收入 Q1	1.00	1.00	1.00	1.00	1.00
人均收入 Q2	-0.263	0.231	-0.032	0.109	-0.439
	(0.225)	(0.366)	(0.532)	(0.143)	(0.435)
人均收入 Q3	-0.480＊＊	-0.142	-0.622	0.245	-0.942＊＊
	(0.244)	(0.386)	(0.569)	(0.152)	(0.464)
人均收入 Q4	-0.500＊	0.083	-0.417	0.626＊＊＊	-1.442＊＊＊
	(0.263)	(0.435)	(0.636)	(0.166)	(0.497)
控制变量	√	√	√	√	√
省哑变量	√	√	√	√	√
样本量	3,251	3,251	3,251	3,251	3,251
R-squared	0.050	0.038	0.049	0.043	0.071

注：括号内是稳健标准误，＊＊＊ $p<0.01$，＊＊ $p<0.05$，＊ $p<0.1$。

第三章　困难家庭儿童"收入—健康"梯度及其政策干预

在进一步加入渠道因素后，最高收入组同最低收入组相比，其收入每上升一个百分点，自尊评分上升0.4分，且在0.05的水平上显著。但反常的是，家庭收入与儿童抑郁评分竟呈显著的正相关性，说明家庭收入对儿童抑郁评分估计的稳健性较弱。从作用机制来看，第一，儿童的心理状况受父母的影响很大，教育水平较高、对子女教育投入较多以及经常同子女交流的父母，有助于降低子女的负面及厌学情绪，提高他们的自尊程度。相反，父亲如果有经常抽烟的行为，会增加孩子的厌学情绪。此外，母亲的自评健康与子女抑郁情绪关系密切。第二，社区环境影响同样重要，住所及校园治安越好，越有助于降低儿童的负面情绪，提高儿童自尊程度。

表18　　　　　　　家庭收入对儿童心理健康的影响渠道

变量	（1）焦虑评分	（2）抑郁评分	（3）焦虑抑郁总评分	（4）自尊评分	（5）学习厌倦评分
人均收入 Q1	1.00	1.00	1.00	1.00	1.00
人均收入 Q2	0.114	0.896**	1.010*	0.069	0.152
	(0.243)	(0.405)	(0.581)	(0.158)	(0.462)
人均收入 Q3	0.157	0.740*	0.897	0.108	0.457
	(0.267)	(0.437)	(0.632)	(0.169)	(0.500)
人均收入 Q4	0.297	1.416***	1.713**	0.428**	0.185
	(0.299)	(0.495)	(0.716)	(0.186)	(0.540)
父亲教育水平	-0.389	-0.421	-0.811	0.354**	-1.037**
	(0.265)	(0.431)	(0.624)	(0.180)	(0.492)
母亲教育水平	-0.413	-0.660	-1.073*	0.055	-1.250***
	(0.256)	(0.411)	(0.592)	(0.166)	(0.456)
父亲经常饮酒	0.659*	0.366	1.024	-0.028	-0.702
	(0.385)	(0.652)	(0.936)	(0.236)	(0.687)
母亲经常饮酒	-0.209	0.482	0.273	-0.083	-0.441
	(0.386)	(0.636)	(0.932)	(0.232)	(0.735)

续表

变量	（1）焦虑评分	（2）抑郁评分	（3）焦虑抑郁总评分	（4）自尊评分	（5）学习厌倦评分
父亲经常抽烟	0.339 *	0.361	0.700	-0.338 ***	1.102 ***
	(0.202)	(0.340)	(0.489)	(0.128)	(0.374)
母亲经常抽烟	0.392 *	-0.128	0.264	-0.090	0.775 *
	(0.223)	(0.353)	(0.521)	(0.138)	(0.409)
子女教育投入比重	-1.073 ***	-0.300	-1.372	0.110	-2.091 ***
	(0.406)	(0.698)	(1.005)	(0.269)	(0.789)
生病有钱就医	-0.139	-0.451	-0.590	-0.017	0.112
	(0.186)	(0.314)	(0.451)	(0.121)	(0.359)
生病能够就医	-0.303	-0.197	-0.500	0.194	-0.267
	(0.197)	(0.319)	(0.464)	(0.127)	(0.377)
父亲自评健康	-0.117	-0.003	-0.120	-0.093	-0.089
	(0.225)	(0.383)	(0.544)	(0.147)	(0.438)
母亲自评健康	-0.237	-0.810 **	-1.047 **	0.127	-0.251
	(0.225)	(0.365)	(0.529)	(0.147)	(0.440)
父亲近两周患病	0.019	0.123	0.142	-0.066	-0.172
	(0.092)	(0.149)	(0.222)	(0.053)	(0.167)
母亲近两周患病	-0.047	-0.174	-0.221	0.001	-0.102
	(0.110)	(0.173)	(0.258)	(0.062)	(0.208)
父亲经常交流	-0.727 ***	-0.792 ***	-1.519 ***	0.395 ***	-2.450 ***
	(0.182)	(0.303)	(0.436)	(0.115)	(0.343)
母亲经常交流	-0.438 **	-0.449	-0.886 *	0.467 ***	-1.587 ***
	(0.213)	(0.351)	(0.508)	(0.132)	(0.394)
发生灾难支出	0.614 ***	0.744 **	1.358 **	-0.219	1.292 ***
	(0.226)	(0.367)	(0.536)	(0.143)	(0.424)
家庭整洁	-0.399 **	-0.612 *	-1.010 **	0.301 ***	-0.898 ***
	(0.191)	(0.324)	(0.465)	(0.119)	(0.358)
家里有独立卫生间	-0.209	-0.221	-0.430	-0.267 **	0.532
	(0.210)	(0.354)	(0.507)	(0.130)	(0.391)

第三章　困难家庭儿童"收入—健康"梯度及其政策干预

续表

变量	(1)焦虑评分	(2)抑郁评分	(3)焦虑抑郁总评分	(4)自尊评分	(5)学习厌倦评分
社区服务供给	-0.035	-0.149***	-0.185**	-0.001	-0.123**
	(0.032)	(0.052)	(0.076)	(0.020)	(0.058)
住所周围治安好	-1.166***	-1.176***	-2.342***	0.561***	-2.449***
	(0.185)	(0.305)	(0.443)	(0.116)	(0.351)
社区干净整洁	0.044	-0.113	-0.069	0.067	-0.086
	(0.231)	(0.369)	(0.537)	(0.150)	(0.421)
校园治安好	-3.477***	-5.241***	-8.718***	1.040***	-4.694***
	(0.428)	(0.640)	(0.950)	(0.274)	(0.711)
社区治安好	0.004	0.460	0.464	0.101	-0.144
	(0.214)	(0.341)	(0.497)	(0.138)	(0.393)
控制变量	√	√	√	√	√
省哑变量	√	√	√	√	√
Observations	2694	2694	2694	2694	2694
R-squared	0.139	0.102	0.135	0.095	0.176

注：括号内是稳健标准误，***p<0.01，**p<0.05，*p<0.1。

最后，本章尝试就现行社会保障政策对困难家庭儿童健康影响的效果进行初步评估，即政府面对困难家庭的各项现金转移，是否有助于通过增加家庭收入从而达到改善儿童健康的目的。诚然，由于目前使用的是一期截面数据，无法就政策施行与儿童健康之间的因果关系展开更深入的考察。对此，本章进一步剔除对照组（普通家庭），考察困难家庭中，政府转移性收入对儿童健康的影响。本章以问卷中"A14a 来自政府的转移性收入（低保金、残疾补贴、其他专项救助、临时救助、慰问金、老年津贴、计划生育扶助金、各种贫困补贴等）共计大概多少元？"问项构建"政府转移性收入"变量，作为政府努力提高贫困家庭收入的政策评估变量，并以困难家庭儿童所在区县的城乡低保标准为工具变量（该工具变量的有效性，即一阶段估计结果详见附表2），采用最小二乘法估计发现，政府转移性收入有助于改善儿童的心理健康。

表19　　　　政府转移性收入对儿童心理健康的 IV 估计

变量	(1) 焦虑评分	(2) 抑郁评分	(3) 焦虑抑郁总评分	(4) 自尊评分	(5) 学习厌倦评分
政府转移性收入（对数值）	-1.196*	-2.624**	-3.820**	0.526	-2.585**
	(0.614)	(1.054)	(1.534)	(0.425)	(1.228)
控制变量	√	√	√	√	√
省哑变量	√	√	√	√	√
常数项	22.761***	41.565***	64.326***	11.702***	69.962***
	(5.089)	(8.655)	(12.624)	(3.447)	(10.074)
样本量	1885	1885	1885	1885	1885

注：括号内是稳健标准误，***$p<0.01$，**$p<0.05$，*$p<0.1$。

第五节　主要结论与政策建议

本章利用"困难家庭"项目数据，考察了中国8—16岁儿童家庭收入与健康之间的关系及其作用机制。研究发现，不论是儿童自评健康与疾病状况、儿童分年龄别身高、体重评分，还是儿童心理健康状况，都会因家庭收入差距呈现出明显的"梯度性"。收入水平越高的家庭，其儿童的各项健康指标越好，普通家庭儿童的各项健康指标要显著优于困难家庭。OLS回归模型估计显示，同其他国家一样，家庭收入与儿童健康之间确实存在着显著的正向关联，即便在大龄儿童组群，这种关系仍然显著存在。根据家庭投资/过程以及家庭压力理论进一步在模型中加入收入对健康影响的各类渠道因素后，家庭收入对自评健康、年龄别身高Z评分以及自尊评分的影响尽管减弱，但依然显著，这说明，收入对儿童健康的影响仍然具有相当的独立性。从各个作用渠道来看，家庭收入对不同健康指标的影响机制有所差异。一方面，对自评健康及年龄别身高评分这类综合性主客观指标，与家庭

第三章　困难家庭儿童"收入—健康"梯度及其政策干预

投资(教育投入、父母教育水平)、家庭压力(父母自评健康)以及社区环境之间都存在着密切的关联。另一方面,对近两周患病、过去一年住院这样反映疾病状况的指标,医疗服务的可及性即"看得起病"往往有着更直接的影响。此外,对反映儿童心理健康的指标,父母与子女的沟通以及对子女教育的投入更有助于改善儿童的心理状况,而来自灾难性医疗支出以及社会治安等外部的冲击同样会对儿童心理产生消极影响。总之,渠道分析解释了家庭收入影响儿童健康的多维性,其中父母积极的养育与健康行为(更多的沟通、更大的教育投入、少吸烟)以及良好的社区治安对儿童的健康成长无疑有着重要的意义。

本章的政策内涵在于:首先,重视家庭收入对儿童健康的直接影响,进一步提高对困难家庭的"现金转移",切实提高困难家庭的收入水平,对改善困难家庭儿童的健康无疑有着深远而重大的意义。其次,重视家庭收入影响儿童健康机制的多样性与丰富性,针对儿童心理、生理、疾病以及短期健康冲击与长期发育成长等不同维度,制定更有针对性的救助与健康改进措施,注重分类治理。例如,针对儿童心理,要更加重视推进家庭发展政策,强调保护家庭的重要性,促进父母与子女积极有效的沟通,同时也要注重社区环境与治安的改善。针对儿童疾病,注重困难家庭儿童医疗救助保障,加强制度衔接,减少困难家庭灾难性医疗支出的发生风险。最后,将直接的现金转移与健康服务有机结合,在提高各项救助与福利补贴水平的同时,充分引导社会组织及市场力量,为困难家庭儿童的健康改善提供更加丰富多样的公共服务。

表20　　　　　　　　　　中间变量描述统计

指标	平均值	标准差	最小值	最大值	样本数量
父亲教育水平	1.05	0.364	0	2	3111
母亲教育水平	1.001	0.395	0	2	2952
父亲经常饮酒	0.063	0.243	0	1	3112

续表

指标	平均值	标准差	最小值	最大值	样本数量
母亲经常饮酒	0.072	0.258	0	1	2960
父亲经常抽烟	0.322	0.467	0	1	3112
母亲经常抽烟	0.256	0.437	0	1	2963
教育投资比重	0.251	0.22	0	1	3233
生病有钱去医治	0.642	0.48	0	1	3257
生病会就医	0.725	0.447	0	1	3258
父亲自评健康	0.292	0.455	0	1	3110
母亲自评健康	0.334	0.472	0	1	2952
父亲近两周生病	0.622	1.077	0	7	3267
母亲近两周生病	0.369	0.838	0	6	3267
父亲经常沟通	0.532	0.499	0	1	3247
母亲经常沟通	0.681	0.466	0	1	3256
灾难性支出	0.206	0.405	0	1	3233
家庭整洁	0.573	0.495	0	1	3172
家里有独立卫生间	0.734	0.442	0	1	3267
社区服务供给	3.416	3.029	0	10	3267
家里周围治安好	0.617	0.486	0	1	3262
社区整洁	0.284	0.451	0	1	3192
学校治安好	0.93	0.256	0	1	3264
社区治安好	0.452	0.498	0	1	3192

表21　　政府转移性收入与最低生活保障标准的关系

	政府转移性收入	
	(1)	(2)
所在区县最低生活保障标准	0.760***	0.539***
	(0.088)	(0.102)
控制变量	NO	YES
省哑变量	NO	YES
一阶段F值（Clustered rse）	74.54	28.04
观测值	1879	1873
R-squared	0.110	0.132

注：括号内是稳健标准误，***p<0.01，**p<0.05，*p<0.1。

第四章　困难家庭儿童的教育支持政策

第一节　困难家庭儿童教育政策及研究综述

困难家庭儿童的生存权和发展权，是儿童社会保障的重要内容。随着我国社会经济的不断发展和社会保障水平的不断提升，当前面向困难家庭儿童的教育保障已成为社会保障政策设计中的重要议题，其涉及范围及影响已大大地超出了教育领域。困难家庭儿童的教育问题是家庭面对的多重问题和冲突所导致的困难处境在儿童身上的体现。有效地解决困难家庭儿童所面对的教育困境，为他们提供教育救助帮扶、促进儿童发展，是保障困难家庭儿童接受教育的权利公平、机会公平和质量公平的重要手段，同时也是维护社会公正、摆脱贫困代际传递风险、维护社会和谐稳定的重要路径。

自1986年《中华人民共和国义务教育法》颁布到20世纪80年代末"希望工程"的设立、"春蕾计划"的实施，再到2008年"两免一补"政策在全国范围内的全覆盖，国内义务教育阶段的资助体系基本成型。2016年6月，我国政府颁布《国务院关于加强困境儿童的保障性意见》，进一步完善了对儿童在义务教育阶段的"控辍保学"工作机制，该文件在强调家庭教育责任的同时，通过落实社会救助、社会福利政策措施，突出了国家在儿童教育保障中的责任。但研究者们在近年的研究中发现，当前健康和教育仍然是造成城乡家庭处境困难的两个重要原因。①在城市困难家庭负担的调查中，认为家中面临的主要困难是"家庭成员疾病负担重"的被访者占比63.98%，是"家庭成员需要长期照料"的被访者占40.88%，是"子女教育负担难以承受"的被访者占31.36%。在农村困难家庭中，认为家中面临的主要困难是"家庭成员疾病负担重"的被访者占比70.39%，是"家庭成员需要长期照料"的被访者占42.88%，是"子女教育负担难以承受"的被访者占26.06%。②

尽管近年来国家出台了许多保障处境不利儿童教育权利的政策，但由于过于强调"教育"的概念边界与实际工作部门的职责划分之间的联系，儿童教育保障并未归属专门的社会保障和社会福利部门统筹，导致儿童教育保障与国家社会保障资源和社会福利支持体系割裂。为困难家庭儿童提供"兜底保障"，开展"精准帮扶"是保障困难家庭儿童权益的重要工作内容，出于对贫困问题的客观存在性、困难家庭边界界定的复杂性、低保家庭和边缘家庭保障的有限性，以及在免费义务教育资助体系之外有偿教育资源短期内无法被取代的现实等因素的考虑，对困难家庭儿童的教育救助应被纳入国家整体社会救助体系中，并作为国家一项长期救助制度进行统筹，在维护社会公平与权利的同时兼顾社会救助服务的效率。

本书根据民政部政策研究中心组织的"托底性民生保障政策支持系统建设"项目2018年家庭入户调查，对与"教育与学业成就"专题相关的部分数据进行了整理，并从受教育机会、受教育条件、学业成就、教育保障政策对儿童接受教育的支持情况四个维度出发，对低保家庭、边缘家庭和普通家庭进行了比较分析，并对以下几个方面的问题进行探讨：一是现有儿童教育支持政策在具体实施过程中，其保障覆盖面、受助群体瞄准度以及实施效果如何？二是影响儿童受教育的水平和机会的家庭因素有哪些，它们是如何相互影响的？三是建构

---

① 唐钧：《论城乡困难家庭就业救助精准化》，《党政研究》2017年第9期。
② "城乡困难家庭社会政策支持系统建设"课题组：《城乡困难家庭：研究发现与政策建议》，《国家行政学院学报》2018年第1期。

第四章　困难家庭儿童的教育支持政策

困难家庭儿童教育救助的政策和服务体系的重点是什么？如何回应困难家庭及儿童的教育支持需求？本书期望对以上问题的分析和讨论为困难家庭儿童教育救助体系的建设提供政策依据。

一　国内相关政策及研究综述

（一）困难家庭儿童教育的政策梳理

百年大计，教育为本。教育决定着一个国家和民族的兴衰成败。新中国成立以来，我国政府以"学有所教，促进教育公平"为方针，出台了大量的教育政策，不断完善教育制度。

在义务教育方面1986年国家出台《中华人民共和国义务教育法》，为制定义务教育阶段家庭经济困难学生教育救助政策提供了法律依据；2006年修订后的《中华人民共和国义务教育法》将义务教育依法纳入强制性免费教育体系，成为国家教育制度中最主要的内容。1995年《关于健全中小学学生助学金制度的通知》的颁布，以法律的形式将义务教育助学金制度确立下来。1997年《国家贫困地区义务教育助学金实施办法》的颁布，确定由中央财政承担贫困地区义务教育助学金相关经费，同时明确了助学金的救助形式、救助对象、资金管理等相关程序，该办法的实施使得数以百万计家庭经济困难面临辍学的适龄儿童得以重返校园。2001年国家颁布《关于基础教育改革与发展的决定》，正式启动了"两免一补"政策，该政策从最初仅面向农村义务教育阶段贫困家庭学生就学实施"免杂费、免书本费、逐步补助寄宿生生活费"到2008年该政策在全国适龄儿童的全覆盖，使得"两免一补"作为常态机制，被正式纳入我国义务教育制度体系中。

2016年6月，我国颁布《国务院关于加强困境儿童保障工作的意见》，这是一项专门面向困境儿童提供教育支持的文件，在教育方面提出"为残疾儿童提供包括学前教育、义务教育、高中阶段教育在内的15年免费教育；为被全日制本科、专科院校录取的最低生活保障家庭子女进行一次性救助；保障流动和留守儿童接受学前教育，深入推进特殊教育提升计划，完善义务教育控辍保学工作机制"。同时，该文件提出了"政府为主导,家庭为中心,社会力量共同分担责任"的儿童教育福利服务模式,首次从家庭整体福利视角出发,将儿童教育、医疗保障、促进父母就业、教育津贴和保险支持、帮助家庭改善儿童生长环境、提供托幼及社工辅导等作为一个整体,纳入对困境儿童保障和福利服务的政策设计中。

2014年国务院颁布《社会救助暂行办法》,规定国家对在义务教育阶段就学的最低生活保障家庭成员、特困供养人员给予教育救助,对在高中教育(含中等职业教育)、普通高等教育阶段就学的最低生活保障家庭成员、特困供养人员,以及不能入学接受义务教育的残疾儿童,根据实际情况给予适当的教育救助,并根据不同教育阶段需求,采取减免相关费用、发放助学金、给予生活补助、安排勤工助学等方式实施,保障教育救助对象基本学习、生活需求。自此作为社会救助重要分支的教育救助被正式明确提出。2007年颁布了《国务院关于建立健全普通本科高校、高等职业学校和中等职业学校家庭经济困难学生资助政策体系的意见》,并在该意见的基础上形成了国家助学金制度体系,为处于义务教育阶段之外的家庭经济困难学生顺利完成学业提供支持。在职业教育方面,国家先后出台了《职业教育东西协作行动计划(2016—2020年)》和《教育脱贫攻坚"十三五"规划》,在制度和资金层面,重点支持农村和西部等欠发达地发展职业教育。2017年4月颁布的《关于做好2017年高中阶段学校招生工作的通知》中也明确指出,帮助贫困家庭的初中毕业生在所在省份接受优质的中等职业教育,并出台相关拨款政策。[1]

此外,部分民政领域的救助制度,如城市居民最低生活保障制度、农村居民最低生活保障制度、特困救助供养制度、城乡居民大病医疗救助制度、城乡特殊困难人员教育救助制度、困难残疾人和重度残疾人救助政策、流浪乞讨儿童救助保护政策、孤儿救助政策、临时

---

[1] 陈秋苹、梅子寒:《高中阶段教育政策供给缺陷及其纠正》,《教育理论与实践》2019年第2期。

救助制度等，其中也有部分政策涉及儿童教育救助内容。

表1　　　　　我国救助政策涉及儿童救助内容情况一览表

	生活救助	教育支持	医疗卫生
城市居民最低生活保障制度	√	—	—
农村居民最低生活保障制度	√	—	—
特困救助供养制度	√	—	—
城乡居民大病医疗救助制度	—	—	√
城乡特殊困难人员教育救助制度	—	√	—
困难残疾人和重度残疾人救助政策	√	—	√
流浪乞讨儿童救助保护政策	√	√	√
孤儿救助政策	√	√	√
困境儿童分类保障制度	√	√	√
临时救助制度	√	√	√

注："√"表示涉及该项内容，"—"表示不涉及该项内容。

（二）我国教育政策研究综述

随着大量教育政策，特别是针对困难家庭儿童、困境儿童教育支持政策的出台，为促进相关政策的进一步完善，众多学者对相关政策做了深入研究分析。贾汇亮、黄崴认为，建立和完善弱势群体教育保障与资助体系的关键是各级政府切实重视弱势群体教育的需要，提出建立国家教育弱势群体资助中心来解决如今对弱势群体资助分立的现状。[①] 孙中民也指出，当前我国应该实现从临时性救助到制度性补偿的转变，制定弱势群体教育保障制度，成立专项资金。[②] 魏慧静认为，现阶段我国教育救助存在救助面窄、标准低、管理不完善、与就业救助

[①] 贾汇亮、黄崴：《教育弱势群体救助：制度安排与保障体系》，《中国教育学刊》2006年第4期。

[②] 孙中民：《当前流动人口子女教育政策的执行困境与出路》，《湖南师范学院学报》2010年第2期。

制度脱节等问题，并提出稳定教育救助资金来源、扩大救助面、提高救助标准，加大教育救助宣传力度与监督管理、规范救助评定标准，建立政府、社会、学校、社区与困难家庭"五位一体"的持续性和发展性的教育救助机制。①孙中民、孙少柳指出，我国当前的教育救助是一种基于道德诉求的济贫式救助，责任主体界定不合理，项目杂乱，资金不足，救助方式不规范。不论从社会正义发展的要求看，还是从贫困文化论与人力资本角度看，都不符合社会发展的要求。必须确立正确的教育救助政策取向，实现从临时性救助到制度补偿的转变，从基本受教育权救助向综合救助转型，建立协调有序的救助管理体制。②还有学者认为，我国当前对困境儿童的保障仍以现金保障为主，其他服务保障与支持表现匮乏并且专业性不足，政策服务的有效性得不到保障。同时，我国大部分的困境儿童保障属于事后救助，对从源头预防困境儿童教育困境状况产生的重视度还远远不够。

（三）国内相关实证研究综述

在教育保障与教育福利制度方面，长期以来我国众多学者进行了大量深入的研究。在对贫困儿童教育资源获取的研究中，学者们普遍认为贫困儿童面临不利的处境。在城乡困难家庭社会政策支持系统建设项目研究中发现，义务教育、高中教育和大专及以上教育三个阶段中，城市困难家庭中，以家庭积蓄支付教育费用分别占比54.20%、43.20%和32.31%，以借款支付的教育费用所占的比重是16.16%、20.46%和21.57%；农村困难家庭中，以家庭积蓄支付的教育费用分别占比54.84%、39.64%和29.17%，以借款支付的教育费用的比重增加了，分别为22.24%、33.41%和30.09%，因此在高中和大学教育阶段，城市困难家庭户均有0.10人正在上高中，有0.12人正在上大学；而农村困难家庭则减少到户均0.08人和0.07人，该项研究指

---

① 魏慧静：《困难家庭子女教育救助研究》，《中国国情国力》2018年第4期。
② 孙中民、孙少柳：《弱势群体子女教育救助：从道德诉求到制度补偿》，《经济研究导刊》2008年第9期。

第四章 困难家庭儿童的教育支持政策

出教育之痛已成为遏制城乡困难家庭求生存图发展的阻碍。[1]张尚、杨燕萍在一项基于困难家庭教育需求的调查研究中发现，困难家庭在讨论儿童是否继续接受高中阶段教育问题时，家庭除考虑经济因素、投资预测之外，更多的顾虑是儿童接受教育能给家庭带来多大效益，而现实中家庭教育投资过高、教育回报概率过低，以及教育成果无法直接惠及家庭等，是制约着儿童在完成9年义务教育后继续高中阶段教育的最大障碍。张杨微对上海218户城镇低保家庭在家庭教育投资方面的状况进行了调查分析，结果显示低保家庭在对家庭教育投资的认知方面总体上呈现出与其他普通家庭的同质性，他们都对子女的受教育程度有较大的期待，但受到家庭主客观条件的限制，在家庭教育投资方面面临较多困境。

陈春锋在对以城市低收入家庭在校的青少年（中学生）为研究对象的研究中发现，贫困家庭青少年普遍存在基本学习条件差、家庭不重视教育、在学校中受老师的关注程度低、学习成绩普遍较差和有不良的行为等问题，并在此研究基础上提出，我国当前从国家层面对贫困家庭的救助仅限于经济方面的支持，而针对贫困家庭青少年心理支持和社会层面的支持还亟待出台相应政策解决。[2]刘精明、杨江华在对国家统计局2001—2005年《中国农村贫困监测报告》整理分析后发现，低水平的教育意愿总是与贫困地区的文化气氛相关联，贫困家庭的子女除了缺乏良好的学习场所及充足的学习用品外，还会由于无法获得有效的课外辅导和学业帮助，不能取得较好的学业成就，加之贫困的家庭文化对子女较低的教育期望，降低了他们的受教育机会，从而造成了农村义务教育阶段，儿童失学的较大部分原因不是义务教育供给不足，而是儿童的自愿失学。[3]

---

[1] "城乡困难家庭社会政策支持系统建设"课题组：《城乡困难家庭：研究发现与政策建议》，《国家行政学院学报》2018年第1期。

[2] 陈春锋：《城市贫困家庭青少年的教育现状研究》，《山东行政学院学报》2017年第5期。

[3] 刘精明、杨江华：《关注贫困儿童的教育公平问题》，《华中师范大学学报》（人文社会科学版）2007年第3期。

在涉及困难家庭儿童受教育质量方面的研究中,李敏发现尽管大多数城市贫困家庭把摆脱贫困的希望寄托在儿童身上,对青少年教育期望很高,但是在实际行动方面,贫困家庭儿童与普通家庭儿童在教育质量方面存在较大差别。[1]段宝宁对低保家庭儿童及家长对儿童未来职业期待的态度的研究中发现,儿童对自身职业发展期待与家长对家中儿童职业发展期待方面形成两极分化趋势,尽管贫困家庭家长对教育的重要性有同样的认知,但是由于家庭经济条件的限制,绝大多数家庭未能让儿童享受更好的教育质量,贫困制约了青少年受教育机会和通过教育实现发展的能力。

二 国外教育理论与政策研究综述

(一)国外教育理论研究综述

西方当代教育公平理论涉及教育机会、教育过程、教育结果、教育资源分配等多个维度方面的平等。科尔曼认为,教育机会均等即向人们提供达到某一规定水平的免费教育;为所有的儿童(不论社会背景如何)提供普通课程;为不同社会背景的儿童提供进入同样学校的机会;在特定地区范围内提供均等的机会。同时,他认为教育机会均等不能局限于平等的投入,而应将关注的重心转向学生的学业成就。[2]瑞典教育家胡森通过对"平等"和"机会"进行解释,分析了教育公平问题。他认为所谓"平等",首先是指每个人都有不受任何歧视地开始其学习生涯的机会;其次是指平等地对待每一个人;最后在制定和实施教育政策时,应确保入学机会和学业成就的机会平等。帕森斯认为教育公平是社会公平的基础,社会公平的实质是社会整合问题,社会平等包括:成就获取的机会平等、法律保护的平等、制度保障的阶层地位平等、信托责任中的

---

[1] 李敏:《中国城市贫困对青少年发展的影响》,《北京教育学院学报》2009年第6期。

[2] 易红郡:《西方教育公平理论的多元化分析》,《湖南师范大学教育科学学报》2010年第7期。

第四章 困难家庭儿童的教育支持政策

道德平等,并指出社会平等的核心是社会认知或道德认同层面的平等。[1]麦克马洪则认为在入学机会、教育条件、学业成功机会上儿童应受到相同的对待,通过教育可以保证上代人的贫困不影响下代儿童。

权利贫困理论认为,贫困的实质是个人权利得不到保障。教育权利剥夺,包括儿童获取教育资源、生存发展机会以及自主选择教育等方面的权利缺失。阿玛蒂亚·森认为公共行为目的可以看作是提高人们实现有价值的和被赋予价值的"活动和存在"的能力。从权利和能力视角来看,贫困是权利和能力被剥夺的结果。他在《以自由看待发展》中指出,通过对社会与经济地位都处于弱势群体的学生提供教育机会,既可以让其增加知识,也可以增加其向更上一阶层流动的机会,阻断贫困的代际传递,提升他们的社会地位。[2]

Leslie 和 Vonnie 认为导致贫困儿童教育问题的多是社会结构性因素,如家庭收入、心理状况、生活方式、生活住地及阶层化等,这个问题是延续性结构问题的结果,影响到贫困儿童的多个方面。[3] Putnam 则从人力资本(human capital)的角度去分析教育救助行为,认为教育救助作为一项社会投资,可以通过对受助者知识能力的训练,帮助贫困家庭子女提高生活技能,进而提升整个社会的人力资本水平,而人力资本对推动整个社会的发展举足轻重。[4]

Midegley 提出了社会发展的观点,认为将社会发展的观点用于协助弱势群体及其子女是非常有积极意义的,社会救助的方式应更强调整体性与动态的过程;社会救助的策略应更注重那些被救助对象的参

---

[1] 熊春文:《公平与社会公平——基于帕森斯理论视角的一个反思》,《中国教育学刊》2007年第7期。

[2] [印]阿玛蒂亚·森:《以自由看待发展》,任赜、于真译,中国人民大学出版社2002年版,第88页。

[3] Leslie Morrison Gutman and Vonnie C. Mc Loyd, "Parents' Management of Their Children's Education Within the Home, at School, and in the Community: An Examination of African-American Families Living in Poverty", *The Urban Review*, Vol. 11, 2004.

[4] Putnam R., *Education, Diversity, Social Cohesion and Social Capital*, Paper Presented at the OECD International Meeting: Rasing the Quality of Learning For All, 18–19 March, 2004, Dublin.

与，并重视他们的潜能发展。①

（二）国外教育政策研究综述

美国率先将义务教育扩展到学前阶段，义务教育年限从幼儿园到十二年级共 13 年。公立学校就读的学生免收学费，免费提供教科书和学习用具，免费乘坐政府提供的校车。对小学生提供免费午餐，对贫困学生家庭发放救济，对贫困儿童发放衣服等日常生活用品，还可享受免费或低价的营养餐资助。同时，部分州也对私立学校学生提供一定资助，如提供免费或收费的交通服务，提供教科书，提供营养餐或健康教育服务等。同时，政府将发展农村学前教育作为重要任务之一，通过制定相关的政治制度，确保农村适龄儿童接受正常的教育，采取专项措施，保障农村学前教育优质师资，这一系列措施对提升美国农村地区贫困儿童的受教育水平起到了重要的作用。②

法国实施 6—16 岁义务教育，公立小学和中学免收学费和教材费用。针对家庭经济困难学生，先后采取多项特别扶持政策。如建立开学补助制度，对家庭收入低的家庭进行资助；建立上学交通补贴制度，解决离校较远学生的上学交通问题，费用由中央政府和地方政府共同承担；建立午餐补贴制度；对边远贫困地区和弱势群体的义务教育支持，实施"教育优先区"政策，在教育优先区政府增加教育经费拨款并向教师提供特别津贴；建立了统一的教师流动制度，促进基础教育师资供给均衡；建立辅导制度，通过政府拨专款的方式予以支持对弱势群体的补偿教育。针对学习困难儿童，尤其是弱势群体的学习困难儿童，法国颁布了《学校未来的导向与纲要法》，给予专项经费支持，在学校中设置教育成功个人项目：引导学习困难儿童逐步走向成功。③

澳大利亚义务教育的范围为 6—15 岁。公立小学和中学免收学

---

① 孙莹：《贫困的传递与遏制》，社会科学文献出版社 2005 年版，第 21—22 页。
② 邓旭、马凌霄：《困境儿童教育精准支持及其实现路径》，《辽宁教育行政学院学报》2018 年第 6 期。
③ 常宝宁：《法国义务教育扶持政策与我国教育均衡发展的政策选择》，《比较教育研究》2015 年第 4 期。

第四章　困难家庭儿童的教育支持政策

费，但仍需收取其他费用，如校服、课本、文具等。对农村寄宿制学校学生通过"偏远地区儿童补助计划""学生交通补贴"等提供补贴。针对那些由于地理隔离、残疾和特殊健康需求而无法就读合适的州立学校的学生，实施"隔离学生扶持计划"，为儿童提供离家寄宿上学补贴、寄宿家庭补贴和远程教育补贴。[①]

日本实行 9 年义务教育，公立学校均为免费。对特殊儿童、偏僻地区儿童和家庭经济困难儿童实施扶持制度，包括《就学困难儿童国家援助法》《盲聋及养护学校就学奖励法》，对家庭经济困难学生和特殊儿童提供各种学习费用，还提供交通费用、住宿费用、毕业旅行费用及陪伴和接送特殊儿童人员的交通费用。《学校供餐法》规定，国家对农村学校供餐设施费用和家庭经济困难儿童采取费用减免措施；《学校保健法》规定，对义务教育阶段学生和特殊学校学生患传染性疾病的治疗提供援助；《生活保护法》规定，国家对"不能维持最低生活水平者"采取必要措施，提供学习用品、午餐费用和交通费用等。[②]

韩国《幼儿教育法》规定实施 9 年义务教育，从小学到初中免费教育。幼儿免费义务教育制从 2005 年起首先在农村、渔村、偏僻地区开始实行，2007 年逐渐扩大到全国。由于韩国地区间经济发展不平衡，为推进落后地区和不利人群的教育，颁布《岛屿、偏僻地区教育振兴法》，在经费、教科书、设施、教师、学生家校往来交通设施及相关资源配置等方面，对偏僻地区义务教育特别扶持；《韩国学校给食法》规定了政府免费为经济落后地区学生提供餐饮，为其他地区分担部分餐饮费用；《特殊教育振兴法》为在特殊学校就学的儿童提供全额免费教育，即使在私立学校，学费方面也可以得到援助。[③]

[①] 曾俊霞、龙文进、庞晓鹏、聂景春：《澳大利亚农村和边远地区中小学教育政策支持》，《世界农业》2016 年第 3 期。
[②] 赵艳杰：《日本普及义务教育的经验及启示》，《教学与管理》2011 年第 3 期。
[③] 任翠英：《韩国义务教育改革述评及对我国的启示》，《基础教育参考》2007 年第 12 期。

第二节 困难家庭儿童教育和学业情况

本书使用2018年"托底性民生保障政策支持系统建设项目"（儿童青少年6—16岁版）调查数据。本次调查共收集有效问卷3342份，其中城市2023份，农村1319份；接受调查家庭类型情况为：低保家庭1535户，低保边缘家庭996户，普通家庭811户。在接受调查的儿童中，处于小学学段的有1795人，占53.7%；处于初中学段的有1284人，占38.4%；处于高中学段的有199人，占6.0%；处于职高/技校/中专学段的有40人，占1.2%；处于大学及以上学段的有1人，占0.0%；未上学的有14人，占0.4%。

一 困难家庭儿童的受教育机会

（一）儿童受教育学段与就读学校性质情况

为了对被访问家庭儿童的学业现状情况有清楚的了解，笔者对儿童目前所处的学习阶段情况和就读学校性质进行了初步的统计分析。

1. 城乡家庭不同受教育阶段儿童就读学校性质情况

本章对城乡家庭儿童就读学校性质情况进行了统计（详见表2）。城市家庭中，在义务教育阶段（小学和初中）有1639人就读公立学校，占该学段就学人数的88.93%，有204人就读私立学校，占该学段就学人数的11.07%；在高中阶段有87人就读公立学校，占该学段就学人数的65.41%，有46人就读私立学校，占该学段就学人数的34.59%；在职高/技校/中专阶段，有25人就读于公立学校，占该学段就学人数的92.6%，2人就读于私立学校，占该学段就学人数的7.4%；未上学人数为10人。农村家庭中，在义务教育阶段（小学和初中）有1156人就读公立学校，占该学段就学人数的93.9%，有75人就读私立学校，占该学段就学人数的6.1%；在高中阶段有46人就读公立学校，占该学段就学人数的69.7%，有20人就读私立学校，占该学段就学人数的30.3%；在职高/技校/中专阶段，有13人就读于公立学校，占该学段就学人数的92.9%，1人就读于私立学校，占该学段就学人数的7.1%；未上学人数为4人。

将高中学段和职高/技校/中专放在一个学段层面上考量，可以看到：城市家庭中，有83.1%的儿童选择继续就读高中，16.9%的儿童选择就读职业学校；农村家庭中，有82.5%的儿童选择继续就读高中，17.5%的儿童选择就读职业学校，在公立还是私立学校的选择上，无论城市家庭还是农村家庭都更偏向于选择公立学校。

2. 不同家庭类型儿童就读学校性质情况

本章对不同家庭类型（低保家庭、边缘家庭、普通家庭）儿童就读学校性质情况进行了统计（详见表3）。低保家庭中，在义务教育阶段（小学和初中）有1291人就读公立学校，占该学段就学人数的92.5%，有104人就读私立学校，占该学段就学人数的7.5%；在高中阶段有70人就读公立学校，占该学段就学人数的66.7%，有35人就读私立学校，占该学段就学人数的34.3%；在职高/技校/中专阶段，有16人就读于公立学校，占该学段就学人数的100%，0人就读于私立学校；未上学人数为9人。

表2　　城乡家庭儿童当前学习阶段和就读学校性质情况

		就读学校性质		总计
		公立学校	私立学校	
城市家庭	小学	975	107	1083
	初中	664	97	762
	高中	87	46	133
	职高/技校/中专	25	2	27
	大学及以上	1	0	1
	未上学	0	0	10
	不适用	0	0	7
	总计	1762	252	2023

续表

		就读学校性质		总计
		公立学校	私立学校	
农村家庭	小学	676	35	712
	初中	480	40	521
	高中	46	20	66
	职高/技校/中专	13	1	14
	大学及以上	0	0	0
	未上学	0	0	4
	不适用	0	0	2
	总计	1218	96	1319

边缘家庭中，在义务教育阶段（小学和初中）有855人就读公立学校，占该学段就学人数的92.1%，有73人就读私立学校，占该学段就学人数的7.7%；在高中阶段有29人就读公立学校，占该学段就学人数的64.4%，有16人就读私立学校，占该学段就学人数的35.6%；在职高/技校/中专阶段，有15人就读于公立学校，占该学段就学人数的88.2%，2人就读于私立学校，占该学段就学人数的11.8%；未上学人数为3人。

普通家庭中，在义务教育阶段（小学和初中）有649人就读公立学校，占该学段就学人数的86.4%，有102人就读私立学校，占该学段就学人数的13.6%；在高中阶段有34人就读公立学校，占该学段就学人数的69.4%，有15人就读私立学校，占该学段就学人数的30.6%；在职高/技校/中专阶段，有7人就读于公立学校，占该学段就学人数的87.5%，1人就读于私立学校，占该学段就学人数的12.5%；未上学人数为2人。

第四章　困难家庭儿童的教育支持政策

表3　　不同家庭类型儿童当前学习阶段和就读学校性质情况

			就读学校性质		
			公立学校	私立学校	总计
低保家庭	学习阶段	小学	708	52	761
		初中	583	52	636
		高中	70	35	105
		职高/技校/中专	16	0	16
		大学及以上	1	0	1
		未上学	0	0	9
		不适用	0	0	6
		总计	1387	139	1534
边缘家庭	学习阶段	小学	513	36	550
		初中	342	37	380
		高中	29	16	45
		职高/技校/中专	15	2	17
		大学及以上	0	0	0
		未上学	0	0	3
		不适用	0	0	2
		总计	901	91	997
普通家庭	学习阶段	小学	430	54	484
		初中	219	48	267
		高中	34	15	49
		职高/技校/中专	7	1	8
		大学及以上	0	0	0
		未上学	0	0	2
		不适用	0	0	1
		总计	692	118	811

（二）儿童辍学情况

本章对城乡不同类型家庭儿童的辍学率和辍学原因进行了统计分析（详见表4）。为了了解对被访家庭儿童就学率情况，对"辍学率"

("孩子没有继续上学或停学")指标进行了统计分析。总体样本统计发现，在3342个被访家庭中，辍学儿童只有14人，其他情况儿童9人，在读儿童3319人。

在辍学原因统计中可以看到，占首位的是"自己不愿意上学"，儿童人数为7人，占比为50.0%，其中城市家庭儿童5人，农村家庭儿童2人。其次是"身体状况不好"，儿童人数为4人，占比28.6%，其中城市家庭儿童2人，农村家庭儿童2人。有1位城市低保家庭儿童表示是因为"负担不起学费"。由于本次调查中未对儿童辍学前学段进行调查，因此无法对辍学情况与学段之间的关系进行分析。

表4　　　　　　　城乡不同类型家庭儿童辍学情况

			无辍学情况发生	辍学情况发生及辍学原因				总计
				负担不起学费	身体状况不好	自己不愿意上学	其他原因	
城市家庭	家庭类型	低保家庭	984	1	2	3	1	991
		边缘家庭	524	0	0	0	1	525
		普通家庭	505	0	0	2	0	507
		总计	2013	1	2	5	2	2023
农村家庭	家庭类型	低保家庭	541	0	2	0	0	543
		边缘家庭	470	0	0	2	0	472
		普通家庭	304	0	0	0	0	304
		总计	1315	0	2	2	0	1319

二　困难家庭儿童的受教育条件

（一）教育期望情况

1. 家长对儿童受教育的期望

在对家庭教育期望的调查中，对不同家庭类型（低保家庭、边缘家庭、普通家庭）中家长对"希望孩子最高完成哪个学段的学业"的回答情况进行了统计（详见表5）。

◈◈ 第四章 困难家庭儿童的教育支持政策 ◈◈

低保家庭中，有2.27%的家庭希望儿童完成义务教育学段（小学、初中）的学习即可；有5.60%的家庭希望儿童完成高中学段的学习即可；有4.04%的家庭希望儿童完成大专学段的学习即可；有58.27%的家庭希望儿童完成大学本科学习；有28.94%的家庭希望儿童能完成硕士以上学段的学习。

边缘家庭中，有1.81%的家庭希望儿童完成义务教育学段（小学、初中）的学习即可；有4.31%的家庭希望儿童完成高中学段的学习即可；有3.51%的家庭希望儿童完成大专学段的学习即可；有53.46%的家庭希望儿童完成大学本科学习；有36.22%的家庭希望儿童能完成硕士以上学段的学习。

普通家庭中，有0.11%的家庭希望儿童完成义务教育学段（小学、初中）的学习即可；有2.10%的家庭希望儿童完成高中学段的学习即可；有1.85%的家庭希望儿童完成大专学段的学习即可；有46.61%的家庭希望儿童完成大学本科学习；有48.83%的家庭希望儿童能完成硕士以上学段的学习。

2. 儿童对自己的受教育期望

在对不同家庭类型（低保家庭、边缘家庭、普通家庭）儿童对自己的受教育期望的调查中，对儿童"希望自己最高完成哪个学段的学业"的回答情况进行了统计（详见表6）。

低保家庭中，有4.04%的儿童认为完成义务教育学段（小学、初中）的学习即可；有11.34%的儿童认为完成高中学段的学习即可；有5.74%的儿童希望完成大专学段的学习即可；有52.15%的儿童希望完成大学本科学习；有25.23%的儿童希望能完成硕士以上学段的学习。

边缘家庭中，有3.71%的儿童认为完成义务教育学段（小学、初中）的学习即可；有10.23%的儿童认为完成高中学段的学习即可；有4.11%的儿童希望完成大专学段的学习即可；有61.76%的儿童希望完成大学本科学习；有29.39%的儿童希望能完成硕士以上学段的学习。

普通家庭中，有1.11%的儿童认为完成义务教育学段（小学、初中）的学习即可；有8.26%的儿童认为完成高中学段的学习即可；有3.08%

的儿童希望完成大专学段的学习即可；有48.8%的儿童希望完成大学本科学习；有38.23%的儿童希望能完成硕士以上学段的学习。

（二）儿童接受家庭课业督促和辅导情况

从对儿童课业的督促与辅导情况可以看出家长对儿童学业的参与度和重视程度。在调查中可以看到，家庭对儿童课业的督促和辅导主要集中在义务教育阶段（小学和初中），在高中及之后学段家庭对儿童的学业督促和辅导大幅减少（详见表7）。

在对儿童家庭中教育辅导人的调查中，义务教育阶段的低保家庭中，回答为父亲的有216人，占比15.5%；为母亲的有502人，占比35.9%；为祖父母和外祖父母的有154人，占比11.0%；为其他人的有195人，占比13.9%；为没有人的有327人，占比23.4%。义务教育阶段的边缘家庭中，回答为父亲的有147人，占比15.8%；为母亲的有375人，占比40.3%；为祖父母和外祖父母的有94人，占比10.1%；为其他人的有106人，占比11.4%；为没有人的有208人，占比22.4%。义务教育阶段普通家庭中，回答为父亲的有87人，占比11.68%；为母亲的有389人，占比51.8%；为祖父母和外祖父母的有71人，占比9.5%；为其他人的有62人，占比8.2%；为没有人的有142人，占比18.9%。在辅导频率方面，义务教育阶段，大部分家庭能对儿童的学业给予积极的督促和辅导。低保家庭中有54.0%的家庭能做到天天或经常对儿童学业进行积极督促和辅导；在边缘家庭中，有55.3%的家庭能做到天天或经常对儿童学业进行积极督促和辅导；在普通家庭中有64.0%的家庭能做到天天或经常对儿童学业进行积极督促和辅导。可见，在义务教育阶段普通家庭对儿童的学业参与率明显高于低保家庭和边缘家庭（详见表8）。

（三）家庭情况对儿童发展的影响

1. 家庭情况对儿童特长发展的影响

在对儿童获得的教育支持方面，就"是否认为因为家庭原因影响了个人特长的发展"这一问题对儿童进行了调查。结果发现低保家庭

第四章 困难家庭儿童的教育支持政策

表5 不同家庭类型家长对儿童受教育期望情况

家庭类型		无效	不知道	小学	初中	高中	大专	大学本科	硕士	博士	不念书	总计
低保家庭		6	3	3	32	86	62	894	56	388	4	1534
	占比%	0.39	0.19	0.19	2.08	5.60	4.04	58.27	3.65	25.29	0.26	100
边缘家庭		2	3	1	17	43	35	534	66	295	1	997
	占比%	0.20	0.30	0.10	1.71	4.31	3.51	53.46	6.62	29.60	0.10	100
普通家庭		1	3	0	1	17	15	378	90	306	0	811
	占比%	0.11	0.37	0	0.11	2.10	1.85	46.61	11.10	37.73	0	100
总计		9	9	4	50	146	112	1806	212	989	5	3342
	占比%											100

表6 不同家庭类型儿童自我受教育期望情况

家庭类型		无效	拒绝回答	不知道	小学	初中	高中	大专	大学本科	硕士	博士	不想上学	总计
低保家庭		3	1	12	10	52	174	88	800	117	270	7	1534
	占比%	0.19	0.07	0.78	0.65	3.39	11.34	5.74	52.15	7.63	17.60	0.46	100
边缘家庭		0	0	7	4	33	102	41	516	107	186	1	997
	占比%	0	0	0.70	0.40	3.31	10.23	4.11	61.76	10.73	18.66	0.01	100
普通家庭		0	0	3	2	7	67	25	396	126	184	1	811
	占比%	0	0	0.37	0.25	0.86	8.26	3.08	48.8	15.54	22.69	0.12	100
总计		3	1	22	16	92	343	154	1712	350	640	9	3342
	占比%	0.10	0.03	0.66	0.48	2.75	10.26	4.61	51.23	10.47	19.15	0.27	100

· 139 ·

表7 不同类型家庭儿童课业督促和辅导人情况

家庭类型		孩子的学习阶段	无效回答	不知道	父亲	母亲	祖父母	外祖父母	其他人	没有人	总计
低保家庭	孩子的学习阶段	小学	2	0	125	283	81	16	111	143	761
		初中	0	1	91	219	46	11	84	184	636
		高中	1	0	9	25	5	1	15	49	105
		职高/技校/中专	0	0	3	3	1	0	2	7	16
		大学	0	0	0	0	0	0	0	1	1
		未上学	0	0	1	2	0	0	0	6	9
		无效回答	0	0	1	2	0	0	2	1	6
		总计	3	1	230	534	133	28	214	391	1534
边缘家庭	孩子的学习阶段	小学	0	0	87	228	58	7	70	100	550
		初中	0	0	60	147	28	1	36	108	380
		高中	0	0	7	13	1	0	2	22	45
		职高/技校/中专	0	0	2	7	1	0	3	4	17
		大学	0	0	0	0	0	0	0	0	0
		未上学	1	0	0	1	0	0	0	1	3
		无效回答	0	0	0	2	0	0	0	0	2
		总计	1	0	156	398	88	8	111	235	997

第四章　困难家庭儿童的教育支持政策

续表

家庭类型	孩子的学习阶段	无效回答	父亲	母亲	祖父母	外祖父母	其他人	没有人	总计
普通家庭	小学	0	61	253	41	16	42	71	484
	初中	0	26	136	13	1	20	71	267
	高中	0	5	15	0	0	4	25	49
	职高/技校/中专	0	1	3	1	0	0	3	8
	大学	0	0	0	0	0	0	0	0
	未上学	0	0	1	0	0	1	0	2
	无效回答	0	0	1	0	0	0	0	1
	总计	0	93	409	55	17	67	170	811

表8　不同类型家庭儿童课业督促和辅导频率情况

家庭类型	孩子的学习阶段	无效	不知道	天天（5—7次/周）	经常（2—4次/周）	偶尔（1次/周）	很少（1次/月）	从不	总计
低保家庭	小学	145	0	252	206	117	32	9	761
	初中	185	0	119	177	107	32	16	636
	高中	50	0	13	24	13	2	3	105

续表

家庭类型			辅导频率						总计
			无效	不知道	天天(5—7次/周)	经常(2—4次/周)	偶尔(1次/周)	很少(1次/月)	从不	
低保家庭	孩子的学习阶段	职高/技校/中专	7	0	2	2	4	0	1	16
		大学	1	0	0	0	0	0	0	1
		未上学	6	0	1	1	0	0	1	9
		无效回答	1	0	1	1	2	1	0	6
		总计	395	0	0	411	243	67	30	1534
边缘家庭	孩子的学习阶段	小学	100	0	156	173	93	25	3	550
		初中	108	1	88	97	64	15	7	380
		高中	22	0	5	11	5	1	1	45
		职高/技校/中专	4	0	2	5	4	1	1	17
		大学	0	0	0	0	0	0	0	0
		未上学	2	0	0	0	0	1	0	3
		无效回答	0	0	0	0	2	0	0	2
		总计	236	1	251	286	168	43	12	997

第四章　困难家庭儿童的教育支持政策

续表

家庭类型		辅导频率						总计
		无效	不知道	天天（5—7次/周）	经常（2—4次/周）	偶尔（1次/周）	很少（1次/月）	从不	
普通家庭	孩子的学习阶段	小学	71	0	172	149	66	24	2	484
		初中	71	0	67	80	37	9	3	267
		高中	25	0	1	10	9	4	0	49
		职高/技校/中专	3	0	1	3	1	0	0	8
		大学	0	0	0	0	0	0	0	0
		未上学	0	0	0	1	1	0	0	2
		无效回答	0	0	0	1	0	0	0	1
		总计	170	0	244	244	114	37	5	811

中 42.0% 的儿童表示认同，边缘家庭中 35.8% 的儿童表示认同，而普通家庭中只有 18.9% 表示认同（详见表 9）。

表 9　　家庭情况影响儿童特长发展认同情况表

家庭类型			特长发展					总计
			无效回答	不知道	同意	有时有	不同意	
低保家庭	孩子的学习阶段	小学	0	1	333	119	308	761
		初中	0	0	271	89	276	636
		高中	0	0	33	23	49	105
		职高/技校/中专	0	0	5	4	7	16
		大学	0	0	0	0	1	1
		未上学	0	0	3	2	4	9
		无效回答	6	0	0	0	0	6
		总计	6	1	645	237	645	1534
边缘家庭	孩子的学习阶段	小学	0	1	192	80	277	550
		初中	0	0	139	68	173	380
		高中	0	1	16	5	23	45
		职高/技校/中专	0	0	7	2	8	17
		大学	0	0	0	0	0	0
		未上学	0	0	3	0	0	3
		无效回答	2	0	0	0	0	2
		总计	2	2	357	155	481	997
普通家庭	孩子的学习阶段	小学	0		90	60	334	484
		初中	0		55	46	166	267
		高中	0		7	10	32	49
		职高/技校/中专	0		1	0	7	8
		大学	0	0	0	0	0	0
		未上学	0		0	2	0	2
		无效回答	1		0	0	0	1
		总计	1		153	118	539	811

第四章 困难家庭儿童的教育支持政策

2. 家庭状况对儿童学习成绩的影响

在对儿童获得的教育支持方面,就"是否认为因为家庭原因影响了学习成绩"这一问题对儿童进行了调查。结果发现低保家庭中28.5%的儿童表示认同,边缘家庭中25.1%的儿童表示认同,而普通家庭中只有11.7%表示认同(详见表10)。

表10　　　　　　　**家庭情况影响儿童学习成绩认同情况**

家庭类型			学习成绩				总计
			无效回答	不知道	同意	有时有	不同意	
低保家庭	孩子的学习阶段	小学	0		215	122	424	761
		初中	0		186	107	343	636
		高中	0		29	15	61	105
		职高/技校/中专	0		6	1	9	16
		大学	0		0	0	1	1
		未上学	0		1	1	7	9
		无效回答	6		0	0	0	6
		总计	6		437	246	845	1534
边缘家庭	孩子的学习阶段	小学	0	1	135	70	344	550
		初中	0	0	90	55	235	380
		高中	0	0	18	2	25	45
		职高/技校/中专	0	0	6	2	9	17
		大学	0	0	0	0	0	0
		未上学	0	0	1	1	1	3
		无效回答	2	0	0	0	0	2
		总计	2	1	250	130	614	997
普通家庭	孩子的学习阶段	小学	0	0	59	33	392	484
		初中	0	1	31	25	210	267
		高中	0	0	5	4	40	49
		职高/技校/中专	0	0	0	2	6	8
		大学	0	0	0	0	0	0
		未上学	0	0	0	1	1	2
		无效回答	1	0	0	0	0	1
		总计	1	1	95	65	649	811

3. 儿童参加课外辅导班情况

对不同家庭类型参加课外辅导班情况的调查，主要从：学校课程类辅导、竞赛类辅导、才艺培养类辅导、心智开发和亲子活动类辅导几个维度进行（详见表11）。

结果发现，低保家庭儿童有27.2%参加了学校课程类辅导，有2.5%参加了竞赛类辅导，有10.4%参加了才艺培养类辅导，有1.17%参加了心智开发，有2.3%参加了亲子活动类辅导。边缘家庭中有31.3%参加了学校课程类辅导，有3.8%参加了竞赛类辅导，有16.5%参加了才艺培养类辅导，有1.60%参加了心智开发，有4.3%参加了亲子活动类辅导；普通家庭中有43.6%参加了学校课程类辅导，有4.4%参加了竞赛类辅导，有35.1%参加了才艺培养类辅导，有3.9%参加了心智开发，有8.1%参加了亲子活动类辅导。

表11　不同家庭类型儿童参加课外辅导班情况

课外辅导班类型		家庭类型			总计
		低保家庭	边缘家庭	普通家庭	
学校课程类辅导	没有参加过	1109	683	454	2246
	参加过	418	312	354	1084
	不知道	1	0	2	3
	无效回答	6	2	1	9
	总计	1534	997	811	3342
竞赛类辅导	没有参加过	1489	957	772	3218
	参加过	38	38	36	112
	不知道	1	0	2	3
	无效回答	6	2	1	9
	总计	1534	997	811	3342
才艺培养类辅导	没有参加过	1367	830	550	2747
	参加过	160	165	258	583
	不知道	1	0	2	3
	无效回答	6	2	1	9
	总计	1534	997	811	3342

第四章 困难家庭儿童的教育支持政策

续表

课外辅导班类型		家庭类型			总计
		低保家庭	边缘家庭	普通家庭	
心智开发	没有参加过	1509	979	776	3264
	参加过	18	16	32	66
	不知道	1	0	2	3
	无效回答	6	2	1	9
	总计	1534	997	811	3342
亲子活动类辅导	没有参加过	1491	952	742	3185
	参加过	36	43	66	145
	不知道	1	0	2	3
	无效回答	6	2	1	9
	总计	1534	997	811	3342

三 困难家庭儿童的学业成就

对儿童学业成就的评价主要从三个维度展开，即：是否就读重点学校、是否就读重点班级、是否在学校担任学生干部三个维度展开（详见表12）。

需要说明的是，由于当前全国大部分地区在义务教育阶段的入学方式上采用就近上学的方式安排儿童的就读学校，因此，将学校类型设为评量儿童学业成就的指标不具有确定意义，在这里仅作为参考值列出。在是否进入重点班级学习维度上，仅对学校有重点和非重点班级情况的回答项进行统计，其中27.1%的低保家庭儿童进入重点班级学习，28.1%的边缘家庭儿童进入重点班级学习，32.8%普通家庭儿童进入重点班级学习；普通家庭儿童进入重点班级学习的比例明显高于低保家庭和边缘家庭。在担任学校干部维度上，不同家庭类型儿童的情况差别较明显。低保家庭36.3%的儿童在学校担任干部，边缘家庭有42.3%的儿童在学校担任干部，普通家庭中有50.6%的儿童在学校担任干部。

表 12 　　　　　　　不同类型家庭儿童学业成就情况

		家庭类型			总计
		低保家庭	边缘家庭	普通家庭	
学校类型	普通学校	1387	901	692	2980
	重点学校	139	91	118	348
	拒绝回答	1	0	0	1
	不知道	1	2	0	3
	无效回答	6	3	1	10
	总计	1534	997	811	3342
是否为重点班级	是	158	94	90	342
	否	424	241	184	849
	没有区分	942	654	535	2131
	拒绝回答	4	5	1	10
	无效回答	6	3	1	10
	总计	1534	997	811	3342
学生干部	是	577	422	411	1410
	否	952	574	400	1926
	拒绝回答	2	0	0	2
	无效回答	3	1	0	4
	总计	1534	997	811	3342

第三节　困难家庭儿童教育支持政策分析

为保障所有儿童都能够顺利完成学业，尤其是义务教育阶段的学习，国家实施了一系列教育支持政策，这些政策包括免除学费、杂费、书本费、住宿费、营养餐，提供助学贷款和助学金等。本次调查的对象，大部分年龄处在小学和初中阶段，还有一部分在高中和中专阶段，通过对这些对象的访问，能够获得教育支持政策的"落地"情况。困难家庭能够获得的教育支持政策有哪些？这些政策对困难家庭的儿童接受教育产生了哪些重要影响？以及当前政策供给与困难家庭儿童教育需求之间存在什么偏差？都能够通过对家庭调查数据的分析

第四章 困难家庭儿童的教育支持政策

来获得。

一 各类教育支持政策实施和获得情况

首先,居民对政策的理解和掌握情况不一致。调查访问了儿童家长,家庭享受到各类支持政策的情况,从受访家庭的反馈来看,几类面向困难家庭的教育支持政策都有实施,但家庭层面对于政策的感知和理解存在一些差异。按照受访对象的应答情况,各类教育支持政策的覆盖情况有所差异:六成的家庭享受到免除学费的政策支持,近四成的儿童享受到免书本费和杂费的政策;享受到营养餐的比例并不高,只有大约1/5的家庭享受到某种形式的免费营养餐;只有约两成的学生享受到免住宿费的政策,当然,这个覆盖情况要综合考虑儿童住校的情况,绝大部分的儿童并不住校。教育支持政策表现出以经济资助("两免一补"、助学贷款)为主,实物救助(营养餐)为辅的特征,这与我们从对相关政策文本和政策报告中得到的结论相符。同时,还值得注意的是,有些政策项目的覆盖情况与我们官方的政策表述明显不符。按照官方公布的政策实施情况,在2011年的时候,义务教育阶段"两免一补"的政策就已经覆盖了全体义务教育阶段的学生,不管是城市还是农村,不管是公立学校还是私立学校,也不管家庭是否为困难家庭。但是,调查的数据与此有一定的出入,具体的原因如何,尚需要进一步的调查。其中一个可能的原因在于,部分家庭对于政府实施的各类支持性政策,并不能进行准确理解和把握,尤其是随着免费义务教育政策的推进,虽然绝大部分家庭已经在事实上享受到了免费教育的优惠,但并不能真正区分各类优惠政策,以至于无法判断自己家庭有没有享受到某一类优惠政策。

其次,城乡家庭的差别主要体现在免除住宿费和免费营养餐方面。对城市和农村家庭报告的教育支持政策享受情况进行比较,可以发现,城乡家庭在享受免除学费、杂费、书本费这几个方面并没太大的差异,只是城市家庭儿童获得免除学费的比例(61.0%)略高于农村家庭(57.3%)。但是,具有准实物形式的免费住宿和免费营养餐政策的享受比例，农村家庭要明显高于城市家庭。享受到免除住宿费政策儿童的比例，城市家庭为10.7%，而农村家庭则能够达到23.4%。享受到免费营养餐政策儿童的比例，城市家庭为13.5%，而农村家庭达到30.7%，是前者的两倍多。之所以出现这种情况，可能是因为农村儿童住校的比例更高，根据调查数据，城市家庭儿童住校的比例仅为12.3%，而农村家庭儿童住校的比例高达34.2%，这就使得农村儿童在校住宿和用餐的情况要多于城市儿童。

表13 几类重要教育支持政策的享受情况（%）

	支持政策	免除学费	免除杂费	免除书本费	免除住宿费	免费营养餐
户籍	低保户	62.3	33.8	38.7	15.8	22.0
	边缘户	56.1	31.2	37.2	16.3	21.9
	普通户	58.7	36.3	38.2	14.5	15.0
家庭类型	城市家庭	61.0	34.0	37.9	10.7	13.5
	农村家庭	57.3	33.1	38.4	23.4	30.7
总计		59.5	33.6	38.1	15.7	20.3

再次，困难家庭在获得各类支持政策方面不具有明显优势。对低保户、边缘户和普通户三类家庭的情况进行比较，可以发现，三类家庭在各类主要教育支持政策享受方面没有非常显著的差异。能够获得免除学费政策支持的比例，低保户家庭略高，为62.3%，边缘户家庭最低，为56.1%，普通户的比例为58.7%。享受到免除杂费儿童的比例相对较低，仅有1/3的儿童享受到，其中，普通家庭享受的比例最高，为36.3%，边缘户家庭享受的比例最低，只有31.2%。免除书本费的比例与免除杂费的比例相近，三类家庭享受这一优惠的比例均在38%左右。大约有15.7%的儿童享受到免除住宿费的政策支持，三类家庭享受的比例差不多。困难家庭享受免费营养餐的比例略高，22.0%的低保户和边缘户家庭的儿童，能够享受到免费的营养餐，15.0%普通家庭能够享受到免费餐。大约有11.2%的家庭享受到免费

第四章　困难家庭儿童的教育支持政策

营养早餐的政策，其中，困难家庭中享受营养早餐的比例略高于非困难家庭，大约11.3%的家庭享受到免费营养午餐，困难家庭获得营养午餐的比例同样略高于非困难家庭。由此可见，由于免费义务教育政策的推进实施，以"两免一补"为主要形式的教育支持政策已经逐渐覆盖到全体适龄儿童，家庭是否困难，不再是获得这些政策支持的资格条件，除了明确规定面向城乡困难家庭的助学贷款和助学金的政策，困难家庭与非困难家庭在享受比例上差异并不明显。

最后，义务教育与非义务教育阶段的教育支持政策差别较大。免除学费、杂费和书本费的政策，在高中阶段的享受比例明显低于其他阶段。其中，享受免除学费政策的比例，在小学阶段和初中阶段都超过六成，在高中阶段只有约43.7%；免除杂费的政策，在小学阶段和初中阶段享受的比例大约有1/3，在高中阶段只有约1/5；免除书本费的政策，小学和初中阶段享受的比例接近40%，而高中阶段只有30%。助学贷款和助学金的政策支持，在小学和初中的阶段，则有较低的享受比例。这反映出，在义务教育阶段，儿童的教育支持政策逐渐走向普惠的方向，而在高中这个非义务教育阶段，仍然坚持选择性的原则，在中专等职业教育的阶段，由于免费职业教育政策的推进，也走向了普惠的方向。相对而言，高中阶段的教育支持是个短板，由于已经超出义务教育范围，不再实行强制教育，同时高中阶段教育的收费明显高于初中阶段，这给困难家庭带来较重的经济负担，这使得初中升高中成为一个关键的辍学风险节点；在义务教育阶段，则是没有体现出对困难家庭的特殊照顾，由于普惠性教育政策的实施，免费教育的政策开始面向全体学生，在大部分优惠政策的获取上，困难家庭相对于非困难家庭没有明显的优势。

二　因贫失学和辍学问题已经基本消除

在困难家庭的教育支持方面，社会政策兜底效果显著。在义务教育阶段，因贫失学问题基本已经消除，在高中阶段，也几乎不存在辍学的现象。调查数据显示，在全部受访家庭中，只有14个孩子处于

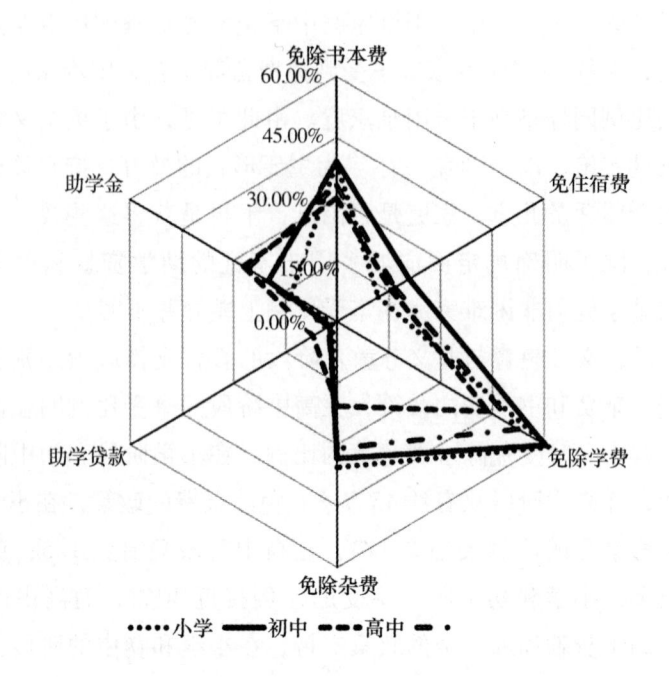

图1 不同教育阶段几类重要教育支持政策的享受情况

失学的状态，约占全体受访对象的0.4%。当然，虽然失学儿童的人数极少，但每一名学龄儿童失学的原因都值得深究。对于失学的儿童，调查追问了每一名儿童不上学的原因。进一步对这些儿童失学的原因分析可以发现，只有1名儿童因为负担不起上学费用，2名儿童是因为年龄问题，还有4名儿童是因为身体状况不好，这4名儿童全部在低保户家庭，7名儿童因为自己不愿意上学，在低保户、边缘户和普通户三类家庭中都有分布。从城乡分布来看，有10名失学的儿童出自城市家庭，其中，包括1名负担不起上学费用的学生，2名身体状况不好的，5名自己不愿意上学的，4名失学的儿童出自农村家庭，包括2名身体状况不好的和2名因为自己不愿意上学的。再对这些不在学儿童的年龄分布分析可以发现，因贫失学的1名儿童出生在2002年，自己不愿意上学的儿童出生在2002—2004年，都是年龄较大的儿童，只有因为身体状况不好的儿童，处在更低的年龄，他们因身体原因延迟入学或暂时休学，在身体条件适合时，就能回到学校。

表 14　　　　　　　　不上学儿童的基本情况

不上学的原因		负担不起上学费用	身体状况不好	自己不愿意上学	其他	总计
户籍	城市	1	2	5	2	10
	农村	—	2	2	—	4
家庭类型	低保户	1	4	3	1	9
	边缘户	—	—	2	1	3
	普通户	—	—	2	—	2
出生年份	2002 年	1	—	4	—	5
	2003 年	—	1	2	—	3
	2004 年	—	1	1	—	2
	2006 年	—	1	—	—	1
	2009 年	—	—	—	2	2
	2010 年	—	1	—	—	1
	合计	1	4	7	2	14

这说明，在当前的政策支持下，因为家庭经济困难而失学的问题已经基本消除了，但是在经济困难以外，导致儿童失学的问题仍然存在。调查中发现的失学情况主要有两类，一类是因为身体原因无法入学；另一类是学习意愿不强导致主动退学的问题，这两类情况都值得关注。此外，调查中没有发现家长强制孩子退学的情况。

三　教育支出仍然给困难家庭带来一定经济负担

政府提供的各类教育支持政策，主要是以经济资助或者实物的形式发放，对减轻家庭在儿童教育方面的经济负担起到非常大的作用，因为家庭困难而交不起学杂费的情况大为减少。调查数据显示，绝大部分的家庭不认为存在"家庭困难导致交不起学杂费"的情况，其中，低保户和边缘户不认为存在这种情况的超过70%，而普通家庭的比例更是高达83.5%。即便如此，在孩子接受教育方面，仍然有着较高的家庭支出，给困难家庭带来一些经济负担。这些支出包括文具费、补课费、家教费、辅导费等。虽然在义务教育阶段是没有学费的，但根据调查数据，绝大部分家庭还存在一定的教育支出。调查结果显示，在全部家庭中，平均教育支出为2157.91元，教育支出的中位数达到1000元，这说明大部分家庭需要支出1000元以上的教育费用，仍然有较大的教育支出。这些教育支出既包括学校教育支出，也包括课外教育支出，其中课外教育支出平均达到1244元，超过家庭教育支出的一半。这也意味着，由于各类教育费用减免的政策，家庭在校内教育方面的支出降低，但同时，家庭在课外教育方面加大了投入，使得课外教育的支出在家庭教育支出中的比例上升。家庭困难虽然不再会使儿童接受正规学校教育的机会被直接剥夺，但却限制了家庭对课外教育的投入。

同时，上学仍然是导致困难家庭借债的重要原因。经济收入低或者由于重大支出带来的收支失衡，是困难家庭的重要特征，当家庭收入和积蓄无法支持家庭的必要收入时，借债往往是弥补收支缺口的重要手段。调查发现，1658户家庭表示家中有借债，大约占到全部受访家庭的49.6%。按照家庭经济状况，对不同类型家庭的借债状况进行进一步分析，可以发现，大约六成的低保户家庭、超过一半的边缘户家庭有借债，而普通家庭的借债比例大约只有35%。如果把5000元借债作为区分大额债务的门槛，低保户、边缘户和普通户三类家庭中借债超过这一额度的比例分别为51.2%、47.2%和32.3%。在诸多借债原因中，因为孩子教育借债的比例仅次于医疗方面的原因，在有债务家庭中，因为上学借款的比例占到42.2%，约占全部受访家庭的1/5。困难家庭因孩子上学借债的比例更高，在低保户和边缘户家庭中，因为孩子上学而借债的比例分别为25.8%和23.3%，在普通家庭中，这一比例仅为8.8%。而且受访的儿童多是处于义务教育阶段，是教育支出负担相对较轻的阶段，可困难家庭仍然要承担较重的教育负担。

第四章 困难家庭儿童的教育支持政策

四 困难家庭儿童在学业表现中处于劣势

儿童在基础教育阶段的学业表现，会影响到其在未来升学竞争中的表现，并最终影响到他们的教育成就以及在社会竞争中的表现。对于困难家庭而言，其子女在学业表现的许多方面都处于劣势，这些劣势主要表现在：

首先，困难家庭儿童的考试排名低于普通家庭。儿童的学业表现可以从多个方面来体现，其中一个最重要的指标就是学习成绩。对三类家庭儿童在班级中的总体成绩排名进行比较，可以发现，能够进入前十的比例，低保户家庭为31.3%，边缘户家庭为35.2%，而普通家庭能够达到39.7%；与之相应，在排名中处于下游（30名以后）的比例，低保户家庭为14.9%，边缘户为12.3%，而普通户家庭只有10.1%。

其次，困难家庭儿童担任学生干部的比例更低。是否在学校担任学生干部，也是评价学生在校表现的一个重要指标。从图2可以看出，低保户家庭中，有37.6%的儿童担任过学生干部；边缘户中，这一比例是42.3%；普通户中，这一比例为50.7%。

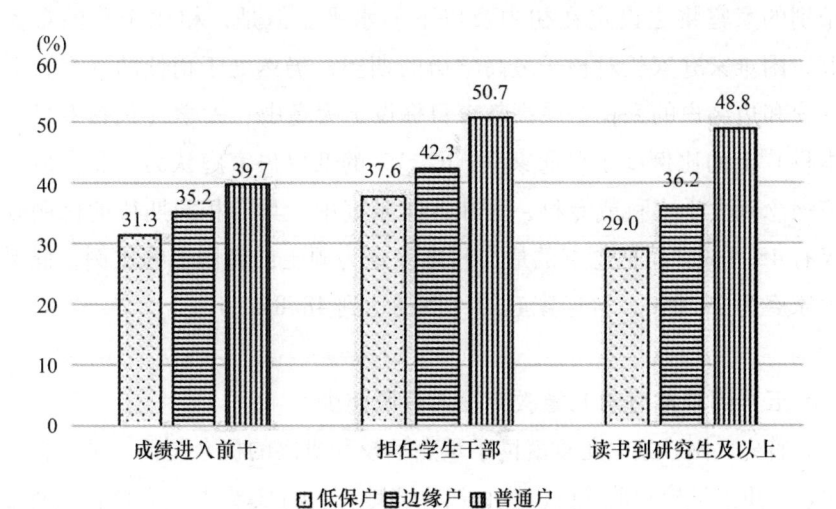

图2 不同家庭背景儿童学校表现的差异

再次，困难家庭儿童的学习态度更为消极。学习态度反映的是在日常学习中的积极性、注意力和时间投入等方面，学习态度越积极，越有可能得到正向的学业反馈。从调查数据中看出，困难家庭和非困难家庭存在一定的差异。比如，认为自己在学校表现很好的，低保户家庭的为8.0%，边缘户家庭为7.7%，普通家庭为10.5%；对于"觉得自己反正不懂，学不学都无所谓"这一问题，认为非常符合或比较符合的比例总体上来看相对较低，低保户、边缘户家庭略低于普通家庭，但如果比较认为这种表达很不符合的比例，则会发现，低保户家庭的比例为60.5%，边缘户家庭为59.8%，而普通户家庭为70.5%。类似的，对于"学习太差，真想放弃"这种表述，认为与自己情况非常符合的比例普遍都不高，但如果比较另一个阶段，认为这与自己的情况很不符合的比例，低保户家庭的儿童为54.2%，普通家庭为65.2%。

最后，困难家庭对儿童的教育期望更低。教育期望是对未来教育成就的希望和期待。从教育期望来看，无论哪一类家庭，无论是家长还是孩子自身，普遍都把念书的最高程度设定在高中及以上，只有极个别的家庭将之设定在初中及以下的水平。但是，相比于非困难家庭，困难家庭家长对孩子最高学历的期望，仍然处于稍低的水平，低保户和边缘户的家长把最高教育目标设定为高中、大学（包括专科和本科）上的比例高于普通家庭，62.3%的低保户家庭认为，念书最高应该念到大学本科或专科；而在普通家庭中，具有相同期待的比例则仅有48.4%。而把念书的最高程度设定为硕士或者博士的比例，低保户家庭为29.0%，普通家庭的比例则达到48.8%。

五 困难家庭对儿童教育投入资源偏少

首先，困难家庭儿童就读于重点学校和班次的机会更低。虽然存在争议，重点学校和重点班设置，在许多地方教育实践中一直存在。通常来讲，重点学校优于非重点学校，重点班优于非重点班，在重点学校或者重点班就读的学生，能够比非重点学校和非重点班的学生有更高的学

第四章 困难家庭儿童的教育支持政策

习表现和升学机会。三类家庭的儿童中，就读于重点学校的比例，低保户和边缘户家庭均为9.10%，而普通户家庭中的比例稍高，达到14.50%。在有些学校中，有重点班和非重点班的区分，同普通家庭相比，低保户和边缘户家庭儿童就读于非重点班的比例也略高。

表14　　　　　不同家庭背景儿童就读学校、班级的差异

		家庭类型						总计	
		低保户		边缘户		普通户			
		频数	比例	频数	比例	频数	比例	频数	比例
学校差异	普通学校	1387	90.40%	901	90.40%	692	85.30%	2980	89.20%
	重点学校	139	9.10%	91	9.10%	118	14.50%	348	10.40%
	私立学校	110	7.20%	90	9.00%	81	10.00%	281	8.40%
	公立学校	1414	92.20%	903	90.60%	728	89.80%	3045	91.10%
班级差异	重点班	158	10.30%	94	9.40%	90	11.10%	342	10.20%
	非重点	424	27.60%	241	24.20%	184	22.70%	849	25.40%
	不区分	942	61.40%	654	65.60%	535	66.00%	2131	63.80%
总户数		1534		997		811		3342	

其次，困难家庭儿童更少参加课外辅导。为提高孩子在教育方面的表现，中国家庭对课外辅导投入极大热情，也对孩子的课外辅导投入大量资源。这些课外辅导既包括以提升考试成绩为目标的文化补习班，也包括以提升综合表现为目标的各种特长班。调查数据显示，在这些课外辅导方面，学校课程辅导和才艺培训是参与率最高的辅导班。无论哪一类的辅导，困难家庭均处于劣势，在学校课程辅导方面，低保户和边缘户家庭参与的比例分别为27.2和31.3%，非困难家庭参与的比例达到43.6；在才艺培训方面，两类困难家庭的比例分别为10.4%和16.5%，而非困难家庭的比例达到31.8%；从来没有参加过任何课外辅导这一提问，大约64%的低保户家庭和56.1%的边缘户家庭回答为"是"，而普通家庭的儿童没有上过任何辅导班的比例仅有36.9%。

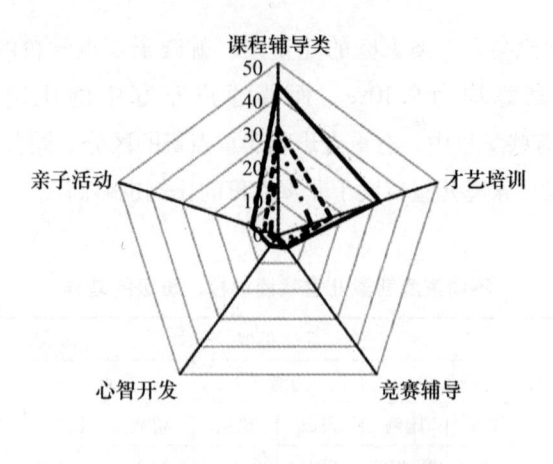

课程辅导类
50
40
30
亲子活动 20 才艺培训
10
0

心智开发 竞赛辅导

— · — 低保户 ---- 边缘户 ——— 普通户

图3 不同家庭背景儿童参加校外辅导的差异

再次，困难家庭中家长对儿童的作业辅导不足。一方面，从家庭作业辅导的频率来看，困难家庭和非困难家庭有着明显的差异，大约1/4的低保户和边缘户儿童能够天天得到家长辅导作业；在普通家庭中，这一比例接近30%。另一个极端情况，没有人辅导作业的比例，低保户家庭超过1/4，普通家庭约为1/5。另一方面，从家庭作业辅导的实施者来看，通常来讲，父母的作业辅导效果优于祖父母，而从调查数据可以看出，三类家庭中，辅导作业最多的均是母亲，但由母亲进行辅导的比例相差较大，低保户和边缘户家庭的比例分别为34.8%和39.9%，而普通家庭则超过50%。

最后，低保户和边缘户能够为孩子教育进行专门储蓄的比例，也是远远低于普通家庭。调查数据显示，为孩子教育专门存款的家庭，在低保户家庭中的比例为12.5%、边缘户家庭的比例为15.6%，在普通家庭之中，这一比例达到30.2%。

六 城乡困难家庭对教育支持政策的需求发生变化

总体上来看，困难家庭普遍认可教育支持政策对孩子就学发挥的作用。超过3/4的家庭认为提供的这些支持政策对孩子非常有帮助或

第四章　困难家庭儿童的教育支持政策

者有一定帮助，尤其是低保户家庭，认为这些帮助能够起到一定帮助的人口比例达到80%，普通家庭认为有一定帮助的比例在70%左右。无论是困难家庭，还是非困难家庭，对于政府提供的各类支持政策的效果，均有着较为正面的评价。

从受访家庭的角度来看，为帮助孩子健康成长，还需要增加哪些政策？调查数据显示，所有家庭中，期望得到最多的政策支持在于学业辅导方面，78.2%的低保户、76.7%的边缘户和73.4%的普通户，都表达出获得学业辅导的需求。这一方面反映出家长对于孩子学习成绩的重视，另一方面也在于人们认识到家庭困难会对孩子成绩和特长发展产生不利的影响。对于"家庭困难会影响学习成绩的情况"，有超过四成的困难家庭持同意或者部分同意的态度，55.0%的低保户和61.6%的边缘户持不同意的态度，而在普通家庭中，持不同意态度的比例达到80%。对于"家庭困难影响特长发展的情况"，过半数的低保户和边缘户认为出现或者部分出现这种情况，而普通家庭中出现这种情况的只有1/3。希望政府提供"教育费用减免"的比例排在第二位，71.6%的家庭选择了这一选项，不过在困难家庭与非困难家庭之间的比例差别较大，低保户中选择该选项的比例达到78.7%，边缘户的比例为72.8%，而普通家庭的比例仅为56.7%。选择"增加营养"的比例排在第三位，56.6%的家庭选择这类政策，在困难与非困难家庭之间面临着与"教育费用减免"类似的情况，困难家庭的需求高过非困难家庭，低保户、边缘户和普通户的应答比例分别为63.3%、54.6%和46.6%。对于人际交往、心理辅导这两项，三类家庭没有太大差别，选择的比例大约在40%上下，甚至普通户的选择比例略高于低保户。只有极少数的家庭选择不需要政府再提供更多的政策支持。

上述数据表明，对所有家庭来说，都非常重视提升孩子的学业成绩，希望国家能够提供更进一步的支持。对困难家庭而言，教育费用的问题更为现实，也更为急迫；对非困难家庭而言，则瞄向更加高层次的需求。国家减免学杂费及提供经济资助的办法，让经济困难对入学机会的直接剥夺大幅下降，但是也有相当部分的家长能够感受到家庭困难对孩子学习成绩以及特长发展产生的不利影响，最直接的表现就是困难家庭儿童在课外辅导方面的明显劣势。对于困难家庭而言，为了弥补孩子在学业表现中的弱势，增加学业辅导是普遍期望，进一步减免教育费用是现实需求，社会交往和心理辅导的需求尚在其次。

表15　　　　　　　　困难家庭对教育支持政策的需求

家庭类型		学业辅导	教育费用减免	增加营养	人际交往	心理辅导	不需要
低保户	频数	1199	1208	971	641	564	41
	比例	78.2%	78.7%	63.3%	41.8%	36.8%	2.7%
边缘户	频数	765	726	544	443	398	50
	比例	76.7%	72.8%	54.6%	44.4%	39.9%	5.0%
普通户	频数	595	460	378	351	320	60
	比例	73.4%	56.7%	46.6%	43.3%	39.5%	7.4%
总计		2559	2394	1893	1435	1282	151
		76.6%	71.6%	56.6%	42.9%	38.4%	4.5%

第四节　主要结论与政策建议

通过对城乡困难家庭儿童调查数据的分析，并结合相关政策文本的梳理，能够对当前我们国家实施的面向困难家庭儿童的教育支持政策有着较为深入的了解，对于政策的主要特征、实施效果以及存在的不足，都有一些重要的发现，这些发现能够对政策完善提供一些有益的启示。

一　研究结论

首先，面向困难家庭的教育支持政策与面向全体人口的教育政策存在互动。对政策历史演变过程的考察表明，专门针对困难家庭学生的教育支持政策与面向全体青少年的普惠性教育服务，在一定程度上存在互补和替代。在一般情况下，两类政策存在互补的关系，当普惠

第四章　困难家庭儿童的教育支持政策

性教育供给不足，大量青少年因为家庭困难而面临失学风险时，对于教育救助政策的需求就会增多；当基本教育服务能够以低费或免费的形式提供时，按照既定规则运行的教育支持政策发挥作用的空间就相应减少。而且，在不同的教育阶段，这两类政策扮演的角色是有所不同的，在小学和初中阶段以普惠性教育服务为主，面向全体家庭实施的免费义务教育覆盖到全体适龄儿童，在高中和中专阶段，则是突出了选择性和救助性特征，教育支持政策主要面向困难家庭实施。同时，在特定的政策环境下，两类政策可能会出现转化，这种转化主要表现为面向困难家庭儿童设立、原本以弱势人群为实施对象的救助性质的政策，覆盖范围不断扩展，将非困难家庭的儿童纳入政策之中，最终演变成普惠性的教育政策。这启示我们，在讨论困难家庭儿童教育的支持政策时，必须要纳入国家整体教育改革的大背景之下，要关注基本公共教育服务的动态和变化。

其次，因贫失学问题基本消除，但失学的风险因素仍在。各类教育支持政策，尤其是经济资助类政策的实施，明显减轻了家庭的教育支出负担，使得因贫失学的情况大为减少。调查数据显示，在所有受访的儿童当中，只有极个别的儿童处于失学的状态。而且，对这些儿童不上学的原因进一步探究可以发现，失学儿童不止分布在困难家庭，在非困难家庭也有所分布，几乎没有人是因为家庭经济困难而失学的，经济贫困对儿童入学机会的剥夺基本上被消除。但是，导致儿童失学的风险仍然存在，其中有两类值得注意的风险，一类是由于身体原因导致难以入学；另一类是厌学情绪下儿童缺乏继续读书的意愿，有可能会在接受完义务教育后，不愿意接受更高层次的教育，甚至在初中阶段就出现"隐性辍学"。

第三，困难家庭儿童学业表现差的情况值得关注。与非困难家庭的同龄人相比，困难家庭儿童的学业表现在各个方面都处于劣势，他们考试排名更靠后，担任班干部的比例偏低，学习的态度更加消极，家长和儿童本身对教育层次的期望也明显更低。这些学业表现上的劣势，在某种程度上意味着困难家庭的儿童已经"输在了起跑线上"，随着这些劣势的累积,会影响到困难家庭儿童最终教育的层次和质量。当然,与之相关的是困难家庭能够在子女教育上投入的资源过少,尤其是学校教育以外的资源投入,出生于困难家庭的儿童就读重点学校和重点班级的比例、参加课外辅导班的比例、家长辅导作业的频率和质量,以及专门教育储蓄的比例都相对偏低。

第四,对困难家庭儿童就学的"照顾"不明显。研究发现,在获取教育支持政策方面,困难家庭相对于非困难家庭并没有显著的优势。一方面,以免费义务教育为代表的普惠性教育支持政策,面向全体适龄儿童实施,虽然也将困难家庭儿童包含在内,但是并没有为困难家庭儿童提供特殊优惠。而且这种普惠性教育政策的扩展,某种程度上使得原本向困难家庭儿童提供的救助型教育支持政策"缩水",覆盖面以及能够提供的政策支持力度都有所降低。另一方面,救助型的教育支持政策主要在非义务教育阶段实施,但这些政策在困难家庭中的覆盖比例也并不高。

最后,在经济资助以外,困难家庭儿童就学的政策支持有待完善。当前面向困难家庭儿童就学提供的政策支持,主要采用减免费用和提供补助金的形式,这两种形式都是经济资助。这些经济资助形式的政策支持,对于减轻家庭的经济负担,消除因贫失学的现象,能够起到很好的作用。但是,还应该看到,因贫失学问题解决以后,困难家庭儿童就学还有着其他的需求,其中最重要的就是提高学业表现,这些问题已经不是单纯提供经济资助可以解决的,需要完善其他类型的政策支持。

二 政策建议

社会政策需要随着政策环境、政策对象需求的变化而及时调整。近年来,国家建立起完善的教育支持政策体系,为公民接受教育提供了一系列优惠,取得了良好的政策效果。尤其是对困难家庭的儿童来说,这些政策显著减轻了家庭经济困难对入学机会的剥夺。尽管如此,面向困难家庭的教育支持政策仍有进一步调整的必要。

第四章　困难家庭儿童的教育支持政策

首先，教育支持政策设计实施要考虑到多项政策之间的配合与联动。社会政策往往都不是孤立的，许多不同的政策，由于针对相类似的社会问题或者面向同样的人群，彼此之间相互交织、相互影响、相互配合，形成一个复杂的政策网络。在这个政策网络中，牵一发而动全身，一项政策的调整，也会要求与之相关的政策随之变化，以实现各种政策之间的有效衔接。一是面向困难家庭的教育支持政策要与基本公共教育服务的配合。面向困难家庭的救助型教育支持政策，是基本公共教育服务政策的重要补充，对政策演变过程的考察表明，这两类政策存在相互补充和替代的关系，在一定条件下可以实现转化。面向困难家庭的教育支持政策设计和实施，必须要与国家公共教育服务水平提升相结合。在未来一定时期内，我国教育政策发展的大趋势是比较清晰的，普惠性教育阶段的延长、减轻中小学学业负担、规范校外教育、职业教育发展等，这些政策都是正在推行的，或者是可以预期的政策举措。二是面向困难家庭的教育支持政策与教育扶贫政策的配合。教育扶贫是通过贫困人口进行教育资助，使其掌握脱贫致富的知识和技能，并进而实现脱贫目标的扶贫工作机制。在党的十八大后，我国相继实施了 20 多项可以归之为教育扶贫的政策，为我们实施精准扶贫战略、打赢脱贫攻坚战提供了有力的支持。[1] 教育扶贫工作与教育救助所针对的都是贫困人口的教育问题，不同之处在于教育扶贫工作除了面向贫困家庭和个人，还可以实施以特定区域为基础的倾斜性政策把投资教育作为实现脱贫的重要手段，实现了从"扶教育之贫"到"依靠教育扶贫"的理念转换。[2] 从本质上来看，教育救助与教育扶贫是一脉相承的，都是针对教育弱势群体提供的帮助，尤其是在精准扶贫战略之下，扶贫对象精准到户到人，使得二者的目标人群有了很大的重合。还应该指出的是，在实践中，在打赢脱贫攻坚战

---

[1] 吴霓、王学男：《教育扶贫政策体系的政策研究》，《清华大学教育研究》2017 年第 3 期。

[2] 刘军豪、许锋华：《教育扶贫：从"扶教育之贫"到"依靠教育扶贫"》，《中国人民大学教育学刊》2016 年第 2 期。

的大背景下，教育扶贫政策迅速扩展，而教育救助作为社会救助中的一个专项救助，在某种程度上被纳入教育扶贫的政策范畴之中。三是面向困难家庭的教育支持政策要与其他支持性社会政策相配合。针对困难家庭的各种基本需求，国家实施了不同类型的支持性社会政策，这些政策相互配合才能起到良好的兜底作用。在这些政策的设计和实施时，也需要考虑到对困难家庭儿童上学的可能影响。

其次，政策目标从不失学提升到上好学。当前的政策安排，主要定位于保障困难家庭儿童的基本受教育机会，让他们不因家庭经济困难而失学，消除义务教育阶段的失学和辍学现象。毫无疑问，经过十多年的政策实践，这个目标已经基本实现。不过，仅仅保障所有公民都完成义务教育阶段的学习，尚且不够。我们提出要让每个人享受"公平而有质量的教育"，仅仅实现不失学的目标，不足以实现这种教育公平追求。面向困难家庭儿童就学提供的政策支持，也需要设定更高层次的政策支持目标，将政策目标从不失学提升到上好学。一是要明确将教育质量作为政策支持的内容。教育公平的内涵包含从起点公平到结果公平的多个层次，基本的受教育机会得到保障，是教育公平的一个重要方面，也是实现教育公平的重要前提和基础，但远不是教育公平的全部。在当前的情况下，应该将提升困难家庭儿童的学习质量作为一个政策支持的内容。二是要关注困难家庭教育需求的变化。困难家庭儿童就学面临的问题在逐渐发生变化，义务教育阶段辍学已经不是困难家庭子女教育面临的主要问题，教育质量差和教育资源投入不足的问题，成为困难家庭儿童接受教育面临的突出问题。三是要关注贫困儿童教育也要关注"教育贫困"儿童。虽然贫困造成的失学风险已经基本消除，但是在就读学生之中仍然可能存在教育不足的风险，"隐性辍学"是这种教育不足风险的重要表现，而且这类教育不足的风险可能不只存在于困难家庭儿童之中，在非困难家庭中同样存在。不能完成基本的教育，会增加个人陷入贫困的风险。如果要想阻断贫困的代际传递，防止新贫困的产生，需要对这些失学的风险有所关注。四是要体现出对困难家庭的优待和照顾。随着普惠性教育在义

第四章　困难家庭儿童的教育支持政策

务教育阶段实现并向其他教育阶段延伸，专门针对困难家庭儿童就学实施的支持性政策，其发挥作用的空间通常会被挤压。政策此消彼长之下，困难家庭相对于非困难家庭得到的额外政策优惠就变少了。虽然，我们通常认为普惠性的社会福利政策具有更少的污名化，但是低水平的普惠不足以弥补困难家庭的教育劣势，必须要有专门针对困难家庭的政策支持作为补充。

最后，增加经济资助以外的支持形式。目前面向困难家庭儿童的教育支持政策，以经济资助为主要形式，这与我国社会政策领域重经济援助轻服务支持的情况相一致。经济资助虽然能够在短时间内实现让学生不因为家庭经济困难而失学的政策目标，即使接受了经济资助，贫困家庭子女的教育状况仍然存在弱势。所以，面向困难家庭儿童的教育支持，除了经济资助，还应积极探索其他实现形式。可以借鉴美国的TRIO项目、英国"教育福利服务"项目的经验，引入支持性的社会服务，针对困难家庭儿童或者是其他在完成学业中存在困难的儿童提供个性化的社会服务。具体而言：一是在服务对象上，除了贫困家庭的孩子，其他存在学习困难和学习障碍的孩子也应该被纳入服务范围，尤其是丧失学习兴趣和学习信心，处于失学边缘的青少年。二是在服务内容上，教育服务不应局限于维持学生就学的状态，还应关注孩子的学业表现、个性发展、心理健康、以及社会适应等方面。三是在服务提供者上，应该由政府和学校合作完成，由于一些教育服务可能涉及专业知识，还应该有相关领域的专家和专门社会组织的参与，政府购买社会服务的做法是一个值得尝试的途径。此外，对困难家庭儿童教育的政策支持不能仅仅瞄准学校教育，还应该关注到家庭这个对儿童教育以及儿童健康成长都能产生重要场所，帮助家长改善教育观念和行为习惯，为儿童接受教育创造良好的家庭环境。

第五章 困难家庭儿童的教育投入

第一节 研究问题与理论依据

一 研究问题

教育始终被认为是帮助困难儿童突破贫困代际传递的重要通道,而理解困难儿童教育过程的一个重要面向是困难家庭进行教育投入的能力。家庭在塑造儿童能力方面发挥着重要作用,对于困难儿童教育的讨论无法忽视家庭对子女的知识、技能、价值观和习惯的影响。[①]家庭背景因素在很大程度上解释了为何来自不同经济水平家庭的儿童在教育成就获得上的巨大差异。[②] 具有较高社会经济地位的父母可以通过遗传、养育子女行为以及养育孩子的环境选择等途径将父母的优势转化给儿童。[③] 相反,父母较低的社会经济地位是导致困难儿童学业表现较差的重要因素,已有研究将此解释为:一方面,父母自身的素质、可获得的资源水平相对较低,负担不起私人补习和丰富的文化活动,此外,困难家庭的父母往往在育儿行为中存在错误的态度和行

---

① Becker, G. S., *Human Capital: A Theoretical and Empirical Analysis, with Special Reference to Education* (3rd ed.), Chicago: The University of Chicago Press, 1993.

② Reardon, S. F., "The Widening Academic Achievement Gap between the Rich and the Poor: New Evidence and Possible Explanations", *Whither Opportunity*, 2011.

③ Ermisch, J., Jäntti, M., & Smeeding, T., *From Parents to Children: The Intergenerational Transmission of Advantage*, New York: Russell Sage Foundation, 2012.

第五章　困难家庭儿童的教育投入

为，例如缺乏对儿童教育的重视以及花费很少的时间陪伴儿童。①

基于这一背景，本章将重点探讨困难家庭的儿童教育投入过程。我们不仅关注直接的经济投入，还考察困难家庭在儿童教养方面的行为参与。通过对课题调查数据的描述性分析与实证分析，笔者将具体探究如下研究问题：

（1）困难家庭的教育投入总体上具有哪些特征？
（2）不同类型的困难家庭在教育投入上是否具有差异？
（3）社会支持政策如何影响困难家庭的教育投入？

二　理论依据

本章主要从困难儿童人力资本形成过程的理论框架出发，探究困难家庭进行教育投入的机制及社会政策支持在其中可能的角色。人力资本理论为我们理解困难儿童人力资本形成提供了最基本的理论背景。此外，家庭投资模型、家庭压力模型等为我们提供了理解家庭教育投入机制的多元视角。

（一）困难儿童的人力资本形成

人力资本指的是知识、技能等能够产生经济价值的个人或社会属性。② 在国家层面，人力资本被视为经济增长的重要来源；③ 而在个人层面，人力资本则是打破弱势背景的代际传递的机制之一。④ 因此，人力资本也被广泛认为是减轻贫困的重要工具。人力资本理论认为，贫困的普遍存在一定程度上是由于贫困家庭投资人力资本的机会有限。因此，家庭的人力资本投入被认为是影响贫困代际传播的重要

---

① Reay, D., *Miseducation: Inequality, Education and the Working Classes*, Bristol: Policy Press, 2017.
② OECD., *The Well-being of Nations: The Role of Human and Social Capital*, Paris: OECD Publishing, 2011.
③ Li, H., Loyalka, P., Rozelle, S., & Wu, B., "Human Capital and China's Future Growth", *Journal of Economic Perspectives*, Vol. 31, No. 1, 2017.
④ Ermisch, J., Jäntti, M., & Smeeding, T., *From Parents to Children: The Intergenerational Transmission of Advantage*, New York: Russell Sage Foundation, 2012.

机制。

人力资本投入包括教育、培训、医疗等方面的支出，其中教育和培训被视为最重要的人力资本投资。Cunha 和 Heckman 将人力资本的投入与回报解释为一个动态积累的过程（self-productivity 和 dynamic complementarity）。在早期对人力资本的投入，例如技能的培养，可以成为此后形成新技能的基础。而从较长的生命周期来看，人力资本的投入与回报会不断地累积与强化。然而，对于困难家庭的儿童而言，正是由于人力资本形成的这一动态累积过程，家庭在有限甚至不足的资源约束下，面临当前投入与未来回报的权衡矛盾。例如，Becker 指出，对人力资本的投资可以提高老年人的收入，但投资人力资本的成本（包括直接付出的费用和机会成本）都是在较年轻的时期付出的。针对这一矛盾，社会政策支持——无论基本生活救助项目或是针对教育投入的专项救助项目——被视为缓解家庭资源约束、鼓励家庭投资于儿童的人力资本的重要政策干预机制。

关于人力资本的研究主要基于两种视角展开：第一，探讨人力资本的投入；第二，探讨人力资本的回报。目前已有大量实证研究关注人力资本的回报。研究者认为人力资本可能促进困难家庭的经济福祉和向上的社会流动。[1] 对此的解释主要是认为工资收入与教育背景有关，不仅教育的结果——例如文凭——直接地与工资收入挂钩，而且教育过程中所形成的智力、能力、毅力等个人品格特质也可能间接地影响人力资本的回报。[2] 尽管对于人力资本回报是否能够以及在多大程度上能够弥补教育投入，目前尚且存在争论，但基本形成的共识是，由于人力资本投资总体上遵循"技能再生产"（skill beget skill）的动态积累逻辑，因此投资于不同年龄的儿童或青少年可能获得不同

---

[1] Torche, F., "Is A College Degree still the Great Equalizer? Intergenerational Mobility Across Levels of Schooling in The United States", *American Journal of Sociology*, Vol. 117, No. 3, 2011.

[2] Becker, G. S., *Human Capital: A Theoretical and Empirical Analysis, with Special Reference to Education* (3rd ed.), Chicago: The University of Chicago Press, 1993.

第五章 困难家庭儿童的教育投入

的经济回报。[1] 此外,投资于不同类型的教育——学位教育或职业培训——也可能带来不同的回报,这一基本的回报逻辑说明了投资于困难儿童的人力资本的必要性。然而,目前对于困难家庭如何进行儿童的人力资本投入、社会支持政策如何促进这一过程的研究尚不充分。

研究人力资本的家庭投入机制在当下具有实际意义。尽管贫困儿童发展的议题已受到广泛重视,但如何打破贫困儿童的劣势积累,这在很大程度上仍然是未知的。当前的研究更多关注在家庭经济的劣势上,未能深入探究家庭背景等由贫困造成的系统性不利因素如何阻碍困难儿童的发展,以及社会支持政策在其中扮演什么角色。因此,本章旨在以更加深入、系统的视角理解贫困儿童的劣势性,并探讨社会支持政策如何帮助困难儿童减轻这些不利因素。

(二)困难家庭的人力资本投入

家庭的投入过程在人力资本形成中起着极其重要的作用。就人力资本投入而言,贫困家庭面临的根本压力是经济压力。经济上较为优势的家庭将投资于子女的发展作为优先选择,例如支付子女的培训费用,而较为弱势的家庭则面临着满足当下生活需求与投资于儿童未来发展的权衡。正如 Becker 曾指出的,在较贫穷的父母期望在年老时获得回报的情况下,会投资于孩子的教育和培训。[2] Cunha & Heckman 也对此做出了进一步解释,贫困家庭所面临的资源限制意味着父母无法利用自己当下拥有的资源来投资孩子的未来收益,因此,可行的解决方案是政府在父母不能或不愿意进行人力资本投入的情况下"借钱"给困难的家庭,例如给困难家庭的贷款或对学校的补贴,从而使他们能够化解资源约束的困境。[3]

要探究社会政策支持如何影响家庭的人力资本投入过程,首先要

---

[1] Cunha, F., & Heckman, J., "The Technology of Skill Formation", *American Economic Review*, Vol. 97, No. 2, 2007.

[2] Becker, G. S., *Human Capital*: *A Theoretical and Empirical Analysis, with Special Reference to Education* (3rd ed.), Chicago: The University of Chicago Press, 1993.

[3] Cunha, F., & Heckman, J., "The Technology of Skill Formation", *American Economic Review*, Vol. 97, No. 2, 2007.

厘清哪些家庭特征可能影响人力资本投入。在中国语境下，卢春天和计迎春提供了最新的理论梳理。他们认为，主要存在三个理论维度去理解家庭的教育投入与儿童的人力资本发展。首先，家庭结构维度，主要指家庭的静态特征，例如父代的社会经济地位、家庭规模等。传统的布劳—邓肯的地位获得模型为此提供了理论基础，目前已有大量文献研究子代教育获得与父代职业和学历等家庭结构特征因素的关系。其次，家庭过程维度，主要指家庭的动态特征，强调通过家长参与等过程去厘清儿童人力资本形成的因果机制。最后，家庭资本维度，主要指家庭的文化资本、社会资本、人力资本。这一维度更加综合地考量了家庭的静态与动态特征。早期的研究较多地讨论儿童人力资本形成中家庭的静态结构因素，但新的趋势是关注其中的家庭动态特征，甚至更加综合地比较这两种路径。① 本章综合了家庭静态特征与家庭动态过程的维度，关注困难儿童人力资本形成过程中的家庭经济投入与行为互动路径。在家庭层面，家庭投资模型与家庭压力模型对此提供了更具体的理论解释。

1. 家庭投资模型（Family Investment Model）

在社会政策对人力资本形成的影响中，家庭投资是重要途径，因为家庭是最终负责将收到的福利分配于儿童人力资本发展的决策主体。困难家庭由于面临紧张的预算约束，通常要在生存需求与发展需求之间进行权衡，即投资于当前的生活需要还是儿童的未来发展。社会支持政策主要通过在经济上对困难家庭进行赋权来化解这一权衡困境。

家庭投资模型主要解释了家庭进行经济投入的方面，它的基本前提是将家庭视为理性的效用最大化主体，家庭进行经济投入决策的基础是对资源进行效益最大化分配，即通过平衡当下的成本与未来的收益来进行人力资本投入。这与人力资本理论的基本假设是一致的。然而，也有研究进一步指出，家庭作为一个经济共同体，不仅仅具有理

---

① 根据卢春天和计迎春于2018年11月24日在南京大学社会学院的公开讲座内容。

◇◇◇ 第五章 困难家庭儿童的教育投入 ◇◇◇

性经济主体的特征，同样存在道德经济。理性决策并不能解释家庭进行经济投入的全部内涵，除此之外，家庭经济决策中存在道德与情感因素，具体表现为，家庭通常优先投入于与孩子相关的方面，不仅优先花费在孩子的教育方面，还尽可能地减少孩子面临的权利被社会剥夺。因此，家庭对于"必需品"与"奢侈品"的界定边界通常是模糊且不断转变的，父母会牺牲自己一部分的必要需求而将与孩子发展相关的更高层次需求视为必要。① 这些解释使得家庭进行经济投入的过程变得更加复杂。

2. 家庭压力模型（Family Stress Model）

家庭压力模型主要解释了家庭在面临经济约束时的行为及心理过程。在解释困难家庭进行人力资本投入的意愿和能力时，一个主要的主张是家庭的行为与家庭面临的压力有关。对于家庭压力的定义很广泛，既包括与儿童养育有关的压力（父职与母职压力），也包括与儿童无直接相关但可能影响教养行为的压力（例如，婚姻矛盾，父母在工作中的压力等）。家庭压力模型也将经济压力与情感压力相联系，提出由经济困难所导致的压力与父母的投入行为、情绪困扰、家庭关系问题、孩子的问题行为有关。

在中国语境下重新审视家庭压力的理论解释尤为重要。一方面，由于长久以来的文化影响，中国家庭高度重视儿童教育问题，当前甚至出现较为普遍的教育焦虑问题，因此在理解中国家庭的人力资本投入行为时，并不能仅仅从经济理性的角度去解读，更应将其中的文化因素考虑在内。然而，另一方面，困难家庭的父母实际上在儿童人力资本形成的过程中存在严重的缺位。一项在中国西部农村进行的研究认为，儿童早期发展中缺乏适当的养育方式，这成为导致中国农村儿童认知发展延迟的无形危机。根据一项对于中国农村的研究，不良的养育方式，例如不给孩子读书或不与孩子一起玩耍，与孩子在智商测

---

① Daly, M., & Kelly, G., *Families and Poverty: Everyday Life on A Low Income*, Policy Press, 2015.

试中获得低分密切相关。他们还指出，阻碍家长参与的主要障碍是缺乏时间和缺乏关于良好养育方式的知识。然而，尽管有经验证据表明家庭投入对儿童人力资本的重要影响，但到目前为止，这其中的潜在机制在很大程度上是未知的。本章的分析试图填补当前研究的部分局限性，为理解困难家庭的教育投入提供更多的依据。

第二节 政策背景

一 针对贫困儿童人力资本形成的现金转移支付计划

针对贫困家庭的社会支持政策，通常也被称为"现金转移支付"（cash transfer），即旨在帮助个人和家庭抵御贫困的非缴费型的政策干预措施。这些政策措施通常基于家计调查的方法识别出目标人群，通过将财富重新分配给贫困家庭，促进他们的经济福祉，并通过鼓励对人力资本的投资而达到长远的减贫目的。[1][2][3] 现金转移支付已经成为许多国家——特别是发展中国家社会保护政策体系中最普遍的组成部分。

现金转移支付的运行主要分为两类：无条件的现金转移支付（unconditional cash transfer，UCT）和有条件的现金转移支付（conditional cash transfer，CCT）。这两种政策的关键区别在于 UCT 的领取资格仅仅基于家计调查，没有其他的明确条件与要求；而 CCT 通常期望受益者遵守一系列行为要求，且大部分的 CCT 设定的条件都是家庭应分配更多的资源在儿童的人力资本形成上，例如，确保儿童在学校的

---

[1] Golan, J., Sicular, T., & Umapathi, N., *Unconditional Cash Transfers in China: An Analysis of the Rural Minimum Living Standard Guarantee Program*, Washington, DC: World Bank, 2015.

[2] Coady, D., Grosh, M., & Hoddinott, J. F., *Targeting of Transfers in Developing Countries: Review of Lessons and Experience*, Washington, DC: World Bank, 2004.

[3] Tesliuc, E. D., Ninno, C. D., & Grosh, M., *Social Assistance Schemes Across The World Eligibility Conditions and Benefits*, Paper presented at the Center for International Policy Exchanges: University of Maryland School of Public Policy, 2009.

第五章　困难家庭儿童的教育投入

出勤率,保证参加定期的健康检查,等等。从这个意义上说,UCT 暗含的假设是认为贫困家庭缺乏的仅仅是经济资源,然而 CCT 则认为贫困家庭缺乏如何分配经济资源的能力或是恰当的消费意愿,因此要通过增加家庭收入或是降低学校教育的成本,来鼓励贫困家庭投资于儿童的人力资本。[①]

(一) 最低生活保障政策

在中国的社会支持政策体系中,低保政策是最主要的无条件现金转移计划。它基于以家庭为单位的家计调查,通过"补差式"的方式为人均收入低于当地低保标准的家庭提供维持基本生计所必需的现金支持。低保制度于 1993 年首次在上海试点,并于 1999 年在城市地区普遍建立。农村低保制度的试点开始于 2003 年,并于 2007 年普遍建立。至今,低保制度已经成为广泛覆盖城乡地区的最主要的现金支持计划。根据民政部统计数据,截至 2018 年第四季度,城市低保制度已覆盖 605.6 万户 (1008 万人),农村低保制度已覆盖 1902.5 万户 (3519.7 万人)。[②]

本书的调研数据中共有城乡低保户 1534 户,占整个调查样本家庭的 45.9%,其中 543 户来自城市,991 户来自农村;城乡非低保户 1808 户,占整个调查样本家庭的 54.1%,其中 776 户来自城市,1032 户来自农村。

(二) 教育福利

随着中国的反贫困战略逐渐从基本生计维持转向发展取向的策略,贫困儿童的人力资本发展成为政策制定者关心的一个重要内容。教育福利是最直接致力于促进贫困儿童人力资本形成的有条件现金转移计划。目前关于教育福利概念的定义还较为模糊,广义上的教育福

[①] Baird, S., Ferreira, F., & Woolcock, M., "Relative Effectiveness of Conditional and Unconditional Cash Transfers for Schooling Outcomes in Developing Countries: A Systematic Review", *Campbell Systematic Reviews*, Vol. 9, No. 8, 2013.

[②] 参见民政部 2018 年 4 季度全国社会服务统计数据,来自民政部网站 http://www.mca.gov.cn/article/sj/tjjb/qgsj/。

利可以包括国家和社会为满足公民的教育需求而提供的经济援助、公共设施和社会服务，但在本章的框架中，教育福利特指针对贫困家庭的福利安排。在这一概念范围内，笔者重点考察了两类教育福利政策：（1）教育救助。自2014年《社会救助暂行办法》以来，教育救助成为社会救助体系中专项救助的内容之一。教育救助主要面向的对象是义务教育阶段的低保家庭成员、特困供养人员，而对于其他有需要的群体，如在高中教育（包括中等职业教育）或普通高等教育阶段就学的低保家庭成员或特困供养人员，以及因特殊情况不能入学接受义务教育的残疾儿童等，则规定依据实际情况给予适当的教育救助。（2）教育扶贫。作为精准扶贫体系的子系统之一，教育扶贫旨在通过提高贫困人口的教育水平和劳动技能来实现反贫困目的，除了针对困难家庭（主要是农村困难家庭）的教育支持外，还面向贫困地区开展整体性的教育提升计划。

尽管教育救助和教育扶贫在资格界定、运行方式等方面有许多差异，但它们所采取的政策工具有许多相似之处，主要包括发放奖学金、发放助学金或安排勤工助学、助学贷款、教育补贴，以及教育费用减免（也被简称为"奖、助、贷、补、减"），这些政策工具共同构成了面向城乡困难家庭的教育福利政策内容。

本书的调研数据中，共有2592户困难家庭享有教育福利，占调查样本家庭的77.6%，其中，有1530户城市家庭，有1062户农村家庭。有748户困难家庭未享有教育福利，占调查样本家庭的22.4%，其中，有492户城市家庭，有256户农村家庭。

第三节　困难家庭儿童教育投入情况描述

困难家庭在儿童教育方面的经济投入是本章主要关心的一个方面。尽管家庭在儿童生活和教育上的花费总体上反映了家庭投资于儿童发展的意愿与能力，但在解释这一问题时也应意识到，对于领取了低保或教育福利等社会支持政策的家庭而言，由于一些政策减免减少

第五章 困难家庭儿童的教育投入

了家庭实际支付的花费,因此较少的教育花费并不必然意味着儿童享有的教育服务更少。除了经济投入之外,本章还关注教育投入的另一个方面,即家庭教养参与。教养参与体现出家庭除了经济资源之外更加丰富的教育投入,例如家长在儿童教育活动中的参与、对儿童的陪伴、家庭活动等,都被视为有利于儿童发展的教育投入渠道。我们首先通过直观的描述了解城乡困难家庭教育投入的基本情况。

一 困难家庭儿童教育花费

根据本书的调查数据,首先比较城市与农村困难家庭的儿童教育花费情况。在对异常值和缺失值进行处理后,可以直观地看出,城市家庭总体上在与孩子相关的各项支出上都花费多于农村家庭。城市困难家庭半年内在孩子衣食住行、医疗、教育、辅导等各方面的总花费平均为8563.89元,而农村困难家庭为5629.53元。考虑家庭对于孩子的总共花费受孩子数量影响,我们将家庭总花费除以孩子数量从而得出家庭平均对每个孩子的花费,城市困难家庭平均每个孩子的花费为6314.59元,而农村困难家庭为2941.00元,农村困难家庭对每个孩子的平均花费明显少于城市困难家庭,且差距较大。

进一步比较城乡困难家庭在与孩子有关的各项具体支出项目上的差异。第一,孩子生活支出。城市困难家庭在孩子生活支出上的半年总花费均值为4151.56元,而农村困难家庭为3054.59元。城市困难家庭对于平均每个孩子生活支出均值为3042.26元,农村困难家庭则为1566.16元。第二,孩子教育支出中,城市困难家庭的教育支出均值为2934.76元,而农村困难家庭为1398.75元。若以平均每个孩子的教育支出来看,城市困难家庭的均值为2236.87元,农村困难家庭则为766.42元。

通过比较孩子各项支出占家庭总支出的比例,可以更直观地看出城乡困难家庭在孩子教育花费上的差异。首先,无论城乡困难家庭,与孩子相关的各项支出占家庭总支出的比例都达到50%,且城市与农村差距不大。然而,城乡困难家庭教育花费占比体现出差异,城市困难家庭教育支出占总支出比为17%，教育支出占孩子支出比为31%。而农村困难家庭的这两项比例都明显更低，分别为12%、23%。这反映出，尽管城乡困难家庭的支出中有绝大部分用于孩子的各项花费，但相对而言，城市困难家庭在孩子教育方面的花费要多于农村困难家庭。

表1　　　　　　　　城乡困难家庭儿童教育支出情况

家庭教育花费	城市困难家庭			农村困难家庭		
	家户数	均值	标准差	家户数	均值	标准差
孩子支出	1997	8563.89	8216.14	1302	5629.53	5725.99
孩子生活支出	1980	4151.56	3299.16	1292	3054.59	2347.36
孩子教育支出	1819	2934.76	3866.80	1123	1398.75	1990.11
孩子平均支出	1997	6314.59	7345.19	1302	2941.00	3770.50
孩子平均生活支出	1980	3042.26	3096.95	1292	1566.16	1642.42
孩子平均教育支出	1819	2236.87	3418.54	1123	766.42	1357.35
孩子支出占总支出比	1982	0.54	0.81	1276	0.51	0.48
教育支出占总支出比	1803	0.17	0.23	1105	0.12	0.18
教育支出占孩子支出比	1814	0.31	0.22	1118	0.23	0.18

在上述家庭花费特征的基础上，笔者还关注领取低保、教育福利等社会支持政策的家庭与未领取的其他困难家庭在教育花费上的特征。首先，我们比较了城市低保家庭与城市低保边缘家庭。城市低保家庭半年内与孩子相关的各项总支出均值为6925.38元，其中孩子生活支出为3597.67元，孩子教育支出为2029.88元。若平均到家庭中每一个孩子，平均支出为4946.36元，其中平均生活支出为2590.43元，平均教育支出为1465.00元。而城市低保边缘家庭半年内与孩子相关的各项总支出均值为8458.56元，其中孩子生活支出4058.14元，孩子教育支出为2912.82元。平均到家庭中每一个孩子，孩子平均支出为6131.13元，其中平均生活支出为2953.40元，平均教育支出为2200.76元。城市低保家庭对孩子的各项花费数额总体上少于低

第五章 困难家庭儿童的教育投入

保边缘家庭。

尽管如此,就与孩子相关花费的比例来看,低保家庭与低保边缘家庭体现出相近的比例。孩子支出占总支出的比例在城市低保家庭中的均值为56%,而在城市低保边缘家庭中是54%。其中,城市低保家庭教育支出占总支出的比例均值为16%,占孩子支出的比例均值为28%,而城市低保边缘家庭教育支出占总支出的比例均值为17%,占孩子支出的比例均值为31%。在家庭总支出中,低保家庭甚至分配更高比例的花费用于孩子的各个方面,而就教育花费占比而言,低保家庭与低保边缘家庭的差距不大。

表2　　　　城市低保家庭与低保边缘家庭儿童教育花费

家庭教育花费	城市低保家庭			城市低保边缘家庭		
	家户数	均值	标准差	家户数	均值	标准差
孩子支出	979	6925.38	7133.39	521	8458.56	7389.66
孩子生活支出	969	3597.67	2820.27	516	4058.14	3230.48
孩子教育支出	864	2029.88	2867.68	478	2912.82	3596.59
孩子平均支出	979	4946.36	5903.41	521	6131.13	6760.46
孩子平均生活支出	969	2590.43	2568.30	516	2953.40	3174.11
孩子平均教育支出	864	1465.00	2293.04	478	2200.76	3265.89
孩子支出占总支出比	975	0.56	1.00	516	0.54	0.59
教育支出占总支出比	859	0.16	0.23	473	0.17	0.23
教育支出占孩子支出比	861	0.28	0.21	477	0.31	0.22

笔者还比较了农村低保家庭与农村低保边缘家庭花费特征上的差异。农村低保家庭半年内与孩子相关的各项总支出均值为4941.33元,其中孩子生活支出均值为2695.85元,孩子教育支出均值为1151.83元。平均每个孩子来看,农村低保家庭半年内平均每个孩子的支出均值为2629.68元,其中平均生活支出为1421.74元,平均教育支出为647.31元。而农村低保边缘家庭半年内与孩子相关的各项总支出均值为5662.39元,其中孩子生活支出均值为3034.50元,孩

子教育支出均值为1334.21元。平均每个孩子而言,农村低保边缘家庭半年内平均每个孩子的支出均值为2888.81元,其中平均生活支出为1505.39元,平均教育支出为733.25元。农村低保边缘家庭在各项支出的数额上略高于农村低保家庭。

进一步比较孩子各项花费的占比,农村低保家庭孩子支出占总支出的比例均值为50%,而农村低保边缘家庭为55%。其中,农村低保家庭教育支出占总支出的比例均值为12%,占孩子支出的比例均值为22%,而农村低保边缘家庭中,教育支出占总支出的比例均值为12%,占孩子支出的比例均值为23%。农村低保家庭与低保边缘家庭各项教育花费占比差异不大。

表3　　　　　农村低保家庭与低保边缘家庭儿童教育花费

家庭教育花费	农村低保家庭			农村低保边缘家庭		
	家户数	均值	标准差	家户数	均值	标准差
孩子支出	535	4941.33	5345.95	468	5662.39	5842.61
孩子生活支出	529	2695.85	1927.32	464	3034.50	2307.75
孩子教育支出	450	1151.83	1596.71	408	1334.21	1870.16
孩子平均支出	535	2629.68	3539.82	468	2888.81	3720.81
孩子平均生活支出	529	1421.74	1419.46	464	1505.39	1559.10
孩子平均教育支出	450	647.31	1060.73	408	733.25	1511.82
孩子支出占总支出比	518	0.50	0.45	461	0.55	0.57
教育支出占总支出比	437	0.12	0.17	404	0.12	0.18
教育支出占孩子支出比	447	0.22	0.18	407	0.23	0.19

除了低保外,教育福利也是直接影响家庭收入,进而可能影响儿童教育花费的另一项主要的社会支持政策。因此,我们还基于家庭是否领取了教育福利来比较家庭支出的差异。

在城市困难家庭中,领取了教育福利的家庭半年内与孩子相关的各项支出均值为8301.46元,其中孩子生活支出均值为4093.17元,

第五章 困难家庭儿童的教育投入

孩子教育支出的均值为2919.46元。平均到家庭中的每个孩子，城市中领取了教育福利的家庭每个孩子平均支出均值为6197.29元，其中孩子平均生活支出为3030.98元，孩子平均教育支出为2274.85元。而对于城市困难家庭中未领取教育福利的家庭而言，半年内与孩子相关的各项支出均值为9388.72元，其中孩子生活支出均值为4336.05元，孩子教育支出的均值为2981.60元。平均到家庭中的每个孩子，孩子平均支出的均值为6683.28元，其中孩子平均生活支出的均值为3077.91元，孩子平均教育支出的均值为2120.62元。除了平均每个孩子的教育支出外，城市困难家庭中领取教育福利的家庭在各个项目上的花费数额均略少于未领取教育福利的家庭。

通过比较孩子各项支出占家庭花费的比例可以看出，城市困难家庭中领取了教育福利的家庭支出中孩子相关花费的占比要小于未领取教育福利的家庭。具体而言，领取了教育福利的家庭孩子支出占总支出的比例均值为51%，教育支出占总支出的比例均值为16%，占孩子支出的比例均值为30%；而对于未领取教育福利的家庭，孩子支出占总支出的比例均值为62%，教育支出占总支出的比例均值为18%，占孩子支出的比例为32%。城市困难家庭中，相比于领取教育福利的家庭，未领取教育福利的家庭用于孩子的各项花费占比更高。

表4　　　　城市教育福利与非教育福利家庭儿童教育花费

家庭教育花费	城市教育福利家庭			城市非教育福利家庭		
	家户数	均值	标准差	家户数	均值	标准差
孩子支出	1515	8301.46	8035.17	482	9388.72	8718.02
孩子生活支出	1504	4093.17	3249.09	476	4336.05	3449.63
孩子教育支出	1371	2919.46	3991.39	448	2981.60	3461.51
孩子平均支出	1515	6197.29	7175.64	482	6683.28	7850.72
孩子平均生活支出	1504	3030.98	3036.43	476	3077.91	3283.90
孩子平均教育支出	1371	2274.85	3566.00	448	2120.62	2921.98
孩子支出占总支出比	1506	0.51	0.54	476	0.62	1.34

续表

家庭教育花费	城市教育福利家庭			城市非教育福利家庭		
	家户数	均值	标准差	家户数	均值	标准差
教育支出占总支出比	1361	0.16	0.23	442	0.18	0.23
教育支出占孩子支出比	1367	0.30	0.22	447	0.32	0.22

在农村困难家庭中，领取了教育福利的家庭半年内与孩子相关的各项支出均值为5412.69元，其中孩子生活支出的均值为2965.63元，孩子教育支出的均值为1292.27元。平均到家庭中的每个孩子，孩子平均支出的均值为2863.93元，其中孩子平均生活支出的均值为1546.45元，孩子平均教育支出的均值为714.62元。而对于未领取教育福利的家庭而言，半年内与孩子相关的各项支出均值为6559.62元，其中孩子生活支出的均值为3440.82元，孩子教育支出的均值为1803.31元。平均到家庭中的每个孩子，孩子平均支出的均值为3276.26元，其中孩子平均生活支出的均值为1655.74元，孩子平均教育支出的均值为963.20元。农村困难家庭中，领取了教育福利的家庭在孩子养育方面的花费较少。

进一步比较孩子各项支出占家庭支出的比例，在农村领取了教育福利的家庭中，孩子支出占总支出的比例均值为49%，教育支出占总支出的比例均值为11%，占孩子支出的比例均值为22%；而在未领取教育福利的家庭中，孩子支出占总支出的比例均值为57%，教育支出占总支出的比例均值为16%，占孩子支出的比例均值为28%。在农村困难家庭中，领取了教育福利的家庭支出相比于未领取教育福利的家庭有更低比例用于孩子教养方面。

表5　　农村教育福利与非教育福利家庭儿童教育花费

家庭教育花费	农村教育福利家庭			农村非教育福利家庭		
	家户数	均值	标准差	家户数	均值	标准差
孩子支出	1051	5412.69	5655.03	250	6559.62	5941.63

第五章　困难家庭儿童的教育投入

续表

家庭教育花费	农村教育福利家庭			农村非教育福利家庭		
	家户数	均值	标准差	家户数	均值	标准差
孩子生活支出	1045	2965.63	2248.83	246	3440.82	2698.92
孩子教育支出	889	1292.27	2001.37	234	1803.31	1897.02
孩子平均支出	1051	2863.93	3833.94	250	3276.26	3482.35
孩子平均生活支出	1045	1546.45	1690.25	246	1655.74	1422.03
孩子平均教育支出	889	714.62	1347.89	234	963.20	1377.93
孩子支出占总支出比	1027	0.49	0.47	248	0.57	0.54
教育支出占总支出比	874	0.11	0.16	231	0.16	0.22
教育支出占孩子支出比	886	0.22	0.18	232	0.28	0.19

除了家庭教育花费的城乡差异外，笔者还比较了地区差异。本书的调查数据覆盖了全国大部分省份，我们根据行政区划将它们进一步划分为东部、中部、西部三类地区。东、中、西部地区在家庭教育花费上的差异要比城乡差异更加复杂。

东部困难家庭半年内与孩子相关的总支出均值为8178.05元，其中孩子生活支出的均值为4091.06元，孩子教育支出的均值为2749.94元，平均到家庭中每个孩子来看，孩子平均支出的均值为5816.42元，其中孩子平均生活支出2836.09元，孩子平均教育支出2078.88元。中、西部困难家庭的各项支出数额均少于东部困难家庭。中部困难家庭半年内在孩子各项花费上的总支出均值为6917.84元，其中孩子生活支出3423.95元，孩子教育支出2073.78元，平均到每个孩子，均值为4568.16元，其中孩子平均生活支出的均值为2268.82元，孩子平均教育支出的均值为1396.96元。西部困难家庭半年内与孩子相关的各项花费均值为6579.97元，其中孩子生活支出的均值为3405.36元，孩子教育支出的均值为1931.15元，平均到每个孩子的均值为3933.69元，孩子平均生活支出的均值为1990.71元，孩子平均教育支出的均值为1260.20元。

在孩子各项支出占家庭总支出的比例上，总体上东部困难家庭多于中、西部，而中部与西部困难家庭情况相似。在东部困难家庭中，孩子支出占总支出比的均值为53%，教育支出占总支出的比例均值为16%，占孩子支出的比例均值为29%。在中部困难家庭中，孩子支出占总支出的比例均值为55%，教育支出占总支出的比例均值为15%，占孩子支出的比例均值为28%。在西部困难家庭中，孩子支出占总支出的比例均值为49%，教育支出占总支出比的均值为12%，占孩子支出的比例均值为25%。

除了教育支出外，笔者还考察了课外教育参与、为教育进行储蓄这两个方面。在关于儿童教育的研究中，一个重要的发现是，困难儿童与家庭社会经济背景较好的儿童相比，出现学业表现差距的原因在一定程度上是在于非学校时间的、非正式教育的过程。尤其是在义务教育普及、学校教育不断完善的情况下，校外的教育参与是当前导致"教育焦虑"的因素之一。而困难儿童在这方面可利用的资源有限，这与当前普遍存在的校外教育泛滥的问题截然相反，这可能扩大困难儿童与其他儿童学业表现的差距。

本课题的调查数据中关于参加课外辅导及家庭教育储蓄的问题为"是、否"的二分问题，我们首先比较了城乡困难家庭在这两方面的差异。总的来说，城市困难家庭儿童参加课外辅导的可能性高于农村困难家庭儿童，城市困难家庭为未来教育进行专门储蓄的可能性也更高。在城市困难家庭中，低保家庭儿童参加课外辅导的可能性低于低保边缘家庭，在农村困难家庭中也是如此。但在进行教育储蓄方面，城市低保家庭的可能性低于城市低保边缘家庭，而农村低保家庭则高于农村低保边缘家庭。

笔者进一步比较领取了教育福利家庭以及未领取教育福利家庭儿童参加课外辅导及为教育进行储蓄的情况。无论城乡，领取教育福利的儿童参加课外辅导的可能性都要低于未领取的家庭，但领取教育福利的家庭有更多的可能性为未来教育进行专门储蓄。

第五章 困难家庭儿童的教育投入

表6 东中西部困难家庭儿童教育花费

家庭教育花费	东部困难家庭			中部困难家庭			西部困难家庭		
	家户数	均值	标准差	家户数	均值	标准差	家户数	均值	标准差
孩子支出	1479	8178.05	8104.25	1068	6917.84	6939.42	752	6579.97	6736.21
孩子生活支出	1465	4091.06	3369.53	1061	3423.95	2599.80	746	3405.36	2702.19
孩子教育支出	1336	2749.94	3903.23	938	2073.78	2544.29	668	1931.15	3111.58
孩子平均支出	1479	5816.42	7379.75	1068	4568.16	5657.87	752	3933.69	4958.61
孩子平均生活支出	1465	2836.09	3107.54	1061	2268.82	2434.25	746	1990.71	2116.68
孩子平均教育支出	1336	2078.88	3546.04	938	1396.96	1986.42	668	1260.20	2425.78
孩子支出占总支出比	1455	0.53	0.53	1066	0.55	0.97	737	0.49	0.51
教育支出占总支出比	1317	0.16	0.24	936	0.15	0.19	655	0.12	0.19
教育支出占孩子支出比	1331	0.29	0.22	938	0.28	0.20	663	0.25	0.21

表7 城乡困难家庭儿童参与课外教育及教育储蓄情况

	城市困难家庭			其中					
				城市低保家庭			城市低保边缘家庭		
	家户数	均值	标准差	家户数	均值	标准差	家户数	均值	标准差
是否参加课外辅导	2015	0.52	0.50	986	0.41	0.49	524	0.54	0.50
是否为教育储蓄	2010	0.19	0.40	986	0.12	0.33	521	0.19	0.39

	农村困难家庭			其中					
				农村低保家庭			农村低保边缘家庭		
	家户数	均值	标准差	家户数	均值	标准差	家户数	均值	标准差
是否参加课外辅导	1315	0.34	0.47	541	0.29	0.45	471	0.33	0.47
是否为教育储蓄	1311	0.15	0.36	542	0.13	0.34	468	0.12	0.33

表8　　　城乡教育福利家庭与非教育福利家庭参与
课外教育及教育储蓄情况

	城市教育福利家庭			城市非教育福利家庭		
	家户数	均值	标准差	家户数	均值	标准差
是否参加课外辅导	1530	0.52	0.50	485	0.53	0.50
是否为教育储蓄	1526	0.20	0.40	484	0.17	0.38
	农村教育福利家庭			农村非教育福利家庭		
	家户数	均值	标准差	家户数	均值	标准差
是否参加课外辅导	1061	0.33	0.47	253	0.40	0.49
是否为教育储蓄	1058	0.16	0.37	252	0.12	0.32

二　困难家庭儿童教养活动

除了经济支出外，我们关注家庭教养投入的另一个方面是家长参与儿童教养活动的情况。我们主要比较了城乡困难家庭在外出游玩频率、辅导作业频率这两个指标上的情况。家长带孩子外出游玩（例如公园散步、操场玩耍、商场购物、野餐等）体现出了家庭互动的情况，辅导作业则体现出家长参与孩子教育活动的程度。

（一）困难家庭外出游玩活动频率

在城乡困难家庭中，占比例最多的外出游玩频率均为"一年几次"。城市困难家庭带孩子外出游玩的频率由低到高占比情况为，频率为"从不"的家庭有295户，占比14.60%；频率为"一年几次"的家庭有609户，占比30.15%；频率为"每月一次"的家庭有205户，占比为10.15%；频率为"一周数次"的家庭有350户，占比17.33%；频率为"每天"的家庭有95户，占比4.70%。农村困难家庭带孩子外出游玩的频率分布情况为，频率为"从不"的家庭有348户，占比26.38%；频率为"一年几次"的家庭有456户，占比34.57%；频率为"每月一次"的家庭有128户，频率为9.70%；频率为"一周数次"的家庭有119户，占比9.02%；频率为"每天"的家庭有33户，占比2.50%。

第五章 困难家庭儿童的教育投入

表9　　　　　　　　城乡困难家庭外出游玩频率

外出游玩频率	城市困难家庭		农村困难家庭	
	家户数（户）	占比（%）	家户数（户）	占比（%）
从不	295	14.60	348	26.38
一年几次	609	30.15	456	34.57
每月一次	205	10.15	128	9.70
每月两三次	466	23.07	235	17.82
一周数次	350	17.33	119	9.02
每天	95	4.70	33	2.50
总计	2,020	100.00	1,319	100.00

进一步比较城乡低保家庭与城乡低保边缘家庭外出游玩频率的差异。在城市低保家庭中，有202户从不外出游玩，有309户为一年几次，有106户为每月一次，有182户为每月两三次，有142户为一周数次，有47户为每天。城市低保边缘家庭总体上外出游玩频率更高，从不外出游玩的有70户，一年几次的有162户，每月一次的有54户，每月两三次的有130户，一周数次的有87户，每天的有22户。在农村低保家庭中，有190户从不外出游玩，有178户为一年几次，有51户为每月一次，有67户为每月两三次，有45户为一周数次，有12户为每天。农村低保边缘家庭外出游玩的频率高于农村低保家庭，从不外出游玩的有121户，一年几次的有162户，每月一次的有45户，每月两三次的有91户，一周数次的有40户，每天的有13户。

表10　　　　　城乡低保家庭与低保边缘家庭外出游玩频率

外出游玩频率	城市低保家庭		城市低保边缘家庭		农村低保家庭		农村低保边缘家庭	
	家户数	占比%	家户数	占比%	家户数	占比%	家户数	占比%
从不	202	20.45	70	13.33	190	34.99	121	25.64
一年几次	309	31.28	162	30.86	178	32.78	162	34.32
每月一次	106	10.73	54	10.29	51	9.39	45	9.53

续表

外出游玩频率	城市低保家庭		城市低保边缘家庭		农村低保家庭		农村低保边缘家庭	
	家户数	占比%	家户数	占比%	家户数	占比%	家户数	占比%
每月两三次	182	18.42	130	24.76	67	12.34	91	19.28
一周数次	142	14.37	87	16.57	45	8.29	40	8.47
每天	47	4.76	22	4.19	12	2.21	13	2.75
总计	988	100.00	525	100.00	543	100.00	472	100.00

笔者还分别比较了城乡困难家庭中领取教育福利和未领取教育福利家庭外出游玩频率的差异。总之，在城市困难家庭中，领取教育福利的家庭有更多的高频率外出游玩。而农村困难家庭的情况与城市困难家庭类似，即领取了教育福利的家庭有更高比例存在高频率的外出游玩。

表11　　城市教育福利与非教育福利家庭外出游玩频率

外出游玩频率	城市教育福利家庭		城市非教育福利家庭	
	家户数	占比%	家户数	占比%
从不	220	14.38	75	15.34
一年几次	453	29.61	156	31.90
每月一次	158	10.33	46	9.41
每月两三次	352	23.01	114	23.31
一周数次	281	18.37	69	14.11
每天	66	4.31	29	5.93
总计	1530	100.00	489	100.00

笔者还比较了东部、中部、西部困难家庭外出游玩频率的差异，与城乡之间的明显差异不同，在外出游玩这一指标上东、中、西部地区略有差异，总体上东部地区的困难家庭外出游玩的频率高于中、西部地区。具体情况如下表所示，在此不做赘述。

第五章 困难家庭儿童的教育投入

表12　　　　农村教育福利与非教育福利家庭外出游玩频率

外出游玩频率	农村教育福利家庭 家户数	占比%	农村非教育福利家庭 家户数	占比%
从不	299	28.15	48	18.75
一年几次	363	34.18	93	36.33
每月一次	97	9.13	31	12.11
每月两三次	182	17.14	53	20.70
一周数次	93	8.76	26	10.16
每天	28	2.64	5	1.95
总计	1062	100.00	256	100.00

表13　　　　东中西部困难家庭外出游玩频率

外出游玩频率	东部困难家庭 家户数	占比%	中部困难家庭 家户数	占比%	西部困难家庭 家户数	占比%
从不	242	16.14	227	21.20	174	22.63
一年几次	473	31.55	348	32.49	244	31.73
每月一次	166	11.07	97	9.06	70	9.10
每月两三次	352	23.48	210	19.61	139	18.08
一周数次	220	14.68	149	13.91	100	13.00
每天	46	3.07	40	3.73	42	5.46
总计	1,499	100.00	1,071	100.00	769	100.00

（二）困难家庭家长辅导作业频率

儿童教养活动是家庭教育投入的另一个重要面向。本书的调查问卷中有关于家长辅导孩子作业频率的问题，频率由低到高分为：从不、很少（每月一次）、偶尔（每周一次）、经常（每周二至四次）、天天（每周五至七次）。尽管家长辅导作业并不必然与孩子的学业成就相关，但这一问题反映出家长将时间分配在儿童教养相关活动上的情况，因此也是笔者关注的结果之一。

在城乡困难家庭中，城市困难家庭辅导作业的频率明显高于农村。城市困难家庭辅导作业频率为"从不"的有487户,"很少"的有68户,"偶尔"的有292户,"经常"的有547户,"天天"的有625户。农村困难家庭辅导作业频率为"从不"的有356户,"很少"的有79户,"偶尔"的有233户,"经常"的有394户,"天天"的有255户。

表14 城乡困难家庭辅导作业频率

辅导作业频率	城市困难家庭 家户数（户）	占比（%）	农村困难家庭 家户数（户）	占比（%）
从不	487	24.12	356	27.03
每月一次	68	3.37	79	6.00
每周一次	292	14.46	233	17.69
每周二至四次	547	27.09	394	29.92
每周五至七次	625	30.96	255	19.36
总计	2019	100.00	1317	100.00

与前文类似,首先比较城乡低保家庭与低保边缘家庭在辅导作业频率上的差异。在城市低保家庭中,有262户家长辅导作业的频率为"从不",有32户为"很少",有157户为"偶尔",有250户为"经常",有286户为"天天"。在城市低保边缘家庭中,有127户家长辅导作业的频率为"从不",有23户为"很少",有71户为"偶尔",有145户为"经常",有159户为"天天"。在农村低保家庭中,辅导作业频率为"从不"的有159户,频率为"很少"的有35户,频率为"偶尔"的有86户,频率为"经常"的有161户,频率为"天天"的有102户。在农村低保边缘家庭中,辅导作业频率为"从不"的有120户,频率为"很少"的有20户,频率为"偶尔"的有97户,频率为"经常"的有141户,频率为"天天"的有92户。

第五章 困难家庭儿童的教育投入

表15　　城乡低保家庭与低保边缘家庭辅导作业频率

辅导作业频率	城市低保家庭 家户数	占比%	城市低保边缘家庭 家户数	占比%	农村低保家庭 家户数	占比%	农村低保边缘家庭 家户数	占比%
从不	262	26.55	127	24.19	159	29.28	120	25.53
每月一次	32	3.24	23	4.38	35	6.45	20	4.26
每周一次	157	15.91	71	13.52	86	15.84	97	20.64
每周二至四次	250	25.33	145	27.62	161	29.65	141	30.00
每周五至七次	286	28.98	159	30.29	102	18.78	92	19.57
总计	987	100.00	525	100.00	543	100.00	470	100.00

再分别比较城乡困难家庭中领取教育福利和未领取教育福利家庭辅导作业频率的差异。在城市领取了教育福利的家庭中，有373户辅导作业频率为"从不"，有54户频率为"很少"，有206户频率为"偶尔"，有396户频率为"经常"，有500户频率为"天天"。在城市未领取教育福利的家庭中，有113户辅导作业频率为"从不"，有14户频率为"很少"，有86户频率为"偶尔"，有151户频率为"经常"，有125户频率为"天天"。

表16　　城市教育福利与非教育福利家庭辅导作业频率

辅导作业频率	城市教育福利家庭 家户数	占比%	城市非教育福利家庭 家户数	占比%
从不	373	24.40	113	23.11
每月一次	54	3.53	14	2.86
每周一次	206	13.47	86	17.59
每周二至四次	396	25.90	151	30.88
每周五至七次	500	32.70	125	25.56
总计	1,529	100.00	489	100.00

在农村领取了教育福利的家庭中,辅导作业频率为"从不"的家庭有278户,频率为"很少"的家庭有61户,频率为"偶尔"的家庭有188户,频率为"经常"的家庭有324户,频率为"天天"的家庭有210户。在农村未领取教育福利的家庭中,辅导作业频率为"从不"的家庭有78户,频率为"很少"的家庭有18户,频率为"偶尔"的家庭有45户,频率为"经常"的家庭有70户,频率为"天天"的家庭有45户。

表17　农村教育福利与非教育福利家庭辅导作业频率

辅导作业频率	农村教育福利家庭 家户数	占比%	农村非教育福利家庭 家户数	占比%
从不	278	26.20	78	30.47
每月一次	61	5.75	18	7.03
每周一次	188	17.72	45	17.58
每周二至四次	324	30.54	70	27.34
每周五至七次	210	19.79	45	17.58
合计	1,061	100.00	256	100.00

第四节　困难家庭儿童教育投入的实证分析

一　已有实证依据与研究假设

目前对于困难家庭的社会政策支持以现金转移支付为主,但福利提供的方式不尽相同。例如,根据资格条件的限制可分为有无条件的转移支付与有条件的转移支付,根据不同社会政策之间的关系可分为补充性与替代性支持,等等。由于社会政策支持提供的方式非常复杂,其影响家庭教育投入的路径也是多元且复杂的。总的来看,可以有"收入效应"与"替代效应"两种基本作用路径。

(一)社会政策影响困难家庭教育投入的"收入效应"路径

对于以现金给付为主的社会支持政策,收入效应是重要的作用机制,它来自两个方面:第一,社会支持政策将资金重新分配给符合条

第五章　困难家庭儿童的教育投入

件的福利受益人,从而直接增加家庭收入,因此受益家庭在经济上有能力投入更多资源于儿童的人力资本培育,而不仅仅是维持生计。第二,社会支持政策的受益人身份还会带来更多的附加福利收益,即获得更多的现金给付或外部资源。[①] 以低保制度为例,虽然低保制度本身基于"补差式"的规则,根据家庭收入与当地低保标准之间的差距对受益家庭进行福利给付。但同时,低保身份也意味着除现金支付以外的更多受益,因为其他专项救助计划的资格(如教育援助、医疗援助、失业援助等)也与低保身份密切相关,这可被视为"收入效应"的正向挤入。

基于正向的收入效应,有实证研究标明,社会支持政策的受益家庭不仅增加了总体消费,尤其值得注意的是有助于儿童人力资本形成的消费也有显著的提升,如高质量食品和教育消费。特别是由社会政策所带来的家庭收入增加,对教育支出产生了显著影响,意味着家庭将资源再分配于有利于儿童的方面。根据 Baird 等的综述,在发展中国家,有大量研究表明以现金转移支付为主的社会支持政策取得了积极成果,无论有条件的现金转移还是无条件的现金转移都提高了困难家庭儿童入学和完成学业的可能性。[②] 在这方面对中国社会支持政策的研究较少,目前最为相关的是 Gao,Zhai 等人对于低保制度的研究。[③] 他们利用全国家庭调查数据的研究发现,领取城市低保的家庭会优先考虑人力资本投资(支付教育和医疗费用),而不是满足基本生活需求(支付食品,衣服,租金和水电费)。更加具体地,低保尤其鼓励了困难家庭在非义务教育、学费、私人补习和教科书、医药等

[①] Capuno, J., Kraft, A., Molato, R., & Tan, C., "Where does the money go? Assessing the expenditure and income effects of the Philippines' Conditional Cash Transfer Program", *IDEAS Working Paper Series from RePEc*, 2015.

[②] Baird, S., Ferreira, F., & Woolcock, M., "Relative Effectiveness of Conditional and Unconditional Cash Transfers for Schooling Outcomes in Developing Countries: A Systematic Review", *Campbell Systematic Reviews*, Vol. 9, No. 8, 2013.

[③] Gao, Q., Zhai, F., Yang, S., & Li, S., "Does Welfare Enable Family Expenditures on Human Capital? Evidence from China", *World Development*, Vol. 64, 2014.

方面的投入，这些发现与国际文献中关于社会支持政策收入效应的结论基本一致。

（二）社会政策影响困难家庭教育投入的"替代效应"路径

替代效应解释了除收入效应之外社会政策影响家庭动态的另一可能路径。由于部分社会支持政策以扣除或减免形式进行福利的给付，如学费减免或对学校的补贴，导致对于福利的受益者而言学校教育的"价格"相对降低。因此，受益家庭有能力使儿童享有更多的教育服务，或是直接减少教育支出的自费部分，但将节省的资源应用于其他目的。正是这种替代机制的存在，使得对于社会政策如何影响家庭人力资本投入过程的实证估计变得更加的异质和多元，可能出现或积极或消极，甚至混合的效应。

替代效应也会作用于家庭行为模式。这其中，对童工行为的影响是被广泛关注的方面。来自其他国家的实证研究表明，低收入家庭儿童教育表现不佳往往伴随着童工问题的高发，[1][2] 因此一些有条件的转移支付项目设定了需满足一定入学率的门槛，旨在提高教育参与程度，从而降级低收入家庭未来陷入贫困的可能性。大量研究得出，学校教育参与的增加与童工或家庭劳动的减少密切相关。因此，社会政策对于困难家庭人力资本投入行为进行调节的主要策略即为，将贫困家庭的儿童从廉价的劳动市场行为转向投资于未来的技能培养活动。

对于社会政策如何影响家庭人力资本投入过程，尽管收入效应和替代效应构成了基本的解释路径，但这一机制具体如何运作目前尚未被充分理解。特别是在中国语境下，实践中存在的问题不能纯粹通过收入效应或替代效应来解释。

---

[1] Cardoso, E., "The impact of cash transfers on child labor and school enrollment in Brazil", *Child labor and education in Latin America*, 2009.

[2] Maluccio, J. A., "Education and child labor: experimental evidence from a Nicaraguan conditional cash transfer program", *Child labor and education in Latin America*, 2009.

第五章 困难家庭儿童的教育投入

（三）研究假设

基于本章的理论框架与现有实证依据，结合当前低保制度以及与儿童教育投入直接相关的教育福利政策运行情况，我们提出更加具体的研究假设：

假设 a：低保制度总体上缓解家庭教育投入压力，即减少家庭自付的教育费用。

假设 b：以减免形式提供的教育福利制度减少家庭自付教育费用，并间接缓解家庭经济压力促进家庭的教养活动。

假设 c：以补贴形式提供的教育福利制度鼓励家庭的教育投入，并通过缓解经济压力促进家庭的教养活动。

二 数据与样本

困难家庭儿童的人群调查是由民政部政策研究中心的抽样调查项目，采用计算机辅助面访（CAPI）的方式，于2018年7月至2018年9月对全国29个省内共计1800多个村居展开调查。调查最终共收集了3342个困难家庭儿童样本，其中城市困难家庭（低保及边缘家庭）1516户，城市对照家庭（普通家庭）507户，农村困难家庭1015户，农村对照家庭304户。

困难家庭儿童调查收集了关于困难儿童个人及家庭基本情况、健康和营养、教育与学业成就、政策支持、心理与社交等方面的丰富信息，共包含580个变量。本章主要利用其中关于家庭情况、政策支持、教育与学业成就的变量展开分析，以家户作为主要分析单位。

三 变量测量与描述

本章试图分析困难家庭在儿童教育投入方面的家庭动态，以及社会支持政策在其中的作用。因此，我们关注的主要自变量是家庭贫困情况与接受社会政策支持的情况，而主要因变量是家庭教育投入，包括经济投入与家庭互动两个方面。

(一) 家庭贫困情况与接受社会政策支持情况

困难家庭儿童调查提供的关于家庭经济背景的信息主要有三类：一是"家庭类型"，由访员向家庭所在社区或村居负责人确认后，认定该家庭为低保户、边缘户或普通户。二是家庭收入与支出情况，包括家庭年收入、年支出以及各项具体开支数额，由受访者本人填答。三是家庭申请和接受社会政策支持情况，社会政策支持主要指接受低保救助，此外也包括其他政府转移性收入、教育救助等专项支持政策。

本章在测量家庭贫困与接受社会政策支持情况时，主要基于家庭类型进行界定，采取的分析策略是对比低保户与非低保户（边缘户或普通户）。在我国当前的社会政策支持体系中，低保是最基本的"安全网"，同时也是覆盖贫困人群最广泛的社会救助政策，因此我们选取低保为主要着眼点，探讨社会政策支持在困难家庭教育投入中的作用。

我们采用社区或村居认定的低保户身份来测量家庭的低保状况，是因为低保的申请、领取过程均需要通过社区或村居这一渠道，因此社区或村居的认定能够提供最准确的低保身份信息。低保户身份综合反映了家庭在一定时间段内处于收入不足或面临特殊困难的状况，相比于直接根据家庭收入是否低于当地低保线进行界定，这能够反映家庭更加全面的贫困面貌。此外，本书调查中的家庭收入信息为被访人对过去一年家庭总收入的自我汇报，可能由于记忆模糊或在调查中隐瞒真实收入的心理因素导致调查偏差，因此低保户身份是对于家庭经济情况与接受社会政策支持情况相对准确、全面的测量。另外，我们没有采用"目前是否享受低保"这一测量，则是考虑到我们所关注的结果变量，例如过去半年孩子的教育花费，反映的是过去一段时间内的家庭动态，因此"目前是否领取低保"与这类结果变量并不必然构成可能的因果逻辑。经过初步的数据清理，我们也发现，调查中"目前领取低保"这一变量存在大量缺失值，为减少可能由数据缺失造成的估计偏误，未采用这一变量。但是，在进行稳健性分析时，我们也

第五章 困难家庭儿童的教育投入

尝试根据已知信息对缺失值进行多重插补,以作为对低保户身份认定的替代测量。

基于这一界定,我们共识别出城乡低保户1534户,占整个调查的45.9%,其中543户来自城市,991户来自农村;城乡非低保户1808户,占整个调查的54.1%,其中776户来自城市,1032户来自农村。我们还根据家庭过去一年总收入是否低于当地低保标准来界定收入贫困与非收入贫困家庭(由于这一调查在2018年进行,且汇报的收入为过去一年的总收入,我们以2017年低保标准作为参照,低保标准的数据来自民政部网站的统计数据)。我们发现,城乡低保户中有659户属于收入贫困家庭,有875户的收入则高于当地低保标准;而城乡非低保户中,有566户的收入水平低于当地低保标准。

(二)家庭教育投入

家庭教育投入是本章所关注的主要结果变量。卢春天和计迎春的研究指出,家庭的经济支持和情感投入可能影响孩子认知能力。在经济支持方面,他们考察了入学经济支持、校外辅导花费、校内总花费等变量,而在情感投入方面,他们考察了家长对学生的督导行为、交流行为和互动行为。这些变量总体上与孩子的认知能力测试得分显著相关。因此,笔者在研究家庭的教育投入时,不仅关注困难家庭对于孩子教育的经济投入,还关注家长的教养参与。

经济投入指的是家庭在儿童教育方面的直接花费以及其他形式的经济支持。困难家庭儿童调查提供了家庭总支出、孩子半年总花费、孩子生活花费、孩子教育花费及具体花费项,同时基于家庭结构的基本信息可以得出家庭中的孩子数量,从而可以计算得出家庭中平均每个孩子的半年实际教育支出。除教育花费的实际金额外,为使结果在不同家庭之间更具可比性,我们还计算了教育花费占家庭总支出的比例、教育花费占孩子总花费的比例。在家庭内部,这一比例越高,体现出家庭将更多的经济资源分配于孩子教育。被调查家庭中存在大量的处于义务教育阶段的儿童,在义务教育全面普及的背景下,即使家庭有较高的能力或意愿投资于儿童教育,由于学杂费减免,总体教育支出仍然可能处于较低水平，因此我们还进一步考量困难家庭投资于儿童课外教育的情况。我们测量了课外教育费用占家庭教育支出的比例，孩子是否参加课外辅导班（包括学校课程辅导、竞赛辅导、才艺培养、心智开发、亲子活动等），以及参加课外辅导班的总数量。需要说明，我们并非倡导越多的课外辅导班意味着越好的教育投入，这些变量仅仅体现了家庭投资于儿童教育的其中一个可比较的面向。最后，我们还考量家庭为孩子未来教育专门储蓄的意愿和行动，具体的测量是家长对于"是否为孩子未来教育专门存钱"这一问题的回答。我们无法获得对于这一问题更多的信息，例如进行储蓄的金额、方式，因此仅采用二分的方式（是—否）进行测量。

家长的教养参与是困难家庭教育投入的另一维度。我们测量两方面的教养参与，其一，直接参与孩子教育活动，测量为受访人对"家庭成员督促或辅导作业频率"这一问题的回答，相应频率由少至多共分为五个层级。其二，参与其他家庭互动的活动，测量为受访人对"家长带孩子外出游玩频率"这一问题的回答，外出游玩例如公园散步、操场玩耍、商场购物或野餐，相应的频率由少至多共分为六个层级。主要结果变量及其测量总结如下表。

表18　　　　　　　　主要结果变量测量

变量类别	变量名	变量内容	变量编码
经济投入	孩子平均教育支出	家庭平均每个孩子的半年实际教育支出（包括文具费、补课费、家缴费、辅导费等，衣食住行费用除外）	元
	教育支出占总支出比	孩子教育支出占家庭总支出比例	百分比
	教育支出占孩子支出比	孩子教育支出占孩子支出的比例	百分比
	课外教育占教育支出比	孩子课外教育费用占孩子教育费用的比例	百分比

第五章　困难家庭儿童的教育投入

续表

变量类别	变量名	变量内容	变量编码
	参加课外辅导班	去年半年孩子参加亲子班或课外辅导班（学校课程辅导、竞赛辅导、才艺培养、心智开发、亲子活动）	1＝是 0＝否
	课外辅导班数量	去年半年孩子参加亲子班或课外辅导班数量	计数
	教育储蓄	为孩子未来教育专门存钱	1＝是 0＝否
教养参与	辅导作业频率	家庭成员督促或辅导作业的频率	0＝从不；1＝很少—每月一次；2＝偶尔—每周一次；3＝经常—每周二至四次；4＝天天—每周五至七次
	外出游玩频率	家长带孩子外出游玩频率（例如公园散步、操场玩耍、购物和野餐）	0＝从未；1＝一年几次；2＝每月一次；3＝每月两三次；4＝一周数次；5＝每天

我们首先对所关心的主要结果变量进行了初步的描述性统计。低保户与非低保户的教育投入存在明显差异。相比于非低保户，低保家庭对于孩子教育的经济投入明显更少。低保户不仅孩子平均教育支出明显少于非低保户，而且教育支出占总支出的比例、教育支出占孩子支出的比例、参与课外辅导的情况都少于非低保户。同时，低保家庭更少为孩子未来教育进行专门储蓄。此外，在教养参与方面，来自低保户的家长辅导孩子作业的频率更少，表现为，从不辅导作业的低保户家长要多于非低保户家长，在其他的辅导作业频率上低保户与非低保户情况相似或更少。外出游玩的频率也体现出类似的特征，从未带孩子外出游玩的低保家庭多于非低保家庭，在其他外出游玩频率上低保家庭与非低保家庭情况相似或更少。

不仅低保户与非低保户的教育投入存在差距，即使对于低保户本身而言，城市与农村之间也存在明显差异。城市低保户在孩子教育上的经济投入总体上高于农村低保户，尤其是在课外教育投入上，城市低保户明显多于农村低保户。只有在教育储蓄的态度方面，城市低保户略少于农村低保户。另外，城市低保户的教养参与明显多于农村低保户。城市低保户辅导作业的频率更倾向于每周一次或多次，而农村低保户辅导作业的频率相对于城市更少。城市低保户外出游玩的频率也更高，而农村低保户从未外出游玩的情况明显高于城市低保户。

表 19　　主要结果变量的分类描述

主要结果变量	城市 低保 N=991 均值	城市 低保 标准差	城市 非低保 N=1032 均值	城市 非低保 标准差	农村 低保 N=543 均值	农村 低保 标准差	农村 非低保 N=776 均值	农村 非低保 标准差
孩子平均教育支出	1465.00	2293.04	2935.19	4060.31	647.31	1060.73	846.07	1519.38
教育占总支出比	0.16	0.23	0.18	0.24	0.12	0.17	0.12	0.18
教育占孩子支出比	0.28	0.21	0.33	0.22	0.22	0.18	0.24	0.19
课外教育占教育支出比	0.29	0.41	0.48	0.43	0.15	0.31	0.20	0.36
参加课外辅导班	0.41	0.49	0.63	0.48	0.29	0.45	0.38	0.49
课外辅导班数量	0.50	0.69	0.95	0.91	0.36	0.65	0.49	0.73
教育储蓄	0.12	0.33	0.26	0.44	0.13	0.34	0.17	0.38
辅导作业频率								
从不	0.27	0.44	0.22	0.41	0.29	0.46	0.25	0.44
每月一次	0.03	0.18	0.03	0.18	0.06	0.25	0.06	0.23
每周一次	0.16	0.37	0.13	0.34	0.16	0.37	0.19	0.39
每周二至四次	0.25	0.44	0.29	0.45	0.30	0.46	0.30	0.46
每周五至七次	0.29	0.45	0.33	0.47	0.19	0.39	0.20	0.40
外出游玩频率								
从未	0.20	0.40	0.09	0.29	0.35	0.48	0.20	0.40
一年几次	0.31	0.46	0.29	0.45	0.33	0.47	0.36	0.48
每月一次	0.11	0.31	0.10	0.29	0.09	0.29	0.10	0.30
每月两三次	0.18	0.39	0.28	0.45	0.12	0.33	0.22	0.41
一周数次	0.14	0.35	0.20	0.40	0.08	0.28	0.10	0.29
每天	0.05	0.21	0.05	0.21	0.02	0.15	0.03	0.16

第五章　困难家庭儿童的教育投入

初步的描述性统计使我们大致了解低保户与非低保户教育投入的差异，但造成这一差异的原因可能是复杂的。一方面，低保户与非低保户的家庭背景存在系统性差异。低保家庭通常在某些家庭结构特征或家庭文化特征上存在共性，例如低收入水平、低教育水平、低职业声望，这造成低保家庭的父母或是没有更多的经济资源投入孩子教育，或是缺乏良好的教养知识，或是由于工作与家庭的冲突而缺少教养陪伴的时间。这些系统性差异，都可能导致如上所描述的低保家庭更少的教育投入。另一方面，低保身份通常与其他福利使用挂钩，例如教育费用减免，若低保户同时接受了以直接扣减形式提供的福利政策支持，也会表现为更少的自付费用支出。因此，我们需要进行进一步的分析，在控制可能存在的系统性差异的前提下，厘清低保政策及其他社会支持政策在困难家庭教育投入中的作用。

四　实证分析策略

本书试图探究社会政策支持在家庭教育投入中的作用，主要关注低保政策的作用。若采用传统的普通最小二乘（OLS）回归模型进行分析，则回归模型可表示为如下方程：

$$Y_i = \beta_0 + \beta_1 Dibao_i + \beta_2 X_i + \mu_i \quad (1)$$

在式（1）中，Y_i是我们主要关注的结果变量，即家庭教育投入；$Dibao_i$是指示家庭是否为低保户的一个虚拟变量，将低保户记为1，反之记为0；X_i是一系列控制变量，包括困难儿童及家长的社会人口学背景、家庭结构特征、地区属性等可能影响家庭教育投入的变量；μ_i是误差项；β_1是我们主要关心的回归系数，即获得社会政策支持对家庭教育投入的影响。

然而，上述的OLS回归模型面临选择性偏误（selection bias）问题的挑战，容易造成有偏差的估计。就本书的问题而言，选择性偏误在于，是否为低保户可能受到内生性因素影响，低保户与非低保户的某些家庭条件背景存在系统性的差异，导致家庭的教育投入可能是自我选择或被选择的结果。例如，父母社会经济地位较高的家庭可能更愿意投资于孩子的教育，或是更有能力提供良好的教养行为。再如，相比于独生子女家庭，多子女家庭可能对每个子女的平均投入更少，但对其中一个子女进行投入时，其他子女也可能同时受益。因此，有必要充分考虑家庭人力资本投入中的自选择问题及其所造成的估计偏误，否则将会得出不准确甚至错误的结论。

我们采用Rubin（1974）提出的"反事实框架"（counterfactual framework）来应对选择性偏误问题。对本章而言，应用这一框架的主要思路是以一个虚拟变量D_i来表示研究对象是否为低保户（将是记为$D_i=1$，而否记为$D_i=0$），则对于该样本而言，我们所关心的结果变量可能有两种状态，即分别在$D_i=1$和$D_i=0$情况下的结果。问题在于，在实际情况下，只能观测到这一样本的其中一种结果，即要么是低保户、要么不是低保户，无法同时观测到两种可能的结果。因此，需要根据可观测到的数据，推断出一个"反事实"的结果：对于低保户样本，对应的反事实结果是假如这一家庭不是低保户情况下的潜在结果，相反，对于非低保户样本，反事实结果是假如该家庭是低保户状态下的潜在结果。我们通过比较实际结果和反事实结果，尝试得出对于低保如何影响家庭教育投入的较为准确估计。

本章采用倾向得分匹配（Propensity Score Matching，PSM）方法，这一方法是进行反事实推断时最常用的方法之一。应用倾向得分匹配的基本策略是找到与低保家庭尽可能相似的非低保家庭，从而尽可能消除由于自选择而造成的选择性偏误（Rosenbaum & Rubin，1983）。这主要包括两个步骤，首先，计算倾向得分值（propensity score），即在给定的一系列可观测的特征X_i基础上家庭成为低保户的可能概率。这种计算倾向得分的方法通过将多个给定特征总结为一个分值，可以使匹配更加简洁和准确。在本章中，D_i是表示个体i是否为低保户的虚拟变量，将低保户家庭记为$D_i=1$，则相应的倾向得分$p_i(X)$可表示为：

$$p_i(X) = \Pr(D_i = 1 \mid X_i) \qquad (2)$$

在实际分析时，由于"是否是低保户"是一个二分变量，因此采用

第五章　困难家庭儿童的教育投入

二元回归模型（Logit Regression 模型）估计个体的倾向得分 $p_i(X)$。

进而，基于已有的倾向得分 $p_i(X)$，可以估计我们所关注的参与者平均处理效应（Average Treatment Effect on the Treated，ATT），表示为：

$$ATT = E(Y_{1i} - Y_{0i} | D_i = 1) \quad (3)$$
$$= E\{E[Y_{1i} - Y_{0i} | D_i = 1, p_i(X)]\}$$

式（3）所示这一估计的思路是，通过比较具有相似倾向得分的低保户和非低保户家庭教育投入的差异来估计社会支持政策的作用（Hong，2015）。

基于已有研究，户主个人特征、家庭社会经济背景是可能与低保户身份显著相关、从而可能造成选择性偏误问题的主要因素。本章控制了家长个人特征、孩子个人特征、家庭结构特征三类变量，基于这些变量进行倾向得分匹配。（1）家长个人特征包括：a）家长教育水平，根据父母或监护人的最高教育水平，分为没有上学、完成义务教育、完成高中教育、大学或以上；b）家长就业状况是否为失业；c）家长健康水平，分为非常差、比较差、一般、很好、非常好；d）家长婚姻状况是否为已婚。（2）孩子个人特征包括：a）孩子年龄；b）孩子目前教育阶段，分为未上学、小学、初中、高中、职高/技校/中专及以上；c）孩子户籍；d）孩子健康情况，分为非常差、比较差、一般、很好、非常好。（3）家庭结构特征包括：a）家庭人均收入；b）受访人个人认为的过去一年家庭经济情况，分为非常困难、比较困难、大致够用、比较宽裕、相当宽裕；c）家庭总人数。此外，我们还控制了受访人所在的省份。

通过对上述可能影响低保户身份的变量进行匹配并计算低保参与的倾向得分，我们能够基本解决选择偏误问题。如下表所示，在进行匹配前，上述大部分变量与低保户身份显著相关，且标准化偏差基本在10%以上，低保户与非低保户存在系统性差异。而在匹配后的样本中，标准化偏差降至10%以下，家庭结构特征、家长个人特征、孩子个人特征等变量不再与低保身份显著相关，选择偏误问题基本上被有效解决。

表20 倾向得分匹配前后控制变量描述性统计

变量	未匹配样本 低保均值	未匹配样本 非低保均值	标准化偏差 %bias	p	匹配样本 低保均值	匹配样本 非低保均值	标准化偏差 %bias	p
家庭人均收入	6393.00	11554.00	−65.30	***	6410.80	6022.80	4.90	*
家庭经济情况								
非常困难	0.40	0.15	57.80	***	0.39	0.40	−2.30	
比较困难	0.42	0.31	23.70	***	0.43	0.43	−1.50	
大致够用	0.17	0.48	−70.00	***	0.17	0.16	3.30	
比较宽裕	0.01	0.05	−28.20	***	0.01	0.00	1.30	
相当宽裕	0.00	0.00	−5.90		0.00	0.00	0.90	
家庭总人数	3.78	4.11	−24.40	***	3.79	3.88	−6.20	+
父母/监护人已婚	0.78	0.88	−28.90	***	0.78	0.78	0.80	
父母/监护人教育								
没有上学	0.03	0.01	12.10	***	0.03	0.03	−0.40	
完成义务教育	0.71	0.52	41.10	***	0.71	0.73	−4.60	
完成高中教育	0.22	0.28	−13.70	***	0.22	0.21	2.80	
大学或以上	0.04	0.20	−48.90	***	0.04	0.03	3.30	
父母/监护人失业	0.58	0.28	64.70	***	0.58	0.57	1.50	
父母/监护人健康								
非常差	0.03	0.00	20.70	***	0.03	0.03	0.00	
比较差	0.13	0.04	34.30	***	0.13	0.13	−2.20	

第五章 困难家庭儿童的教育投入

续表

变量	未匹配样本 低保均值	未匹配样本 非低保均值	未匹配样本 标准化偏差 %bias	p	匹配样本 低保均值	匹配样本 非低保均值	匹配样本 标准化偏差 %bias	p
一般	0.57	0.43	29.50	***	0.58	0.57	1.70	
很好	0.17	0.31	-32.80	***	0.17	0.18	-1.40	
非常好	0.09	0.22	-36.40	***	0.09	0.09	1.00	
孩子年龄	12.36	11.97	17.50	***	12.34	12.27	3.10	
孩子目前教育								
未上学	0.01	0.00	4.80	***	0.01	0.01	1.10	
小学	0.50	0.57	-15.20	***	0.50	0.50	-0.40	
初中	0.42	0.36	12.30	***	0.42	0.43	-2.20	
高中	0.07	0.05	6.90	*	0.06	0.05	4.80	
职高/技校/中专及以上	0.01	0.01	-3.20		0.01	0.01	0.90	
孩子户籍	0.49	0.40	18.90	***	0.49	0.44	8.70	*
孩子健康情况								
非常差	0.02	0.01	11.00	**	0.02	0.02	0.90	
比较差	0.06	0.02	20.70	***	0.05	0.04	5.60	
一般	0.44	0.33	22.50	***	0.44	0.46	-4.80	
很好	0.28	0.34	-14.50	***	0.28	0.27	0.80	
非常好	0.21	0.31	-21.40	***	0.21	0.20	1.80	

注：***p<0.001，**p<0.01，*p<0.05，+p<0.1。

本章的实证分析在 Stata（14）软件中进行。根据陈强（2014）在 Stata 中进行倾向得分匹配可使用近邻匹配、半径匹配、核匹配、局部线性回归匹配、样条匹配、马氏匹配等多种匹配方法。本章将主要采用广泛使用的半径匹配方法，同时，笔者也进行了基于其他方法的匹配分析以作为稳健性检验。

五 实证分析结果

主要基于半径匹配的倾向得分匹配方法来估计低保身份对于困难家庭教育投入的作用。根据 Rubin（2001），匹配模型的 B 统计值在 25 以下、R 统计值在 0.5 至 2，则可以认为模型达到充分平衡的匹配，笔者的匹配模型 B 统计值为 21.2、R 统计值为 1.04，符合这一取值范围，属于平衡的匹配模型。

与非低保户相比，低保户的平均教育支出显著地更少。在全部样本中，低保户半年内对于每个孩子的平均教育支出减少 381.02 元，而在城市样本中这一差距更大，低保户与非低保户每个孩子的平均教育支出相差 658.36 元。不仅教育支出的绝对数额，与低保户身份相关联的还有更少的教育支出占比，在全部样本中，低保户的教育支出占总支出比减少约 2%，教育支出占孩子总支出比也减少约 2%，而在城市样本中，低保户的教育支出占孩子支出比例与非低保户相比减少 4%。在课外教育方面，低保家庭的儿童更少参加课外辅导班。值得注意的是，在为孩子未来教育储蓄方面，尽管结果不显著，但总体情况是低保户要多于非低保户。在困难家庭的教养参与方面，低保的作用更加复杂。低保家庭辅导作业的频率较多，但这一趋势在统计意义上并不显著。但是，低保家庭同时也表现出显著较少的外出游玩频率。

表21　　　基于半径匹配（Radius）方法的低保对于
家庭教育投入的作用估计

结果变量	全部 ATT	全部 SE	城市 ATT	城市 SE	农村 ATT	农村 SE
平均教育支出	-381.02**	152.41	-658.36**	258.42	-51.12	128.26
教育支出占总支出比	-0.02*	0.01	-0.03	0.02	-0.02	0.02
教育支出占孩子支出比	-0.02*	0.01	-0.04**	0.02	0.00	0.02
课外教育占教育支出比	-0.02	0.02	-0.06*	0.04	0.00	0.03
参加课外辅导班	-0.04*	0.02	-0.06*	0.04	0.01	0.04
参加课外辅导班数量	-0.09**	0.04	-0.16**	0.06	0.03	0.05
教育储蓄	0.02	0.02	0.01	0.03	0.04	0.03
辅导作业频率	0.06	0.08	0.15	0.11	-0.01	0.11
外出游玩频率	-0.12*	0.07	-0.18*	0.11	-0.15	0.11

注：半径匹配采用卡尺范围0.01（caliper = 0.01）。B = 21.2，R = 1.04。***$p < 0.001$，**$p < 0.01$，*$p < 0.05$。

六　稳健性检验

本章的主要分析模型采用了基于半径匹配的倾向得分匹配方法，为验证分析模型的稳健性，笔者还进行了基于其他匹配方法的分析，例如另一经常被采用的核匹配（Kernel）方法。这一模型同样符合Rubin（2001）提出的充分平衡的条件（B统计值为20.7，R统计值为1.12）。采用核匹配方法的分析结果与半径匹配方法的结果基本相似，即计算得出的平均处理效应的作用方向与作用程度接近，但在其中个别变量上显著程度不同。基本可以认为，本章的分析模型是稳健的。

采用核匹配方法的倾向得分分析结果如下表所示。总体上，低保户具有显著更少的经济投入，包括更少的平均教育支出、更少的教育支出占总支出的比例，以及更少的课外辅导班参与。同时，低保户带孩子外出游玩的频率更少。但也应注意，低保户更多倾向于为孩子未来教育专门进行储蓄，同时也更频繁地投入于辅导作业，尽管这两个变量在统计意义上不显著。

表 22　基于核匹配（Kernel）方法的低保对于家庭教育投入的作用估计

结果变量	全部 ATT	全部 SE	城市 ATT	城市 SE	农村 ATT	农村 SE
平均教育支出	-362.90**	147.96	-583.56**	242.06	-98.64	113.34
教育支出占总支出比	-0.02*	0.01*	-0.02	0.02	-0.02	0.01
教育支出占孩子支出比	-0.02	0.01	-0.02	0.02	0.00	0.01
课外教育占教育支出比	-0.02	0.02	-0.05	0.03	0.01	0.03
参加课外辅导班	-0.04*	0.02	-0.09**	0.03	0.00	0.04
参加课外辅导班数量	-0.09**	0.04	-0.18***	0.06	0.03	0.05
教育储蓄	0.02	0.02	0.01	0.03	0.04	0.03
辅导作业频率	0.08	0.07	0.11	0.11	0.00	0.11
外出游玩频率	-0.13*	0.07	-0.10	0.10	-0.21**	0.11

注：核匹配采用 stata 默认核函数（二次核，epan kernel）与默认带宽（0.06）。B = 20.7，R = 1.12。***p < 0.001，**p < 0.01，*p < 0.05。

七　教育减免与教育补贴对低保家庭教育投入的影响分析

由于社会支持政策运行的政策工具多样化，例如有条件或无条件的转移支付、以现金形式或实物形式的给付，相应的，政策的作用机制与路径是复杂的。政策影响家庭教育投入的机制大致可分为两种：收入效应、替代效应。在当前的政策运行中，两种效应交织存在并且可能相互增强/消解，仅仅从家庭是否领取低保或教育福利的角度无法充分解释所估计的结果是如何产生的，还应更具体考察政策对家庭进行干预的方式。因此，本章的研究首先分析低保与非低保家庭在教育投入上的差异，进而试图基于教育福利的不同政策工具：教育减免（类比实物支付，像是食品券或教育券）与教育补贴（类比现金支付，直接提升家庭收入），来深入探讨不同的政策工具对于家庭教育投入的影响。这有助于厘清收入效应与替代效应发挥作用的具体政策语境，提出更实际、更有针对性的政策建议。

上述基于倾向的分匹配方法对于低保对家庭教育投入影响的估计，尽可能地根据可观测的家庭背景变量解决了选择偏误问题。然而，得出

第五章 困难家庭儿童的教育投入

的估计仍有可能存在另一种偏误,即低保户与非低保户在其他福利的享有上仍存在系统性差异。尽管笔者尝试在计算倾向得分时控制其他福利享有的情况,但并不能针对性地解释其他福利,尤其是与困难儿童教育投入关系最密切的教育福利如何影响困难家庭的教育投入。

低保家庭中的学龄儿童通常有资格享有相应的教育福利,而教育福利发放的形式不尽相同,主要可归为两类:教育减免,例如免学费、书本费、费午餐等;教育补贴,例如助学金、助学贷款。根据政策设计,教育减免直接地减少了家庭自付教育费用,而教育补贴则额外增加了家庭收入。这两种形式的教育福利可能对家庭的教育投入行为产生不同的调节作用,因此笔者进一步探究不同形式的教育福利如何影响困难家庭对于孩子教育的经济投入与教养参与。

笔者仅选取了数据库中的低保户样本进行这一分析。在低保户中,有271户未享受任何教育福利,有847户仅享受了教育减免,有82户仅享受了教育补贴,而有320户同时享受了教育减免与补贴。将基于这四种情景分析不同形式的教育福利如何产生作用,与前文对低保户与非低保户的分析类似,教育福利同样存在选择偏误问题,但传统的倾向得分匹配方法仅支持对二分的情况进行匹配(即处理组=1,控制组=0),就问题而言,不同形式的教育福利提供共产生四种情景,笔者将它们视为:处理组1——接受教育减免,处理组2——接受教育补贴,处理组3——接受教育减免及补贴,以及控制组——未接受任何教育福利。为应对这一问题,采用两阶段的匹配分析策略:首先,计算处理加权的反向概率(Inverse Probability of Treatment Weighting,下文简称为IPTW)作为倾向得分的参数。

$$IPTW^T = \frac{Pr(T=t)}{Pr(T \mid X=x)} = \frac{Pr(T=t)}{\theta} \tag{4}$$

$$IPTW^C = \frac{Pr(C=c)}{1-\theta} \tag{5}$$

如式(4)所示,假设将处理组记为T,且共有t个处理情况(在此,我们有t=1,t=2,t=3),并且有一系列的个人背景特征X,则IPTW指示了某一样本处于当前处理组的概率与样本在给定X特征情况下处于当前处理组的概率的比值。将后者简单记为 θ。则相应地，样本处于控制组 c 的 IPTW 值如式（5）所示。

然后，基于计算出的 IPTW 权重，进行回归分析，探究当样本处于不同处理组的情况下，即当低保户享有不同种类的教育福利情况下教育投入的差异，从而针对性地解释不同形式的教育福利对困难家庭教育投入的作用。我们同样对全部低保户样本以及城市低保户、农村低保户分别进行分析。回归分析结果如表 23 所示。

总体上，教育减免使得家庭的自付教育支出更少，而教育补贴则可能鼓励家庭在课外教育方面的额外投入。在全部城乡低保户样本中，领取了教育减免的困难家庭——无论仅领取教育减免或是同时领取教育减免和补贴——均表现出更少的教育支出，即对每个孩子的平均教育支出、教育支出占总支出比、教育支出占孩子支出比都显著地较少。例如，仅领取教育减免的低保家庭在半年内对每个孩子的平均教育支出减少约 406 元，领取教育减免以及教育补贴的低保家庭也减少约 353 元。而仅领取了教育补贴的低保户则相反，表现出更多的教育支出，尽管这一处理效应在统计意义上不显著。仅领取教育补贴的低保户表现出显著更多的课外教育参与，无论是否参加课外辅导，还是参加课外辅导班的数量，都显著地多于未领取教育福利的低保户。分别就城市低保户和农村低保户样本进行分析时，也得出类似的特征。相比于未接受教育福利的家庭，接受了教育减免的城市低保户对孩子的平均教育支出减少了约 454 元，同时接受教育减免与教育补贴的城市低保户平均教育支出减少约 438 元。在城市低保户中未观察到教育福利支持对课外教育投入有显著影响。但在农村低保户中，仅接受教育补贴的低保户具有显著较多的课外教育投入。此外，对于农村低保户，无论接受哪种形式的教育福利支持，都显著提高了教育储蓄的意向。在教养参与方面，即使低保家庭接受了教育补贴，仍然具有更低的辅导作业频率以及外出游玩频率，尤其是在城市低保家庭中，这一作用更加显著。

第五章 困难家庭儿童的教育投入

表23 教育减免与教育补贴对家庭教育投入的作用（基于IPTW）

结果变量	平均教育支出	教育占总支出比	教育占孩子支出比	课外教育支出占教育支出比	参加课外辅导	课外辅导数量	教育储蓄	辅导作业频率	外出游玩频率
				经济投入				教养参与	
A. 城乡低保户									
教育减免	−406.867**	−0.081***	−0.068***	0.001	−0.014	−0.049	0.033	−0.088	−0.123
	(145.922)	(0.023)	(0.018)	(0.033)	(0.038)	(0.054)	(0.027)	(0.130)	(0.122)
教育补贴	211.717	0.014	−0.009	0.043	0.175**	0.168+	0.016	−0.720**	−0.313+
	(203.749)	(0.032)	(0.027)	(0.050)	(0.061)	(0.089)	(0.040)	(0.224)	(0.183)
教育减免+补贴	−353.600+	−0.080***	−0.070**	−0.021	−0.047	−0.091	0.030	−0.089	−0.321*
	(182.909)	(0.024)	(0.022)	(0.041)	(0.047)	(0.065)	(0.033)	(0.153)	(0.148)
常数项	8781.927***	0.449**	0.400**	1.139***	0.961**	1.228**	0.067	3.263**	2.485*
	(1518.605)	(0.167)	(0.152)	(0.260)	(0.358)	(0.455)	(0.245)	(1.462)	(1.221)
样本量	1048	1037	1047	925	1206	1207	1207	1203	1204
B. 城市低保户									
教育减免	−454.401*	−0.087**	−0.064**	−0.007	−0.042	−0.081	0.003	−0.305+	−0.108
	(180.383)	(0.028)	(0.022)	(0.041)	(0.047)	(0.067)	(0.034)	(0.158)	(0.155)
教育补贴	268.773	0.035	0.017	0.016	0.098	0.101	−0.036	−1.175***	−0.197
	(259.880)	(0.038)	(0.035)	(0.059)	(0.069)	(0.115)	(0.044)	(0.259)	(0.246)

续表

结果变量	经济投入						教养参与	
	平均教育支出	教育占总支出比	教育占孩子支出比	课外教育支出占教育支出比	参加课外辅导	课外辅导数量	教育储蓄	辅导作业频率	外出游玩频率
教育减免+补贴	-438.456+	-0.092**	-0.067*	-0.012	-0.047	-0.094	0.018	-0.161	-0.233
	(253.297)	(0.028)	(0.027)	(0.057)	(0.062)	(0.090)	(0.043)	(0.204)	(0.204)
常数项	8675.432***	0.579**	0.143	1.059**	0.492	0.731	-0.063	4.261*	3.455*
	(1657.251)	(0.207)	(0.171)	(0.395)	(0.431)	(0.553)	(0.325)	(1.795)	(1.695)
样本量	682	679	681	609	767	767	767	763	764

C. 农村低保户

教育减免	-334.601	-0.032	-0.048	-0.004	-0.006	-0.039	0.150***	0.358	-0.045
	(243.240)	(0.031)	(0.030)	(0.056)	(0.071)	(0.094)	(0.043)	(0.251)	(0.196)
教育补贴	10.426	0.015	0.020	0.118	0.261**	0.243+	0.168**	0.267	-0.262
	(298.969)	(0.040)	(0.036)	(0.088)	(0.091)	(0.133)	(0.058)	(0.333)	(0.237)
教育减免+补贴	-310.439	-0.037	-0.055+	-0.006	-0.050	-0.114	0.145**	0.194	-0.232
	(244.995)	(0.031)	(0.032)	(0.058)	(0.074)	(0.094)	(0.048)	(0.264)	(0.210)
常数项	1516.717	0.312*	0.521**	0.815*	0.835	2.806*	0.020	2.706*	-0.123
	(1651.295)	(0.137)	(0.179)	(0.398)	(0.529)	(1.252)	(0.347)	(1.335)	(1.369)
样本量	366	358	366	316	439	440	440	440	440

注：***$p<0.001$，**$p<0.01$，*$p<0.05$，+$p<0.1$。

◈◈ 第五章 困难家庭儿童的教育投入 ◈◈

第五节 主要结论与政策建议

当前中国的社会支持政策对于困难儿童的救助是以现金给付为主要形式的。低保政策的给付对象为困难家庭，且没有限定家庭应如何使用得到的救助金，可视为一种无条件的现金给付，即除了对于受助家庭除了满足家计调查资格外没有额外的限制条件；教育福利政策的给付对象既包括家庭，也包括对于教育机构（主要是学校）的补贴，即通过给予困难家庭资金支持和提供免费或相对"低价"的教育服务相结合的方式来促进困难儿童的教育获得，在资格条件中通常规定受助儿童应是在校学生，或达到一定的学业成绩，即暗含了对于儿童教育参与、学业表现的要求，可视为一种有条件的现金给付。这两类社会支持政策对于困难儿童可能产生的影响是复杂的，一个共同的原因在于它们并不直接作用于儿童，而是需要通过家庭这一主要通道使现金支持发挥作用，因此有必要了解家庭内部进行资源分配的方式及策略，进而明确政府的现金支持政策到底为困难儿童"购买"到了什么。

本章基于对困难家庭儿童的调研数据，主要分析了困难家庭在儿童教育上的投入。笔者探讨了经济投入和教养参与两个方面，以期更加全面地理解现金支持如何影响家庭对于经济资源、时间或情感资源的分配。

不难发现，困难家庭在儿童教育投入上的差异主要存在于享有社会支持政策、城乡这两个方面。一方面，总体上，低保家庭的各项支出数额较少，但是若考察孩子相关支出，尤其是孩子教育支出占总支出的比例，低保家庭与低保边缘家庭是相似的。而对于领取了教育福利的家庭，无论与孩子相关的各项支出数额及其占比，总体上都少于未领取教育福利的家庭。在教养活动方面，相比于低保边缘家庭，低保家庭更多表现出较低频率的家庭活动和教育活动。与此相反的是，相比于未领取教育福利的家庭，领取了教育福利的家庭可能具有更高频率的教养参与。另一方面，城乡困难家庭在教育投入上存在明显差异，这种差异有两种表现：第一，城乡困难家庭之间的差异较大，即使同样领取了低保或教育福利，城市家庭与农村家庭在儿童教育投入上仍然表现出明显差异，城市家庭总体上投入更多；第二，在农村困难家庭中，若比较有无社会支持政策家庭，其教育投入的差异总体上小于城市家庭中的差异。我们的实证分析进一步证实了，社会支持政策对于城市困难家庭的教育投入有更加显著的影响，而对于农村困难家庭则基本不显著。

基于对本课题调研数据的描述性分析，笔者认为当前以现金救助为主要内容的社会支持政策有助于直接缓解困难家庭的经济压力，但在鼓励教养参与方面仍然存在局限。据此初步提出政策建议的方向。由于采用的数据仅仅是一个年度的截面数据，难以呈现出困难家庭在接受社会支持政策前后教育投入的变化，需要更多的追踪数据与实证研究来进一步探索具体可行的政策方案。

第一，完善现金救助的运行机制。现金形式的救助与家庭收入存在或是补偿性，或是替代性的联系，这造成了现金救助对于家庭支出的作用可能是收入效应与替代效应的结合。现金救助发放的方式、发放的频率、审核的周期等因素都可能影响其作用于困难儿童的结果，因此，需要更多的研究深入探讨完善现金救助的具体方案。

第二，强化社会支持政策中的社会服务内容。困难家庭儿童所面临的困境是系统性因素造成的，既存在于家庭环境下，也存在于更广阔的社区环境、学校环境甚至地区环境中。尽管对于困难儿童的经济支持直接地应对了最重要的经济缺乏困境，但在应对其他的系统性困境方面，现金救助存在局限。由于家庭观念的限制，或是外部可及的资源限制，单纯的现金救助难以为困难儿童"购买"到适足的教养活动。相比于现金救助需要通过家庭、学校等渠道发挥作用，社会服务形式的救助则可以整体性地建构于困难儿童的外部环境中，有助于困难儿童直接地享有系统性的社会支持。

第三，对困难家庭提供整体性支持。无论现金救助还是社会服

第五章 困难家庭儿童的教育投入

务,都需要将困难家庭作为一个整体进行考量。困难儿童未来陷入贫困的风险很大程度上来自于代际因素,因此在考察对于困难儿童的支持时,除了对于儿童本身,还应考虑到儿童的两代甚至以上的代际结构。困难家庭可能存在的失业风险、长期照护需求、家庭关系问题等都可能影响困难儿童的福祉,因此有必要考虑如何提供整体性的困难家庭支持计划。

第六章 困难家庭儿童认知能力的发展

第一节 研究背景、目标与意义

长期以来,关注学生教育问题、改善学生教育表现一直被视为我国国家政策的一项重点要求和目标。作为国民教育体系中的重要组成部分,基础教育领域的综合改革随国家经济社会发展而不断推进深入,整体而言呈现出政府基本公共投入不断增加,覆盖范围逐渐扩大的趋势。图1展示了全国2012—2016年教育经费投入和一般公共预算教育经费投入及其同比增长情况[1],可以看出近年来国家对于教育事业的财政投入不断增加。就义务教育阶段而言,从图2中2012—2017年的生均教育经费[2]支出情况来看[3],公共财政对普通初中和小学的学生人均投入经费逐年稳定增长,反映出政府对教育的重视。另外,国家统计局2018年10月发布的《2017年〈中国儿童发展纲要(2011—2020年)〉统计监测报告》指出,我国九年义务教育的人口覆盖率已达100%,小学学龄儿童净入学率达99.9%,初中阶段毛入

---

[1] 数据来源:《中国教育经费统计年鉴,2013—2017》《2017年全国教育经费执行情况统计公告》,http://www.moe.gov.cn/srcsite/A05/s3040/201810/t20181012_351301.html。

[2] 生均教育经费是衡量对教育投入的增长的重要指标,是在一定行政区划范围内,按照当地的经济发展水平和教育发展实际,由政府制定的财政年度预算的依据,同时也是当地财政部门按照当地计划内在读学生数额,向相关教育部门拨款的依据。解释来自《2017年全国教育经费执行情况统计公告——2017年全国教育经费执行情况统计表》,http://www.moe.gov.cn/srcsite/A05/s3040/201810/t20181012_351301.html。

[3] 数据来源:《中国教育经费统计年鉴(2013—2017)》。

第六章 困难家庭儿童认知能力的发展

学率逾100%,义务教育巩固率达93.8%,超过2010年巩固率2.7%,由此而见,我国的义务教育普及程度不断提高。[①]但与此同时,由于教育改革还面临着区域发展不平衡的问题,总体水平较低,义务教育要达到优质均衡状态还需要更多的资源投入。

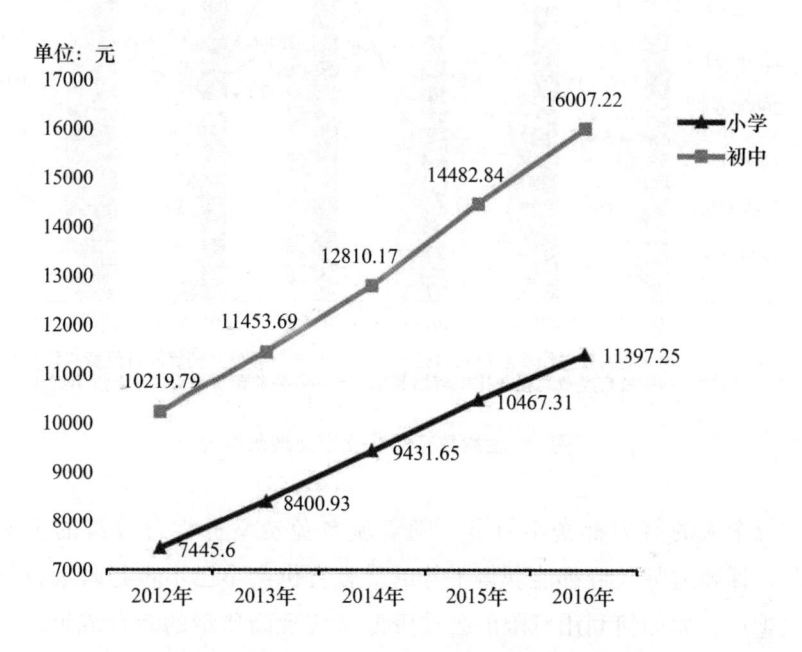

图1 全国教育经费和一般公共教育经费投入及增长情况

教育作为社会经济维度的一个方面,是个人学习和建立文化与行为模式,创造自身社会资本,并获得劳动力市场所需技能与能力的基本。当个体面临贫困或不平等,尤其是机会和自由不平等的处境时,他们的能力会被严重削弱,进而影响到个人发展。对于这些弱势群体而言,教育为他们在文化和经济方面的发展及与主流社会的融合创造了条件,因此教育也通常被寄予改善弱势人群处境,促进其未来发展的期望。在倡导教育公平的时代背景下,教育实现与国家、社会、家

[①] 国家统计局:《2017年〈中国儿童发展纲要(2011—2020年)〉统计监测报告》, http://www.stats.gov.cn/tjsj/zxfb/201811/t20181109_1632517.html。

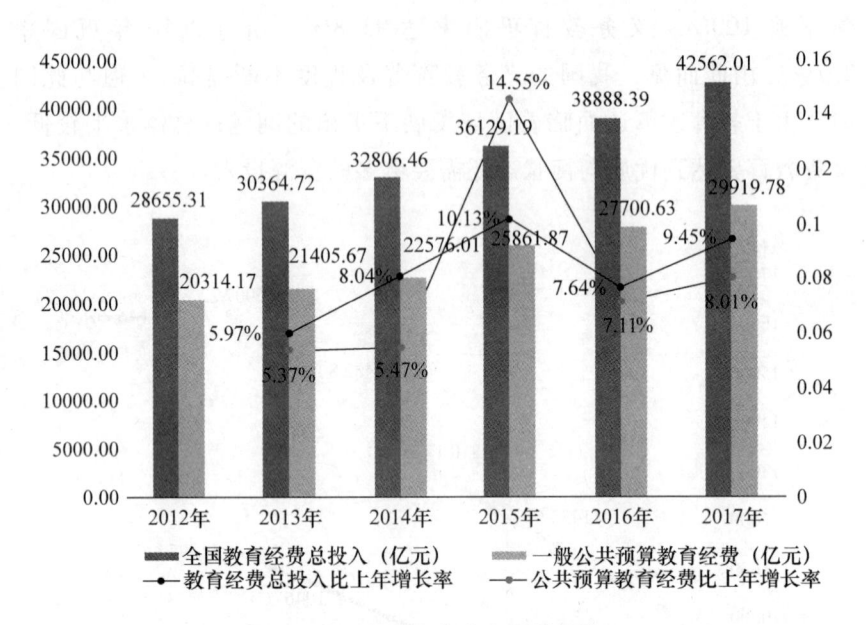

图2 生均教育经费支出及增长情况

庭及个人的努力都密不可分。随着城乡免费义务教育政策的全面铺开，保障适龄人群都能获得平等的受教育机会早已不再是政策目标实现难点，而如何利用有限的公共资源来实现高质量的教育成果，均衡城乡教育发展，逐渐成为我国教育事业改革和发展进程中的重点课题。①

支持性社会政策体现在教育方面主要是对教育领域中的弱势群体进行救济和补偿，以追求和维护教育公平。为了更好地理解社会政策对教育结果的影响，有必要从微观层面考察其效果，而研究政策支持最直接的受众——困难家庭的儿童的表现尤为重要。社会支持政策的实施为困难家庭缓解了经济上的压力，经济状况的改善可能会影响到孩子的教育表现和个人能力发展。

本章将对儿童教育结果的关注聚焦于社会政策对于困难家庭儿童

---

① 王红、陈纯槿：《城市随迁子女义务教育质量的影响因素研究——基于中国教育追踪调查数据的实证分析》，《教育经济评论》2017年第2期。

第六章 困难家庭儿童认知能力的发展

认知能力的影响。认知能力作为一种推断、理解并解决问题，识别和构建事物关联的复杂能力，在教育背景下具有非常重要的作用，也是教育经历创造的一种结果体现。[1] 由于青少年早期的个体可塑性更强，是个人认知能力形成及发展的重要时期。

近年来涉及教育领域的研究多从质性角度分析教育政策本身、教育公平、流动人口教育机会获得、教育质量影响因素等主题。也有许多学者利用全国性的追踪调查的微观数据进行实证研究，主要关注于家庭背景、父母参与、学校质量等因素对儿童教育结果影响的研究议题。以困难家庭义务教育阶段儿童为研究对象，本书希望分析当前教育政策及最低生活保障制度安排对他们的认知能力的影响，并加入儿童心理资本的间接作用，从实证研究的角度展开深入的机制探讨。在验证此间关系的同时，也拓宽我们对社会政策的认识。

本章的整体目标是以城乡困难家庭儿童的认知能力表现为研究切入点，探索我国当前的支持性社会政策的效果体现及其内在影响机理。结合已有相关领域的文献回顾结果，本书将通过使用2018年"中国城乡困难家庭社会政策支持系统建设"项目人群调查儿童青少年问卷数据库来进行实证检验。

这是一项关于社会政策对困难儿童认知与学习表现相关方面的探索性研究，通过对实证数据的挖掘，可以让我们对当前国家的支持性社会政策安排的影响效果和作用路径有着更为完善的理解和把握。此外，在发展和进步的视角下，政府部门和专家学者也不断提出，教育政策或社会救助制度的安排，并不仅仅是为了给贫困家庭提供收入支持而让孩子有学可上，更重要的是实现教育质量的良好输出，提高国民整体素质，为国家经济和社会的发展提供更加稳定的人力资本储备和保障。通过本章的新视角可以更为实际地评估社会政策的成效并反思不足，为当前的公共教育计划以及相关政策的制定提供一些经验证

---

[1] Watkins, M. W., Lei, P. W., & Canivez, G. L., "Psychometric intelligence and achievement: a cross-lagged panel analysis", *Intelligence*, Vol. 35, No. 1, 2007.

据，同时期望结合研究结果可对义务教育均衡工作的开展具有一定的参考意义，促进国家教育系统的良性发展。

第二节 文献综述

一 认知能力：概念与前因关联

认知能力反映了个人理解事物、对外界信息进行接收、提取、加工和储存的水平，是个体对世界的基本判断能力。认知能力主要表现在语言、阅读、计算和逻辑等方面[1]，通常以标准化测验的分数或智商作为其衡量标准，在校学习成绩也往往被视为认知能力的一种直观反映。前人研究指出，认知能力对于个人未来在劳动力市场和社会经济地位上的表现和发展都具有显著的正向影响，而这一作用的很大部分是通过教育来实现的。[2] 在学界看来，教育是认知能力培养的过程[3]，学校和家庭都是提供这一途径的关键主体。从家庭教育、学校教育的角度出发，学界对认知能力的相关问题展开了积极探索。

国内外已有大量的研究利用微观调查数据进行实证研究，或从质性研究的角度出发，探讨了影响认知能力的相关因素，主要可以从家庭、学校、个人三方面因素展开。

（1）家庭方面。有学者首先把关注点放在认知能力的获得上，通过研究认知能力的代际传递发现，个人的认知能力与父母的能力密切相关，母亲在传递认知能力方面比父亲发挥着更重要的作用，后天习得的认知技能比先天获得的相关技能在代际之间的传递更强，强调父母对孩子的投资在认知能力培养上的重要性。而父母教

---

[1] Farkas, G., "Cognitive skills and noncognitive traits and behaviors in stratification processes", *Annual Review of Sociology*, Vol. 29, 2003.

[2] 黄国英、谢宇：《认知能力与非认知能力对青年劳动收入回报的影响》，《中国青年研究》2017年第2期。

[3] Heckman, J. J. & Rubinstein, Y., "The importance of noncognitive skills: lessons from the ged testing program", *American Economic Review*, Vol. 91, No. 2, 2001.

◈◈ 第六章 困难家庭儿童认知能力的发展 ◈◈

养方式、受教育程度和职业类型也能够显著影响孩子的认知能力。①②

此外,研究表明家庭背景可通过对孩子能力的培养这一优势转换方式,实现家庭资源的代际传递③,这主要表现为家庭的经济条件和社会地位与认知能力的积极关联。经济和阶层优势的家庭中的子女往往比劣势家庭的子女有着更高的认知表现,一方面由于物质和机会的富足使得他们更可能去发展自身能力;另一方面原因则在于家庭背景能够给他们带来的资源和正向评价,又进一步推动了他们能力的提升。④⑤

已有文献提出,家长参与作为儿童社会资本的重要组成形式,与儿童认知能力之间存在正相关关系,家长参与包括沟通交流、辅导功课、参加家长会、主动联系老师等行为。⑥⑦ 这些直接或间接与孩子建立联系的行为,有助于家长对孩子学习生活情况的了解,对孩子的认知能力发展起到积极的作用。但也有研究指出这种提升效应只针对中上阶层的家庭而存在,对于困难家庭而言,由于家长知识水平、价值观和经济条件等方面的限制,家长参与行为甚至可能会对孩子的学

---

① Blair, C., Raver, C. C., & Berry, D. J., "Two approaches to estimating the effect of parenting on the development of executive function in early childhood", *Developmental Psychology*, Vol. 50, No. 2, 2014.

② 李丽、赵文龙:《家庭背景、文化资本对认知能力和非认知能力的影响研究》,《东岳论丛》2017 年第 4 期。

③ 同上。

④ Sewell, W. H., Hauser, R. M., Springer, K. W., & Hauser, T. S., "As we age: a review of the wisconsin longitudinal study, 1957 - 2001", *Research in Social Stratification & Mobility*, Vol. 20, No. 4, 2004.

⑤ 刘精明:《能力与出身:高等教育入学机会分配的机制分析》,《中国社会科学》2014 年第 8 期。

⑥ Perna, L. W., & Titus, M. A., "The relationship between parental involvement as social capital and college enrollment: an examination of racial/ethnic group differences", *The Journal of Higher Education*, Vol. 76, No. 5, 2005.

⑦ Dearing, E., Kreider, H., Simpkins, S., & Weiss, H. B., "Family involvement in school and low-income children's literacy: longitudinal associations between and within families", *Journal of Educational Psychology*, Vol. 98, No. 4, 2006.

业表现呈现负面影响。[1][2]

（2）学校方面。学校教育通过教师授课、开展与学习相关的活动等方式来培养和练习强化学生的语言、阅读、计算、逻辑等能力，从而塑造和提升了个人的认知能力。在个人成长的过程中，学校教育是影响个体认知能力最为主要的途径，并且在基础教育阶段的影响更为显著。

许多研究指出学校特征是学生认知能力差异的主要因素[3]，这些特征包括地理位置、学校类型、学校规模、硬软件设施及师资等教育资源。[4] 有研究发现，学校在教学资源上的投资正向影响了学生的学业成就，私立学校的学生比公立学校的学生有更为优秀的学业表现[5]，学校规模和学习表现之间存在着积极相关，但Hanushek等人（2003）和Somers等人（2004）的研究却没有发现学校类型和规模与学生表现之间的明确关联。部分学者也强调同龄人影响对教育表现的重要性。[6] 当考虑师资因素的影响时，Dolton & Marcerano（2011）的研究发现，高质量的教师对学生的学业表现有着积极影响，并且在教师感受到工资提高空间时也同样具有积极作用。而老师对学生的关注及正面评价则会有助于他们的认知能力提升。另外，Lee 和 Jung-Sook

---

[1] Ream, R. K., & Palardy, G. J., "Reexamining social class differences in the availability and the educational utility of parental social capital", *American Educational Research Journal*, Vol. 45, No. 2, 2008.

[2] Hyde, J. S., Else-Quest, N. M., Alibali, M. W., Knuth, E., & Romberg, T., "Mathematics in the home: homework practices and mother-child interactions doing mathematics", *Journal of Mathematical Behavior*, Vol. 25, No. 2, 2006.

[3] 江求川：《家庭背景、学校质量与城乡青少年认知技能差异》，《教育与经济》2017年第6期。

[4] Nieto, S., & Ramos, R., "Educational outcomes and socioeconomic status: a decomposition analysis for middle-income countries", *Prospects*, Vol. 45, No. 3, 2015.

[5] Opdenakker, M. C., &Van Damme, J., "Differences between secondary schools: a study about school context, group composition, school practice, and school effects with special attention to public and catholic schools and types of schools", *School Effectiveness & School Improvement*, Vol. 17, No. 1, 2006.

[6] Hanushek, E. A., & Luque, J. A., "Efficiency and equity in schools around the world", *Economics of Education Review*, Vol. 22, No. 5, 2003.

第六章 困难家庭儿童认知能力的发展

(2012)指出师生关系、学生对学校的社会环境的感知也会对他们的学业成绩产生影响。需要特别指出的是,在中国的大环境下,尤其在义务教育阶段,为实现教育公平的教育政策,学校对学生认知能力的培养日渐趋同,而后续教育机会却没有降低对认知能力的要求,因此更要求家庭努力地去为子女获得更多提升认知的机会,以获得更多的竞争优势,可以说在某种程度上,学校教育也扩大了家庭资源的影响。[1]

(3)个人方面。性别和年龄是最常被讨论的影响维度,并且具有持续性。根据认知的积累效应,随着年龄的增加,个体的认知水平会逐渐上升,因此对个体的认知干预在初等教育阶段更为有效,因为在政策效果相同的情况下,对初等教育阶段的干预成本低于成人教育的成本。众多研究表明,男生往往在逻辑、理科方面的能力优于女生,而女生则在语言等文科方面具有更多的优势。[2]

此外,个人方面最为关键的因素是自我期望。通过梳理已有文献可知,个人的认知能力发展也符合自我决定理论的设定:个人会选择符合自我期望的行为,当个人具有更高的自我教育期望时,会更加专注于学习提升,并为此付诸努力,同时可能制定长期的发展计划。而也只有自身选择和坚持积极的方向和道路,才是个人发展的根本。

除了上述常被讨论验证的影响因素外,社会环境的作用也是不可被忽视的存在,它包括与邻里、同伴间关系等社会网络要素,而更为关键的是政策环境的影响。例如,有大量文献探讨了户籍政策或流动行为等问题对孩子认知发展和学业成就的影响,并为实现教育公平目

---

[1] 李丽、赵文龙:《家庭背景、文化资本对认知能力和非认知能力的影响研究》,《东岳论丛》2017年第4期。
[2] 江求川:《家庭背景、学校质量与城乡青少年认知技能差异》,《教育与经济》2017年第6期。

标提出了理论参考。①②

二 社会政策与儿童教育

国内联系社会政策环境与儿童教育的研究通常会将关注点放置于教育不平等和流动行为上,着力探讨制度因素对儿童教育结果的影响。有学者指出,我国的城乡教育不平等是城市和农村孩子的学习表现差异显著的重要原因,并且这种教育结果的差距在个人未来的发展中会进一步扩大。教育的不平等被认为来源于两方面:一是城乡制度差异,教育资源通常对城市具有更大的倾向性,大量的教育支出被用于支持城市居民的义务教育,而地方政府财政在支撑农村教育发展上乏力;二是农村教育的回报率较低,削弱了农村家庭对教育的投资行为。虽然影响教育表现的个人因素很多,但通过制度设计来为儿童提供平等的权利和获得优质教育的机会,以提高全国教育的平均水平,对于减少中国城市和农村地区之间的教育不平等至关重要。

此外,部分研究将流动儿童的学业表现弱势归因于户籍制度和城市教育系统的排斥和歧视因素。Zhang 等人(2015)的研究发现,流动儿童和城市居民子女的教育表现仍存在显著差距,从农村到城市的流动本被期望在减少教育不平等方面发挥积极作用,但实际上却不能对缩小城乡差距做出多大贡献,因为流动儿童在教育方面的表现并不比留守儿童和农村居民的孩子更好,也无法赶上城市居民的孩子。对此做出的解释,除了父母教养方式和家庭特征等非学校教育方面的差异外,体制障碍是另外可能的原因。由于存在着基于户口类型的学校准入限制,城市外来务工人员的随迁子女因缺乏城市当地户口而无法就读于公立学校,与此同时,在质量较低的民办农民工学校中就读,会更容易受到显著的同龄人负面影响,使得流动儿童的学习表现明显

---

① 周颖、杨天池:《留守、随迁与农村儿童认知能力——基于 CEPS 调查数据的实证检验》,《教育与经济》2018 年第 1 期。
② 俞韦勤、胡浩:《随迁与留守子女认知能力及影响因素差异——基于中国教育追踪调查 2013—2014 年数据》,《湖南农业大学学报》(社会科学版)2018 年第 6 期。

第六章　困难家庭儿童认知能力的发展

逊于城市本地儿童。① 从这个角度来看，政府部门要完善流动儿童在流入地就学的教育政策，进一步降低农民工随迁子女的入学门槛，通过减少制度上的限制来让更多的流动儿童的教育表现得以改善，同时结合教育财政投入对学业成果的积极影响，应加大农村教育财政投入来保障留守儿童的教育机会，从而有助于提升他们的学业表现。而如今在户籍制度改革的背景下再谈城市流动儿童教育差异，可以发现，尽管流动儿童可以进入城市公立学校就读，但可能面临的社会排斥带来的歧视感、情感归属等心理健康问题却可能成为影响他们学业表现的重要因素。②

国际上同样有研究展示了对社会政策的警示作用，Ismail 通过对芬兰移民儿童的教育表现研究发现，尽管芬兰面向所有群体提供优质的教育体系，但芬兰的移民和本土学生之间的认知能力差距很大，这是由于芬兰的基础教育不能为所有移民学生提供平等机会，而同时社会融合政策的失败阻碍了移民儿童的学业成就发展。③ 主流社会的偏见和歧视削弱了移民儿童的学习意愿和信心，也影响了父母与学校的合作，但社会融合政策却忽视了主流社会的作用。另外，社会融合政策缺乏支持父母了解语言和学校系统等文化资本的元素，使得父母在学校的教育系统中没有起到应有的效果。研究也指出，社会政策提供平等的资源并不足以解决教育差距的问题，有时反而掩盖了真正的不平等。社会政策的实践不应当只是提供平等的资源，而更应该考虑到学生和家庭的异质性对能力的塑造，来创造一个适合发展的、包容开放的社会背景。

总体而言，国内的许多研究都是站在以流动状态为背景的角度给出了要减少制度障碍，加大财政投入力度等建议，但到目前为止仍少

---

① 冯帅章、陈媛媛：《学校类型与流动儿童的教育——来自上海的经验证据》，《经济学》（季刊）2012 年第 4 期。

② Xu, D., & Wu, X., "Separate and unequal: Hukou, school segregation, and migrant children's education in urban China", *Population Studies Center Research Report*, 2016.

③ Ismail, "Ammigrant children, educational performance and public policy: a capability approach", *Journal of International Migration and Integration*, Vol. 3, 2018.

有研究检验已有的支持性社会政策对于儿童认知能力的影响。

第三节 困难家庭儿童的社会政策支持

一 困难家庭生活支持政策

城乡居民最低生活保障制度是我国社会救助体系中保障经济困难家庭获得维持基本生活需要的物质支持的一项重要制度安排。这项制度的雏形是上海1993年建立实施的城市居民最低生活保障制度，以解决经济体制与国有企业改革带来的城市贫困问题。随着经济社会的不断发展，城乡贫困问题突出，其他省市陆续加入到低保制度的探索行列中。由于存在着地域发展的差异性，各地的低保制度存在着在救助标准、救助水平、退出机制等方面的具体差异。

从城乡最低生活保障制度建立实施以来，各地低保标准逐年上调，在保障城乡困难家庭的基本生活方面发挥了重要作用，有效地维护了社会稳定。根据民政部2017年度统计数据显示，全国有城市低保对象741.5万户、1261.0万人，2017年全国城市低保平均标准540.6元/人·月，比上年增长9.3%，各级财政全年支出城市低保资金达640.5亿元；农村低保对象2249.3万户、4045.2万人，全国农村低保平均标准4300.7元/人·年，比上年增长14.9%，全年各级财政共支出农村低保资金1051.8亿元。[①]

1999年颁布施行的《城市居民最低生活保障条例》中明确指出"城市居民最低生活保障标准的确定需要适当考虑未成年人的义务教育费用"，给了有在读儿童的家庭更多的支持空间。事实上，低保制度不仅在基本生活需求上给予贫困家庭支持，低保身份带来的其他福利资源的获得，与低保制度本身在困难群体身上得到了不同的效果体现。例如，有研究指出最低生活保障的获得明显削弱了城市困难家庭

---

① 民政部：《2017年社会服务发展统计公报》，http://www.mca.gov.cn/article/sj/tjgb/2017/201708021607。

第六章 困难家庭儿童认知能力的发展

的社会资本,具体表现在他们的社会参与和与邻里的互助信任上,而福利领取时间更强化了这一负面影响。[①] 由于低保制度的准入标准都是以家庭为计量单位的,困难家庭的儿童自然也被包含在内而受到低保制度的影响。在教育方面,低保家庭可以在子女教育上享受费用优惠和减免。根据《社会救助暂行办法》规定,国家对在义务教育阶段就学的最低生活保障家庭成员给予教育救助,根据不同教育阶段需求,采取减免相关费用、发放助学金、给予生活补助、安排勤工助学等方式实施。义务教育阶段的教育救助便主要表现为费用减免。

二 儿童教育的资助政策

我国最早于 1986 年通过《义务教育法》对建立中小学生助学金的制度做出了规定,"国家对接受义务教育的学生免收学费。国家设立助学金,帮助贫困学生就学",并在 1992 年颁布实施的《义务教育法实施细则》中说明了助学金的覆盖人群范围,提出"实行助学金制度的具体办法,由省级人民政府规定"的要求,这为我国建立义务教育阶段学生资助政策体系进行了基础性原则的倡导和铺垫。1995 年,原国家教委和财政部发布了《关于健全中小学学生助学金制度的通知》,要求"各地应根据实际情况,在初级中等学校(含职业初中)和部分小学(主要是有困难的少数民族地区、其他贫困地区和需要寄宿就读的地区)实行助学金制度",并规定了助学金经费"按照财政体制和教育管理体制,实行分级管理、分级负担,由各级财政安排的教育事业费统筹解决"。在这一阶段,中央财政的责任分担并没有得到明确体现,而义务教育的财政责任主体重点在基层政府,农村地区教育经费获得困难,因此中小学生助学金制度在部分地区并没有得到有效落实。

随着"普九"工作的深入,1997 年 10 月,原国家教委和财政部

---

① 郭瑜、张一文:《社会参与、网络与信任:社会救助获得对社会资本的影响》,《社会保障研究》2018 年第 2 期。

进一步发布了《国家贫困地区义务教育助学金实施办法》的通知。尽管《办法》所规定的助学金标准实际较低，但此助学金的设立实施，确为我国在中小学生教育救助工作上实质性的进步，初步形成了国家义务教育阶段学生资助体系雏形。

2001年9月，为响应国务院《关于基础教育改革与发展的决定》中有关于完善落实中小学助学金制度、减轻家庭经济困难学生负担的文件精神，教育部、财政部、国务院扶贫开发领导小组办公室联合发布《关于落实和完善中小学贫困学生助学金制度的通知》。助学金主要用于抵减义务教育阶段的贫困学生的杂费、课本费以及补助寄宿制贫困学生生活费等。此项制度的实施为日后施行的"两免一补"政策提供了基本框架。

2005年2月，财政部和教育部发布《关于加快国家扶贫开发工作重点县"两免一补"实施步伐有关工作意见》提出中央对国家扶贫开发工作重点县的农村义务教育阶段贫困家庭学生实行"两免一补"（免书本费、免杂费、补助寄宿生生活费）的资助政策。2005年12月，《国务院关于深化农村义务教育经费保障机制改革的通知》中指出，全部免除中西部地区、东部部分困难地区农村义务教育阶段学生学杂费，对贫困家庭学生免费提供教科书并补助寄宿生生活费，免学杂费资金由中央和地方按比例分担，补助寄宿生生活费资金由地方承担，补助对象、标准及方式由地方人民政府确定，这一规定进一步扩大了"两免一补"政策的覆盖范围。随后在2007年11月发布的《财政部、教育部关于调整完善农村义务教育经费保障机制改革有关政策的通知》中，又将"两免一补"的覆盖群体扩大至全国农村义务教育阶段学生，并进一步明确规定了对家庭经济困难寄宿生的生活费基本补助标准和责任分担归属。这些政策制度的出台，在很大程度上减轻了农村困难家庭的经济负担，切实加快了农村教育事业的发展。

2006年修订的《义务教育法》规定我国"实施义务教育，不收学费、杂费"，经过中央和各地方政府多年来的努力，到2008年国务院发布《关于做好免除城市义务教育阶段学生学杂费工作的通知》，

第六章 困难家庭儿童认知能力的发展

标志着我国已全面进入了免费的九年义务教育阶段。农村义务教育阶段免收学生的学杂费、教科书费，城市义务教育阶段免收学生的学杂费，对城市享受最低生活保障政策的家庭的学生免费提供教科书，对城乡家庭经济困难寄宿学生提供生活补助，其所需资金全部纳入义务教育经费保障机制中；农村义务教育资助资金由中央和地方按一定比例分担，城市义务教育资助资金由省级政府统筹落实，各级财政安排。2015年11月，国务院印发《关于进一步完善城乡义务教育经费保障机制的通知》规定，从2017年春季学期开始，统一城乡义务教育学生"两免一补"政策，在继续落实好农村学生"两免一补"和城市学生免除学杂费政策的同时，向城市学生免费提供教科书并推行部分教科书循环使用制度，对城市家庭经济困难寄宿生给予生活费补助；免费教科书资金，国家规定课程由中央全额承担，地方课程由地方承担，寄宿生生活费补助资金由中央与地方按规定比例分担。

除此之外，国家也关注于对困难学生的健康状况进行救助，2011年国务院办公厅印发《关于实施农村义务教育学生营养改善计划的意见》，提出以贫困地区和家庭经济困难学生为重点，启动实施农村义务教育学生营养改善计划。在集中连片特殊困难地区启动试点工作，试点地区营养膳食补助按照国家规定的标准核定，用于向学生提供等值优质的食品，所需资金由中央财政全额承担。

至此，我国对义务教育阶段学生提供的资助政策已由最初的贫困地区助学金制度发展至现今的城乡统一"两免一补"政策和营养改善计划，资助体系逐渐丰富完善，义务教育保障水平也不断提高，在全国范围内得到了有效落实。

根据《2017年中国学生资助发展报告》数据显示，2017年各级财政安排义务教育国家免费教科书资金175.94亿元，其中，中央财政149.33亿元、地方财政26.61亿元，惠及义务教育中小学生1.42亿人；地方各级财政安排地方免费教科书资金27.20亿元，惠及义务教育中小学生8304.20万人。义务教育寄宿生生活补助资助1604.61万人，资助金额179.11亿元，比上年增加14.00亿元，增幅8.48%。

全国710个国家试点县级单位约8.2万所学校开展营养改善计划，惠及农村义务教育学生约2100万人，中央财政安排当年膳食补助资金185亿元；29个省份在886个县开展了营养改善计划地方试点工作，覆盖学校约5.9万所，惠及学生约1600万人，地方财政安排膳食补助资金约100亿元。

由此可见，近年来中央和地方政府共同出力，不断加大财政资金投入力度，落实完善中小学生资助体系，在实现"不让一个学生因家庭经济困难而失学"的愿景之路上踏出了稳健的步伐。

第四节　描述性统计分析

本书研究使用的数据来源于2018年"托底性民生保障政策支持系统建设"项目人群调查儿童青少年问卷数据库，该项目针对儿童青少年的调查范围涉及全国29各省和直辖市中的150个区县共计3342个城乡家庭，其中包含1534个低保户、997个低保边缘户和811个普通家庭样本，覆盖范围较广，具有一定的代表性。另外调查内容涉及孩子个人及家庭基本情况、健康和营养、教育与学业成就、政策支持、心理、行为与社交等方面，能够较好地满足本研究的需要。在对数据进行基本清理，处理不适用、异常值、缺失样本等操作后，最终得到2782个困难儿童样本。

一　描述性统计

表1报告了研究中涉及所有变量的描述性分析结果，除了对整体的情况进行展示外，还按照受访儿童的户口类型划分样本，一同报告了各变量的基本特征，方便进行对比。从结果中可以看出，不论是从所有儿童样本还是分城乡来看，他们在性别、户口类型和就读阶段的分布比较平均，各类型人群近似对半铺开，表明研究的可对比性较强。研究中涉及的所有困难家庭儿童学习排名情况在他们的周围群体中整体属于中偏上水平，他们对自己的认知能力评价也在一般水平之

第六章 困难家庭儿童认知能力的发展

上。从年龄来看,研究中的儿童平均在 12 岁左右,教育水平多处在小学五六年级阶段。95% 以上的儿童都有着良好的健康状况。调查中的儿童平均都希望接受大学本科以上的教育,但农村儿童的教育期望平均稍低于城市儿童,他们中绝大多数人都对自己的在校表现持肯定态度,也对上学或者说接受教育表现出较高的喜爱程度。

在家庭特征的表现上,困难家庭的父母普遍受教育程度不高,在高中水平左右,农村家庭的父母的受教育程度明显低于城市家庭父母,但他们对子女都有着较高的教育期望,希望子女能接受大学本科以上的教育,这与目前教育普及、国民对需要接受高等教育整体意识提高的现实趋势相符。超过 88% 的家长在孩子的在校学习成绩上的态度是积极的,表现出他们对孩子教育的关心。从职业类型上可以看出城乡困难家庭的父母也多是失业、无业、农业劳动者、产业劳动者,在社会经济地位上整体表现偏低。城市家庭父母多无业或从事产业劳动及专业技术类工作,农村家庭的父母除无业外,从事农业及产业劳动工作类型的较多。根据他们的反馈,60% 左右的家庭都感觉经济状况较为困难,其中农村家庭更是如此,仅 40% 左右的城乡家庭表示当前经济水平能满足家里需要。在对子女的教育支出上,超过平均教育支出水平的家庭仅占 37.2%,城市家庭对子女教育的支出稍高于农村家庭。由于计划生育政策的影响,城市家庭的独生子女比例明显高于农村家庭。此外,留守儿童的现象在困难家庭中表现比较突出,70% 左右的受访儿童都是留守儿童,16% 的儿童也生活在父母离异的家庭中。另外,超过 90% 的儿童都能在学校里与同学友好相处。平均有 70% 左右的儿童经常得到来自他人的作业辅导,近四成的学生需要课外辅导,其中城市家庭儿童更常接受作业辅导,并且也会更多地参加课外辅导。结合对数据库的整体把握,辅导儿童作业的人多是其家长,且以母亲居多(数字结果未报告在本书中)。

在社会政策支持方面,研究家庭中平均有 45% 为低保家庭,其余为边缘家庭或普通家庭,受访城市家庭中为低保家庭的比例稍高一些,约 8.5 个百分点。免费营养餐计划在儿童就学学校中并不普及,仅有约1/5的学校实施，且农村学校实施率更高。而由于受访儿童中有部分并未就读于公立小学，因此他们无法享受免学杂费免书本费的政策，而且农村的儿童就读于非公立的学校比例更高，这其中部分原因可能在于儿童随父母流动至城市务工的影响。满足条件而享受寄宿费补助中小学生比例不算太高，农村的学生寄宿且享受补助比例明显高于城市儿童，这可能由于集中办学政策的影响，偏远地区的困难儿童选择就读于附近的寄宿制学校。整体而言，大多数的困难家庭对于社会政策在帮助他们解决生活困难问题上的评价都是积极的，也反映出困难家庭的对于政策支持需要。对于其余24%左右的家庭而言，可能由于政策支持水平不高，对支撑他们生活的巨大支出而言，确实作用占比很小，而使他们做出了无多大用处的评价。

表1　　　　　　　　　　主要变量的描述统计

变量	全样本 均值	全样本 标准差	全样本 样本量	城市样本 均值	城市样本 标准差	城市样本 样本量	农村样本 均值	农村样本 标准差	农村样本 样本量
结果变量									
学习排名情况	0.648	0.267	2551	0.66	0.262	1122	0.639	0.271	1429
认知能力自评	3.594	0.746	2780	3.624	0.757	1220	3.571	0.737	1560
学习态度	0	0.744	2779	0.144	0.674	1219	-0.113	0.775	1560
个人特征类									
性别	0.498	0.5	2782	0.494	0.5	1221	0.501	0.5	1561
年龄	11.857	2.108	2782	11.797	2.134	1221	11.904	2.087	1561
户口类型	0.439	0.496	2782	1	0	1221	0	0	1561
学习阶段	0.412	0.492	2782	0.419	0.494	1221	0.406	0.491	1561
健康状况	0.955	0.208	2782	0.958	0.2	1221	0.952	0.214	1561
自我教育期望	6.117	1.325	2760	6.322	1.274	1215	5.957	1.343	1545

第六章 困难家庭儿童认知能力的发展

续表

变量	全样本			城市样本			农村样本		
	均值	标准差	样本量	均值	标准差	样本量	均值	标准差	样本量
喜欢上学	0.973	0.162	2779	0.973	0.162	1219	0.973	0.162	1560
在校表现	0.958	0.201	2779	0.966	0.18	1219	0.951	0.215	1560
家庭特征类									
父亲受教育程度	3.417	1.731	2657	4.081	1.939	1168	2.897	1.335	1489
母亲受教育程度	3.32	1.74	2525	4.049	1.944	1097	2.761	1.315	1428
（父亲）失业、无业	0.338	0.473	2278	0.486	0.5	978	0.226	0.419	1300
（父亲）农业劳动者	0.252	0.434	2278	0.037	0.188	978	0.414	0.493	1300
（父亲）产业劳动者	0.17	0.376	2278	0.118	0.322	978	0.209	0.407	1300
（父亲）服务人员	0.05	0.219	2278	0.079	0.269	978	0.029	0.169	1300
（父亲）个体户	0.057	0.232	2278	0.065	0.247	978	0.051	0.22	1300
（父亲）专业人员	0.075	0.264	2278	0.117	0.321	978	0.044	0.205	1300
（父亲）管理人员	0.058	0.234	2278	0.099	0.299	978	0.027	0.162	1300
（母亲）失业、无业	0.266	0.442	2130	0.366	0.482	901	0.192	0.394	1229
（母亲）农业劳动者	0.24	0.427	2130	0.048	0.213	901	0.382	0.486	1229
（母亲）产业劳动者	0.236	0.425	2130	0.203	0.403	901	0.26	0.439	1229

续表

变量	全样本			城市样本			农村样本		
	均值	标准差	样本量	均值	标准差	样本量	均值	标准差	样本量
(母亲)服务人员	0.077	0.267	2130	0.094	0.292	901	0.065	0.247	1229
(母亲)个体户	0.077	0.266	2130	0.098	0.297	901	0.061	0.239	1229
(母亲)专业人员	0.069	0.254	2130	0.128	0.334	901	0.027	0.162	1229
(母亲)管理人员	0.034	0.182	2130	0.063	0.244	901	0.013	0.113	1229
家庭经济状况	0.382	0.486	2782	0.401	0.49	1221	0.368	0.482	1561
教育支出情况	0.372	0.483	2782	0.462	0.499	1221	0.302	0.459	1561
独生子女	0.356	0.479	2782	0.548	0.498	1221	0.206	0.405	1561
留守儿童	0.69	0.463	2782	0.724	0.447	1221	0.664	0.473	1561
单亲家庭	0.16	0.367	2782	0.179	0.384	1221	0.145	0.353	1561
父母教育期望	6.497	1.178	2775	6.617	1.139	1218	6.403	1.2	1557
家长态度	0.886	0.318	2782	0.888	0.316	1221	0.884	0.32	1561
社会环境类									
在校社交	0.903	0.297	2780	0.902	0.297	1220	0.903	0.297	1560
作业辅导	0.725	0.447	2166	0.767	0.423	983	0.69	0.463	1183
课外辅导	0.376	0.484	2782	0.491	0.5	1221	0.286	0.452	1561
社会政策支持									
低保	0.45	0.498	2782	0.498	0.5	1221	0.413	0.493	1561
营养餐	0.21	0.407	2782	0.142	0.349	1221	0.263	0.44	1561
两免政策	0.92	0.272	2782	0.948	0.221	1221	0.898	0.303	1561
寄宿费补助	0.147	0.354	2781	0.045	0.208	1220	0.227	0.419	1561
社会政策评价	0.761	0.427	2771	0.76	0.427	1218	0.761	0.427	1553

第六章 困难家庭儿童认知能力的发展

二 相关性分析

表2报告了研究中涉及的变量之间的相关性检验结果。由于本书研究考察的变量较多，为了简化表格故只列示所有变量与主要结果变量之间的相关系数和显著水平。从表中结果可以看出，本书所考察的认知能力、学习态度和心理资本变量彼此之间都呈现出强烈的正相关关系，表明个人学习表现类状态极有可能相互正向影响。但在所有解释变量中只有低保与学习排名情况分别表现为在10%和5%显著水平上的负相关，而其他社会政策变量与因变量之间相关性则不显著，它们之间的关系有待之后的回归验证。

再看与其他的特征变量的相关性，性别（男）、年龄、学习阶段（初中）与学习排名情况呈现负相关关系，且在1%的显著性水平上强烈显著，说明在困难家庭的儿童中，女生的学习成绩表现更好，并且随着年龄和年级的增加，更有可能在学习成绩上表现落后。但城市户口与儿童的学习态度呈现显著的正相关关系。

儿童对学习的喜爱以及自我和父母教育期望、父母受教育程度都与他们在学习和心理上表现的结果之间呈正相关关系，与在校表现、在校社交也同样表现出来显著的正相关关系。家长对孩子学习成绩的积极态度以及他们为孩子提供的作业辅导和课外辅导与孩子的学习态度有着显著正相关关系。以上所有强烈相关性的呈现，让我们对研究变量之间可能存在的关系有了初步的了解。此外，研究中的所有变量之间的相关系数绝对值小于0.5（部分未呈现在如下表格中），表明回归模型中存在严重多重共线性影响的可能性较小。

表2　　　　　　　　　主要变量的相关性分析

	学习排名情况	认知能力自评
学习排名情况	1	
认知能力自评	0.3638 ***	1
学习态度	0.3868 ***	0.3444 ***

续表

	学习排名情况	认知能力自评
性别	-0.1276***	-0.0662
年龄	-0.1708***	-0.101
户口类型	0.06	0.0571
学习阶段	-0.1691***	-0.1247***
健康状况	0.0695	0.021
自我教育期望	0.2876***	0.2563***
喜欢上学	0.0939*	0.1745***
在校表现	0.1911***	0.2265***
父亲受教育程度	0.1631***	0.1193***
母亲受教育程度	0.1897***	0.1295***
父亲职业	0.1134**	0.099
母亲职业	0.1327***	0.0847
家庭经济状况	0.1055*	0.043
教育支出情况	0.0393	0.013
独生子女	0.0331	0.0555
留守儿童	-0.0253	0.0162
单亲	-0.0435	-0.0258
父母教育期望	0.2008***	0.1546***
家长态度	0.0503	0.0573
在校社交	0.121***	0.1363***
作业辅导	0.0678	0.0887
课外辅导	0.1314***	0.0922
低保	-0.1043*	-0.0837
营养餐	-0.0172	0.0345
两免政策	0.0283	0.0506
寄宿费补助	-0.0258	-0.0158
社会政策评价	0.0343	0.0556

第六章 困难家庭儿童认知能力的发展

第五节 回归分析与结果

围绕社会政策支持对困难家庭儿童认知能力的影响,本书首先将回顾学界的已有文献,并在此基础上提出概念框架和研究问题。然后通过定量分析考察社会政策支持对困难儿童在认知能力的影响,并结合异质性分析对社会政策支持作用的差异和路径进行鉴别和剖析。本书将构建线性回归模型,利用最小二乘法(OLS)进行回归验证,在控制地区固定效应的前提下,具体探讨认知能力的表现会如何受到相关因素的影响,并进行分样本回归,检验不同性别、户口类型、学习阶段的困难儿童群体在相关考察维度上是否出现明显差异。

此部分将构建线性回归模型,进行最小二乘法(OLS)回归,以检验社会政策支持对本研究考察的因变量认知能力的直接影响,实证模型的基本形式设定如下:

$$Y_i = \alpha + \beta SocPolicy_i + \gamma View_i + \omega X_i + \tau + \varepsilon_i$$

其中,Y 代表因变量认知能力(分别以学习排名情况和认知能力自评作为衡量),SocPolicy 向量表示最低生活保障、营养餐、免学杂费和书本费的"两免政策"、寄宿费补助的接受状况的虚拟变量,View 为社会政策评价变量,X 向量包含上述系列控制变量,β、γ 分别为本书重点关注的估计系数或系数向量,预期根据不同的项目类型有不同的正负体现,τ 表示地区固定效应,ε 为扰动项。

考虑到城乡、性别以及受教育阶段的差异带来的儿童对于社会政策的感知有着其根本区别,而使社会政策的支持作用在以户口类型、性别或学业阶段为特征的人群中有着不同的强弱体现,本书还将区分城市农村、性别和初中小学类型,同样地使用控制变量的 OLS 回归模型探讨社会政策对于儿童的认知能力的影响作用是否存在异质性。

一 变量设计

（一）被解释变量：学业排名和认知能力自评

根据调查问卷中与认知能力相关的题项，本书选取了学业成绩表现和自我能力评价两个方面来反映儿童认知能力，也即被解释变量。考试成绩排名情况也可以视为是儿童在其所处群体中学习能力水平的客观表现，根据问卷中"你班里有多少名学生"和"你成绩总体上在班上排第多少名"这两个问题得到个人的排名比，利用（排名比）得到的数值表示为"学习排名情况"，数值越大表明排名越靠前。虽然对于不同地区、不同学校而言，考试的结果无法反映所有个人的能力差异，但在研究中控制了地区固定效应，使得研究结果保持了其可参考性。"认知能力自评"在问卷中的测量题项为"我能够经常达到自己的目标""我能够很好地应付考试""我能有效地解决自己学习中出现的问题""我能有效地解决自己学习中出现的问题""我很容易掌握所学知识"。选项分别为"非常符合""有点符合""不太确定""不太符合""很不符合"，赋值为1—5，本书的处理是将各个选项反向赋值，数值越大表明对自我的正向认知越明确且评价越积极。由于这一指标涉及五个问题，本书将使用五个问题结果数据的平均值作为"认知能力自评"变量的结果。本书中以学习排名情况和自评的认知能力同时作为因变量认知能力进行回归，也相当于对研究结果进行了稳健性检验。

（二）解释变量

社会政策支持具体包括最低生活保障、营养餐、"两免一补"的制度安排，设置为虚拟变量，以没有获得为基准项，取值均为0或1，反映家庭及儿童在过去一年享受政策支持的情况。另外，社会政策评价也是本书所关注的解释变量之一，考虑此变量的原因在于个体对社会政策的评价代表了个体对此政策的一种态度，积极的态度可能会更有利于促进政策带来的认知和态度层面的变化。虽然调查中询问的是家长的看法，但家长的态度往往会对子女产生潜移默化的影响，因此

第六章 困难家庭儿童认知能力的发展

本书也将纳入社会政策评价的虚拟变量作为解释变量,将"认为有帮助"赋值为1,"无帮助"设置为0。

（三）控制变量

本书对控制变量的选取参考了前人研究中指出的对认知能力有影响的因素,包括个人特征类变量、家庭特征类变量和社会环境类变量,各变量具体含义及解释如表3所示:

针对以上变量的选择及定义还有以下需要额外说明的地方。众多学者都强调基础教育在认知能力培养塑造上的重要性,因此本书选取的困难家庭儿童样本均为义务教育阶段的儿童。尽管当前部分省市已经取消了城乡户籍区分,统一为居民户口,但由于户籍因素带来的影响可能存在的时间滞后性或延递性,且城乡教育仍然存在一定差异,因此本书依然考虑了户口类型变量的影响,并以农村户口（或统一前为农村户口）为基准项。

健康状况来自于受访家长对儿童的健康程度评价,原调查中分为从非常好到非常差五种程度的描述,由于这属于非本人评价可能存在一定偏误,本书将其划分为健康和不健康两类,以不健康为基准项。

表3　　　　　　　　控制变量定义表

	变量名称	变量类型	变量含义解释
个人特征类	性别	虚拟变量	1=男,0=女
	年龄	连续变量	截止到受访时（2018年）的年龄
	户口类型	虚拟变量	1=城市,0=农村
	学习阶段	虚拟变量	1=初中,0=小学
	健康状况	虚拟变量	对健康程度的评价,1=健康;0=不健康
	自我教育期望	分类变量	儿童个人希望达到的受教育程度
	喜欢上学	虚拟变量	是否喜欢上学,1=是,0=否
	在校表现	虚拟变量	儿童是否在校表现好,1=是,0=否

续表

	变量名称	变量类型	变量含义解释
家庭特征类	父亲受教育程度	分类变量	父亲的受教育程度
	母亲受教育程度	分类变量	母亲的受教育程度
	父亲职业类型	分类变量	父亲的职业类型，七种分类，转化为6个虚拟变量纳入
	母亲职业类型	分类变量	母亲的职业类型，七种分类，转化为6个虚拟变量纳入
	家庭经济状况	虚拟变量	自评经济状况，1＝基本满足，0＝困难
	教育支出情况	虚拟变量	子女教育支出在样本中平均水平上下，1＝平均水平以上，0＝平均水平以下
	独生子女	虚拟变量	是否为独生子女，1＝是，0＝否
	留守儿童	虚拟变量	是否为留守儿童，1＝是，0＝否
	单亲家庭	虚拟变量	是否为单亲家庭儿童，1＝是，0＝否
	父母教育期望	分类变量	父母希望子女达到的受教育程度
	家长态度	虚拟变量	家长对孩子的学习的支持态度，1＝积极，0＝消极
社会环境类	学校类型*	虚拟变量	1＝公办，0＝私立/民办
	在校社交	虚拟变量	能否与同学友好相处，1＝社交关系良好，0＝社交关系不好
	作业辅导	虚拟变量	是否经常接受作业辅导，1＝是，0＝否
	课外辅导	虚拟变量	是否接受了课外辅导，1＝是，0＝否

考虑喜欢上学这一变量的原因在于，喜欢上学的孩子较不喜欢上学的必然会对学习表现出更多的兴趣，在学习态度上会表现得更为积极，而对认知能力的培养也可能具有一定的促进作用。在校表现是儿童对自己在学校表现的整体情况做出自我评价，同样的，本书认为在校表现好的，一方面表现为成绩的优秀，在认知能力上相应的可能更突出；另一方面，表现好的学生预期有着更高的学习自觉性，学习态度更为积极。

自我教育期望和父母教育期望指的是儿童个人和其父母希望他接受的最高教育程度。自我教育期望的高低对自身的学习有着心理督促

第六章 困难家庭儿童认知能力的发展

提升或削弱作用。另外，受教育程度高的父母对子女的教育期望可能更高，受教育程度低的父母也可能由于补偿心理而希望子女接受更多的教育，而更加重视子女的教育。因此父母和孩子的教育期望及父母的受教育程度是本书希望考察的影响因素。书中涉及的教育程度赋值分别为1＝不必念书，2＝小学，3＝初中，4＝高中，5＝大专，6＝大学本科，7＝硕士，8＝博士，数值越大表明教育程度越高。

同理，家长对孩子的学业表现持有的态度也值得考量，有研究表明，家长与老师经常交流能更好地促进孩子的学习，因此将联系老师与更多地帮助孩子、告诉孩子要努力学习等维度归入积极态度范畴；而将孩子的成绩差时的体罚、责骂、限制活动或不采取任何措施都归为消极范畴，以消极态度为基准项，设置态度积极的虚拟变量。

父母职业类型变量包含多个类型，本书选取失业或无业的家长为参照组，控制管理人员、专业人员、个体户、服务人员、产业劳动者、农业劳动者六个虚拟变量。家庭经济状况好坏或在教育支出反映出家庭可为孩子教育投资的空间大小，由于调查中涉及自答的经济数据有较多的缺失或不准确之处，本书中采用受访家长自评的经济状况作为度量，将能满足需要及以上的设置为1，感觉到困难的设置为0。教育支出的度量方式则是以整体样本的平均教育支出水平为标准，高于平均水平设置为1，平均水平以下则定义为0，可反映出家庭经济状况及投入差异。在进行教育支出平均之前，本书先对数据进行了异常值处理，即对1%和99%分位数以外的观测值进行了winsorize处理。

此外，家长经常为孩子进行作业辅导或让他们参加课外辅导，都是能够影响到孩子学习表现的途径，有研究发现低学历的家长进行作业辅导甚至可能对孩子的成绩产生负面影响，因此书中还纳入了是否经常接受作业辅导和是否接受课外辅导两个虚拟变量。

在现实社会中留守儿童及单亲家庭的现象也值得关注，已有研究发现，父母陪伴能刺激儿童认知能力发展，对于留守儿童和单亲家庭儿童而言，父母陪伴的缺位是否同样会影响认知能力的表现，是本书关注并验证的一项内容。同胞关系对儿童学业发展的影响，一方面在于同辈之间的协同促进作用；另一方面，对于困难家庭而言，子女数量的增多也意味着对整体投资的稀释，也可能对儿童教育产生一定的不利影响。因此本书也将考虑是否为独生子女的因素影响。

另外，本书认为学校类型（公办或民办/私立）也是需要被控制的变量之一，已有文献指出，公立学校的学生表现出更高的认知能力，但由于目前的公办学校均有"两免一补"政策，为避免变量严重共线性而在回归中被吸收略去，此项不作为单独变量纳入回归。

值得一提的是，由于本书主要关心的是以上各变量对因变量的影响是否存在以及影响是否显著，并非期望得到每个变量精确的斜率估计值来判断效应大小，因此对于部分分类变量的度量方式多采用了转化为二分类的方式。最后，本书还加入了区/县层级的虚拟变量，尽可能地控制地区固定效应，以控制地域差异带来的异质性影响。

二 回归结果分析

（一）社会政策支持对困难家庭儿童认知能力的影响

表4展示了本书所有困难家庭儿童的OLS回归结果，整体看来，每一个模型回归的F值都在1%的水平上强烈显著，达到了计量要求并通过了有效性验证，表明本书的模型设定成立且具有统计意义，因变量和自变量之间可以用线性关系来反映。对于本书使用的横截面数据而言，R^2和调整后的R^2表现已较为不错，说明模型的拟合效果较好。此外，由于所有估计系数的VIF值均低于5（未报告在结果中），表明回归中不存在严重的多重共线性影响。

从各层面的结果中可以看出，在控制其他条件不变的情况下，只有享受"两免政策"能在10%的显著水平上正向影响儿童的学习成绩排名表现，而对自评的认知能力有正向显著影响的则是免费营养餐的获得，可以说当前义务教育阶段普及的免学杂费书本费和营养餐计划能对困难儿童的认知能力发展起到一定的积极促进作用。而寄宿费补助的政策可能由于整体受惠人群较小，压缩了其支持效果，其影响

第六章 困难家庭儿童认知能力的发展

虽表现为正向但不显著。对于学习态度而言,社会政策的影响都不显著,但值得注意的是,低保的获得统一地对认知能力和学习态度表现出来负向影响,尽管这种负向影响的直接表现并不显著,但仍可以认为低保救助的获得多少会对困难家庭儿童的认知能力发展和学习态度表现出削弱趋势。此外,家庭对社会政策的评价与儿童认知和态度之间的关系也不显著。

在本书中考虑的其他变量的影响结果也同样值得关注。在个人特征方面,男生的认知能力表现和学习态度要弱于女生,这明显表现在学习成绩上。随着年龄的增长,困难家庭儿童的学习表现会呈现下降趋势,但他们的学习态度会表现得更加积极。控制其他因素的影响,户口差异带来的明显影响表现在对学习态度上的正向促进作用,这可能得益于城市社会环境带来在意识层面的积极影响,但也正由于处于城市环境中,他们的学业表现和对自己在认知能力的评价是以其他的城市儿童为参照系的,这时的影响就可能为负向的。而当困难家庭儿童的受教育程度逐渐增加时,他们的成绩表现和自评认知能力都会显著降低,学习态度上也会表现出一定的下降趋势,这在一定程度上体现了弱势群体在学习上逐渐增强的"无力感"。由于研究中的儿童都有着比较健康的身体素质,健康程度对认知能力和学习态度都没有表现出明显的影响。与我们的一般认知相符的是,个人的自我教育期望、在校表现以及喜欢上学都能够显著地提高个人的认知能力和学习态度,从而在学习上表现得更加优秀。

在家庭特征方面,由于我国的家庭分工主要还是"男主外女主内"的模式,母亲会更多地承担起子女的日常抚养和教育职能,因此母亲的受教育程度也会与孩子的学习成绩和学习态度之间表现出显著的正相关关系,而在父母的职业类型上则是父亲的职业更容易体现出显著的或正向或负向的影响。家庭经济状况对孩子没有明显的影响,而在教育支出上,高于平均水平的家庭的儿童却在学习态度上表现得明显更差,这里可能存在的关联在于对学习态度更为消极的儿童,父母更期望他们获得好的成绩而需要投入更多的课外支出,存在着因果倒置的情况。独生子女因素表现出来正向但不显著的影响，表明家庭资源的集中归属可能对儿童发展起到积极作用。留守儿童和单亲家庭对儿童的表现都起到了削弱的作用，尤其留守儿童的学习成绩呈现了显著负向影响。父母教育期望能够正向提升儿童的认知能力表现，但对学习态度的影响不明确。而家长对孩子成绩持有的积极态度也有助于显著地提升孩子的学习态度，使孩子对学习抱有更多的重视和希望。

在社会环境方面，儿童在校与同学之间友好相处、拥有着良好的同龄人社交关系，能够显著提高他们的学业表现和学习态度，并使得他们对自身解决问题的能力有着更多的自信。作为希望学习成绩提高的一种方式，经常进行作业辅导以及参加课外辅导可能对儿童的认知能力和学习态度塑造有着正面影响，课外辅导的参与更能显著地改善儿童的学习态度，这也能在某种程度上佐证了家长愿意对孩子付出更多课外教育支出的缘由。

综合看来，困难家庭儿童的认知能力和学习态度会直接地受到个人、家庭和环境等方面与自身有直接接触影响的因素的作用，而产生相应的变化，但与社会政策之间的关联并非那么明朗。本书认为，困难儿童对社会政策的反馈不甚显著的原因可能在于儿童本身对于政策没有太多的感受，由于这些政策可能更多地体现在经济补偿层面（而在这些方面可能对家长的作用更加直接），因此本书期望在接下来的环节深入探讨社会政策是否可能通过其他途径对儿童的认知和态度发展有所影响。

表4　　　　　　　社会政策支持对认知能力的影响

	学习排名情况	认知能力自评
男生	-0.0580***	-0.0408
	(0.014)	(0.040)
年龄	-0.00956*	-0.00363
	(0.005)	(0.015)

第六章　困难家庭儿童认知能力的发展

续表

	学习排名情况	认知能力自评
城市户口	-0.0205	-0.0227
	(0.019)	(0.054)
初中	-0.0523**	-0.194***
	(0.024)	(0.064)
健康状况	0.0114	-0.124
	(0.044)	(0.102)
自我教育期望	0.0400***	0.0921***
	(0.007)	(0.018)
喜欢上学	0.109*	0.638***
	(0.058)	(0.142)
在校表现	0.167***	0.578***
	(0.047)	(0.096)
父亲受教育程度	0.00186	-0.0170
	(0.006)	(0.015)
母亲受教育程度	0.0136**	0.0225
	(0.005)	(0.015)
（父亲）管理人员	-0.0252	0.0318
	(0.034)	(0.096)
（父亲）农业劳动者	0.0579**	0.0978
	(0.025)	(0.070)
（父亲）产业劳动者	0.0654***	-0.0439
	(0.023)	(0.069)
（父亲）服务人员	-0.0221	0.0327
	(0.033)	(0.097)
（父亲）个体户	-0.0700*	-0.0239
	(0.037)	(0.115)
（父亲）专业人员	0.0217	0.0945
	(0.031)	(0.090)
（母亲）管理人员	-0.00433	0.0325
	(0.042)	(0.111)

续表

	学习排名情况	认知能力自评
（母亲）农业劳动者	-0.0122	0.0810
	(0.026)	(0.074)
（母亲）产业劳动者	0.0217	0.0860
	(0.022)	(0.061)
（母亲）服务人员	0.00136	-0.0269
	(0.029)	(0.084)
（母亲）个体户	0.0309	-0.00970
	(0.034)	(0.101)
（母亲）专业人员	-0.000533	0.134
	(0.032)	(0.093)
家庭经济状况	0.0218	-0.0532
	(0.016)	(0.043)
教育支出情况	0.00903	-0.0366
	(0.017)	(0.044)
独生子女	0.0163	0.0522
	(0.019)	(0.049)
留守儿童	-0.0322*	-0.0160
	(0.018)	(0.051)
单亲家庭	-0.000815	-0.00387
	(0.024)	(0.066)
父母教育期望	0.0194***	0.0443**
	(0.007)	(0.021)
家长态度	0.0193	0.0641
	(0.025)	(0.068)
在校社交	0.0544*	0.193**
	(0.029)	(0.077)
作业辅导	0.00735	0.0543
	(0.016)	(0.044)
课外辅导	0.0199	0.0233
	(0.016)	(0.045)

第六章 困难家庭儿童认知能力的发展

续表

	学习排名情况	认知能力自评
低保	-0.00864	-0.0764
	(0.019)	(0.051)
营养餐	0.0104	0.140**
	(0.022)	(0.061)
两免政策	0.0451*	0.0772
	(0.026)	(0.076)
寄宿费补助	0.0180	0.0374
	(0.025)	(0.062)
社会政策评价	0.00519	0.00109
	(0.017)	(0.048)
常数项	-0.0132	1.420***
	(0.117)	(0.281)
区/县固定效应	已控制	已控制
N	1326	1442
R2	0.318	0.260
adj. R2	0.213	0.156
F	8.940***	6.554***

(二) 社会政策影响的异质性分析

由以上的回归结果可以看出,诸如城乡户口、性别和受教育阶段等最基础的特征对儿童的认知和态度结果具有显著的影响,而本书也考虑到这些基础特征差异带来儿童对于社会政策的感知是可能存在着根本区别的,从而会使得社会政策的支持作用在不同特征人群中有着不同的强弱体现,因此以下部分将进一步区分城市农村、性别和初中小学类型,在控制区/县固定效应的基础上,探讨社会政策对于儿童认知能力的异质性影响。

对于城市户口的困难家庭儿童而言,他们的认知能力表现会显著地受到低保政策的负向影响,而免费营养餐计划和"两免一补"政策与城市困难儿童自评的认知能力呈现出显著的正向关联,但这些政策对儿童的学习态度却无法起到直接显著的积极作用。但在农村的困难儿童中，仅有"两免"政策的积极作用显著，其他政策则没有体现出显著的影响。

　　按照性别划分的结果显示，享受低保会显著地使男生对自己的认知能力评价降低，但对女生的负面影响并不显著，这可能反映出低保身份使男生在解决学习问题和实现目标上更加受挫。同样的差异结果也反映在初中生和小学生中，初中生中接受低保救助的儿童表现出显著更低的自我能力认知。此外，在"两免"政策上也表现出来对学习成绩的性别异质性影响，在营养餐和"两免"政策上则是表现出对自评认知能力的教育程度异质性影响。而针对社会政策评价的因素的回归结果显示，不论按照何种特征划分人群，仍然没有显著证据表明其与儿童认知能力和学习态度的直接关联。

　　综上所述，本书对异质性影响的考虑得到了实际回归结果的验证，说明此部分的分析是合理的。在部分社会政策表现上，确实存在基于户口、性别和年级特征的异质性影响，而其中尤其是城乡户口的差异划分显示出的政策结果异质性差异非常明显，尽管当前已有部分省市取消了户籍划分，但这种身份差异对儿童认知能力发展的影响仍然持续存在。

表5　　　　　　　　社会政策影响的异质性回归结果

	学习排名情况	认知能力自评
按城乡户口分		
#城市户口		
低保	−0.0758**	−0.222**
	(0.034)	(0.096)
营养餐	0.0286	0.298***
	(0.038)	(0.098)
两免政策	0.0575	0.267*
	(0.050)	(0.151)

第六章　困难家庭儿童认知能力的发展

续表

	学习排名情况	认知能力自评
寄宿费补助	0.0577	0.254 *
	(0.053)	(0.131)
社会政策评价	-0.000711	0.0136
	(0.029)	(0.081)
#农村户口		
低保	0.0162	-0.0251
	(0.024)	(0.067)
营养餐	-0.0144	0.0391
	(0.030)	(0.088)
两免政策	0.0545 *	0.0474
	(0.032)	(0.094)
寄宿费补助	0.000682	0.0596
	(0.030)	(0.079)
社会政策评价	0.0125	-0.00404
	(0.024)	(0.065)
按性别分		
#男生		
低保	0.00297	-0.162 **
	(0.027)	(0.072)
营养餐	0.0391	0.144
	(0.032)	(0.091)
两免政策	0.0748 *	0.120
	(0.038)	(0.116)
寄宿费补助	-0.0112	0.0483
	(0.035)	(0.088)
社会政策评价	0.0289	0.00927
	(0.026)	(0.070)
#女生		
低保	-0.0388	-0.0359
	(0.030)	(0.083)

续表

	学习排名情况	认知能力自评
营养餐	-0.0184	0.123
	(0.034)	(0.105)
两免政策	0.0375	0.0529
	(0.041)	(0.124)
寄宿费补助	0.0483	-0.000133
	(0.044)	(0.120)
社会政策评价	-0.0127	-0.0119
	(0.028)	(0.077)
按年级分		
#初中		
低保	-0.0370	-0.264***
	(0.034)	(0.095)
营养餐	0.00590	0.232**
	(0.039)	(0.116)
两免政策	0.0641	0.307**
	(0.042)	(0.125)
寄宿费补助	0.0204	0.0249
	(0.037)	(0.094)
社会政策评价	-0.0271	-0.0207
	(0.033)	(0.090)
#小学		
低保	0.0107	0.0232
	(0.025)	(0.070)
营养餐	0.0443	0.116
	(0.031)	(0.083)
两免政策	0.0477	0.000187
	(0.035)	(0.107)
寄宿费补助	0.00402	0.141
	(0.047)	(0.104)
社会政策评价	0.00218	-0.0211

第六章　困难家庭儿童认知能力的发展

续表

	学习排名情况	认知能力自评
	(0.022)	(0.064)
控制变量	已控制	已控制
区/县固定效应	已控制	已控制

第六节　主要结论与政策建议

通过考察最低生活保障制度和教育资助政策对儿童学习成绩和自评认知能力的影响，本书发现社会政策的不同内容会对城乡困难家庭儿童的认知能力发展产生不同影响。其中，作为最后一道安全网的最低生活保障制度可能对受助者产生负面影响，低保的获得对儿童认知能力发展起到了显著的抑制作用。研究也发现了在诸如低保政策、免费营养餐计划等部分社会政策表现上，确实存在基于户口、性别和年级特征的异质性影响，尤其是户籍的差异划分显示出异质性结果非常明显，表明在户籍改革的背景下，城乡身份差异对儿童认知能力发展和学习态度塑造的影响仍然持续存在。低保政策表现出来的负面影响也并不意味着对低保制度的否定，因为低保对城乡困难家庭的整体福祉可能仍是积极的。为了得到对低保政策的全面评价，需要进行更加全面的成本效益分析。

总体而言，义务教育政策的提出是为了使国民都能最大程度地获得教育机会，促进教育公平的同时整体提升国民素质，不让任何一个儿童因为家庭的经济困境而失学，而社会救助同样也是对弱势群体的社会保护。理想的结果是社会政策的支持能显著有助于困难家庭儿童认知能力和学习态度发展，使他们的教育表现与普通家庭的儿童相比不至于存在较大差距。本书指出社会政策的制定和实施都应当更多地考虑到政策支持对象的发展和需要。

我们同时也要看到政策体现出来的积极影响方向，这也意味着社会政策有着很大的优化空间来改善和促进儿童的学业发展。从改革和发展的意义上讲，让每个儿童都平等地享受到基础教育，甚至更高层次的教育机会是必须长久坚持的国策，通过教育投入力度的合理加大，积极推进教育均衡发展；从政策风险的角度看，在具体发展儿童能力的制度任务设计和实施上，有待于今后的研究进行更深入全面的探索，同时需要有关部门加强规范引导，防范和及时应对可能出现的各种问题及负面影响。

第七章 困难家庭儿童的心理健康

第一节 问题的提出

一 儿童心理健康及其影响因素

（一）儿童心理健康的基本情况

心理健康表现为智力发育正常、稳定的情绪、能正确认识自己、有良好的人际关系、稳定协调的个性和热爱生活等方面。心理健康问题则是指人们感到压力、痛苦或者难以相处。儿童心理健康问题的后果十分严重。存在心理健康问题的人通常表现出孤立、孤独和不合群，抑郁或脾气暴躁，食欲不振、学业表现不佳或辍学、酗酒、吸毒、家庭不和、暴力、缺乏专注和对情绪的控制力差等状况。[1][2]《中国青年发展报告（2017）》提出，从精神疾病的发生情况来看，我国儿童孤独症发病率近几年增加趋势明显，在青少年中，由于学习压力导致的睡眠障碍与抑郁症的确诊率也逐年增加。我国17岁以下儿童青少年中，约3000万人受到各种情绪障碍和行为问题的困扰。广州市卫计委数据显示，目前广州登记在册的严重精神障碍患者中，起病年龄小于18岁的占到40%。

造成儿童心理健康问题严重的原因之一是缺乏服务提供者和专门的

---

[1] *National Library of Medicine*, National Institutes of Health, Child and adolescent mental health, Bethesda, MD.

[2] Chhabra, R., Teitelman, N., Silver, E. J., Raufman, J., & Bauman, L. L., "Vulnerability multiplied: Health needs assessment of 13–18–year-old female orphan and vulnerable children in Kenya", *World Medical & Health Policy*, Vol. 10, No. 2, 2018.

儿童心理健康服务机构，尤其在农村地区更为明显。而感到耻辱也会阻碍获得服务和求助的行为。被标签为"特殊"的儿童和家庭更容易被边缘化，从而加剧了他们因为健康服务不足或者健康状况不佳而面临的风险。缺乏心理健康服务以及环境的高风险和复杂性更容易对生活在贫困和社会不利条件下的儿童产生影响[1]，也就是说，困境儿童的辍学、酗酒和吸毒以及自杀风险更大，并且经常遭受多重创伤和持久的影响，加上生活环境往往使他们面临更大的风险，难以获得心理健康服务。[2]

通常来说，不论心理还是身体健康方面，困境儿童都表现出比其他孩子更多的问题，比如焦虑紧张，具有行为或者发育问题。对于其中的困难家庭儿童来说，贫困以及与贫困相关的负面作用显著影响了儿童早期的发展，生活贫困会对儿童的心理健康产生影响。[3][4] 受较差的生活环境影响，困境儿童更可能产生悲伤和愤怒的情绪，没有父母和其他可信赖的人也会让他们感到无助和绝望。有研究发现，困境儿童中的抑郁、焦虑和压力状态非常常见。[5] 还有一些研究发现，困境儿童的自尊心较低[6]，在社交和行为方面存在困难[7]。

---

[1] Yoshikawa, H., Aber, J. L., & Beardslee, W. R., "The effects of poverty on the mental, emotional, and behavioral health of children and youth: Implications for prevention", *American Psychologist*, Vol. 67, 2012.

[2] Delaney, K. R., Burke, P., DeSocio, J., & Sharp, D., "Building mental health and caring for vulnerable children: Increasing prevention, access, and equity", *Nursing Outlook*, Vol. 66, No. 6, 2018.

[3] Patel, V., Kleinman, A., "Poverty and common mental disorders in developing countries", *World Health Organ*, Vol. 81, 2003.

[4] Lyons, J. S., & Rogers, L., "The U.S. child welfare system: A de facto public behavioral health care system", *Journal of the American Academy of Child and Adolescent Psychiatry*, Vol. 43, 2004.

[5] Donald, D., & Clacherty, G., "Developmental vulnerabilities and strengths of children living in child-headed households: a comparison with children in adult-headed households in equivalent impoverished communities", *African Journal of AIDS Research*, Vol. 4, No. 1, 2005.

[6] Desmond, C., Richter, L., Makiwane, M. & Amoateng, A., "Child-headed households: Dissecting our understanding of who is at risk", *Children First* (Special Edition), 2003.

[7] Cluver, L., & Gardner, F., "The mental health of children orphaned by AIDS: a review of international and southern African research", *Journal of child and adolescent Mental Health*, Vol. 19, No. 1, 2007.

第七章　困难家庭儿童的心理健康

有研究发现，世界上近90%的儿童生活在低收入和中等收入国家，这些国家与心理相关的疾病负担正在上升。发展中国家超过2亿的儿童认知发展受到贫困、健康状况不佳和营养不足的严重影响。[1] 发展中国家通常采用经济补偿方法（比如小额信贷、无条件现金转移），通过改善家庭经济状况进而提高儿童福利。虽然扶贫是解决低收入和贫困人群心理健康的前提条件，但是改善家庭经济状况不确定是否会对儿童的抑郁等心理健康产生影响，或者说仅靠这一点不足以长期改善儿童的心理健康。[2][3] 因此，探究影响困难家庭儿童心理健康情况的因素对于儿童的发展十分重要。

（二）儿童心理健康的影响因素

一般来说，儿童的个体因素、家庭因素、学校因素、社区因素等都会对儿童心理健康情况产生影响。

个体因素通常包括人口学因素（如性别、年级、户籍和年龄等）、儿童自身健康状况、早期经历和学业表现等。United Nations Children's Fund（UNICEF）的研究表明，男孩更容易出现发育障碍、破坏性行为和情绪障碍；女孩更容易出现焦虑和情绪障碍，因为相对来说，女孩获得的受教育机会更少、更可能遭遇性虐待、从事卖淫和家务劳动。[4] 一项对留守儿童心理健康状况的调查显示，女生焦虑程度总体低于男生；小学阶段焦虑程度高于初中阶段。[5] 而殷晓旺等对留守儿

---

[1] Grantham-McGregor, S., Cheung, Y. B., Cueto, S., Gle-wwe, P., Richter, L., & Strupp, B., "Developmental potential in the first 5 years for children in developing countries", *Lancet*, Vol. 369, 2007.

[2] Knerr, W., Gardner, F., Cluver, L., "Improving positive parenting skills and reducing harsh and abusive parenting in low-and middle-income countries: a systematic re-view", *Prevention Science*, Vol. 14, 2013.

[3] Trani, J. F., & Bakhshi, P., *A Multidimensional Approach to Poverty: Implications for Global Mental Health*, The Palgrave Handbook of Sociocultural Perspectives on Global Mental Health, Springer, 2017, pp. 403–428.

[4] United Nations Children's Fund (2007), State of the World's Children-Gender and the Life Cycle, New York: UNICEF.

[5] 岳慧兰、傅小悌、张斌、郭月芝：《"留守儿童"心理健康状况调查研究》，《教育实践与研究》2006年第10期。

童心理健康的研究结果显示，女生抑郁因子得分显著高于男生，男生的学业压力显著高于女生。高年级留守儿童心理健康水平显著低于低年级学生。[1] 徐勇指出，中学生和小学生阶段，生理发育和心理发展速度不匹配，尤其中学阶段，心理发展跟不上生理发育，两极性严重，如果处理不好，加上外界其他因素影响，会出现心理健康问题。[2]

家庭因素主要包括以下方面：亲子互动、父母婚姻状况、父母健康状况、父母的行为方式和教养方式等。父母的教育程度、婚姻状况、职业等社会人口学因素会对儿童的心理健康状况产生影响。[3] 一项对于澳大利亚家庭的研究表明，父母在工作与承担家庭责任之间会发生冲突，表现为父母的时间和注意力的变化，而这种变化对儿童心理健康会产生影响，当父母家庭—工作冲突增加时，儿童的心理健康状况恶化。一般来说，父母就业能够给儿童发展提供收入、资源的可及性、自尊和社会联系的保障，被认为是儿童发展的保护性因素。但是父母放弃家庭活动和陪伴孩子的时间去工作会导致疲劳、痛苦或者情绪退缩，这些工作导致的不良反应会对儿童产生影响。儿童照料者的身体和心理健康状况同样会对儿童产生影响。具体表现为生活环境的破坏和可能的遗传风险因素的影响。一项英国的纵向研究表明，母亲抑郁和儿童行为障碍在遗传和环境之间可能存在联系。[4] 而在英格兰接受社会服务的儿童当中，大约有45%存在心理健康问题，对于这些存在心理健康问题的孩子来说，父母有心理健康问题是影响孩子心理健康的因素之一。[5] 温暖和积极的父母、善意的表扬和鼓励、尊重

---

[1] 殷晓旺、李江华、肖湘玲：《农村留守儿童心理健康及其影响因素》，《教育学术月刊》2010年第6期。

[2] 徐勇：《儿童青少年心理健康的影响因素》，《中国学校卫生》2006年第6期。

[3] 雷雳、王争艳、李宏利：《亲子关系与亲子沟通》，《教育研究》2001年第6期。

[4] Kim-Cohen, J., Moffitt, T. E., Taylor, A., Pawlby, S. J., & Caspi, A., "Maternal depression and children's antisocial behavior: Nature and nurture effects", *Archives of General Psychiatry*, Vol. 62, 2005.

[5] Carpentier, N., & White, D., "Cohesion of the primary social network and sustained service use before the first psychiatric hospitalization", *The Journal of Behavioral Health Services and Research*, Vol. 29, No. 4, 2002.

第七章 困难家庭儿童的心理健康

子女、友善的说话方式有利于促进儿童的心理健康发展。父母采取拒绝的、干涉的、溺爱的、独裁的、支配的、压迫的态度，儿童会出现适应性差、神经质、依赖性、反抗性和情绪不稳定等状况。[1] 目睹父母的暴力行为或者在遭受他人暴力的环境中成长的儿童，出现心理问题的风险较高，更容易生活在边缘化和压迫的环境中。而不科学的教养方式往往在长期处于逆境的家庭中非常普遍，可能进一步破坏儿童的心理健康并削弱儿童创伤修复的能力。

学校因素的影响，主要体现在学校的物理环境，以及儿童与同伴和教师的关系方面。学校因素的一个方面是学校的物理环境，例如，是否有充足的教学设施和优质的教学资源。物理环境对于儿童心理健康的影响来源于比较，比如，儿童身边有在拥有更好的教学设施的学校就读的同伴，儿童就可能会感到自卑、沮丧等。不公平的教育体会导致"有手段的人"在孩子的学校教育中有更多的选择[2]，进而会对低收入家庭、困境家庭的孩子造成影响。学校因素的另一个方面可以描述为"学生在学校环境中感受到个人被接受和尊重、包容和支持的程度"，具体表现为教师支持、同伴关系、参与教育、安全和纪律以及归属感等。

社区因素方面，通常，社区所在的位置以及邻里的熟悉程度会直接反映出儿童所生活的环境是否存在安全隐患（例如，暴力、犯罪等），而这些安全隐患往往会对儿童的成长产生负面影响。

二 亲子互动与心理健康

儿童与父母之间良好的亲子互动往往会带来良好的亲子关系，而亲子关系则体现了儿童与父母亲子互动的结果。亲子互动的活动越频

---

[1] 雷雳、王争艳、李宏利：《亲子关系与亲子沟通》，《教育研究》2001年第6期。
[2] Frostick, C., Jin, T., Derek, M., Adrian, R., & Gopalakrishnan, N., "The impact of academies on school connectedness, future aspirations and mental health in adolescents from areas of deprivation in London", *Pastoral Care in Education*, Vol. 36, No. 4, 2018.

繁、质量越高，越有利于儿童的心理健康。[1] 此外，其他代际互动也会对儿童心理健康情况产生影响。受数据制约，本章从父母与儿童之间的亲子互动入手，讨论其与儿童心理健康之间的联系，而暂不讨论儿童与祖父母之间的互动及其与儿童心理健康之间的联系。通常，儿童与父母的亲子互动体现在生活照料、情感支持、物质往来等方面。

生活照料可以体现在照顾儿童的生活起居、给予儿童指导和教育等方面。Ismayilova 等学者发现，鼓励家庭成员参与子女养育，可以提高家庭幸福感，影响儿童心理健康。[2] 而父母照料的缺失则被普遍认为是影响心理健康的风险因素，如果替代照料不合适，则风险也会增加。

情感支持可以表现在亲子之间面对面或者其他形式的交流，比如向子女表达关心，互相分享生活，询问健康、学习和工作，表达嘱咐、期望以及子女对父母的问候等多个方面。日常情感交流的缺乏会导致儿童抑郁、孤独感等，家庭中的矛盾对中学生的心理健康有着显著消极的影响。[3] 家庭成员之间亲密无间、坦诚的交流思想和感情，有利于孩子的心理健康和人格发展；相反，家庭成员之间缺乏亲密感和归属管，容易导致孩子焦虑、抑郁、敌对、人际敏感、偏执，甚至出现躯体症状。在儿童与父母的矛盾冲突对儿童心理健康的影响方面，母子之间的不良互动会导致儿童消极的行为、不良的心理健康状况和自尊心不强。

物质往来可以表现在父母对子女提供经济支持，子女获得维持基本生活的条件等经济方面的支持等。Li et al. 指出，贫困可以直接或

---

[1] Roeters, A., & van Houdt, K., "Parent-child activities, paid work interference, and child mental health", *Family Relations*, Vol. 68, 2019.

[2] Ismayilova, L. & Karimli, L., "Harsh parenting and violence against children: a trial with ultra-poor families in francophone West Africa", *Journal of Clinical Child & Adolescent Psychology*, Vol. 15, 2018.

[3] 李德勇：《影响中学生心理健康的家庭因素研究》，硕士学位论文，南京师范大学，2006年。

◈◈ 第七章　困难家庭儿童的心理健康 ◈◈

间接地影响儿童的焦虑和抑郁，家庭社会资本产生中介作用。[①] Newman 和 Holupka 指出，与高收入家庭的青少年相比，低收入家庭的青少年在随访期间发生抑郁和焦虑症状的可能性提高。Ismayilova 和 Karimli 指出，对家庭经济进行干预，增强家庭经济地位，能够显著的减少儿童的抑郁症状。[②]

总体来说，父母与儿童之间的亲子互动会对儿童的心理健康产生影响。互动具体表现为生活照料、情感支持、物质往来等方面。良好的亲子互动会对儿童的心理健康产生正向影响，而父母与儿童之间不良的互动，比如情感交流的缺乏、与父母分离、较差的凝聚力和亲密关系等，不同程度上会导致儿童抑郁、焦虑、出现行为问题或者犯罪行为等则会产生不良后果。困难家庭儿童与普通家庭儿童相比，因为本身面临的风险性因素更多，如果父母与儿童之间的互动不良，会进一步增加儿童产生心理问题的风险。因此，儿童与父母之间的亲子互动应获得广泛的重视。然而，国内在讨论代际之间的互动时，多指老人与成年子女，或老人与儿童之间，对于儿童与父母之间的互动研究较少，更鲜有特别针对困难家庭儿童这一群体研究其与父母之间的互动关系如何，是否与其他儿童群体的亲子互动存在差异，以及该群体的亲子互动是怎样影响儿童心理健康的研究。

三　问题的提出

生态系统理论指出，个体的发展应嵌套于相互影响的一系列环境系统中，在这些系统中，系统与个体相互作用并影响着个体的发展。[③]

[①] Li, C., Liang, Z., Yin, X., & Zhang, Q., "Family social capital mediates the effect of poverty on children's anxiety and depression", *Journal of Community Psychology*, Vol. 46, No. 8, 2018.

[②] Ismayilova, L. & Karimli, L., "Harsh parenting and violence against children: a trial with ultra-poor families in francophone West Africa", *Journal of Clinical Child & Adolescent Psychology*, 2018.

[③] Bronfenbrenner, U., "Ecology of the family as a context for human development: Research perspectives", *Developmental psychology*, Vol. 22, No. 6, 1986.

本书在生态系统理论指导下,结合已有的关于儿童心理健康影响因素的研究结论,将影响因素分为了个体因素、家庭因素、学校因素和社区因素四个方面,以期系统性地探究这些因素是如何对困难家庭儿童的心理健康产生影响的。本章提出以下研究问题:

1. 困难家庭儿童与父母的亲子互动模式是怎样的?

2. 困难家庭与边缘户家庭、普通家庭在儿童与父母的互动上是否有显著差异?

3. 困难家庭儿童的心理健康状况(例如,抑郁、焦虑)如何?

4. 困难家庭与边缘户家庭、普通家庭的儿童在心理健康状况(例如,抑郁、焦虑)上是否有显著差异?

3. 困难家庭儿童与父母之间的互动及其各维度是否对儿童心理健康(例如,抑郁、焦虑)产生显著影响?

5. 困难家庭儿童的个人因素、家庭因素、学校因素、社会因素在儿童的抑郁和焦虑两方面所产生的影响是否有所不同?

第二节 政策背景

一 困境儿童与困难家庭儿童的概念梳理

《儿童权利公约》将儿童定义为18周岁以下的任何人。"困境儿童"即 Orphans and Vulnerable Children,类似的表述还有 children in difficulty situations, children with special needs 和 children at risks 等。[1] 世界银行对困境儿童的定义是18周岁以下由于各种原因,缺少或很可能缺少适当的照料和保护,并且易受伤害的儿童。国际儿童福利组织使用"困境儿童"一词来表述因为各种原因需要获得特殊帮助的孤儿、受艾滋病影响的儿童和流浪儿童等。[2]

在我国,对于"困境儿童"这一概念的含义界定经历了"宽泛—

---

[1] 尚晓援、虞婕:《建构"困境儿童"的概念体系》,《社会福利》(理论版)2014年第6期。

[2] 同上。

第七章 困难家庭儿童的心理健康

集中—再定义"这一较为漫长的过程。我国关于"困境儿童"最早的界定来自于我国签署的各项关于儿童保护的国际条约。例如，1990年我国政府签署的联合国《儿童生存、保护和发展世界宣言》和《执行九十年代儿童生存，保护和发展世界宣言行动计划》，分别提到了"残疾儿童和处境非常困难的儿童"以及"特别困难环境的儿童"。随后，1992年的《九十年代中国儿童发展规划纲要》中提到了"保护处于困难条件下的儿童"，这里的"困难条件下的儿童"包括残疾儿童、流浪儿童、家庭经济困难的儿童，以及农村独生子女和女童、离异家庭和单亲家庭的儿童、经济欠发达地区的儿童。此阶段，我国"困境儿童"概念涵盖的儿童群体较多，属相对宽泛的界定。

此后，我国对于"困境儿童"的含义描述逐渐增多，界定范围也从相对宽泛逐渐走向了较为集中。国务院在2001年发布了《中国儿童发展纲要（2001—2010）》，作为我国首个正式提及"困境儿童"的规范性文件，其总目标中提到"优化儿童成长环境，使困境儿童受到特殊保护"，在"社会保障与服务"部分中提到，"完善社会保障机制，促进困境儿童的生存与发展"。这里直接使用了"困境儿童"一词，用以指代孤儿、残疾儿童和弃婴三类儿童。随后，民政系统的工作中开始使用"困境儿童"一词来指代各类特殊儿童群体，比如，2006年的《关于加强孤儿救助工作的意见》、2008年的《民政部关于印发2008年工作要点的通知》等。此后，在上海、浙江等地的地方性文件中也开始使用"困境儿童"一词。2011年，民政部《关于加快发展孤儿和困境儿童福利事业的意见》首次明确提出，困境儿童包括流浪儿童、事实无人抚养儿童、受艾滋病影响儿童、父母服刑或戒毒期间的儿童、困难家庭患重病和罕见病儿童等类型。2011年年底，民政部、国家发展和改革委员会发布的《民政事业发展第十二个五年规划》提出要"建立困境儿童分类保障制度"，这里对于"困境儿童"的界定仍然与《关于加快发展孤儿和困境儿童福利事业的意见》中一致。而2011年的《中国儿童发展纲要（2011—2020年）》和2015年的《国家贫困地区儿童发展规划（2014—2020年）》并未沿用"困境儿童"一词，而是用"特殊困难儿童"作为了替代，指出要"加强留守儿童、孤残儿童、流浪儿童等特殊困难儿童的福利保障、特殊教育、救助保护等政策措施"等。此外，2013年的《民政部关于开展未成年人社会保护试点工作的通知》则是使用了"困境未成年人"一词，指代流浪乞讨、失学辍学、留守流动、监护缺失等情况下的儿童。虽然上述文件中用词不尽一致，但对于儿童的界定范围是基本相同的。

2014年《民政部关于进一步开展适度普惠型儿童福利制度建设试点工作的通知》在延续上述"困境儿童"定义的基础上，提出了"困境家庭儿童"的概念。通知中将儿童分为孤儿、困境儿童、困境家庭儿童、普通儿童。明确指出"困境儿童"是"自身状况存在困境的儿童，分为残疾儿童、重病儿童和流浪儿童三类"，而"困境家庭儿童"指家庭状况存在困境的儿童，分为父母重度残疾或重病的儿童、父母长期服刑在押或强制戒毒的儿童、父母一方死亡另一方因其他情况无法履行抚养义务和监护职责的儿童、困难家庭的儿童四类。2014年的《民政部关于开展第二批全国未成年人社会保护试点工作的通知》扩展了2013年的《民政部关于开展未成年人社会保护工作的通知》中的"困境未成年人"概念，将"困境未成年人"分为"因监护人服刑、吸毒、重病重残等原因事实上无人抚养的未成年人，遭受家庭暴力、虐待、遗弃等侵害的未成年人，缺乏有效关爱的留守流动未成年人，因家庭贫困难以顺利成长的未成年人，以及自身遭遇重病重残等特殊困难的未成年人"五类。这一阶段，"困境儿童"和"困境家庭儿童"是两个独立的概念，而"困境未成年人"的概念包括了"困境儿童"和"困境家庭儿童"概念，但都是从儿童自身和自身以外两个维度来界定。此阶段的"困境儿童"定义是将"困难家庭儿童"排除在外的。

"困境儿童"的定义在经历了"宽泛"到"集中"的过程后，我国政府对其进行了再定义，使其含义又回归了"宽泛"。这一阶段中，"困境儿童"在政策文件中的定义已趋于成熟，无论如何表述都基本可以归纳为由于"儿童自身（比如残疾、重病）"和"自身之外（家

第七章 困难家庭儿童的心理健康

庭、外界)"一系列原因导致处于困境的儿童。2015年政府工作报告中提到,要健全困境儿童福利保障制度和服务体系,兜住、兜牢民生底线。同年8月,民政部发布《关于进一步加强困境儿童临时救助工作的通知》,指出"困境儿童"是由于儿童自身、家庭和外界原因而陷入基本生存、发展和受保护危机,需要帮助的儿童,主要包括孤儿、艾滋病病毒感染儿童、事实无人抚养儿童或父母因病因残无力抚养儿童、低收入家庭重病重残儿童、流浪乞讨儿童等。"困境儿童"在我国正式界定是在2016年,《国务院关于加强困境儿童保障工作的意见》(以下简称意见)提出"困境儿童"包括三类:第一,因家庭贫困导致生活、就医、就学等困难的儿童;第二,因自身残疾导致康复、照料、护理和社会融入等困难的儿童;第三,因家庭监护缺失或监护不当遭受虐待、遗弃、意外伤害、不法侵害等导致人身安全受到威胁或侵害的儿童。目前政策及学术界普遍认可这一概念界定。对于意见中提到的"第一,因家庭贫困导致生活、就医、就学等困难的儿童",结合各地方实施细则,一般包括"无劳动能力、无生活来源、法定抚养人无抚养能力的儿童;遭遇突发性事件,或因其他特殊原因导致家庭基本生活陷入困境的儿童"。意见中也明确指出"对于无劳动能力、无生活来源、法定抚养人无抚养能力的未满16周岁儿童,纳入特困人员救助供养范围。对于法定抚养人有抚养能力但家庭经济困难的儿童,符合最低生活保障条件的纳入保障范围并适当提高救助水平。对于遭遇突发性、紧迫性、临时性基本生活困难家庭的儿童,按规定实施临时救助时要适当提高对儿童的救助水平。对于其他困境儿童,各地区也要做好基本生活保障工作"。也就是说,"困难家庭儿童"属于"困境儿童"的范畴之内。

结合研究数据的实际情况,本书所探讨的"困境儿童"是指因家庭贫困导致生活、就医、就学等困难的儿童。《中国儿童发展报告2017》指出,2013年大约有3.85亿儿童生活在极端贫困的家庭中,2016年中国还有4335万贫困人口,约20%是儿童(0—15岁)。本书所探讨的这一类的"困境儿童"在我国的规模已经十分庞大。

二 相关政策梳理

当前对于困难家庭儿童及家庭的政策主要集中于最低生活保障制度、教育政策、医疗政策、住房政策、就业政策以及保证营养方面政策等。相关政策中改善困难家庭儿童心理健康状况方面的内容相对较少。

（一）最低生活保障制度

2011年《中国儿童发展纲要（2011—2020）》中提出，"要完善城乡居民最低生活保障制度，通过分类施保提高贫困家庭儿童生活水平"。2014年国务院发布的《社会救助暂行办法》也提出："对最低生活保障的家庭，按月发给最低生活保障金，并且对获得最低生活保障后生活仍有困难的未成年人，县级以上地方人民政府应当采取必要措施给予生活保障。"

（二）教育政策

1986年全国人大通过的《义务教育法》中提出九年义务教育制、"对接受义务教育制的学生免收学费，设立助学金帮助贫困学生就学"开始至今，国家针对家庭经济困难的儿童建立了较为完备的学生资助政策体系，包括高校学生资助政策，中职学生资助政策，普通高中学生资助政策，义务教育阶段学生资助政策，学前教育资助政策。

具体来说包括九年义务教育制，"两免一补"（"免杂费、免书本费、逐步补助寄宿生生活费"），发放助学金、安排勤工俭学、给予生活补助，保证贫困的适龄女性儿童少年完成义务教育，国务院和县级以上地方人民政府应当合理配置教育资源，促进义务教育均衡发展，改善薄弱学校的办学条件，普惠性学前教育，助学工程等方式保障教育救助对象基本学习、生活需求。

（三）医疗政策

医疗政策体现在贫困家庭从怀孕生子到后续抚养孩子的部分医疗救助上。2001年5月，国务院通过的《中国儿童发展纲要（2001—2010年)》中提出，多渠道设立贫困家庭的疾病救助基金，帮助特困家庭孕产妇和儿童获得必要的医疗救助。同时，国家推行生育保险制度，建立健全与生育相关的其他保障制度。地方各级人民政府和有关部门应当按照有关规定为贫困妇女提供必要的生育救助。2014年的《社会救助暂行办法》中针对无劳动能力、无生活来源且无法定抚养义务人，或者其法定抚养义务人无抚养能力的未满16周岁的未成年人，提供基本生活条件；对生活不能自理的给予照料；提供疾病治疗。

（四）住房政策

《社会救助暂行办法》中提出"配租公共租赁住房、发放住房租赁补贴、农村危房改造"以保证困难家庭儿童及家庭的住房问题。

（五）就业政策

《社会救助暂行办法》中提出"国家对最低生活保障家庭中有劳动能力并处于失业状态的成员，通过贷款贴息、社会保险补贴、岗位补贴、培训补贴、费用减免、公益性岗位安置等办法改善困难家庭儿童的家庭成员的就业问题"。

（六）保证营养方面政策

2015年，国务院办公厅发布的《国家贫困地区儿童发展规划（2014—2020年）》中提出，扩大贫困地区困难家庭婴幼儿营养改善试点范围，以低保家庭、低保边缘家庭为重点，逐步覆盖到集中连片特殊困难地区的680个县，预防儿童营养不良和贫血。

（七）心理健康政策

改善困难家庭儿童心理健康状况方面的内容相对较少，相关政策包括：为困难家庭儿童提供心理咨询与辅导、情感关怀、心理健康教育宣传活动，以帮助他们化解心理压力，克服心理障碍，引导学生心理、人格积极健康发展。

第三节 数据描述与统计分析结果

一 数据描述

（一）抽样

本研究数据来源于2018年度"托底性民生保障政策支持系统建

设"项目人群调查。项目采用计算机辅助面访（CAPI）的调查方式，于2018年7月至2018年9月对全国29个省内1800多个村居展开了数据收集工作。

共回收有效问卷3342份，剔除存在数据缺失的样本后，共有2839个样本纳入研究的分析中，其中，低保家庭儿童样本数为1196，边缘户家庭儿童样本数为862，普通家庭儿童样本数为781。本章选择低保家庭儿童作为困难家庭儿童的代表。

（二）测量方法

研究从以下几个方面对儿童展开测量：

在心理健康方面，本研究采用了Revised Child Anxiety and Depression Scale（25-item short version）。该量表将心理健康分为了焦虑和抑郁两个维度，并提供了两个维度及总体的分数和分类方法（1=正常，2=边缘，3=出现临床症状）。

在个体因素方面，研究测量了儿童的年龄（连续型变量）、性别（1=男，0=女）以及健康状况（1=非常好，2=很好，3=一般，4=比较差，5=非常差）。

在家庭因素方面，本研究测量了父亲的教育程度（1=小学或以下，2=初中或中专技校，3=高中或以上）、母亲教育程度（1=小学或以下，2=初中或中专技校，3=高中或以上）、父母婚姻状况（1=未离异，0=离异）以及父母健康状况（1=非常好，2=很好，3=一般，4=比较差，5=非常差）。此外，研究还测量了关于父母与子女之间亲子关系的一系列题目，共计11题，包括：父亲是否经常照料孩子、与孩子说话聊天、沟通学校的事情、辅导作业；母亲是否经常照料孩子、与孩子说话聊天、沟通学校的事情、辅导作业；父母是否经常因为成绩限制孩子的活动、父亲是否经常打骂孩子、母亲是否经常打骂孩子。在此基础上，利用因子分析方法探索了亲子关系相关问题的内在结构，分析具体情况，详见表1。

在学校因素方面，研究测量了儿童是否欺负同学（1=从未欺负同学，0=欺负过同学）、是否被同学欺负（1=从未被同学欺负，0=

第七章　困难家庭儿童的心理健康

被同学欺负过）、与老师的关系（1＝非常亲密，2＝比较亲密，3＝一般，4＝比较疏远，5＝非常疏远）、学校物理环境（1＝非常安全，比较安全，3＝一般，4＝不太安全，5＝非常不安全）。

在社区因素方面，研究测量了邻里关系（1＝比较熟悉或熟悉，0＝其他）和地理位置（1＝中心城区，2＝边缘城区或城乡接合部，3＝其他）。

（三）数据分析方法

本研究采用 SPSS 22.0 统计分析软件进行描述性统计、相关分析、方差分析、探索性因子分析以及多元线性回归等分析。

二　统计分析

（一）困难家庭儿童的亲子互动模式

本部分首先通过探索性因子分析（主成分法）的方式，将问卷中关于亲子互动的 11 道题目进行了因子提取。在 11 道题目中，因子载荷低于 0.3 或交叉载荷高于 0.4 的题目将被剔除。最终，11 道题目全部保留下来。球形检验（$p<0.001$）和 KMO 检验（KMO 值为 0.688）结果显示（如表 1），观测数据基本符合探索性因素分析要求。在探索性因子分析中，3 个特征根大于 1 的因子被提取出来，特征根分别为 2.376、1.841、1.245。11 道题目的因子载荷取值范围为 0.529 到 0.746。第一个因子包括 4 道题目，即母亲是否经常照料孩子、与孩子说话聊天、沟通学校的事情、母亲是否经常辅导作业。根据各题目的含义，第一个因子被命名为"亲子团结—母亲"。第二个因子包括 4 道题目，即父亲是否经常照料孩子、与孩子说话聊天、沟通学校的事情、辅导作业。根据各题目的含义，第二个因子被命名为"亲子团结—父亲"。第三个因子包括 3 道题目，即父母是否经常因为成绩限制孩子的活动、父亲是否经常打骂孩子、母亲是否经常打骂孩子。根据各题目的含义，第三个因子被命名为"亲子矛盾"。

表 1 亲子互动的探索性因子分析

	因子 1	因子 2	因子 3
因子 1：亲子团结—母亲			
母亲是否经常照料孩子	0.746	-0.014	0.088
母亲是否经常与孩子说话聊天	0.741	0.183	-0.092
母亲是否经常沟通学校的事情	0.791	0.161	-0.035
母亲是否经常辅导作业	0.661	-0.200	0.067
因子 2：亲子团结—父亲			
父亲是否经常照料孩子	-0.026	0.655	0.048
父亲是否经常与孩子说话聊天	0.164	0.659	-0.094
父亲是否经常沟通学校的事情	0.183	0.741	-0.062
父亲是否经常辅导作业	-0.218	0.642	0.107
因子 3：亲子矛盾			
父母是否经常因为成绩限制孩子的活动	0.051	-0.018	0.529
父亲是否经常打骂孩子	-0.041	0.082	0.689
母亲是否经常打骂孩子	0.006	-0.052	0.667
特征根	2.376	1.841	1.245
方差解释（%）	21.596	16.736	11.314
累计百分比（%）	49.645		

由于亲子互动涉及儿童和父母双方，因此在比较不同群体间亲子关系的差异时，应将家庭类型（低保家庭、边缘户家庭、普通家庭）和家庭结构同时考虑进来。研究将儿童的家庭结构分为父母双全、仅

第七章 困难家庭儿童的心理健康

父亲在世、仅母亲在世、父母均不在世（表2）。

在父母双全的低保家庭（N=1161）中，父亲与儿童的亲子互动平均分为1.4；母亲与儿童的亲子互动平均分为2.0；代际矛盾的平均分为0.2。在父母双全的边缘户家庭（N=849）中，父亲与儿童的亲子团结平均分为1.5；母亲与儿童的亲子团结平均分为2.3；亲子矛盾的平均分为0.2。在父母双全的普通家庭（N=781）中，父亲与儿童的亲子团结平均分为1.6；母亲与儿童的亲子团结平均分为2.6；亲子矛盾的平均分为0.3。在三种家庭类型间的亲子互动差异方面，方差分析的结果显示，在父亲与儿童的亲子团结上，低保家庭与普通家庭之间的差异显著，低保家庭显著低于普通家庭；在母亲与儿童的亲子团结上，三种家庭类型两两之间的差异均显著，低保家庭显著低于边缘户家庭和普通家庭，边缘户家庭显著低于普通家庭；在亲子矛盾上，低保家庭与普通家庭之间的差异显著，低保家庭显著低于普通家庭。

在仅父亲在世的低保家庭（N=24）中，父亲与儿童的亲子团结平均分为0.3；亲子矛盾的平均分为0.1。在仅父亲在世的边缘户家庭（N=7）中，父亲与儿童的亲子团结平均分为0.6；亲子矛盾的平均分为0.4。在仅父亲在世的普通家庭（N=2）中，父亲与儿童的亲子团结平均分为0.5；亲子矛盾的平均分为0（标准差为0）。在三种家庭类型间的亲子互动差异方面，方差分析的结果显示，在父亲与儿童的亲子团结上，三种家庭类型间的差异均不显著；在亲子矛盾上，低保家庭与边缘户家庭的差异显著，低保家庭显著低于边缘户家庭。

在仅母亲在世的低保家庭（N=9）中，母亲与儿童的亲子团结平均分为0.7；亲子矛盾的平均分为0.2。在仅母亲在世的边缘户家庭（N=4）中，母亲与儿童的亲子团结平均分为1.75；亲子矛盾的平均分为0。样本中不存在仅母亲在世的普通家庭。三种家庭类型间的父亲与儿童的亲子团结、母亲与儿童的亲子团结、亲子矛盾三方面的差异均不显著。

此外，样本中只有4位儿童（2位低保家庭儿童，2位边缘户家庭儿童）的父母均不在世，故不讨论其亲子互动状况。

表2　　　　　　　　　不同群体的亲子互动模式

家庭结构		家庭类型			Post-Hoc tests1
		低保家庭儿童（N=1196）	边缘户家庭儿童（N=862）	普通家庭儿童（N=781）	
		平均值±标准差	平均值±标准差	平均值±标准差	
父母双全	亲子团结—父亲	1.4±1.2	1.5±1.1	1.6±1.1	1/3 3/1
	亲子团结—母亲	2.0±1.4	2.3±1.3	2.6±1.2	1/2, 3 2/1, 3 3/1, 2
	亲子矛盾	0.2±0.5	0.2±0.5	0.3±0.5	1/3 3/1
		N=1161	N=849	N=779	
仅父亲健在	亲子团结—父亲	0.3±0.9	0.6±0.5	0.5±0.7	无
	亲子团结—母亲	—	—	—	—
	亲子矛盾	0.1±0.3	0.4±0.5	0±0	1/2 2/1
		N=24	N=7	N=2	
仅母亲健在	亲子团结—父亲	—	—	—	—
	亲子团结—母亲	0.7±1.1	1.75±1.3	—	无
	亲子矛盾	0.2±0.4	0±0	—	无
		N=9	N=4	N=0	
父母均不在世	亲子团结—父亲	0	0	0	—
	亲子团结—母亲	0	0	0	
	亲子矛盾	0	0	0	
		N=2	N=2	N=0	

注：低保家庭儿童为组1；边缘户家庭儿童为组2；普通家庭儿童为组3。

第七章 困难家庭儿童的心理健康

（二）困难家庭的儿童心理健康情况

在父母双全的低保家庭（N=1161）中，儿童抑郁量表的平均分为16.5，47.9%的儿童存在临床上的抑郁症状（N=556）；儿童焦虑量表的平均分为26.5，69.6%的儿童存在临床上的焦虑症状（N=808）；儿童心理健康总量表的平均分为43.0，71.7%的儿童存在临床上的心理健康问题（N=833）。在父母双全的边缘户家庭（N=849）中，儿童抑郁量表的平均分为16.2，46.4%的儿童存在临床上的抑郁症状（N=394）；儿童焦虑量表的平均分为26.4，64.9%的儿童存在临床上的焦虑症状（N=551）；儿童心理健康总量表的平均分为42.6，68.8%的儿童存在临床上的心理健康问题（N=584）。在父母双全的普通家庭（N=779）中，儿童抑郁量表的平均分为16.0，43.4%的儿童存在临床上的抑郁症状（N=338）；儿童焦虑量表的平均分为26.5，63.5%的儿童存在临床上的焦虑症状（N=495）；儿童心理健康总量表的平均分为42.5，66.6%的儿童存在临床上的心理健康问题（N=519）。在三种家庭类型间的儿童心理情况比较中，三组儿童在抑郁、焦虑、心理健康存在临床症状的比例方面，从高到低的排序依次为低保家庭儿童、边缘户家庭儿童、普通家庭儿童。然而，方差分析显示，组间差异仅在低保家庭儿童与普通家庭儿童间的抑郁分数比较上是显著的，低保家庭儿童的抑郁分数显著高于普通家庭儿童。

在仅父亲健在的低保家庭（N=24）中，儿童抑郁量表的平均分为16.3，45.8%的儿童存在临床上的抑郁症状（N=11）；儿童焦虑量表的平均分为27.5，75.0%的儿童存在临床上的焦虑症状（N=18）；儿童心理健康总量表的平均分为43.9，83.3%的儿童存在临床上的心理健康问题（N=20）。在仅父亲健在的边缘户家庭（N=7）中，儿童抑郁量表的平均分为 15.4，57.1% 的儿童存在临床上的抑郁症状（N=4）；儿童焦虑量表的平均分为 27.0，85.7%的儿童存在临床上的焦虑症状（N=6）；儿童心理健康总量表的平均分为 42.4，85.7% 的儿童存在临床上的心理健康问题（N=6）。在仅父亲健在的普通家庭（N=2）中，儿童抑郁量表的平均分为 11.5；儿童焦虑量表的平均分为 17.5；儿童心理健康总量表的平均分为 29.0。三种家庭类型间的儿童心理情况无显著差异。

在仅母亲健在的低保家庭（N=9）中，儿童抑郁量表的平均分为 18.0，77.8% 的儿童存在临床上的抑郁症状（N=7）；儿童焦虑量表的平均分为 28.3，88.9% 的儿童存在临床上的焦虑症状（N=8）；儿童心理健康总量表的平均分为 46.3，100.0% 的儿童存在临床上的心理健康问题（N=9）。在仅母亲健在的边缘户家庭（N=4）中，儿童抑郁量表的平均分为 16.0，50.0% 的儿童存在临床上的抑郁症状（N=2）；儿童焦虑量表的平均分为 23.8，75.0% 的儿童存在临床上的焦虑症状（N=3）；儿童心理健康总量表的平均分为 39.7，100.0% 的儿童存在临床上的心理健康问题（N=4）。此外，本研究中并没有仅母亲健在的普通家庭儿童样本。在仅母亲健在的低保家庭儿童与边缘户家庭儿童间的心理状况比较上，未发现显著差异。

在父母均不在世的低保家庭（N=2）中，儿童抑郁量表的平均分为 19.5，100.0% 的儿童存在临床上的抑郁症状（N=2）；儿童焦虑量表的平均分为 33.0，100.0% 的儿童存在临床上的焦虑症状（N=2）；儿童心理健康总量表的平均分为 52.5，100.0% 的儿童存在临床上的心理健康问题（N=2）。在父母均不在世的边缘户家庭（N=2）中，儿童抑郁量表的平均分为 13.5；儿童焦虑量表的平均分为 25.0，50.0% 的儿童存在临床上的焦虑症状（N=1）；儿童心理健康总量表的平均分为 38.5，50.0% 的儿童存在临床上的心理健康问题

第七章　困难家庭儿童的心理健康

（N=1）。此外，本研究中并没有父母均不在世的普通家庭儿童样本。在父母均不在世的低保家庭儿童与边缘户家庭儿童间的心理状况比较上，未发现显著差异。

由于本书的重点在于讨论低保家庭（困难家庭）儿童的亲子关系与心理健康情况之间的联系，在充分了解了低保家庭儿童所在家庭结构（父母双全、仅父亲健在、仅母亲健在、父母均不在世）的分布之后，考虑到统计意义以及亲子互动情况在不同家庭结构家庭间的可比较性等问题，本书最终决定选择父母双全的低保家庭儿童作为后续研究的研究对象。

（三）困难家庭儿童的其他基本情况

在个体因素方面，1161位儿童的平均年龄为13.3岁；男生占51.7%，女生占48.3%；近一半的儿童自评健康状况较好，仅有5.6%和2.2%的儿童自评健康状况为比较差和非常差。

在家庭因素方面，除表4所描述的亲子互动情况外，83.5%儿童的父亲教育程度在小学及以下；84.8%儿童的母亲教育程度在小学及以下；20.2%儿童的父母目前处于离异状态。

在学校因素方面，23.2%的儿童表示自己欺负过同学；36.1%的儿童表示被同学欺负过；超过一半的儿童表示自己与老师关系较好。

在社区因素方面，76.3%的儿童生活在相对熟悉的邻里环境中；26.7%的儿童生活在中心城区，30.3%的儿童生活在边缘城区或城乡接合部。

（四）困难家庭儿童的亲子互动与心理健康之间关系

在探索困难家庭儿童亲子互动与其心理健康之间关系之前，为避免共线性的发生，本书采用相关分析的方式计算了所有计划加入回归模型的变量之间的相关系数。如表5所示，本书纳入考虑范围的因变

表3　不同群体儿童的心理健康情况比较

家庭结构			家庭类型							
			低保家庭儿童（N=1196）			边缘户家庭儿童（N=862）			普通家庭儿童（N=781）		Post-Hoc tests1
			频率	百分比（%）	平均值±标准差	频率	百分比（%）	平均值±标准差	频率	百分比（%）	平均值±标准差	
父母双全	抑郁	正常	367	31.6		300	35.3		282	36.2	
		边缘	238	20.5		155	18.3		159	20.4	
		出现临床症状	556	47.9		394	46.4		338	43.4	
			N=1161		16.5±4.0	N=849		16.2±4.0	N=779		16.0±3.9	1/3 3/1
	焦虑	正常	195	16.8		160	18.8		163	20.9	
		边缘	158	13.6		138	16.3		121	15.5	
		出现临床症状	808	69.6		551	64.9		495	63.5	
			N=1161		26.5±6.2	N=849		26.4±6.4	N=779		26.5±6.4	无
	心理健康总分	正常	165	14.2		145	17.1		143	18.4	
		边缘	163	14.0		120	14.1		117	15.0	
		出现临床症状	833	71.7		584	68.8		519	66.6	

第七章 困难家庭儿童的心理健康

续表

家庭结构			低保家庭儿童（N=1196）			边缘户家庭儿童（N=862）			普通家庭儿童（N=781）			Post-Hoc tests1
			频率	百分比（%）	平均值±标准差	频率	百分比（%）	平均值±标准差	频率	百分比（%）	平均值±标准差	
仅父亲健在	抑郁		N=1161		43.0±9.3	N=849		42.6±9.5	N=779		42.5±9.4	无
		正常	6	25.0		2	28.6		2	100.0		
		边缘	7	29.2		1	14.3		0	0		
		出现临床症状	11	45.8		4	57.1		0	0		
	焦虑		N=24		16.3±4.0	N=7		15.4±3.3	N=2		11.5±0.7	无
		正常	3	12.5		0	0		2	100.0		
		边缘	3	12.5		1	14.3		0	0		
		出现临床症状	18	75.0		6	85.7		0	0		
	心理健康总分		N=24		27.5±7.8	N=7		27.0±8.1	N=2		17.5±2.1	无
		正常	2	8.3		0	0		2	100.0		
		边缘	2	8.3		1	14.3		0	0		
		出现临床症状	20	83.3		6	85.7		0	0		
			N=24		43.9±10.7	N=7		42.4±9.5	N=2		29.0±2.8	无

续表

家庭结构			家庭类型							Post-Hoc tests1
			低保家儿童（N=1196）			边缘户家庭儿童（N=862）			普通家庭儿童（N=781）	
			频率	百分比（%）	平均值±标准差	频率	百分比（%）	平均值±标准差	频率	百分比（%）	平均值±标准差
仅母亲健在	抑郁	正常	2	22.2		1	25.0		0	0	
		边缘	0	0		1	25.0		0	0	
		出现临床症状	7	77.8		2	50.0		0	0	
			N=9		18.0±4.8	N=4		16.0±3.2	N=0		无
	焦虑	正常	0	0		0	0		0	0	
		边缘	1	11.1		1	25.0		0	0	
		出现临床症状	8	88.9		3	75.0		0	0	
			N=9		28.3±5.0	N=4		23.8±1.0	N=0		无
	心理健康总分	正常	0	0		0	0		0	0	
		边缘	0	0		0	0		0	0	
		出现临床症状	9	100.0		4	100.0		0	0	

第七章 困难家庭儿童的心理健康

续表

家庭结构			家庭类型							Post-Hoc tests[1]
			低保家庭儿童（N=1196）			边缘户家庭儿童（N=862）			普通家庭儿童（N=781）	
			频率	百分比（%）	平均值±标准差	频率	百分比（%）	平均值±标准差	频率	百分比（%）	平均值±标准差	
父母均不在世	抑郁	正常	N=9	0	46.3±8.9	N=4	2	39.7±4.1	N=0	0	0	无
		边缘	0	0		0	100.0		0	0		
		出现临床症状	2	100.0		0	0		0	0		
	焦虑	正常	N=2	0	19.5±3.5	N=2	1	50.0	13.5±2.1	N=0	0	0	无
		边缘	0	0		0	0		0	0		
		出现临床症状	2	100.0	33.0±4.2	1	50.0		0	0		
	心理健康总分	正常	N=2	0		N=2	1	50.0	25.0±8.5	N=0	0	0	无
		边缘	0	0		0	0		0	0		
		出现临床症状	2	100.0	52.5±7.8	1	50.0	38.5±10.6	0	0		

注：[1] 低保家庭儿童为组1；边缘户家庭儿童为组2；普通家庭儿童为组3。

表4　　　　　　　　　　困难家庭儿童的基本情况

			频率	百分比（%）	平均值±标准差
个体因素	年龄				13.3±2.3
	性别	男	600	51.7	
		女	561	48.3	
	健康状况	非常好	236	20.3	
		很好	324	27.9	
		一般	511	44.0	
		比较差	65	5.6	
		非常差	25	2.2	
家庭因素	父亲教育	小学及以下	970	83.5	
		初中或中专技校	82	7.1	
		高中及以上	109	9.4	
	母亲教育	小学及以下	984	84.8	
		初中或中专技校	75	6.5	
		高中及以上	102	8.8	
	父母婚姻状况	未离异	926	79.8	
		离异	235	20.2	
	父亲健康状况	不知道	1		
		非常好	53		
		很好	114		
		一般	519		
		比较差	273		
		非常差	201		
	母亲健康状况	不知道	1		
		不知道	11		
		非常好	63		
		很好	139		
		一般	564		
		比较差	230		
		非常差	154		

第七章 困难家庭儿童的心理健康

续表

		频率	百分比（%）	平均值±标准差
学校因素	是否欺负同学 从未欺负过同学	892	76.8	
	欺负过同学	269	23.2	
	是否被同学欺负 从未被同学欺负	742	63.9	
	被同学欺负过	419	36.1	
	学校物理环境 非常安全	560	48.2	
	比较安全	512	44.1	
	不太安全	72	6.2	
	非常不安全	17	1.5	
	与老师关系 非常亲密	144	12.4	
	比较亲密	443	38.2	
	一般	501	43.2	
	比较疏远	44	3.8	
	非常疏远	29	2.5	
社区因素	与邻居的熟悉程度 其他	275	23.7	
	比较熟悉，都熟悉	886	76.3	
	地理位置 中心城区	310	26.7	
	边缘城区	180	15.5	
	城乡接合部	172	14.8	
	城区以外的镇/乡镇中心	129	11.1	
	乡镇附近	196	16.9	
	离乡镇较远的地区	173	14.9	
	其他	1	0.1	

277

量有三个，分别为：抑郁、焦虑、心理健康总分；本书纳入考虑范围的自变量包括四个方面：个体因素（儿童年龄、儿童性别、儿童健康状况）、家庭因素（父亲教育程度、母亲教育程度、父母婚姻状况、亲子团结—父亲、亲子团结—母亲、亲子矛盾）、学校因素（是否欺负同学、是否被同学欺负、和老师关系）、社区因素（与邻居的熟悉程度、地理位置）。相关分析结果显示，除三个因变量之间存在高度相关关系外，因变量与自变量之间、各个自变量之间均不存在高相关关系，因此可以判定，表5中所列出的自变量均可纳入回归模型中。

多元线性回归结果显示，儿童的心理健康情况与个体因素（儿童年龄、儿童性别、儿童健康状况）、家庭因素（亲子团结—母亲、亲子矛盾）、学校因素（是否被同学欺负、和老师的关系）、社区因素（与邻居的熟悉程度、地理位置）有关。年龄越大、女性、与母亲的亲子团结较差、亲子矛盾较多、自评健康状况一般或较差、被同学欺负过、和老师关系一般或不亲密、与邻居的熟悉度低、居住在非中心城区的儿童，心理健康情况越差（量表总分越高）。整个模型的解释力度为17.0%。

儿童的抑郁状况与个体因素（儿童年龄、儿童性别、儿童健康状况）、家庭因素（亲子团结—父亲、亲子团结—母亲、亲子矛盾）、学校因素（是否被同学欺负、和老师的关系）、社区因素（与邻居的熟悉程度、地理位置）有关。年龄越大、女性、自评健康状况较差、与父亲的亲子团结较差、与母亲的亲子团结较差、亲子矛盾较多、被同学欺负过、和老师关系一般或不亲密、与邻居的熟悉度低、居住在非中心城区的儿童，抑郁水平越高。整个模型的解释力度为18.3%。

儿童的焦虑状况与个体因素（儿童年龄、儿童性别）、家庭因素（亲子团结—母亲、亲子矛盾）、学校因素（是否被同学欺负、和老师的关系）、社区因素（地理位置）有关。年龄越大、女性、与母亲的亲子团结较差、亲子矛盾较多、被同学欺负过、和老师关系一般或不亲密、居住在非中心城区的儿童，焦虑水平越高。整个模型的解释力度为11.9%。

第七章 困难家庭儿童的心理健康

表5 相关分析

	抑郁	焦虑	心理健康总分	儿童年龄	儿童性别	儿童健康状况	父亲教育情况	母亲教育情况	父母婚姻状况	亲子团结—父亲	亲子团结—母亲	亲子矛盾	欺负同学	被同学欺负	和老师关系	与邻居的熟悉度	地理位置
抑郁	—																
焦虑	0.636**	—															
心理健康总分	0.856**	0.943**	—														
儿童年龄	0.004	-0.017	-0.010	—													
儿童性别	-0.015	-0.071*	-0.054	0.031	—												
儿童健康状况	0.158**	0.086**	0.125**	-0.073*	0.036	—											
父亲教育情况	-0.056	-0.099**	-0.086**	-0.040	0.010	-0.030	—										
母亲教育情况	-0.068*	-0.055	-0.067*	-0.078**	-0.022	-0.006	0.308**	—									
父母婚姻状况	0.072*	0.052	0.065*	0.012	-0.023	0.035	0.065*	0.050	—								
亲子团结—父亲	-0.132**	-0.076**	-0.108**	0.043	0.024	-0.075*	0.032	0.013	0.111**	—							

续表

	抑郁	焦虑	心理健康总分	儿童年龄	儿童性别	儿童健康状况	父亲教育情况	母亲教育情况	父母婚姻状况	亲子团结—父亲	亲子团结—母亲	亲子矛盾	欺负同学	被同学欺负	和老师关系	与邻居的熟悉度	地理位置
亲子团结—母亲	−0.186**	−0.132**	−0.169**	0.002	−0.005	−0.077**	0.099**	0.109**	−0.048	−0.008	—						
亲子矛盾	0.185**	0.158**	0.185**	−0.152**	0.077**	0.060*	−0.053	0.006	−0.008	−0.058*	0.003	—					
欺负同学	0.116**	0.093**	0.111**	−0.085**	0.081**	0.042	−0.014	0.020	−0.002	−0.050	−0.055	0.053	—				
被同学欺负	0.231**	0.218**	0.242**	−0.177**	0.073*	0.057	−0.058*	0.017	−0.008	−0.073**	−0.040	0.153**	0.399**	—			
和老师关系	0.227**	0.125**	0.182**	−0.011	0.119**	0.103**	−0.004	−0.062*	−0.021	−0.067**	−0.140**	0.110**	0.104**	0.066*	—		
与邻居的熟悉度	0.188**	0.104**	0.148**	0.083**	0.008	0.056	0.060*	0.036	0.112**	−0.038	−0.121**	0.060*	0.038	−0.012	0.213**	—	
地理位置	0.117**	0.132**	0.135**	0.035	−0.002	0.008	−0.254**	−0.265**	−0.134**	−0.006	−0.117**	0.012	0.041	0.044	0.042	−0.146**	—

注：与抑郁、焦虑、心理健康总分均无显著相关性的变量未在本表格内列出。

第七章 困难家庭儿童的心理健康

表6　　　　　　　　　心理健康的影响因素分析

	心理健康总分		抑郁		焦虑	
	Beta	p value	Beta	p value	Beta	p value
个体因素						
父母婚姻情况	0.036	0.219	0.029	0.321	0.035	0.243
儿童年龄	0.081	0.004	0.093	0.001	0.061	0.035
儿童性别	-0.103	0.000	-0.069	0.011	-0.109	0.000
儿童健康状况很好/非常好	-0.154	0.003	-0.212	0.000	-0.094	0.081
儿童健康状况一般	-0.072	0.169	-0.118	0.022	-0.031	0.564
家庭因素						
亲子团结—父亲	-0.049	0.073	-0.073	0.007	-0.026	0.348
亲子团结—母亲	-0.087	0.004	-0.103	0.000	-0.063	0.040
亲子矛盾	0.124	0.000	0.119	0.000	0.109	0.000
父亲教育情况—小学或以下	0.013	0.725	0.001	0.988	0.018	0.618
父亲教育情况—初中或中专技校	-0.011	0.761	0.029	0.401	-0.035	0.336
母亲教育情况—小学或以下	0.017	0.634	0.020	0.582	0.013	0.727
母亲教育情况—初中或中专技校	-0.011	0.754	-0.016	0.647	-0.006	0.864
学校因素						
是否欺负同学	0.011	0.700	0.004	0.879	0.014	0.642
是否被同学欺负	0.256	0.000	0.239	0.000	0.228	0.000
和老师关系亲密	-0.181	0.002	-0.203	0.001	-0.140	0.022
和老师关系一般	-0.072	0.214	-0.068	0.237	-0.064	0.285
社区因素						
与邻居熟悉与否	-0.074	0.008	-0.095	0.001	-0.050	0.085
地理位置—中心城区	-0.079	0.013	-0.072	0.023	-0.072	0.027
地理位置—边缘城区或城乡接合部	-0.048	0.109	-0.034	0.251	-0.050	0.107

续表

	心理健康总分		抑郁		焦虑	
	Beta	p value	Beta	p value	Beta	p value
调整后 R 方	0.170		0.183		0.119	

第四节 主要结论与政策建议

本章通过探索性因子分析的方式发现了亲子互动的三个因子，分别为亲子团结—父亲、亲子团结—母亲以及亲子矛盾。在探索亲子互动结构的基础上，本章进一步描述了低保家庭（困难家庭）、边缘户家庭以及普通家庭之间亲子互动的基本情况，并比较了三个群体亲子互动上的差异。比较中发现，困难家庭的亲子互动的亲子团结（亲子团结—父亲、亲子团结—母亲）情况显著差于其他两个群体。而与父母双全的儿童相比，仅父亲或母亲在世的儿童亲子团结情况较差。需要指出的是，受统计方法对于样本量要求的限制，本书无法验证父母双全儿童、仅父亲或母亲在世儿童之间亲子团结差异是否显著，在今后的研究中，此方面应进行进一步的验证。群体间亲子互动差异的发现启发政策制定者，在今后提升亲子关系的相关政策、方案、项目制定过程中，给予困难家庭、丧父亲或母亲家庭更多的关注，为这样家庭的儿童及其家长（父母或其他监护人）提供更有针对性的帮扶政策。群体间亲子互动差异的发现也启发实务工作者在今后改善亲子关系、提升亲子互动质量的日常工作中，应注意识别困难家庭，特别是父亲或母亲离世家庭。而亲子互动结构的发现则启发实务工作者可以有针对性地从三个亲子互动因子内所涉及的题目入手开展实务工作，以提升亲子互动质量。

在儿童的心理健康状况方面，本章对困难家庭、边缘户家庭以及普通家庭的儿童心理状况总分、抑郁情况、焦虑情况分别进行了描述，并比较了三种家庭类型下儿童心理健康状况的差异。研究发现，

第七章 困难家庭儿童的心理健康

困难家庭儿童存在心理健康问题的比例非常大。父母双全儿童有47.9%存在抑郁问题,69.6%存在焦虑问题,总体来看,71.7%存在心理健康问题。仅父亲或母亲健在的儿童有45.8%—77.8%存在抑郁问题,75.0%—88.9%存在焦虑问题,总体来看,83.3%—100.0%存在心理健康问题。而对于父母均不在世的儿童,在本章采用的心理健康测量方法下,所有儿童均存在抑郁、焦虑、心理健康总体上的问题。在父母双全的困难家庭儿童与普通家庭儿童的对比中发现,困难家庭儿童的抑郁问题更严重。上述结论反映出以下几个问题:第一,困难家庭儿童存在心理健康问题的比例非常高,且在抑郁上显著高于普通家庭。此方面研究结论为政策制定者和实务工作者更加深入地理解儿童心理健康状况提供了基本信息。在今后改善儿童心理健康状况的政策与服务设计与实施时,应对困难家庭儿童给予特别重视。第二,在困难家庭中,父母双全儿童的心理健康状况要好于仅父亲或母亲健在以及父母均不在世儿童的心理健康状况,这启发政策制定者和实务工作者在今后政策与服务的设计和实施过程中,重点关注困难家庭儿童的同时,还应着重关怀其中的丧亲儿童。

在困难家庭儿童的心理健康影响因素方面,本章通过多元线性回归从个人因素、家庭因素、学校因素以及社区因素四个方面发现了影响困难家庭儿童心理健康总分、抑郁以及焦虑分数的变量。困难家庭儿童的抑郁状况与个体因素(儿童年龄、儿童性别、儿童健康状况)、家庭因素(亲子团结—父亲、亲子团结—母亲、亲子矛盾)、学校因素(是否被同学欺负、和老师的关系)、社区因素(与邻居的熟悉程度、居住地位置)有关;儿童的焦虑状况与个体因素(儿童年龄、儿童性别)、家庭因素(亲子团结—母亲、亲子矛盾)、学校因素(是否被同学欺负、和老师的关系)、社区因素、(居住地位置)有关;儿童的心理健康情况与个体因素(儿童年龄、儿童性别、儿童健康状况)、家庭因素(亲子团结—母亲、亲子矛盾)、学校因素(是否被同学欺负、和老师的关系)、社区因素(与邻居的熟悉程度、地理位置)有关。通过对影响因素的梳理可以发现,亲子互动持续稳定地影响了困难家庭儿童的心理健康情况。这启发政策制定者，今后在制定政策和服务时，可以考虑从改善亲子互动情况、提升亲子关系的角度入手，通过加强家长关于亲子互动重要性方面的教育、宣传、知识普及，引起家长对于亲子互动的重视，进而改善亲子关系，改善困难家庭儿童的心理健康情况。政策制定者也可以考虑通过增加困难家庭家长带薪休假时间或弹性工作时间的方式，为家长增加与儿童的互动提供机会。影响因素的发现为实务工作者在日常工作中甄别存在心理健康问题的困难家庭儿童提供了依据和指导。此外，本章在进行亲子互动的三个因素对困难家庭儿童心理健康情况的影响对比中发现，父母与儿童的亲子团结互动对于儿童的心理健康影响是有一定差异的。父亲与儿童的亲子团结仅对儿童的抑郁状况产生影响，而对儿童的焦虑状况和心理健康总分没有显著影响。对于这一结果可以做出以下解释：通常，父亲在亲子活动中的参与度比母亲低，而且父亲花在孩子身上的亲子时间往往是与母亲共享的，在此种情况下，孩子更容易感受到母亲的陪伴，对于父亲与其在一起的亲子互动相对并不敏感。亲子互动在改善困难家庭儿童心理健康状况中的作用启发实务工作者，在提升心理健康状况时，可以考虑从亲子互动入手，而本章中对于亲子互动内在结构的分析，则为改善亲子互动状况的实践提供了参考。此外，父母与儿童互动对于儿童心理健康状况的不同影响，也启发实务工作者，在通过改善亲子互动状况提升心理健康的日常工作中，可以优先考虑从改善母亲与儿童的互动情况入手。

第八章　困难家庭儿童的社会关系

第一节　问题的提出

在儿童成长的过程中，社会关系发挥着重要作用。社会关系是推动儿童社会认知发展的重要力量。儿童的认知发展在某种程度上主要是社会关系认知的发展。[1] 社会文化理论强调想要正确把握儿童社会认知就必须将儿童置于其所属的社会关系网络中来。社会关系是影响儿童身心健康的重要因素。社会关系对健康起着直接或者间接的重要作用，如提供物质援助以及精神慰藉等。良好的社会关系对儿童精神健康有正面影响。研究发现，患有焦虑和抑郁症的儿童往往表现出更严重的社会障碍，良好的社会关系有利于缓解儿童的焦虑以及抑郁症。[2]社会关系也是影响儿童学业成绩以及能力提示的重要动力。研究表明良好的社会关系（如亲子关系、师生关系以及同伴关系）均与儿童更高的学术取向、更高的成绩以及更高的学术成功显著相关。社会关系也是影响儿童社会融入与排斥的重要影响。已有研究强调无论是旨在解释流动儿童的社会融入，还是致力于改善其融入现状，都需要

---

[1] 王荣：《儿童社会关系认知研究述评》，《心理科学》2009年第3期。

[2] Margarida Gaspar de Matos, Paula Barrett, Mark Dadds, Alison Shortt, "Anxiety, depression, and peer relationships during adolescence: Results from the Portuguese national health behaviour in school-aged children survey", *European Journal of Psychology of Education*, Vol. 18, No. 1, March 2003.

在互动的社会关系中寻找问题的本质。①

那么,应该如何正确理解儿童社会关系的内涵呢?美国发展心理学家哈普(Hartup)认为儿童的社会关系主要可以分为横向以及纵向关系。其中,横向关系主要指与拥有与自己相同数量的社会权力的个人关系,这些关系主要涉及其他儿童,并且以互惠和平等的期望为标志;纵向关系的基础是垂直依附(vertical attachments),即对具有比他们更多的知识和社会权力的个人的依附,这些关系通常涉及成年人以及部分儿童。② 不同于哈杜普的分类,弗吉尼亚大学的皮安塔(Pianta)教授主要从亲子关系以及师生关系两个维度探讨了社会关系对儿童在校表现的影响,研究发现亲子关系和师生关系在儿童的发展、人际关系维持、自我调节和任务导向的竞争力方面起着关键的作用。③ 在以往研究的基础上,美国马里兰大学人类发展学教授凯瑟琳主要从父母、教师以及同伴支持三维角度研究了社会关系对青少年在校表现以及学习动机的影响及机制。④ 庞丽娟教授等人也认为亲子关系、同伴关系和师生关系是儿童主要的社会关系。亲子关系、同伴关系和师生关系是儿童期个体拥有的三类主要的社会关系,这三类社会关系的质量对儿童的社会支持水平有着决定性的影响。此外,随着对儿童福利与社会资本研究关注点从家庭社会资本向社区社会资本的关注拓展⑤,邻里关系也逐渐成为儿童成长过程中的重要因素。邻里关系的

---

① 秘舒:《流动儿童社会融入的社会学干预策略——基于天津市 J 社区的个案研究》,《青年研究》2016 年第 5 期。

② Hartup, W. W., "Social relationships and their developmental significance", *American Psychologist*, Vol. 44, No. 2, February 1989.

③ Pianta, R. C., Nimetz, S. L., & Bennett, E., "Mother-child relationships, teacher-child relationships, and school outcomes in preschool and kindergarten", *Early Childhood Research Quarterly*, Vol. 12, No. 3, 1997.

④ Wentzel, K. R., "Social relationships and motivation in middle school: The role of parents, teachers, and peers", *Journal of Educational Psychology*, Vol. 90, No. 2, 1998.

⑤ 徐岩:《社会资本与儿童福祉——基于社会学视角的理论述评》,《中山大学学报》(社会科学版) 2015 年第 5 期。

第八章 困难家庭儿童的社会关系

不熟络和周遭环境的陌生感易导致儿童缺乏归属感。[①] 有研究表明，邻里的归属感能够影响儿童的心理健康，高水平的归属感会降低儿童的焦虑和抑郁，其内在机制使这些青少年感到更加舒适、安全、与周围的人联系更多，从而导致良好的心理机能。[②] 因此，基于已有研究，本章认为对于儿童社会关系的考察应该基于亲子关系、同伴关系、师生关系以及邻里关系四个维度。

一般而言，相较于普通儿童，处于较低社会经济水平的儿童的社会关系整体处于劣势。已有研究发现，青少年的家庭资源和个体资源对于社会关系的影响十分重要，尤其是对于那些在经济上处于劣势地位的青少年来说更是如此；经济资源与个体社会关系的结构和功能均存在相关性，贫困可能导致青少年紧张的社会关系。[③] 在亲子关系上，低收入水平使得父母在心理上感受到贫困，并降低他们与儿童温情的关系和互动，最终影响儿童的成长发展和社会情绪。在师生关系上，研究发现相较于留守儿童和普通儿童，流动儿童的师生关系最差，因为流动儿童面临的情况最为复杂，他们通常居住在城乡接合部等环境中，难以适应新学校新生活；同时家长忙于工作无暇给予积极关注，导致流动儿童在亲子和师生关系上不如留守和普通儿童。[④] 在同伴关系上，研究发现家庭贫困不仅造成和加重了学生的心理负担，也导致了交往需求下降、社交能力低下和交往经验的相对缺乏，特困生中性格内向和性格孤僻者偏多，在同伴交往中容易产生自卑心理和人际交

[①] 杨茂庆、史能兴：《身份认同理论观照少数民族流动儿童的城市社会融入与身份建构》，《民族教育研究》2018 年第 3 期。

[②] Maurizi, L. K., Ceballo, R., Epstein-Ngo, Q., & Cortina, K. S., "Does neighborhood belonging matter? Examining school and neighborhood belonging as protective factors for Latino adolescents", *American Journal of Orthopsychiatry*, Vol. 83, No. 2–3, April-July 2013.

[③] Elin Olsson, "The Economic Side of Social Relations: Household Poverty, Adolescents' Own Resources and Peer Relations", *European Sociological Review*, Vol. 23, No. 4, September 2007.

[④] 金灿灿、刘艳、陈丽：《社会负性环境对流动和留守儿童问题行为的影响：亲子和同伴关系的调节作用》，《心理科学》2012 年第 5 期。

往等多方面心理问题。① 在邻里关系上，研究表明与较高社会经济地位的青少年相比，那些处于低社会经济地位的青少年会感知到更多的邻里环境中的危险因素，如犯罪、暴力、毒品滥用，这种感知会影响青少年的心理健康水平；邻里环境中的危险因素越多，青少年抑郁、焦虑的不良情绪和行为失常就越多。②

　　基于上述文献梳理，可以看出处境不利儿童，尤其是家庭经济困难儿童的社会关系整体上处于不利地位，应予以重点关注。首先，伴随着我国儿童福利司的成立，在推进儿童福利工作的过程中，困难家庭儿童社会关系的改善对于促进儿童整体福利水平的提高具有重要意义。因此，困难家庭儿童应该成为学术研究以及政策关注的重点群体。虽然国内对这一话题的研究成果颇为丰富，但是关注的群体多为流动儿童和留守儿童③，鲜有研究关注城乡困难家庭儿童的整体情况。其次，基于数据收集的局限，已有研究大多采用的是地方省市局部调查数据，缺乏全国性的数据分析，从而可能导致代表性不足问题。再次，在问题的关注上，已有研究大多数是从社会关系四维的中一维出发，但是对社会关系四维的比较不够，儿童成长过程中不同的社会关系是否存在着同质性以及异质性？此外，在研究影响儿童社会关系的过程中，自变量的设置相对而言较为自主性，缺乏一个宏观层面的理论概括视角。最后，已有研究对弱势儿童社会关系的关注缺乏比较分析，即相对于普通家庭儿童，困难家庭儿童的社会关系又具有哪些同质性与异质性？因此，本章拟在社会生态系统理论的视角下，从微观

---

　　① 贾克水等：《对大学生贫困问题的再研究——山西财经大学贫困生及助贫工作调查》，《青年研究》2001 年第 6 期；张晓琴、陈松：《高校贫困大学生心理问题探析》，《黑龙江高教研究》2004 年第 6 期。
　　② Carol S. Aneshensel and Clea A. Sucoff, "The Neighborhood Context of Adolescent Mental Health", *Journal of Health and Social Behavior*, Vol. 37, No. 4, December 1996.
　　③ 邹泓、屈智勇、张秋凌：《我国九城市流动儿童生存和受保护状况调查》，《青年研究》2004 年第 1 期；张克云、叶敬忠：《留守儿童社会支持网络的特征分析——基于四川省青神县一个村庄的观察》，《中国青年研究》2010 年第 2 期；曾守锤：《流动儿童的压力和社会支持状况及社会支持保护作用的研究》，《心理科学》2011 年第 3 期；陈丽、刘艳：《流动儿童亲子沟通特点及其与心理健康的关系》，《中国特殊育》2012 年第 1 期。

第八章　困难家庭儿童的社会关系

层面、中观层面以及宏观层面三个维度，一方面综合分析城乡困难家庭儿童亲子关系、同伴关系、师生关系以及邻里关系影响因素，厘清四者之间的同质性与异质性；另一方面，通过对城乡困难家庭儿童以及普通家庭儿童的比较研究，进一步了解城乡困难与普通家庭儿童社会关系影响因素的特质性。

第二节　理论分析视角

社会生态系统理论在社会学、社会工作学界内又往往被简称为生态系统理论（Ecosystems Theory），它是用以考察人类行为与社会环境交互关系的理论。该理论把人类成长生存于其中的社会环境看作是一种社会性的生态系统，强调生态环境对于分析和理解人类行为的重要性，注重人与环境间各系统的相互作用及其对人类行为的重大影响，揭示了家庭、社会系统对于个人成长的重要影响。[①] 布朗芬布伦纳（Bronfenbrenner）是最早提出社会生态系统理论的学者。1979年，他在《人类发展生态学》中指出，个体发展处在一个与之相互作用并且不断变化的环境中，并且个体成长的生态环境是有层级的，按与个体的互动频率和密切程度依次向外扩展出四级——微观系统（Microsystems）、中观系统（Mesosystems）、外层系统（Exosystems）和宏观系统（Macrosystems），并且构成一个同心圆结构。[②] 其中，微系统是个体成长中特定的、面对面的生活场域（具有特别的物理、社会与符号性内涵）中所觉察到的活动，角色及人际关系的组合，而这个组合能激发或干扰成长中的个体，如家庭、学校、同辈以及工作场所；中观系统与微系统结构相连接，是成长中个体所积极参与的两个或多个生活场域间的互动关系，如家庭、学校和社区间的关系；外层系统中个

[①] 冯丽婕、时方：《基于生态系统理论的儿童个案实践及反思》，《社会工作》（下半月）2010年第9期。

[②] 邵志东、王建民：《中国农村转移人力资源开发体系构建研究——以社会生态系统理论为视角》，《湖南科技大学学报》（社会科学版）2013年第4期。

体不直接作用于这一系统,但可以作用于微观系统,从而影响个体发展。这个系统包括一些特殊的正式的或非正式的社会组织,个人在这些组织中被实现、被影响、被限定;宏观系统包括更大的文化与社会体系,如意识形态、社会观念、福利政策、生活方式、生命进程等。虽然宏观系统并不直接与个人产生联系,但是其所定义的大的原则对于其他所有层次及其互动都有叠加影响。[1]

社会生态系统理论的提出和发展大致可分为三个阶段。第一个阶段（1973—1979）重点在于对生态环境的描述,明确人类发展过程的社会本质,但是该阶段对于个体的作用关注不够。第二阶段（1980—1993）针对上一阶段中存在的问题进行了调整,同时关注于发展过程,将文化和亚文化归入到宏观和时间系统中。第三阶段（1993—2006）是理论的成熟阶段,PPCT（过程、人、环境、时间）模型即生物生态学模型被评价为该理论最适合的研究设计。[2] 但是该模型在实际中的应用结果并不乐观。Tudge 等人对 2001—2008 年基于文献整理发现,很少有研究是以该模型为指导并合理应用于实践的。作者认为原因可能是因为研究者们仅仅应用生物生态学模型来探究环境对于个体发展的影响,未深入研究这种逻辑背后的机制;同时未能及时关注布朗芬布伦纳理论的演进,忽视了对生物生态学模型的核心"最近过程"的探讨。[3]

布朗芬布伦纳的社会生态系统理论是基于对儿童成长过程的分析而提出的,理论基础更偏向于生物学,注重周围社会环境对儿童成长的影响,较少提及个体的能动性,环境与个体之间处于一种对立关

---

[1] Bronfenbrenner, U., "Ecological models of human development", T., Husen & T. N. Postlethwaite (Eds.), *International encyclopedia of education* (Vol. 3, pp. 1643 - 1647), Oxford, England, 1994, Pergamon Press/Elsevier Science.

[2] Rosa, E. M. and Tudge, J., "Urie Bronfenbrenner's Theory of Human Development: Its Evolution from Ecology to Bioecology", *Family Theory & Review*, Vol. 5, No. 4, December 2013.

[3] Tudge, J. R., Mokrova, I., Hatfield, B. E. and Karnik, R. B., "Uses and Misuses of Bronfenbrenner's Bioecological Theory of Human Development", *Journal of Family Theory & Review*, Vol. 1, No. 4, December 2009.

第八章　困难家庭儿童的社会关系

系，因此被一些学者认为是环境决定论。[1] 在布朗芬布伦纳研究的基础上，查尔斯·扎斯特罗（Charles H. Zastrow）进一步阐述了人的成长与社会环境的关系，把个体存在的社会生态系统划分为三种基本类型：微观系统、中观系统以及宏观系统。其中，微观系统指个人，个人是具有生物、心理和社会系统的系统类型；中观系统指任何小规模的群体，包括家庭、职业群体和其他社会群体；宏观系统是指比小规模群体更大一些的系统，包括文化、社区、习俗、制度、机构与组织。[2] 相较于布朗芬布伦纳系统观，尽管这个系统观对系统的划分较为粗略，但是它一定程度弥补了布朗芬布伦纳的社会生态系统理论的不足，打破了个体与环境的对立关系，将微观个人系统看成是生态系统的一部分。[3] 同时，扎斯特罗对社会生态系统的分层内容更丰富，在微观系统里面，他加入了个体的心理与生理等因素以及心理与生理之间的相互影响，注重分析个体本身对环境的反映。

整体而言，社会生态系统理论强调在整个社会生态环境中，人类行为与社会环境相互联系、相互影响。具体来讲，微观系统的行为会受到中观系统如家庭成员、家庭环境和家庭氛围的影响，同时也会受到宏观系统如文化、社区、机构、制度、习俗等各方面社会因素的重要影响；反之，个人行为对于这些系统同样也会产生重要影响。[4] 因此，运用社会生态系统理论来论证儿童成长和发展具有科学性和合理性。现有国内外应用该理论关注儿童成长问题的研究也已取得丰硕的成果，有学者研究儿童在环境中的社会发展问题，发现社会经济地位对于儿童积极和消极社会行为的作用会受到其他系统层面如家庭、社区等的

---

[1] 王燊成、杨子强：《社会生态系统理论视角下城镇低收入青年劳动力就业现状、影响因素及对策研究》，《中国青年研究》2018年第8期。
[2] ［美］查尔斯·扎斯特罗、卡伦·K.柯斯特－阿什曼：《人类行为与社会环境》，师海玲等译，中国人民大学出版社2006年版，第15—17页。
[3] 卓彩琴：《生态系统理论在社会工作领域的发展脉络及展望》，《江海学刊》2013年第3期。
[4] 付立华：《社会生态系统理论视角下的社区矫正与和谐社区建设》，《中国人口·资源与环境》2009年第4期。

影响和调节。也有学者关注青少年早期的反社会行为，基于社会生态系统理论假定父母的支持或教唆行为会作为社区资本的中介变量对青少年早期反社会行为产生影响，研究结果肯定了家庭和社会环境对于儿童成长发展的影响。在社会生态系统理论的视角下分析我国儿童的社会关系，不仅能够解释儿童自身特点对于社会关系的影响，同时还能进一步厘清家庭、学校、邻居、制度等各个层面的因素对于儿童的社会关系的影响。尤其是对于那些处境不利的弱势儿童来说，社会生态系统理论能够整合处境不利儿童的特点，针对其在社会关系的交往现状和问题提出改进对策，有助于儿童社会关系的改善与发展。

综上所述，本章旨在社会生态系统理论的视角下，在了解儿童社会关系的现状和问题的基础之上，探讨影响儿童社会关系的多维要素，并尝试在该理论的指导下提出改善儿童社会关系的政策建议。需要说明的是，本书主要采用查尔斯·扎斯特罗的社会生态系统进行儿童社会关系类型的划分：微观系统、中观系统以及宏观系统。微观系统主要包括年龄、性别、是否是独生子女、健康状况、是否残疾、学习成绩排名、是否是学生干部以及手机依赖；中观系统主要包括父母是否离异、父母受教育程度、父母职业水平、父母吵架情况、是否是重点学校、是否是公立学校以及是否住校；宏观系统主要包括家庭类型、是否是城市户口以及所处地区。

第三节　数据变量与统计模型

一　数据来源

本章主要使用儿童青少年问卷数据，该数据库共有样本 3350 个，在进一步对数据库中的缺失与异常值做处理后，最终得到 3329 个研究样本，其中城市低保家庭样本 986 个、城市边缘家庭样本 523 个、城市普通家庭样本 506 个、农村低保家庭样本 541 个、农村边缘家庭样本 471 分、农村普通家庭样本 302 个。

◈ 第八章　困难家庭儿童的社会关系 ◈

二　变量测量

因变量。基于儿童社会关系的四分法,本部分共设置了亲子关系、同伴关系、师生关系以及邻里关系四个因变量。亲子关系设置为父亲与母亲与子女"经常说话聊天"频率的平均值,选项包括"1 从不""2 偶尔"3"经常""4 总是"。同伴关系主要包括"同伴接纳得分"与"同伴恐惧自卑得分"两个分变量,两个分变量主要根据问卷中的同伴关系调查问卷进行设置。同伴关系调查问卷来自对邹泓的同伴关系量表的修订,主要用于了解儿童在与他人相处中的自我感觉[①]。该问卷总共包括 30 个项目,分为两个维度:同伴接纳(1—20 题)与同伴恐惧自卑(21—30 题)两个分量表。问卷采用 4 点计分"1 = 完全不符合""2 = 不太符合""3 = 比较符合""4 = 完全符合",其中第 1、3、7、11、17 项目需要采取反向。同伴接纳分量表总分越高表明同伴接受度越高,同伴关系越好,在班级越受欢迎;而同伴恐惧自卑分量表总分越高,表明在同伴交往过程中恐惧感和自卑感越高,自我感觉越差。在研究中该问卷总的内部一致性系数为 0.9208,同伴接纳分问卷的内部一致性系数为 0.9036,同伴恐惧自卑分问卷的内部一致性系数为 0.8359,结果表明该问卷具有良好的信度。师生关系主要根据问卷中"你和老师的关系怎么样"进行设置,选项包括"1 非常亲密""2 比较亲密"3"一般""4 比较疏远""5 非常疏远",我们对选项进行反向编码。邻里关系主要根据问卷中"你和四周邻居的熟悉度怎么样"进行设置,选项包括"1 都熟悉""2 比较熟悉"3"大部分熟悉""4 都不熟悉",我们对选项进行反向编码。

自变量。本部分共有三组自变量:微观系统、中观系统以及宏观系统。微观系统变量组主要包括年龄、性别、是否是独生子女、健康状况、是否残疾、学习成绩排名、是否是学生干部以及手机依赖。中

---

① 何金晶:《双亲冲突、心理应对方式对中学生同伴关系影响的研究》,硕士学位论文,浙江大学,2010 年。

观系统变量组主要包括父母是否离异、父母受教育程度（父母最高受教育程度）、父母职业水平（父母最高职业类型）、父母吵架情况、是否是重点学校、是否是公立学校以及是否住校。宏观系统变量组主要包括家庭类型、是否是城市户口以及所处地区。

表1　　　　　　　　回归模型自变量赋值情况描述

类型	自变量	赋值说明
微观系统	年龄	受访儿童的实际年龄
	性别	1=男性；0=女性
	是否是独生子女	1=是；0=否
	健康状况	1=非常差；2=比较差；3=一般；4=很好；5=非常好
	是否残疾	1=是；0=否
	学习成绩排名	受访儿童近期考试的实际排名
	是否是学生干部	1=是；0=否
	手机依赖	"手机依赖"主要依据手机依赖指数量表（MPAI）设置。该量表由香港中文大学梁永炽（Louis）研制，适用于诊断青少年或大学生的手机依赖，采用5点计分，1表示从不，5表示总是。该量表共17个条目，包括4个因子，分别为失控性、戒断性、逃避性和低效性，得分越高表明手机依赖倾向越明显（Louis, 2007）。在本研究中，该量表的内部一致性系数为0.8530，具有良好的信度。
中观系统	父母是否离异	1=是；0=否
	父母受教育程度	1=没受过任何教育；2=小学；3=初中；4=中专/技校；5=职业高中；6=普通高中；7=大学本科；8=大学本科；9=研究生及以上
	父母职业水平	1=城乡的失业者、半失业者或从未就业；2=农业劳动者；3=产业工人；4=商业服务人员；5=个体工商户；6=办事人员；7=专业技术人员；8=私营企业主；9=经理人员；10=国家与社会管理者
	父母吵架情况	1=从不；2=很少；3=偶尔；4=经常
	是否是重点学校	1=是；0=否
	是否是公立学校	1=是；0=否
	是否住校	1=是；0=否

续表

类型	自变量	赋值说明
宏观系统	家庭类型	1=低保户；2=边缘户；3=普通户
	是否是城市户口	1=是；0=否
	所处地区	1=东部地区；2=中部地区；3=西部地区；4=东北地区

三 统计模型

本文运用 Stata 14.0 作为数据分析工具。在统计模型上，本章构建线性回归模型，利用最小二乘法（OLS）对样本进行回归验证。统计理论已经证明，在满足线性回归一定的假设条件下，样本数据的最小二乘估计是总体参数的最佳线性无偏估计，具有无偏性、有效性以及异质性等优势。

为此，本章构建了儿童社会关系的估计回归方程，具体的数学表达式如下：

$Social\ Relation_i = \alpha + \beta Micro_i + \gamma Meso_i + \delta Macro_i + \varepsilon$

其中，$Social\ Relation_i$ 代表的是因变量儿童社会关系的四个子变量：亲子关系、同伴关系、师生关系以及邻里关系，$Micro$ 代表的是包含年龄等8个变量的微观系统变量，$Meso$ 代表的是包含父母是否离异等7个变量的中观系统变量，$Macro$ 代表的是包含家庭类型等3个宏观系统变量，β、γ 以及 δ 分别为本书要估计的各项系数或系数向量，ε 是随机误差项。

第四节 城乡困难家庭儿童社会关系的描述性分析

一 基本现状

表2展示的是城乡困难家庭儿童的亲子关系得分均值。可以看到，在困难家庭中，低保边缘家庭儿童的亲子关系平均得分高于低保家庭儿童。此外，基于城乡户口的二元划分，可以看到城市低保家庭儿童的亲子关系平均得分高于农村低保家庭儿童，城市低保边缘家庭

儿童的亲子关系平均得分也高于农村低保边缘家庭儿童。

表2　　　　　　　　城乡困难家庭儿童的亲子关系

困难家庭类型	观测值	均值	标准差
低保家庭	1509	2.511	0.769
低保边缘家庭	985	2.670	0.732
城市低保家庭	971	2.539	0.753
农村低保家庭	538	2.461	0.794
城市低保边缘家庭	517	2.745	0.733
农村低保边缘家庭	468	2.646	0.728

表3展示的是城乡困难家庭儿童的同伴接纳得分均值。可以看到，可以看到，在困难家庭中，低保边缘家庭儿童的同伴接纳平均得分高于低保家庭儿童。此外，基于城乡户口的二元划分，可以看到城市低保家庭儿童的同伴接纳平均得分高于农村低保家庭儿童，城市低保边缘家庭儿童的同伴接纳平均得分也高于农村低保边缘家庭儿童。

表3　　　　　　　　城乡困难家庭儿童的同伴接纳

困难家庭类型	观测值	均值	标准差
低保家庭	1527	64.684	9.680
低保边缘家庭	994	66.153	9.131
城市低保家庭	986	65.309	9.681
农村低保家庭	541	63.545	9.583
城市低保边缘家庭	523	67.226	9.489
农村低保边缘家庭	471	64.962	8.570

表4展示的是城乡困难家庭儿童的同伴恐惧自卑得分均值。可以看到，在困难家庭中，低保边缘家庭儿童的同伴恐惧自卑平均得分低于低保家庭儿童。此外，基于城乡户口的二元划分，可以看到城市低保家庭儿童的同伴恐惧自卑平均得分低于农村低保家庭儿童，城市低

保边缘家庭儿童的同伴恐惧自卑平均得分也低于农村低保边缘家庭儿童。

表4　　　　　　　城乡困难家庭儿童的同伴恐惧自卑

困难家庭类型	观测值	均值	标准差
低保家庭	1527	20.377	5.802
低保边缘家庭	994	19.643	5.577
城市低保家庭	986	19.976	5.865
农村低保家庭	541	21.109	5.620
城市低保边缘家庭	523	18.893	5.568
农村低保边缘家庭	471	20.476	5.473

表5展示的是城乡困难家庭儿童的师生关系得分均值。可以看到，在困难家庭中，低保边缘家庭儿童的师生关系平均得分高于低保家庭儿童。此外，基于城乡户口的二元划分，可以看到城市低保家庭儿童的师生关系平均得分高于农村低保家庭儿童，城市低保边缘家庭儿童的师生关系平均得分也高于农村低保边缘家庭儿童。

表5　　　　　　　城乡困难家庭儿童的师生关系

困难家庭类型	观测值	均值	标准差
低保家庭	1525	3.539	0.838
低保边缘家庭	994	3.597	0.818
城市低保家庭	984	3.549	0.827
农村低保家庭	541	3.521	0.860
城市低保边缘家庭	523	3.660	0.816
农村低保边缘家庭	471	3.527	0.817

表6展示的是城乡困难家庭儿童的邻里关系得分均值。可以看到，在困难家庭中，低保边缘家庭儿童的邻里关系平均得分高于低保家庭儿童。此外，基于城乡户口的二元划分，可以看到城市低保家庭

儿童的邻里关系平均得分低于农村低保家庭儿童，城市低保边缘家庭儿童的邻里关系平均得分也低于农村低保边缘家庭儿童。

表6　　　　　　　　城乡困难家庭儿童的邻里关系

困难家庭类型	观测值	均值	标准差
低保家庭	1525	3.539	0.838
低保边缘家庭	994	3.597	0.818
城市低保家庭	986	2.959	0.873
农村低保家庭	541	3.124	0.824
城市低保边缘家庭	523	3.011	0.849
农村低保边缘家庭	471	3.193	0.801

二　比较分析

在城乡困难家庭儿童社会关系的现状描述的基础上，本书结合普通家庭的对比数据对我国不同类型家庭儿童的社会关系进行了比较分析，希望能够全面地勾勒出儿童社会关系的现状以及主要特征。

表7展示的是不同类型家庭儿童的亲子关系得分均值。可以看到，数据库中全部家庭儿童的亲子关系得分的平均值为2.652。此外，从城乡、家庭类型以及所处地区的划分来看，城市家庭儿童的亲子关系平均得分高于农村家庭儿童的亲子关系平均得分；普通家庭儿童的亲子关系平均得分高于贫困家庭儿童；东北地区家庭儿童的亲子关系平均得分最高。

表7　　　　　　　　不同类型家庭儿童的亲子关系

类型	观测值	均值	标准差
全部家庭	3302	2.652	0.743
城市家庭	1994	2.684	0.735
农村家庭	1308	2.604	0.752
贫困家庭	1509	2.511	0.769

第八章 困难家庭儿童的社会关系

续表

类型	观测值	均值	标准差
普通家庭	2494	2.585	0.760
东部地区	1381	2.665	0.767
中部地区	971	2.617	0.735
西部地区	654	2.618	0.706
东北地区	296	2.780	0.718

表8展示的是不同类型家庭儿童的同伴关系中同伴接纳得分均值。可以看到，数据库中全部家庭儿童的同伴接纳得分的平均值为65.704。此外，从城乡、家庭类型以及所处地区的划分来看，城市家庭儿童的同伴接纳平均得分高于农村家庭儿童的同伴接纳平均得分；普通家庭儿童的同伴接纳平均得分高于贫困家庭儿童的同伴接纳平均得分；东北地区家庭儿童的同伴接纳平均得分最高。

表8　　不同类型家庭儿童的同伴关系（同伴接纳）

类型	观测值	均值	标准差
全部家庭	3329	65.704	9.321
城市家庭	2015	66.357	9.535
农村家庭	1314	64.702	8.894
贫困家庭	2521	65.263	9.493
普通家庭	808	67.079	8.626
东部地区	1401	65.731	9.844
中部地区	974	65.607	8.780
西部地区	658	65.132	8.939
东北地区	296	67.169	9.226

表9展示的是不同类型家庭儿童的同伴关系中同伴恐惧自卑得分均值。可以看到，数据库中全部家庭儿童的同伴恐惧自卑得分的平均值为19.939。此外，从城乡、家庭类型以及所处地区的划分来看，城

市家庭儿童的同伴恐惧自卑平均得分低于农村家庭儿童；贫困家庭儿童的同伴恐惧自卑平均得分高于普通家庭儿童；西部地区家庭儿童的同伴恐惧自卑平均得分最高。

表9　　　　　不同类型家庭儿童的同伴关系（同伴恐惧自卑）

类型	观测值	均值	标准差
全部家庭	3329	19.939	5.726
城市家庭	2015	19.414	5.805
农村家庭	1314	20.744	5.510
贫困家庭	2521	20.088	5.725
普通家庭	808	19.476	5.710
东部地区	1401	19.843	5.717
中部地区	974	20.042	5.645
西部地区	658	20.343	5.738
东北地区	296	19.159	5.945

表10展示的是不同类型家庭儿童的师生关系得分均值。可以看到，数据库中全部家庭儿童的师生关系的均值为3.600。此外，从城乡、家庭类型以及所处地区的划分来看，城市家庭儿童的师生关系平均得分高于农村家庭儿童的师生关系平均得分；普通家庭儿童的师生关系平均得分高于贫困家庭儿童的师生关系平均得分；东北地区家庭儿童的师生关系平均得分最高。

表10　　　　　　不同类型家庭儿童的师生关系

类型	观测值	均值	标准差
全部家庭	3327	3.600	0.829
城市家庭	2013	3.633	0.828
农村家庭	1314	3.549	0.829
贫困家庭	2519	3.562	0.831
普通家庭	808	3.719	0.814

第八章　困难家庭儿童的社会关系

续表

类型	观测值	均值	标准差
东部地区	1401	3.597	0.840
中部地区	972	3.557	0.827
西部地区	658	3.599	0.805
东北地区	296	3.757	0.824

表11展示的是不同类型家庭儿童的邻里关系得分均值。可以看到，数据库中全部家庭儿童的邻里关系的平均值为3.074。此外，从城乡、家庭类型以及所处地区的划分来看，城市家庭儿童的邻里关系平均得分低于农村家庭儿童；普通家庭儿童的邻里关系平均得分高于贫困家庭儿童；西部地区家庭儿童的邻里关系平均得分最高。

表11　　　　　不同类型家庭儿童的邻里关系

类型	观测值	均值	标准差
全部家庭	3329	3.074	0.839
城市家庭	2015	2.996	0.855
农村家庭	1314	3.193	0.798
贫困家庭	2521	3.049	0.849
普通家庭	808	3.719	0.802
东部地区	1401	3.043	0.842
中部地区	974	3.112	0.825
西部地区	658	3.152	0.819
东北地区	296	2.922	0.885

第五节　城乡困难家庭儿童社会关系的回归分析

一　回归结果

表12展示的是城乡困难家庭儿童社会关系的OLS回归结果，其中模型1反映的是城乡困难家庭儿童亲子关系的回归结果，模型2反

映的是城乡困难家庭儿童同伴关系中的同伴接纳的回归结果,模型3反映的是城乡困难家庭儿童同伴关系中的同伴恐惧自卑的回归结果,模型4反映的是城乡困难家庭儿童师生关系的回归结果,模型5反映的是城乡困难家庭儿童邻里关系的回归结果。由于模型自变量较多,为此本部分对其进行了多重共线性检验,并发现四个模型中方差膨胀因子(VIF)值均小于2(具体结果未列出),表明各个模型中解释变量之间不存在多重共线性问题。

在模型1中,宏观系统变量组中的"低保边缘家庭""是否是城市家庭"以及地区变量均没有通过显著性检验。结合描述性分析可以发现,虽然不同困难程度家庭间、城乡困难家庭间以及地区困难家庭间儿童的亲子关系在数值上具有明显差异,但是不具有统计学意义的显著性差异。在中观系统变量组中,"父母是否离异""父母受教育程度"以及"是否住校"通过了显著性检验。其中,"父母是否离异"与亲子关系得分负相关,父母离异困难家庭儿童的亲子关系得分要比父母未离异困难家庭低0.470;"父母受教育程度"与亲子关系得分正相关,父母双方中最高的教育程度每提高一个等级,困难儿童的亲子关系得分要高0.044;"是否住校"与亲子关系得分负相关,困难家庭住校生儿童亲子得分要比困难家庭走读生儿童低0.191。"父母职业水平""父母吵架情况""是否是重点学校"以及"是否是公立学校"未通过显著性检验。在微观系统变量组中,"年龄""学习成绩排名"以及"是否是学生干部"通过了显著性检验。其中,"年龄"与亲子关系得分正相关,困难家庭儿童的年龄每增加一岁,其亲子关系得分就高0.040;"学习成绩排名"与亲子关系得分负相关,儿童每退后一名,其亲子关系得分就低0.004;"是否是学生干部"与亲子关系得分正相关,担任学生干部的儿童的亲子关系得分比未担任学生干部的儿童高0.068。"性别""是否是独生子女""健康状况""是否残疾"以及"手机依赖"均未通过显著性检验。

在模型2中,宏观系统变量组中的"是否是城市家庭"以及地区变量均没有通过显著性检验,这说明城乡困难家庭间以及地区困难家

第八章 困难家庭儿童的社会关系

庭间儿童的同伴接纳得分不具有统计学意义上的显著差异。但是"低保边缘家庭"通过了正向的显著性检验,即不同困难程度家庭间儿童的同伴接纳得分具有统计学意义上的显著差异,低保边缘家庭儿童的同伴接纳得分要比低保家庭儿童高 0.941。在中观系统变量组中,"父母受教育程度""父母吵架情况"以及"是否是公立学校"均通过了显著性检验。其中,"父母受教育程度"与同伴接纳得分正相关,父母双方中最高的教育程度每提高一个等级,困难家庭儿童的同伴接纳得分要高 0.381;"父母吵架情况"与同伴接纳得分负相关,父母吵架的频率每提高一个等级,困难家庭儿童的同伴接纳得分要低1.426;"是否是公立学校"与同伴接纳得分负相关,公立学校的困难家庭儿童的同伴接纳得分要比私立学校低 1.438。自变量"父母是否离异""父母职业水平""是否是重点学校"以及"是否住校"未通过显著性检验。在微观系统变量组中,"年龄""性别""是否是独生子女""健康状况""学习成绩排名""是否是学生干部"以及"手机依赖"均通过了显著性检验。其中,"年龄"与同伴接纳得分正相关,困难家庭儿童的年龄每增加一岁,其同伴接纳得分就高 0.516;"性别"与同伴接纳得分负相关,困难家庭男性儿童的同伴接纳得分比女性低 0.998;"是否是独生子女"与同伴接纳得分正相关,困难家庭独生子女儿童同伴接纳得分比非独生子女高 0.838;"健康状况"与同伴接纳得分正相关,困难家庭儿童的健康状况每提高一个档次,其同伴接纳得分就高 0.851;"学习成绩排名"与同伴接纳得分负相关,困难家庭儿童的学习成绩每退后一名,其同伴接纳得分就低0.067;"是否是学生干部"与同伴接纳得分正相关,担任学生干部的困难家庭儿童的同伴接纳得分比未担任学生干部儿童高 2.491;"手机依赖"与同伴接纳得分负相关,困难家庭儿童的手机依赖得分每增加 1 分,其同伴接纳得分就低 0.184。自变量"是否残疾"未通过显著性检验。

在模型 3 中,宏观系统变量组中的"是否是城市家庭"以及地区变量均没有通过显著性检验,这说明城乡困难家庭间以及地区困难家庭间儿童的同伴恐惧自卑得分不具有统计学意义上的显著差异。但是"低保边缘家庭"通过了正向的显著性检验，即不同困难程度家庭间儿童的同伴恐惧自卑得分具有统计学意义上的显著差异，低保边缘家庭儿童的同伴恐惧自卑得分要比低保家庭儿童低0.657。在中观系统变量组中，"父母受教育程度""父母吵架情况""是否是公立学校"以及"是否住校"均通过了显著性检验。其中，"父母受教育程度"与同伴恐惧自卑得分负相关，父母双方中最高的教育程度每提高一个等级，困难家庭儿童的同伴恐惧自卑得分要低0.288；"父母吵架情况"与同伴恐惧自卑得分正相关，父母吵架的频率每提高一个等级，困难家庭儿童的同伴恐惧自卑得分要高0.417；"是否是公立学校"与同伴恐惧自卑得分正相关，公立学校的困难家庭儿童的同伴恐惧自卑得分要比私立学校高1.417；"是否住校"与同伴恐惧自卑得分正相关，困难家庭住校生儿童同伴恐惧自卑得分要比困难家庭走读生儿童高0.833。"父母是否离异""父母职业水平"以及"是否是重点学校"未通过显著性检验。微观系统变量组中，"性别""是否残疾""学习成绩排名""是否是学生干部"以及"手机依赖"均通过了显著性检验。其中，"性别"与同伴恐惧自卑得分负相关，困难家庭男性儿童的同伴恐惧自卑得分比女性儿童低0.896；"是否残疾"与同伴恐惧自卑得分正相关，残疾儿童的同伴恐惧自卑得分比非残疾儿童高2.600；"学习成绩排名"与同伴恐惧自卑得分正相关，儿童每退后一名，其同伴恐惧自卑得分就高0.019；"是否是学生干部"与同伴恐惧自卑得分负相关，担任学生干部的儿童的同伴恐惧自卑得分比未担任学生干部的儿童低0.973。"手机依赖"与同伴恐惧自卑得分正相关，儿童的手机依赖得分每增加1分，其同伴恐惧自卑得分就高0.183。自变量"年龄""是否是独生子女"以及"健康状况"未通过显著性检验。

在模型4中，宏观系统变量组中的"低保边缘家庭""是否是城市家庭"以及地区变量均没有通过显著性检验。结合描述性分析，可以发现虽然不同困难程度家庭间、城乡困难家庭间以及地区困难家庭

第八章 困难家庭儿童的社会关系

间儿童的师生关系在数值上具有明显差异,但是不具有统计学意义的显著性差异。在中观系统变量组中,"父母职业水平"以及"父母吵架情况"通过了显著性检验。"父母职业水平"与师生关系得分正相关,父母双方中最高的职业水平每提高一个等级,困难家庭儿童的师生关系得分要高0.020;"父母吵架情况"与师生关系得分负相关,父母吵架的频率每提高一个等级,困难家庭儿童的师生关系得分要低0.072。"父母是否离异""父母受教育程度""是否是重点学校""是否是公立学校"以及"是否住校"均未通过显著性检验。在微观系统变量组中,"年龄""性别""健康状况""学习成绩排名""是否是学生干部"以及"手机依赖"均通过了显著性检验。其中,"年龄"与师生关系得分正相关,困难家庭儿童的年龄每增加一岁,其师生关系得分就高0.020;"性别"与师生关系得分负相关,困难家庭男性儿童的师生关系得分比女性低0.088;"健康状况"与师生关系得分正相关,困难家庭儿童的健康状况每提高一个档次,其师生关系得分就高0.058;"学习成绩排名"与师生关系得分负相关,困难家庭儿童学习成绩每退后一名,其师生关系得分就低0.009;"是否是学生干部"与师生关系得分正相关,担任学生干部的困难家庭儿童的师生关系得分比未担任学生干部的儿童高0.214。"手机依赖"与师生关系得分负相关,困难家庭儿童的手机依赖得分每增加1分,其师生关系得分就低0.011。"是否是独生子女"以及"是否残疾"未通过显著性检验。

在模型5中,宏观系统变量组中的"低保边缘家庭"以及地区变量中的"中部地区""东北地区"没有通过显著性检验,这说明不同困难程度家庭间、中部地区贫困家庭与东部地区贫困家庭间、东北地区贫困家庭与东部地区贫困家庭间儿童的邻里关系得分不具有统计学意义上的显著差异。但是"是否是城市家庭"以及地区变量中的"西部地区"均通过了显著性检验,即城乡困难家庭间儿童、西部贫困家庭儿童与东部贫困家庭儿童间的邻里关系得分具有统计学意义上的显著差异,城市困家庭儿童的邻里关系得分要比农村困难家庭儿童低0.213，西部地区贫困家庭儿童的邻里关系要比东部地区贫困家庭儿童高0.127。在中观系统变量组中，"父母是否离异""父母吵架情况"以及"是否住校"均通过了显著性检验。其中，"父母是否离异"与邻里关系得分负相关，父母离异贫困家庭儿童的邻里关系得分要比父母未离异家庭低0.104；"父母吵架情况"与邻里关系得分负相关，父母吵架的频率每提高一个等级，困难家庭儿童的邻里关系得分要低0.065；"是否住校"与邻里关系得分正相关，困难家庭住校生儿童同伴恐惧自卑得分要比困难家庭走读生儿童高0.105。"父母受教育程度""父母职业水平""是否是重点学校"以及"是否是公立学校"均未通过显著性检验。在微观系统变量组中，"年龄""健康状况"以及"手机依赖"通过了显著性检验。其中，"年龄"与邻里关系得分负相关，贫困家庭儿童的年龄每增加一岁，其邻里关系得分就低0.026；"健康状况"与邻里关系得分正相关，儿童的健康状况每提高一个档次，其邻里关系得分就高0.041；"是否是学生干部"与邻里关系得分正相关，担任学生干部的儿童的邻里关系得分比未担任学生干部的儿童高0.048。"手机依赖"与邻里关系得分负相关，儿童的手机依赖得分每增加1分，其邻里关系得分就低0.007。自变量"性别""是否是独生子女""是否残疾""学习成绩排名"以及"是否是学生干部"均未通过显著性检验。

表12　城乡困难家庭儿童社会关系的OLS回归结果

自变量	模型1 亲子关系	模型2 同伴接纳	模型3 同伴恐惧自卑	模型4 师生关系	模型5 邻里关系
家庭类型（参照组：低保家庭）					
低保边缘家庭	0.061	0.941**	-0.657**	-0.028	0.037
	(0.037)	(0.466)	(0.289)	(0.042)	(0.046)
普通家庭	—	—	—	—	—
是否是城市家庭	0.025	0.230	-0.025	0.047	-0.213***
	(0.041)	(0.485)	(0.304)	(0.045)	(0.049)

第八章　困难家庭儿童的社会关系

续表

自变量	模型1 亲子关系	模型2 同伴接纳	模型3 同伴恐惧自卑	模型4 师生关系	模型5 邻里关系
所处地区（参照组：东部地区）					
中部地区	-0.050	-0.109	0.293	-0.054	0.022
	(0.042)	(0.523)	(0.317)	(0.047)	(0.049)
西部地区	-0.007	0.105	0.103	-0.019	0.127**
	(0.051)	(0.613)	(0.398)	(0.056)	(0.062)
东北地区	0.031	-0.181	0.529	0.090	-0.140
	(0.066)	(0.923)	(0.532)	(0.075)	(0.087)
父母是否离异	-0.470***	-0.792	0.156	-0.044	-0.104*
	(0.050)	(0.636)	(0.394)	(0.055)	(0.062)
父母受教育程度	0.044***	0.381**	-0.288***	0.001	-0.005
	(0.013)	(0.151)	(0.097)	(0.014)	(0.015)
父母职业水平	0.009	0.174	-0.057	0.021**	-0.003
	(0.009)	(0.109)	(0.074)	(0.010)	(0.012)
父母吵架情况	-0.016	-1.426***	0.417***	-0.072***	-0.065***
	(0.020)	(0.257)	(0.148)	(0.022)	(0.024)
是否是重点学校	0.036	0.652	-0.071	-0.108	-0.063
	(0.062)	(0.787)	(0.487)	(0.073)	(0.072)
是否是公立学校	-0.047	-1.438*	1.417***	-0.057	0.005
	(0.063)	(0.787)	(0.474)	(0.070)	(0.071)
是否住校	-0.191***	-0.852	0.833**	-0.020	0.105*
	(0.047)	(0.595)	(0.357)	(0.052)	(0.0548)
年龄	0.040***	0.516***	0.025	0.020*	-0.026**
	(0.009)	(0.115)	(0.069)	(0.010)	(0.011)
性别	0.011	-0.998**	-0.896***	-0.088**	0.040
	(0.035)	(0.436)	(0.269)	(0.040)	(0.043)
是否是独生子女	0.022	0.838*	-0.236	-0.023	0.045
	(0.041)	(0.501)	(0.314)	(0.047)	(0.049)
健康状况	0.012	0.851***	-0.165	0.058***	0.048*
	(0.021)	(0.250)	(0.155)	(0.022)	(0.025)

续表

自变量	模型1 亲子关系	模型2 同伴接纳	模型3 同伴恐惧自卑	模型4 师生关系	模型5 邻里关系
是否残疾	-0.090	-1.467	2.600**	-0.025	0.039
	(0.137)	(1.489)	(1.036)	(0.170)	(0.153)
学习成绩排名	-0.004***	-0.067***	0.019*	-0.009***	-0.001
	(0.001)	(0.012)	(0.010)	(0.002)	(0.002)
是否是学生干部	0.068*	2.491***	-0.973***	0.214***	0.062
	(0.037)	(0.452)	(0.281)	(0.043)	(0.045)
手机依赖	-0.003	-0.184***	0.183***	-0.011***	-0.007***
	(0.002)	(0.024)	(0.015)	(0.002)	(0.002)
常数项	2.259***	64.79***	13.60***	3.762***	3.637***
	(0.173)	(2.114)	(1.295)	(0.195)	(0.202)
观测值	1512	1512	1512	1512	1512
R2	0.114	0.173	0.180	0.116	0.053

注：***$p<0.01$，**$p<0.05$，*$p<0.1$，括号内是稳健性标准误。

二 比较分析

基于城乡困难家庭儿童社会关系的回归结果，本章进一步将其与普通家庭儿童、全样本家庭儿童社会关系的回归结果进行比较分析，从而综合考察影响城乡困难家庭儿童以及普通家庭儿童社会关系因素的异质与同质性。

表13展示的是困难家庭、普通家庭以及全样本家庭儿童的亲子关系的OLS回归结果。在宏观系统变量中，根据模型8，可以看到"普通家庭"在5%的水平上通过了显著性检验，普通家庭的儿童亲子关系得分比低保家庭高0.082；地区变量中的"中部地区"也在10%的水平上通过了显著性检验，中部地区儿童的亲子得分要比东部地区低，这可能是因为中部地区主要是我国的劳动力输出地区，父母外出打工、子女留守老家的现象较为常见，从而导致亲子之间的沟通交流不足，导致其亲子关系低于东部地区。"是否是城市家庭"以及地区变量中的"中部地区""西部地区"以及"东北地区"在贫困家

第八章　困难家庭儿童的社会关系

庭样本、普通家庭样本以及全样本模型中均未通过显著性检验。在中观系统变量中，与贫困家庭样本模型回归结果一样，"父母是否离异"以及"父母受教育程度"在普通家庭样本以及全样本模型中通过了相同方向的显著性检验，而"父母职业水平""是否是重点学校"以及"是否是公立学校"在普通家庭样本以及全样本模型中同样不显著。但是，不同于贫困家庭样本模型回归结果，"父母吵架情况"在普通家庭样本以及全样本模型中通过了负向的显著性检验；"是否住校"虽然在全样本上通过了同向的显著性检验，但是在普通家庭样本模型中不显著。在微观系统变量组中，与贫困家庭样本模型回归结果一样，"学习成绩排名"在普通家庭样本以及全样本模型中通过了同方向的显著性检验，而"性别""是否是独生子女"以及"手机依赖"均未通过显著性检验。但是，不同于贫困家庭样本模型回归结果，"年龄"虽然在全样本上通过了同向的显著性检验，但是在普通家庭样本模型中不显著；"健康状况"在普通家庭样本模型中通过了正向的显著性检验；"是否残疾"在普通家庭样本模型中通过了负向的显著性检验；"是否是学生干部"虽然在全样本上通过了同向的显著性检验，但是在普通家庭样本模型中不显著。

表13　　困难家庭、普通家庭以及全样本家庭儿童的亲子关系的 OLS 回归结果

自变量	模型6 贫困家庭	模型7 普通家庭	模型8 全样本
家庭类型（参照组：低保家庭）			
低保边缘家庭	0.061	—	0.059
	(0.037)		(0.036)
普通家庭	—	—	0.082**
			(0.039)
是否是城市家庭	0.025	-0.018	0.016
	(0.041)	(0.053)	(0.033)
所处地区（参照组：东部地区）			

续表

自变量	模型6 贫困家庭	模型7 普通家庭	模型8 全样本
中部地区	-0.050	-0.090	-0.062*
	(0.042)	(0.057)	(0.034)
西部地区	-0.007	-0.078	-0.027
	(0.051)	(0.068)	(0.041)
东北地区	0.031	0.021	0.033
	(0.066)	(0.088)	(0.052)
父母是否离异	-0.470***	-0.478***	-0.471***
	(0.050)	(0.109)	(0.045)
父母的受教育程度	0.044***	0.032**	0.039***
	(0.013)	(0.015)	(0.010)
父母职业水平	0.009	0.006	0.007
	(0.009)	(0.010)	(0.006)
父母吵架情况	-0.016	-0.069**	-0.029*
	(0.020)	(0.029)	(0.016)
是否是重点学校	0.036	0.072	0.053
	(0.062)	(0.068)	(0.047)
是否是公立学校	-0.047	-0.050	-0.052
	(0.063)	(0.077)	(0.050)
是否住校	-0.191***	0.013	-0.144***
	(0.047)	(0.069)	(0.039)
年龄	0.040***	0.013	0.033***
	(0.009)	(0.012)	(0.007)
性别	0.0105	-0.064	-0.010
	(0.035)	(0.049)	(0.028)
是否是独生子女	0.022	0.058	0.026
	(0.041)	(0.059)	(0.034)
健康状况	0.012	0.065**	0.024
	(0.021)	(0.030)	(0.018)
是否残疾	-0.090	-0.305*	-0.105
	(0.137)	(0.184)	(0.121)

第八章　困难家庭儿童的社会关系

续表

自变量	模型6 贫困家庭	模型7 普通家庭	模型8 全样本
学习成绩排名	-0.004***	-0.003*	-0.004***
	(0.001)	(0.002)	(0.001)
是否是学生干部	0.068*	0.061	0.065**
	(0.037)	(0.052)	(0.030)
手机依赖	-0.003	-0.003	-0.002
	(0.002)	(0.002)	(0.001)
常数项	2.259***	2.662***	2.368***
	(0.173)	(0.235)	(0.140)
观测值	1512	599	2111
R2	0.114	0.129	0.125

注：***p<0.01，**p<0.05，*p<0.1，括号内是稳健性标准误。

表14展示的是困难家庭、普通家庭以及全样本家庭儿童的同伴接纳的OLS回归结果。在宏观系统变量组中，与贫困家庭样本模型回归结果一样，"低保边缘家庭"在全样本模型中通过了同向的显著性检验，而"是否是城市家庭"以及地区变量在普通家庭样本以及全样本模型中同样不显著。在中观系统变量组中，与贫困家庭样本模型回归结果一样，"父母吵架情况"在普通家庭样本以及全样本模型中通过了同向的显著性检验，而"父母是否离异""是否是重点学校"以及"是否住校"同样不显著。但是，不同于贫困家庭样本模型回归结果，"父母受教育程度"虽然在全样本模型中通过了同向的显著性检验，但是在普通家庭样本模型中不显著；"父母职业水平"在全样本模型中通过了正向的显著性检验；"是否是公立学校"虽然在全样本模型中通过了同向的显著性检验，但是在普通家庭样本模型中不显著。在微观系统变量组中，与贫困家庭样本模型回归结果一样，"年龄""是否是独生子女""是否是学生干部"以及"手机依赖"在普通家庭样本以及全样本模型中通过了同向的显著性检验。但是，不同

于贫困家庭样本模型回归结果,"性别""健康状况"以及"学习成绩排名"虽然在全样本模型中通过了同向的显著性检验,但是在普通家庭样本模型中均不显著;"是否残疾"在普通家庭样本模型中通过了负向的显著性检验。

表14　　困难家庭、普通家庭以及全样本家庭儿童的同伴接纳的OLS回归结果

自变量	模型9 贫困家庭	模型10 普通家庭	模型11 全样本
家庭类型(参照组:低保家庭)			
低保边缘家庭	0.941**	—	1.002**
	(0.466)		(0.452)
普通家庭	—	—	0.514
			(0.507)
是否是城市家庭	0.230	-0.813	-0.056
	(0.485)	(0.784)	(0.408)
所处地区(参照组:东部地区)			
中部地区	-0.109	-0.525	-0.227
	(0.523)	(0.797)	(0.433)
西部地区	0.105	-1.159	-0.219
	(0.613)	(0.964)	(0.510)
东北地区	-0.181	-1.072	-0.400
	(0.923)	(1.383)	(0.759)
父母是否离异	-0.792	-0.469	-0.745
	(0.636)	(1.399)	(0.580)
父母的受教育程度	0.381**	0.188	0.319***
	(0.151)	(0.203)	(0.120)
父母职业水平	0.174	0.190	0.152*
	(0.109)	(0.141)	(0.084)
父母吵架情况	-1.426***	-1.224***	-1.343***
	(0.257)	(0.417)	(0.218)

第八章 困难家庭儿童的社会关系

续表

自变量	模型9 贫困家庭	模型10 普通家庭	模型11 全样本
是否是重点学校	0.652	-0.281	0.359
	(0.787)	(0.931)	(0.604)
是否是公立学校	-1.438*	-0.750	-1.148*
	(0.787)	(0.975)	(0.622)
是否住校	-0.852	-0.481	-0.719
	(0.595)	(0.934)	(0.500)
年龄	0.516***	0.428**	0.500***
	(0.115)	(0.168)	(0.095)
性别	-0.998**	-0.235	-0.738**
	(0.436)	(0.677)	(0.366)
是否是独生子女	0.838*	1.856**	1.101**
	(0.501)	(0.880)	(0.431)
健康状况	0.851***	0.683	0.822***
	(0.250)	(0.457)	(0.218)
是否残疾	-1.467	-7.078*	-2.254
	(1.489)	(3.889)	(1.417)
学习成绩排名	-0.067***	-0.042	-0.058***
	(0.012)	(0.028)	(0.015)
是否是学生干部	2.491***	3.242***	2.709***
	(0.452)	(0.714)	(0.380)
手机依赖	-0.184***	-0.124***	-0.167***
	(0.024)	(0.038)	(0.020)
常数项	64.79***	64.27***	64.19***
	(2.114)	(3.036)	(1.737)
观测值	1512	599	2111
R2	0.173	0.142	0.164

注：***$p<0.01$，**$p<0.05$，*$p<0.1$，括号内是稳健性标准误。

表15展示的是困难家庭、普通家庭以及全样本家庭儿童的同伴

恐惧自卑的 OLS 回归结果。在宏观系统变量组中，与贫困家庭样本模型回归结果一样，"低保边缘家庭"在全样本模型中通过了同向的显著性检验，而"是否是城市家庭"以及地区变量在普通家庭样本以及全样本模型中同样不显著。在中观系统变量组中，与贫困家庭样本模型回归结果一样，"父母受教育程度"与"父母吵架情况"在普通家庭样本以及全样本模型中通过了同向的显著性检验，而"父母是否离异"与"是否是重点学校"同样不显著。但是，不同于贫困家庭样本模型回归结果，"父母职业水平"在普通家庭样本以及全样本模型中通过了负向的显著性检验；"是否是公立学校"与"是否住校"虽然在全样本模型中通过了同向的显著性检验，但是在普通家庭样本模型中不显著。在微观系统变量组中，与贫困家庭样本模型回归结果一样，"性别""是否是学生干部"以及"手机依赖"在普通家庭样本以及全样本模型中通过了同向的显著性检验，而"年龄""是否是独生子女"以及"健康状况"同样不显著。但是，不同于贫困家庭样本模型回归结果，"是否残疾"以及"学习成绩排名"虽然在全样本模型中通过了同向的显著性检验，但是在普通家庭样本模型中均不显著。

表 15　困难家庭、普通家庭以及全样本家庭儿童的同伴恐惧自卑的 OLS 回归结果

自变量	模型 12 贫困家庭	模型 13 普通家庭	模型 14 全样本
家庭类型（参照组：低保家庭）			
低保边缘家庭	-0.657** (0.289)	—	-0.657** (0.280)
普通家庭	—	—	0.125 (0.319)
是否是城市家庭	-0.025 (0.304)	-0.130 (0.496)	-0.077 (0.256)

第八章 困难家庭儿童的社会关系

续表

自变量	模型12 贫困家庭	模型13 普通家庭	模型14 全样本
所处地区（参照组：东部地区）			
中部地区	0.293	-0.023	0.226
	(0.317)	(0.521)	(0.269)
西部地区	0.103	0.241	0.150
	(0.398)	(0.622)	(0.332)
东北地区	0.529	-0.253	0.298
	(0.532)	(0.801)	(0.437)
父母是否离异	0.156	0.450	0.194
	(0.394)	(1.038)	(0.369)
父母的受教育程度	-0.288***	-0.276**	-0.289***
	(0.097)	(0.127)	(0.077)
父母职业水平	-0.057	-0.156**	-0.104**
	(0.074)	(0.074)	(0.052)
父母吵架情况	0.417***	0.819***	0.506***
	(0.148)	(0.258)	(0.128)
是否是重点学校	-0.071	0.287	0.051
	(0.487)	(0.626)	(0.385)
是否是公立学校	1.417***	0.243	1.051***
	(0.474)	(0.699)	(0.391)
是否住校	0.833**	0.227	0.657**
	(0.357)	(0.601)	(0.305)
年龄	0.025	-0.016	0.013
	(0.069)	(0.108)	(0.058)
性别	-0.896***	-1.529***	-1.069***
	(0.269)	(0.432)	(0.228)
是否是独生子女	-0.236	-0.602	-0.365
	(0.314)	(0.522)	(0.268)
健康状况	-0.165	-0.203	-0.191
	(0.155)	(0.269)	(0.133)

续表

自变量	模型12 贫困家庭	模型13 普通家庭	模型14 全样本
是否残疾	2.600**	-2.015	1.921**
	(1.036)	(1.670)	(0.951)
学习成绩排名	0.019*	0.019	0.019**
	(0.010)	(0.016)	(0.008)
是否是学生干部	-0.973***	-0.792*	-0.887***
	(0.281)	(0.458)	(0.238)
手机依赖	0.183***	0.163***	0.177***
	(0.015)	(0.024)	(0.013)
常数项	13.60***	16.43***	14.58***
	(1.295)	(1.979)	(1.076)
观测值	1,512	599	2,111
R2	0.180	0.190	0.178

注：***$p<0.01$，**$p<0.05$，*$p<0.1$，括号内是稳健性标准误。

表16展示的是困难家庭、普通家庭以及全样本家庭儿童的师生关系的OLS回归结果。在宏观系统变量组中，除了地区变量中的"西部地区"在普通家庭样本模型中通过了正向的显著性检验，其他变量与贫困家庭样本模型回归结果一样，均未通过显著性检验。在中观系统变量组中，与贫困家庭样本模型回归结果一样，"父母是否离异""是否是重点学校""是否是公立学校"以及"是否住校"在普通家庭样本以及全样本模型中同样不显著。但是，不同于贫困家庭样本模型回归结果，"父母受教育程度"在普通家庭样本模型中通过了正向的显著性检验；"父母职业水平"与"父母吵架情况"虽然在全样本模型中通过了同向的显著性检验，但是在普通家庭样本模型中均不显著。在微观系统变量组中，与贫困家庭样本模型回归结果一样，"健康状况""学习成绩排名"以及"是否是学生干部"在普通家庭样本以及全样本模型中通过了同向的显著性检验，而"是否是独生子女"与"是否残疾"同样不显著。但是，不同于贫困家庭样本模型回归结

第八章 困难家庭儿童的社会关系

果,"年龄"在普通家庭样本以及全样本模型中均未通过显著性检验;"性别"与"手机依赖"虽然在全样本模型中通过了同向的显著性检验,但是在普通家庭样本模型中均不显著。

表16　　困难家庭、普通家庭以及全样本家庭儿童的师生关系的OLS回归结果

自变量	模型15 贫困家庭	模型16 普通家庭	模型17 全样本
家庭类型（参照组：低保家庭）			
低保边缘家庭	-0.028 (0.042)	—	-0.035 (0.041)
普通家庭	—	—	-0.008 (0.046)
是否是城市家庭	0.047 (0.045)	-0.030 (0.0686)	0.028 (0.037)
所处地区（参照组：东部地区）			
中部地区	-0.054 (0.047)	0.032 (0.076)	-0.033 (0.039)
西部地区	-0.019 (0.056)	0.151* (0.091)	0.024 (0.047)
东北地区	0.090 (0.075)	-0.034 (0.127)	0.047 (0.065)
父母是否离异	-0.044 (0.055)	-0.199 (0.145)	-0.069 (0.051)
父母的受教育程度	0.001 (0.014)	0.047** (0.022)	0.017 (0.012)
父母职业水平	0.021** (0.010)	0.003 (0.013)	0.014* (0.008)
父母吵架情况	-0.072*** (0.022)	-0.023 (0.039)	-0.061*** (0.019)

续表

自变量	模型15 贫困家庭	模型16 普通家庭	模型17 全样本
是否是重点学校	-0.108	-0.015	-0.070
	(0.073)	(0.085)	(0.056)
是否是公立学校	-0.057	-0.035	-0.050
	(0.070)	(0.088)	(0.055)
是否住校	-0.020	-0.091	-0.041
	(0.052)	(0.081)	(0.044)
年龄	0.020*	-0.004	0.014
	(0.010)	(0.019)	(0.009)
性别	-0.088**	-0.093	-0.087***
	(0.040)	(0.063)	(0.034)
是否是独生子女	-0.023	-0.024	-0.019
	(0.047)	(0.083)	(0.041)
健康状况	0.058***	0.083**	0.067***
	(0.022)	(0.041)	(0.020)
是否残疾	-0.025	0.181	-0.006
	(0.170)	(0.434)	(0.156)
学习成绩排名	-0.009***	-0.008***	-0.008***
	(0.002)	(0.003)	(0.001)
是否是学生干部	0.214***	0.197***	0.214***
	(0.043)	(0.068)	(0.036)
手机依赖	-0.011***	-0.004	-0.009***
	(0.002)	(0.003)	(0.002)
常数项	3.762***	3.451***	3.654***
	(0.195)	(0.312)	(0.164)
观测值	1,512	599	2,111
R2	0.116	0.108	0.109

注：***$p<0.01$，**$p<0.05$，*$p<0.1$，括号内是稳健性标准误。

表17展示的是困难家庭、普通家庭以及全样本家庭儿童的邻里

第八章　困难家庭儿童的社会关系

关系的 OLS 回归结果。在宏观系统变量组中，与贫困家庭样本模型回归结果一样，"是否是城市户口"在普通家庭样本以及全样本模型中通过了同向的显著性检验，而地区变量中的"中部地区"与"东北地区"同样不显著。不同于贫困家庭样本模型回归结果，地区变量中的"西部地区"虽然在全样本模型中通过了同向的显著性检验，但是在普通家庭样本模型中不显著。此外，在全样本模型中，"普通家庭"在 1% 的水平上通过了正向的显著性检验。在中观系统变量组中，与贫困家庭样本模型回归结果一样，"父母职业水平""是否是重点学校"以及"是否是公立学校"在普通家庭样本以及全样本模型中同样不显著。但是，不同于贫困家庭样本模型回归结果，"父母是否离异"与"是否住校"在普通家庭样本以及全样本模型中均不显著；"父母受教育程度"在普通家庭样本以及全样本模型中通过了负向的显著性检验；"父母吵架情况"虽然在全样本模型中通过了同向的显著性检验，但是在普通家庭样本模型中不显著。在微观系统变量组中，与贫困家庭样本模型回归结果一样，"性别""是否是独生子女"以及"学习成绩排名"在普通家庭样本以及全样本模型中同样不显著。但是，不同于贫困家庭样本模型回归结果，"年龄""健康状况"以及"手机依赖"虽然在全样本模型中通过了同向的显著性检验，但是在普通家庭样本模型中不显著；"是否残疾"在普通家庭样本模型中通过了负向的显著性检验；"是否是学生干部"在普通家庭样本以及全样本模型中均通过了正向的显著性检验。

表 17　　　　困难家庭、普通家庭以及全样本家庭
儿童的邻里关系的 OLS 回归结果

自变量	模型 18 贫困家庭	模型 19 普通家庭	模型 20 全样本
家庭类型（参照组：低保家庭）			
低保边缘家庭	0.037 (0.046)	—	0.058 (0.044)

续表

自变量	模型 18 贫困家庭	模型 19 普通家庭	模型 20 全样本
普通家庭	—	—	0.133 ***
			(0.049)
是否是城市家庭	-0.213 ***	-0.185 ***	-0.212 ***
	(0.049)	(0.070)	(0.041)
所处地区（参照组：东部地区）			
中部地区	0.022	0.011	0.027
	(0.049)	(0.081)	(0.042)
西部地区	0.127 **	-0.066	0.089 *
	(0.062)	(0.087)	(0.050)
东北地区	-0.140	-0.059	-0.110
	(0.087)	(0.117)	(0.070)
父母是否离异	-0.104 *	0.101	-0.073
	(0.062)	(0.129)	(0.057)
父母的受教育程度	-0.005	-0.046 **	-0.021 *
	(0.015)	(0.020)	(0.012)
父母职业水平	-0.003	-0.014	-0.009
	(0.012)	(0.013)	(0.009)
父母吵架情况	-0.065 ***	-0.059	-0.064 ***
	(0.024)	(0.038)	(0.020)
是否是重点学校	-0.063	-0.048	-0.047
	(0.072)	(0.094)	(0.057)
是否是公立学校	0.005	0.021	0.009
	(0.071)	(0.104)	(0.059)
是否住校	0.105 *	-0.139	0.049
	(0.055)	(0.086)	(0.046)
年龄	-0.026 **	0.002	-0.020 **
	(0.011)	(0.017)	(0.009)
性别	0.040	0.0212	0.039
	(0.043)	(0.0637)	(0.036)

第八章　困难家庭儿童的社会关系

续表

自变量	模型18 贫困家庭	模型19 普通家庭	模型20 全样本
是否是独生子女	0.045 (0.049)	-0.117 (0.079)	-0.002 (0.042)
健康状况	0.048* (0.025)	0.037 (0.039)	0.041** (0.021)
是否残疾	0.039 (0.153)	-1.117** (0.442)	-0.133 (0.157)
学习成绩排名	-0.001 (0.002)	0.001 (0.002)	-2.84e-05 (0.001)
是否是学生干部	0.062 (0.045)	0.139** (0.070)	0.087** (0.038)
手机依赖	-0.007*** (0.002)	-0.003 (0.003)	-0.006*** (0.002)
常数项	3.637*** (0.202)	3.620*** (0.291)	3.638*** (0.166)
观测值	1,512	599	2,111
R2	0.053	0.090	0.052

注：＊＊＊ $p<0.01$，＊＊ $p<0.05$，＊ $p<0.1$，括号内是稳健性标准误。

第六节　主要结论与政策建议

一　主要结论

基于描述性分析，一方面，本章具体勾勒了城乡不同困难程度家庭儿童的社会关系现状。发现低保家庭儿童的社会关系总体上低于低保边缘家庭儿童，经济困难的深度可能会弱化儿童的社会关系发展。此外，城市困难家庭的儿童在亲子关系、同伴关系以及师生关系上均优于农村困难家庭儿童，但是在邻里关系上，农村困难家庭的儿童要优于城市困难家庭儿童。另一方面，本章根据困难家庭数据以及普通家庭的对比数据全面分析了我国不同家庭类型儿童社会关系的差异性。发现我国儿童的社会关系存在家庭经济状况、城乡以及地区之间的差异性，不过不一定具有统计学意义上的显著差异。仅从样本的均值来，普通家庭儿童的亲子关系、同伴关系、师生关系以及邻里关系均优于低保边缘家庭以及低保家庭，并且家庭经济状况越差，儿童的社会关系整体上越差。城市家庭儿童的亲子关系、同伴关系以及师生关系都要优于农村家庭儿童，但邻里关系却不如农村家庭儿童。东北地区除了邻里关系略低，亲子关系、师生关系及同伴关系均高于东部、中部以及西部地区。

基于回归分析，本章检视了社会生态系统理论视角下我国城乡困难家庭儿童社会关系影响因素的同质以及异质性。表18展示的是城乡困难家庭儿童社会关系回归模型自变量显著性结果。在宏观系统中，低保边缘家庭与低保家庭儿童的同伴关系在统计学意义上具有显著性差异，但是在亲子关系、师生关系以及邻里关系上没有显著性差异；城市困难家庭儿童与农村困难家庭儿童的邻里关系具有统计学意义的显著性差异，但是亲子关系、师生关系以及同伴关系不具有；中部与东部地区间、东北与东部地区间儿童的社会关系不具有统计学意义的显著，而西部地区与东部地区间儿童的邻里关系具有统计学意义的显著性，但是亲子关系、师生关系以及同伴关系不具有。在中观系统中，父母离异会导致儿童的亲子关系产生显著性差异，但是父母离异不会影响儿童的同伴关系、师生关系以及邻里关系；父母的受教育程度会导致儿童的亲子关系与同伴关系产生显著性差异，但不会显著性影响儿童的师生关系与邻里关系；父母的职业水平会导致儿童的师生关系产生显著差异，但不会显著影响亲子关系、同伴关系以及邻里关系；父母吵架情况会导致儿童的同伴关系、师生关系以及邻里关系产生显著性影响，但不会显著影响亲子关系；学校是否是重点并不会影响儿童的社会关系，但是是否是公立学校则会导致儿童的同伴关系产生显著差异；儿童是否住校会导致亲子关系、同伴恐惧自卑以及邻里关系产生显著差异，但并不会显著性影响同伴接纳以及师生关系。在微观系统中，年龄会导致儿童的亲子关系、同伴接纳、师生关系以

第八章 困难家庭儿童的社会关系

及邻里关系产生显著性的差异,但不会显著影响同伴关系中的恐惧自卑;性别会导致儿童的同伴关系以及师生关系产生显著差异,但不会显著影响亲子关系以及邻里关系;儿童是否是独生子女对同伴关系中的同伴接纳具有显著性的影响,但是对于亲子关系、同伴关系中的恐惧自卑以及邻里关系没有显著性影响;儿童的健康状况对同伴关系中的同伴接纳、师生关系以及邻里关系具有显著性影响,但对亲子关系以及同伴关系中的恐惧自卑没有显著性影响;儿童是否残疾只会对同伴关系中的恐惧自卑产生显著性影响;学生成绩会显著影响儿童的亲子关系、同伴关系以及师生关系;学生干部身份会显著影响儿童的亲子关系、同伴关系以及师生关系;手机依赖程度会对儿童的同伴关系、师生关系以及邻里关系产生显著性影响,但不会显著影响亲子关系。

表18 城乡困难家庭儿童社会关系回归模型自变量显著性结果一览表

	亲子关系	同伴接纳	同伴恐惧自卑	师生关系	邻里关系
低保边缘家庭		0.941**	-0.657**		
是否是城市家庭					-0.213***
所处地区(参照组:东部地区)					
中部地区					
西部地区					0.127*
东北地区					
父母是否离异	-0.470***				
父母的受教育程度	0.044***	0.381**	-0.288***		
父母职业水平				0.021*	
父母吵架情况		-1.426***	0.417***	-0.072***	-0.065***
是否是重点学校					

续表

	亲子关系	同伴接纳	同伴恐惧自卑	师生关系	邻里关系
是否是公立学校		-1.438 *	1.417 ***		
是否住校	-0.191 ***		0.833 **		0.105 *
年龄	0.040 ***	0.516 ***		0.020 *	-0.026 **
性别		-0.998 **	-0.896 ***	-0.088 **	
是否是独生子女		0.838 *			
健康状况		0.851 ***		0.058 ***	0.048 *
是否残疾			2.600 **		
学习成绩排名	-0.004 ***	-0.067 ***	0.019 *	-0.009 ***	
是否是学生干部	0.068 *	2.491 ***	-0.973 ***	0.214 ***	
手机依赖		-0.184 ***	0.183 ***	-0.011 ***	-0.007 ***

此外，基于城乡困难家庭样本、普通样本以及全样本模型的回归结果，本书进一步对比分析了自变量对不同样本儿童的社会关系产生显著性影响的同质与异质性。在宏观系统中，城市户口对困难与普通家庭儿童的邻里关系的影响具有同质性，但是地区对困难与普通家庭儿童的社会关系具有异质性影响，其中西部地区仅会影响普通家庭儿童的师生关系以及困难家庭的邻里关系。在中观系统中，父母是否离异对儿童的亲子关系具有同质性影响，但是对邻里关系的影响具有异质性，父母是否离异仅会影响困难家庭儿童的师生关系；父母受教育程度对儿童的亲子关系以及同伴恐惧自卑具有同质性影响，但是对同伴接纳、师生关系以及邻里关系的影响具有异质性，父母受教育程度仅会影响困难家庭儿童的同伴接纳、普通家庭儿童的师生关系以及普通家庭儿童的邻里关系；父母职业水平对儿童的同伴恐惧自卑以及师生关系具有异质性影响，仅会影响普通家庭儿童的同伴恐惧自卑以及困难家庭儿童的师生关系；父母吵架情况对儿童的同伴关系具有同质

第八章 困难家庭儿童的社会关系

性影响,但是对亲子关系、师生关系以及邻里关系具有异质性影响,仅会影响普通家庭儿童的亲子关系、困难家庭儿童的师生关系以及困难家庭儿童的邻里关系;是否是公立学校对儿童的同伴关系的影响具有异质性,仅会影响困难家庭儿童的同伴关系;是否住校对儿童的亲子关系、同伴恐惧自卑以及邻里关系的影响具有异质性,仅会影响困难家庭儿童。在微观系统中,性别对儿童同伴接纳的影响具有同质性,但是对亲子关系、同伴恐惧自卑以及邻里关系的影响具有异质性,仅会影响困难家庭儿童;年龄对儿童同伴恐惧自卑的影响具有同质性,但是对亲子关系、师生关系以及邻里关系的影响具有异质性,仅会影响困难家庭儿童;是否是独生子女对儿童的同伴接纳具有同质性影响;健康状况对儿童的师生关系的影响具有同质性,但是对亲子关系、同伴关系以及邻里关系的影响具有异质性,仅会影响普通家庭儿童的亲子关系与同伴恐惧自卑以及困难家庭儿童的同伴接纳与邻里关系;是否残疾对儿童亲子关系、同伴关系以及邻里关系的影响具有异质性,仅会影响普通家庭儿童的亲子关系、同伴接纳与邻里关系、困难家庭儿童的同伴恐惧自卑;学习成绩排名对儿童的亲子关系以及师生关系的影响具有同质性,但是对同伴关系的影响具有异质性,仅会影响困难家庭儿童的同伴关系;是否是学生干部对儿童同伴关系以及师生关系的影响具有同质性,但是对亲子关系以及邻里关系具有异质性,仅会影响困难家庭儿童的亲子关系以及普通家庭儿童的邻里关系;手机依赖对儿童同伴关系的影响具有同质性,但是对邻里关系以及师生关系具有异质性,仅会影响困难家庭儿童。

二 政策建议

2018年12月31日,中共中央办公厅、国务院办公厅印发了《民政部职能配置、内设机构和人员编制规定》,在总体机构和编制不增加的情况下,民政部单独设立儿童福利司,体现了党中央、国务院对儿童工作的高度重视。根据《民政部职能配置、内设机构和人员编制规定》,儿童福利司的主要职责是拟订儿童福利、孤弃

表19 困难家庭、普通家庭以及全样本家庭儿童社会关系自变量显著性一览表

	亲子关系 贫困家庭	亲子关系 普通家庭	亲子关系 全部样本	同伴接纳 贫困家庭	同伴接纳 普通家庭	同伴接纳 全部样本	同伴恐惧自卑 贫困家庭	同伴恐惧自卑 普通家庭	同伴恐惧自卑 全部样本	师生关系 贫困家庭	师生关系 普通家庭	师生关系 全部样本	邻里关系 贫困家庭	邻里关系 普通家庭	邻里关系 全部样本
家庭类型（参照组：低保家庭）															
低保边缘家庭	/	/	正	正	/	正	负	/	负				/	/	正
普通家庭	/	/		/	/		/	/					/	/	
是否是城市家庭			负	负	负								负	负	负
所处地区（参照组：东部地区）															
中部地区															
西部地区			负												
东北地区	负	负	正												
父母是否离异	正	正	负	正	正	正	负	负	负		正	正		负	正
父母的受教育程度		负			负	正	正	负	负	正	正	正	负		负
父母职业水平		负		负	负		正	正	正					负	负
父母吵架情况		正													
是否是重点学校															

第八章 困难家庭儿童的社会关系

续表

	亲子关系 贫困家庭	亲子关系 普通家庭	亲子关系 全部样本	同伴接纳 贫困家庭	同伴接纳 普通家庭	同伴接纳 全部样本	同伴恐惧自卑 贫困家庭	同伴恐惧自卑 普通家庭	同伴恐惧自卑 全部样本	师生关系 贫困家庭	师生关系 普通家庭	师生关系 全部样本	邻里关系 贫困家庭	邻里关系 普通家庭	邻里关系 全部样本
是否是公立学校	负			负		负	正		正						
是否住校			负				正		正	正			正		
年龄	正		正	正	正	正				正			负		负
性别				负		负			负	负		负			
是否是独生子女				正	正	正	正	正	正	正	正	正	正		正
健康状况		负			负					负	负	负		负	
是否残疾		负		负		负	负	负	负	正	正	负			
学习成绩排名	负	负	负	正	正	正	正	正	正	正	正	正	正	正	正
是否是学生干部	正			负	负	负	负	正	负	正	正	正	正	正	正
手机依赖				负	负	负	正	正	正	负		负	负		负

儿童保障、儿童收养、儿童救助保护政策、标准，健全农村留守儿童关爱服务体系和困境儿童保障制度，指导儿童福利、收养登记、救助保护机构管理工作。作为提升儿童福利、加强儿童保护的重要组成部分，对城乡困难家庭儿童的社会关系的掌握以及厘清问题以及时解决变得格外重要。基于研究发现，本书认为未来需要着重做好以下几方面工作：

第一，要加强对城乡困难家庭儿童亲子关系、同伴关系、师生关系以及邻里关系的建设，构建和谐的社会关系网络，给予儿童成长过程中的各类社会支持。对于困难家庭儿童而言，既要重点关注低保家庭儿童的社会关系建设，防止因为家庭的深度贫困给儿童带来严重的社会排斥；又要重点关注农村困难家庭儿童的亲子关系、同伴关系与师生关系以及城市困难家庭儿童的邻里关系建设，缓解因为城乡的社会经济发展差异给困难儿童带来社会关系建设隔离，通过社会干预等途径进一步提高农村困难家庭儿童的亲子关系、同伴关系、师生关系以及城市困难家庭儿童的邻里关系。

第二，要结合社会生态系统理论重点关注城乡困难家庭儿童不同社会关系影响因素的同质性与异质性，并针对性开展改善儿童社会关系工作。在宏观系统中，既要防止困难家庭儿童社会交往中出现城乡以及经济隔离现象，又要关注不同地区儿童社会关系的差异性，如对于中部地区，应该着重解决父母外出务工而产生的亲子关系弱化问题，但是对于东部地区，应该主要关注经济发展以及社会节奏所产生的邻里关系弱化问题。在中观系统中，要关注家庭以及学校不同场域对困难家庭儿童社会关系的影响。一方面，在家庭场域中，要关注父母离异对儿童亲子关系带来的负面效应；要关注父母受教育程度对儿童亲子关系与同伴关系的正向效应；要关注父母职业水平度儿童师生关系的正向效应；要关注夫妻吵架对儿童同伴关系、师生关系以及邻里关系的负向校园。另一方面，在学校场域中，要关注公立学校给儿童同伴关系带来的负面效应；要关注住校给儿童亲子关系与同伴恐惧自卑带来的负面效应。在微观系统中，要关注儿童年龄的增长对亲子

第八章　困难家庭儿童的社会关系

关系、同伴接纳、师生关系带来的正面效应以及对邻里关系带来的负面效应；要关注男性困难家庭儿童的同伴接纳、师生关系与女性困难家庭儿童的同伴恐惧自卑问题；要关注儿童健康状况对儿童的同伴关系、师生关系以及邻里关系带来的正面效应，提升儿童的健康水平；要关注残疾儿童的同伴恐惧自卑问题；要关注学习成绩对儿童的亲子关系、同伴关系以及师生关系带来的正面效应，提高儿童的学习成绩；要关注手机依赖对儿童同伴关系、师生关系以及邻里关系带来的负面效应，减少儿童手机依赖。

第三，在关注城乡困难家庭儿童社会关系影响因素之余，还应注意影响城乡困难家庭儿童与普通家庭儿童社会关系因素的同质性与异质性，尤其是仅会影响普通家庭儿童社会关系的主要因素。对于亲子关系，要关注父母吵架情况与儿童是否残疾的负面影响以及儿童健康状况的正面影响；对于同伴关系，要关注儿童是否参加对同伴接纳的负面影响以及父母职业水平、儿童健康状况对同伴恐惧自卑的正面影响；对于师生关系，要关注父母的受教育程度的正面影响；对于邻里关系，要关注儿童是否是残疾的负面影响以及儿童是否是学生干部的正面影响。

第九章 "贫困+残疾"家庭儿童的身心发展

第一节 问题的提出

众多研究表明贫困对于儿童发展存在不利影响。亦有统计数据表明,残疾人在贫困人口中占有较大比重。[①] 那么贫困叠加残疾家庭中儿童身心发展的状况如何,经济以及身体的双重弱势是否意味着儿童身心发展面临更多风险?虽然学界对于贫困与儿童身心发展的关系已有不少研究,但对"贫困+残疾"家庭中儿童身心健康的专门研究还不多,亟须更多关注。

一 贫困对儿童身心发展的影响

贫困对儿童的负面影响已经得到国内外大量研究支持。贫困的发生时间、贫困深度与持续时间对于儿童发展结果指标存在显著相关。[②] 然而,贫困影响儿童发展的机制复杂。当前研究多认为,贫困通过影响儿童所处的生态环境对儿童发展产生多重影响,包括夫妻和家庭成员的关系、亲子关系、社区环境、教育和医疗资源获得、就业机会、社会网络支持,此外还可能对儿童发展产生直接作用。比如有研究发

---

① 卢江勇:《贫困残疾人的社会保障问题研究》,《中国人口·资源与环境》2011年第2期。

② Brooks-Gunn, J. & Duncan, G. J., "Children and poverty the effects of poverty on children", *The Future of Children*, Vol. 7, No. 2, 1997.

◈◈ 第九章 "贫困+残疾"家庭儿童的身心发展 ◈◈

现经济困境会对儿童的心理健康产生直接与间接影响,后者可能的作用机制包括经济困境对父母管教行为产生影响,比如父母采用不适当不连贯的惩戒措施,进而影响儿童心理与行为健康。[1] 还有研究考察了贫困对于儿童认知、心理和行为问题的影响,认为贫困会带来更多围产期问题,有限的资源影响父母合理应对围产期状况、儿童出生后父母与儿童有益的亲子互动较少导致儿童认知发展水平居于劣势,并且贫困家庭父母更多采用严厉而不持续的管教方式、儿童面临更多压力事件从而导致其心理和行为问题。[2] 我国诸多研究也表明,贫困会影响到儿童的营养水平、保健服务的获得、父母与孩子相处时间的质量,继而对孩子的身心发展产生负面作用。[3]

二 父母残疾对儿童身心发展的影响

贫困家庭中很大比例为残疾家庭,包括父亲或/和母亲残疾,以及儿童自身残疾。尽管残疾父母大量存在,但是关于残疾父母的研究较为缺乏。仅有的研究多聚焦于某一类型的残疾父母,研究范围较窄,其中又以研究智力障碍父母居多。这种对智力障碍父母给予较多关注的一个很重要的原因在于,很多智力障碍父母在缺乏支持的情况下,难以独立提供优良育儿服务,忽视和虐待儿童问题较多,较大比例的孩子被收至社会福利机构抚养。这些研究关注的主题往往聚焦父母残疾家庭中父母的育儿能力,以及其所处社会网络。背后假设在于父母残疾会导致较差的养育行为与儿童发展结果。总的来看,关于父

---

[1] Lempers, J. D., Clark-Lempers, D., & Simons, R. L., "Economic hardship, parenting, and distress in adolescence", *Child Development*, Vol. 60, No. 1, 1989.

[2] McLoyd, & Vonnie, C., "Socioeconomic disadvantage and child development", *American Psychologist*, Vol. 53, No. 2, 1998.

[3] 彭亚拉、唐晓纯、齐思媛、李莹星:《关于建立和完善我国国家食品援助计划的思考——基于我国贫困人口的营养现状以及美国等国家食品援助计划的启示》,《中国软科学》2014年第4期;李云森、罗良:《贫困与农村孩子的一般认知能力发展》,《劳动经济研究》2018年第6期;林子雄、陆青贵、蓝海英、童益丽、林丽军 & 崔俊英:《低保对广州市越秀区0—3岁儿童保健服务利用情况的影响》,《公共卫生与预防医学》2017年第6期。

母智力障碍对儿童发展长期影响的考察仍然极为缺乏。[1]

关于一般残疾父母及其儿童养育的研究较少。现有研究也多数集中在残疾父母育儿能力及可能的育儿问题上,背后假设依然在于残疾可能损坏父母的育儿能力。有研究发现,在家庭月经济收入和家长文化程度等方面,残疾人家庭与对照组家庭之间存在非常显著性的差异。[2] 母亲残疾可能导致母亲受教育程度较低、难以为儿童提供有利于认知发展的环境,而父亲残疾减少了母亲对儿童的监护和有利的家庭活动,因为母亲需要花费较多时间和精力为残疾父亲提供照顾。还有研究发现残疾父母相比非残疾父母更可能报告各种与儿童虐待有关的风险因素,比如情绪失调、药物滥用、在人际关系中遭受暴力,且残疾父母相比非残疾父母更可能对自己的孩子施加暴力行为。在儿童发展结果上,有研究发现父母身体残疾可能导致儿童心理压力大、父母与儿童沟通出现障碍,进而对儿童心理产生负面影响,包括心理存在严重的自卑感、社交融入感差、心理承受能力差。[3] 与非残疾家庭子女相比,残疾人家庭子女心理健康水平较低,存在较高的强迫症状、抑郁、焦虑等情绪,对社会或他人存有戒备和敌对倾向,与人交往欠缺,自我封闭,自卑心理严重。[4]

但是也有研究认为,关于父母残疾对儿童福利的影响的研究仍然有待深化,当前有限的研究表明残疾本身并不意味着儿童发展的劣势,残疾父母中的不良的养育行为通常与非残疾父母相似,受到相同风险因素的作用,而非残疾本身。研究者应关注如何对残疾父母提供支持及这种支持的效果,而非想当然地将残疾父母的养育行为视为不足和负面。当前研究的趋势为更加关注残疾父母的养育环境而非其育儿能力的不足,且有研究发现当考虑到父母所处的社会经济地位和

---

[1] Llewellyn, G., "Parents with intellectual disability and their children: advances in policy and practice", *Journal of Policy & Practice in Intellectual Disabilities*, Vol. 10, No. 2, 2013.
[2] 魏亦军:《残疾人家庭子女心理健康状况调查与对策》,《大家》2011 年第 23 期。
[3] 田成:《社会工作介入残疾人家庭儿童心理问题研究》,辽宁大学,2016 年。
[4] 魏亦军:《残疾人家庭子女心理健康状况调查与对策》,《大家》2011 年第 23 期。

第九章 "贫困+残疾"家庭儿童的身心发展

环境之后,残疾本身的负面影响显著降低。① 比如流行病学调查表明,残疾父母的育儿环境因素包括贫困、环境中的暴力、精神健康等部分解释了儿童发展滞后。也有关于智力残疾父母群体的考察表明,智力残疾父母更多面临贫困、恶劣住房、社会隔离等风险。当将这些风险因素考虑在内,父母智力残疾与儿童发展迟滞、语言障碍、行为问题、儿童意外伤害等问题的相关性大大减少。

三 自身残疾对儿童身心发展的影响

残疾儿童相比普通儿童身体发育较为滞后。如有研究基于对广州、东营两市 7 至 18 岁残疾儿童(肢体残疾除外)的调查,发现残疾儿童的身高、体重与同龄非残疾儿童相比普遍偏低,消瘦率较高,营养性疾病比如维生素缺乏患病率较高。② 残疾儿童也可能面临更多心理与行为问题。现有研究表明残疾儿童会遭受到来自学校、家庭、同伴和社会的歧视,甚至忽视与虐待,这些歧视与偏见对残疾儿童的心理和行为产生负面影响。③ 学习障碍儿童有更高的自我污名,虽然没有学习障碍的健全儿童,在学习成绩不好的情况下也会有较差的自我认知,但是学习障碍儿童的自我认知更加负面,并且受自身残疾身份影响多过受自己实际学习成绩的影响。我国研究也表明,低保家庭儿童相比普通家庭表现出更高孤独感,其中,残疾或患病儿童相比健康儿童的孤独感程度更高。④

四 研究视角与研究问题

总的来看,现有研究表明贫困与残疾均可能对儿童身心发展产生

---

① Llewellyn, G., & Hindmarsh, G., "Parents with intellectual disability in a population context", *Current Developmental Disorders Reports*, Vol. 2, No. 2, 2015.

② 薄绍晔、刘闯、刘民、王治江:《广州、东营两市 7—18 岁残疾儿童生长发育状况调查》,《中国康复理论与实践》2010 年第 12 期。

③ 尚晓援、谢佳闻:《残疾与歧视:儿童生活史的个案研究》,《中国青年研究》2008 年第 10 期。

④ 齐亚静、童小军:《北京市低保家庭儿童孤独感及其影响因素分析》,《中国学校卫生》2017 年第 12 期。

负面影响。并且，这种影响可能直接发生，也可能通过影响儿童所处环境间接发生。基于对儿童所处生长环境的关注，社会生态系统观点成为研究贫困、残疾与儿童发展的一个主要视角。社会生态视角源于Bronfenbrenner[①]关于人类发展的社会和制度环境的著作，强调要关注人类发展的环境以及人的能动性。对于儿童身心发展而言，家庭、学校、社区环境成为学界关注的核心要素。已有众多研究表明，融洽和谐的家庭环境对儿童身心发展有重要影响。学校环境是儿童身心发展、学习知识技能和进行社会化的重要场所，学校生活是儿童社会生活的不可或缺的部分，主要包括学校同辈关系和师生关系等。教师对学生的期望和态度会对学生的学习行为等产生巨大的影响，良好的同伴关系对儿童心理行为也能产生较为积极的影响。[②] 社区环境也与儿童身心发展相关，一个恶劣、暴力的社区环境可能会影响到儿童的心理和行为健康。

本章将采用社会生态视角考察"贫困＋残疾"与儿童身心发展的关系。鉴于贫困与儿童身心发展的关联已有众多研究证实，本书重点关注残疾与儿童身心发展的关联性。在此基础上，再聚焦到贫困残疾家庭，探讨在贫困累加残疾的双重弱势家庭，儿童身心发展的主要相关因素。本章的主要研究问题分解如下：

1. 在残疾与贫困的关系上，残疾家庭相比非残疾家庭是否具有更高的致贫风险？

2. 在儿童所处发展环境方面，残疾家庭相比非残疾家庭的儿童在家庭环境、学校保护、社会网络支持方面是否存在显著差异？

3. 在儿童发展的结果方面，残疾家庭相比非残疾家庭儿童的身心发展指标是否存在显著差异？

4. 残疾、贫困均可能对儿童发展产生直接、间接作用，当控制

---

① Bronfenbrenner, U., *The ecology of human development: Experiments by nature and design*, Cambridge, MA: Harvard University Press, 1979.
② 杨苹：《社会生态系统下困境儿童多重困境分析》，硕士学位论文，南京大学，2018年。

第九章 "贫困+残疾"家庭儿童的身心发展

社会生态系统条件后,残疾和贫困是否还与儿童发展存在直接关联?

5. 残疾与贫困均可能对儿童发展存在负面影响,当二者累加,是否会存在负面作用的相互加强?或者说,是否贫困残疾家庭中儿童的身心发展状况更差?

第二节 贫困残疾家庭儿童的社会救助政策

家庭是儿童最重要的成长环境,儿童的健康成长离不开家庭的养育。家庭经济条件的好坏直接影响儿童可能获得的物质资源。我国专门针对贫困儿童的社会救助尚不成体系,但现有社会保护制度亦为儿童提供了一些支持,并在某些方面对儿童给予了一定程度的特殊关注。此外,我国专门出台了针对残疾人和残疾儿童的一系列政策措施。

第一,最低生活保障与分类救助。改革开放以来,伴随经济体制改革和国力增强,我国政府不断改革完善针对贫困家庭的救助政策,建立起以最低生活保障为核心的贫困家庭救助制度安排。最低生活保障制度为家庭人均收入低于政府规定标准的家庭提供生活救助,满足其基本需求。2003年以前,最低生活保障制度并不区分贫困家庭的类型;2003年以后,低保制度开始实行"分类救助",主要目的之一就是对特殊困难群体给予重点救助。[1]针对低保家庭中的未成年人、重残(病)儿童、就学儿童,在享受低保待遇上给予特殊优待,比如在享受低保金的基础上增加一定救助金额。[2]

---

[1] 杨健、张金峰:《残疾人社会救助政策效果与完善路径》,《地方财政研究》2016年第1期。

[2] 刘振杰:《农村残疾人社会福利权益支持研究——基于河南、山东等农业人口大省的实地调研》,《中国农业大学学报》(社会科学版) 2014年第2期;史威琳:《城市低保家庭儿童社会保护制度分析》,《北京社会科学》2011年第1期;张时飞、唐钧:《中国贫困儿童的社会救助项目与效果》,《公共管理高层论坛》2008年第2期。

第二，儿童教育救助。2004 年，民政部、教育部联合下发《关于进一步做好城乡特殊困难未成年人教育救助工作的通知》，对城乡贫困家庭的未成年子女提供教育救助。之后，我国政府在义务教育阶段的教育救助力度不断扩大。2005 年国务院《关于深化农村义务教育经费保障机制改革的通知》规定，从 2006 年开始全部免除西部地区农村义务教育阶段学生学杂费，2007 年将这项政策扩大到中、东部地区，并向贫困家庭学生免费提供教科书、补助寄宿生生活费。2008 年国务院颁发《关于做好免除城市义务教育阶段学生学杂费工作的通知》，全部免除城市义务教育阶段公办学校学生学杂费。非义务教育阶段，我国政府亦出台了一系列政策，并从主要关注经济困难儿童高等教育阶段的资助逐渐扩展至高中和中职教育、学前教育阶段，通过助学贷款、奖学金、助学金、学费减免等方式予以资助。①

第三，医疗救助。贫困家庭应对疾病风险能力较弱，因病致贫、因病返贫现象普遍。基本医疗保险制度为我国城乡人口提供了一定程度的医疗保障，但是需要患者先缴纳保险费，并自负一定比例医疗费用，而这些费用对于贫困家庭也往往是难以负担的。2003 年以来，我国农村、城市先后探索建立医疗救助制度，并于 2008 年实现全覆盖。主要针对人群是低保户、五保户和部分低收入群体，对其给予医疗方面的资金支持和帮助，2009 年后覆盖人群逐步扩展至重度残疾人和低收入家庭中的重病患者、老年人等低收入群体。② 通过医疗救助，政府为贫困家庭、残疾家庭提供基本医疗保险参保补贴或代缴费用。针对基本医疗保险报销后依然存在困难的，还可提供大病救助。

第四，残疾人两项补贴。自 2016 年 1 月 1 日起，国务院《关于全面建立困难残疾人生活补贴和重度残疾人护理补贴制度的意见》要求在全国实施困难残疾人生活补贴和重度残疾人护理补贴制度。这一

---

① 袁同成：《我国教育救助制度的变迁逻辑考察》，《学术界》2016 年第 9 期。
② 成海军：《当前我国医疗救助中的重点和难点问题研究》，《学习与实践》2015 年第 8 期。

第九章 "贫困+残疾"家庭儿童的身心发展

制度为困难家庭残疾人提供额外生活补贴，为重度残疾有护理需求的残疾人提供护理补贴，有助于弥补残疾人因残疾增加的生活支出，保障其基本需求的满足。在此之前，已有部分经济发达地区先行推进残疾人生活和护理补贴，并在补贴范围和水平上不断扩展，取得了良好社会成效。

第五，残疾人和残疾儿童的康复支持。残疾人康复工作得到国家重视，并出台了一系列法律法规。"十五"以来，每个五年计划期间，均专门制定不同类型残疾人士的康复配套实施方案。针对贫困残疾儿童，先后颁布了《关于印发贫困残疾儿童抢救性康复项目实施方案及配套实施办法的通知》《残疾儿童康复救助"七彩梦行动计划"实施方案》等对城乡有康复需求的贫困残疾儿童开展资助活动。[1] 2017 年我国正式通过并实行了《残疾预防和残疾人康复条例》，该条例特别指出国家要建立残疾儿童康复救助制度，逐步实现 0—6 岁残疾儿童免费获得手术、辅助器具配置和康复训练等服务，以及实施重点康复项目为城乡贫困残疾人、重度残疾人提供基本康复服务和辅助器具配置补贴。

虽然我国当前政策已经对贫困、残疾家庭提供了种种救助措施，其中不乏专门针对儿童的救助措施，但当前政策体系依然存在不少问题。比如低保标准偏低，财政投入不足。[2] 医疗救助限制条件多、救助水平低。[3] 并且儿童福利议题涉及部门众多，部门间缺乏合力，财政供给制度不完善。[4]

---

[1] 李莹、韩克庆：《我国困境儿童托底性保障制度的建构》，《江淮论坛》2015 年第 5 期。

[2] 杨健、张金峰：《残疾人社会救助政策效果与完善路径》，《地方财政研究》2016 年第 1 期。

[3] 梁土坤：《健康保障托底：医疗救助制度建设的地方实践及未来展望》，《中国卫生政策研究》2017 年第 3 期。

[4] 蔡亚飞、梁金刚：《我国儿童救助保护的财政供给状况研究》，《社会福利》（理论版）2017 年第 1 期；王玺、姜朋：《基于 pde 模型的儿童福利供给财政缺口及保障机制研究》，《中国软科学》2017 年第 6 期。

第三节 残疾家庭与非残疾家庭儿童的身心发展环境与结果比较

本部分重点呈现残疾家庭与非残疾家庭的比较分析，包括残疾家庭是否相比非残疾家庭有更高贫困风险？残疾家庭相比非残疾家庭，儿童成长的生态系统是否存在显著差异？包括家庭、学校、社区环境及可能从中获得的支持。在儿童身心发展结果上，残疾家庭儿童与非残疾家庭儿童是否存在显著差异？并且，因为残疾家庭包括父或/和母残疾家庭以及儿童自身残疾家庭，以下比较还将区分父母残疾家庭、儿童残疾家庭，分别讨论两类残疾家庭与非残疾家庭（父母、儿童均无残疾）中儿童身心发展环境与结果的异同。

所用数据来源于"托底性民生保障政策支持系统建设"项目2018年家庭入户调查中针对8—16岁儿童青少年的问卷调查。本次调查涵盖我国城乡3342名青少年，男女比例约为1:1。农村户籍多于城市户籍，现居住于县以上城市的约占31%，大部分居住于县城及农村地区。调查儿童所处家庭经济状况分为三类，包括低保户（45.9%）、边缘户（29.8%）与普通户（24.3%）。

表1 样本儿童的基本情况

	性别				户籍				居住地					
	男	女	缺失	合计	城市	农村	缺失	合计	城市（县级以上）	县城	乡镇	农村	其他	缺失	合计
频数	1662	1671	9	3342	1470	1863	9	3342	1050	315	536	1421	11	9	3342
百分比	49.7	50.0	0.3	100.0	44.0	55.7	0.3	100.0	31.4	9.4	16.0	42.5	0.3	0.3	100.0

第九章 "贫困+残疾"家庭儿童的身心发展

表 2　　　　　　　　　调查儿童的家庭类型

家庭经济状况类型	频率	百分比
低保户	1535	45.9
边缘户	996	29.8
普通户	811	24.3
合计	3342	100.0

一　样本中残疾家庭基本情况

（一）残疾家庭的数量

本次调查的3342个样本中，儿童残疾家庭74例，父母残疾家庭746例，无残疾家庭2178例。残疾家庭合计比例为26.8%。

表 3　　　　　　　　残疾家庭与非残疾家庭数量

孩子残疾状况	频数	百分比（%）	父母残疾状况	频数	百分比（%）	家庭残疾状况	频数	百分比（%）
非残疾	3259	97.8	父母均不残疾	2223	74.9	无残疾	2178	73.2
残疾	74	2.2	父亲或母亲一方残疾	746	25.1	父亲/母亲/儿童残疾	799	26.8
总计	3333	100.0	总计	2969	100.0	总计	2977	100.0
缺失	9		缺失	373		缺失	365	

（二）残疾家庭中儿童的基本情况

表4、5分别对父母残疾家庭、儿童残疾家庭与非残疾家庭儿童一般社会人口学特征进行了对比。可见父母残疾家庭儿童的性别、户籍等与非残疾家庭并未存在显著差异，与样本总体分布较为一致，都是农村户籍居多，大部分居住于县城以下的农村地区，男女性别比例较为平均。然而，儿童残疾家庭中儿童的基本特征与非残疾家庭有所

不同，显示出较高比例居住于城市地区。这与当前残疾人统计多显示农村残疾儿童比例较高的事实相矛盾。[①] 究其原因，可能是由于样本中残疾儿童数量较少，存在代表性偏差。

表4 父母残疾家庭与非残疾家庭儿童一般社会人口学特征比较

		父母残疾家庭 N（%）	非残疾家庭 N（%）	χ^2/F	P
孩子居住地	城市（县级以上）	231（31.0）	695（31.9）	8.540	0.074
	县城	66（8.8）	218（10.0）		
	乡镇	105（14.1）	367（16.9）		
	农村	339（45.4）	892（41.0）		
	其他	5（0.7）	6（0.3）		
孩子户籍	城市	341（45.7）	937（43.0）	1.633	0.201
	农村	405（54.3）	1241（57.0）		
孩子性别	男	368（49.3）	1091（50.1）	0.129	0.719
	女	378（50.7）	1087（49.9）		
孩子年龄	均值	12	12	3.350	0.067

注：*$p<0.05$，**$p<0.01$，***$p<0.001$。

表5 儿童残疾家庭与非残疾家庭儿童一般社会人口学特征比较

		儿童残疾家庭 N（%）	非残疾家庭 N（%）	χ^2/F	P
孩子居住地	城市（县级以上）	32（43.2）	695（31.9）	9.547	0.049*
	县城	2（2.7）	218（10.0）		
	乡镇	7（9.5）	367（16.9）		
	农村	33（44.6）	892（41.0）		
	其他	0（0.0）	6（0.3）		

---

① 李莉、王宪灵：《中国残疾儿童状况研究》，《河北医药》2013年第20期。

第九章 "贫困+残疾"家庭儿童的身心发展

续表

		儿童残疾家庭 N（%）	非残疾家庭 N（%）	χ^2/F	P
孩子户籍	城市	37（50.0）	937（43.0）	1.420	0.233
	农村	37（50.0）	1241（57.0）		
孩子性别	男	35（47.3）	1091（50.1）	0.224	0.636
	女	39（52.7）	1087（49.9）		
孩子年龄	均值	12	12	0.090	0.760

注：*p<0.05，**p<0.01，***p<0.001。

二 残疾家庭与非残疾家庭的经济状况比较

（一）父母残疾家庭的经济状况显著差于非残疾家庭，陷入贫困的比例显著提高

表6是对父母残疾家庭与非残疾家庭经济状况对比分析。结果显示，父母残疾家庭中73.9%是低保户，还有22.4%处于低保边缘，经济状况较非残疾家庭普遍更差。在自评家庭经济状况中，40.8%父母残疾家庭认为自己家庭非常困难，与非残疾家庭也存在显著差异。家庭年收入与家庭年支出方面，虽单因素方差分析P值均显著，但可能家庭年收入与年支出均有不少极端值，均拒绝方差齐性假设，故父母残疾对家庭年收入与年支出的影响是否显著仍不能定论。但从均值比较可发现，父母存在残疾问题的家庭的年收入与年支出均值均比非残疾家庭低。

表6　　父母残疾家庭与非残疾家庭经济状况对比分析

		父母残疾家庭 N（%）	非残疾家庭 N（%）	χ^2/F	P
家庭类型	低保户	551（73.9）	693（31.8）	453.360	0.000***
	边缘户	167（22.4）	720（33.1）		
	普通户	28（3.8）	765（35.1）		

续表

		父母残疾家庭 N（%）	非残疾家庭 N（%）	χ^2/F	P
自评家庭经济状况	非常困难	304（40.8）	419（19.2）	204.180	0.000***
	比较困难	288（38.6）	739（33.9）		
	大致够用	145（19.4）	916（42.1）		
	不感觉欠缺	8（1.1）	96（4.4）		
	比较宽裕	1（0.1）	8（0.4）		
家庭年收入	均值	22791	40599	123.510	0.000
家庭年支出	均值	35935	45315	12.410	0.000

注：*$p<0.05$，**$p<0.01$，***$p<0.001$。

（二）儿童残疾家庭的经济状况显著差于非残疾家庭，陷入贫困的比例显著提高

表7是对儿童残疾家庭与非残疾家庭经济状况进行对比分析。与父母残疾家庭类似，儿童残疾家庭相比非残疾家庭有更高比例为低保户，更高比例自评家庭经济状况为非常困难。其中，超过90%儿童残疾家庭为低保户或边缘户，超过80%儿童残疾家庭自评家庭经济状况比较困难或非常困难，远超非残疾家庭。家庭年收入与家庭年支出虽未显示显著影响，但儿童残疾家庭的年收入与年支出均值都低于非残疾家庭。

表7　儿童残疾家庭与非残疾家庭经济状况对比分析

		儿童残疾家庭 N（%）	非残疾家庭 N（%）	χ^2/F	P
家庭类型	低保户	43（58.1）	693（31.8）	28.895	0.000***
	边缘户	24（32.4）	720（33.1）		
	普通户	7（9.5）	765（35.1）		

第九章 "贫困+残疾"家庭儿童的身心发展

续表

		儿童残疾家庭 N（%）	非残疾家庭 N（%）	χ^2/F	P
自评家庭经济状况	非常困难	32（43.2）	419（19.2）	33.143	0.000***
	比较困难	28（37.8）	739（33.9）		
	大致够用	13（17.6）	916（42.1）		
	不感觉欠缺	1（1.4）	96（4.4）		
	比较宽裕	0（0.0）	8（0.4）		
家庭年收入	均值	33330	40599	2.070	0.151
家庭年支出	均值	42413	45315	0.140	0.705

注：*p<0.05，**p<0.01，***p<0.001。

三 残疾家庭与非残疾家庭的家庭监护比较

（一）父母残疾家庭相比非残疾家庭对儿童的监护能力与行为表现较差

表8对父母残疾家庭与非残疾家庭父母监护能力进行对比分析。父母残疾家庭儿童父母的教育水平显著较低，失业比例较高，这可能会影响到父母对儿童监护的能力与质量。在可能的家庭暴力方面，本章比较了两个指标。首先，在父母吵架上，父母残疾家庭与非残疾家庭没有显著差别。在父母打骂孩子上，父母残疾家庭与非残疾家庭相比，父亲表现没有差异，母亲表现有所区别，表现为有更高比例父母残疾家庭的母亲表示从不打骂孩子、更低比例表示经常或总是打骂孩子。但是总的来看，家庭暴力问题在父母残疾家庭与非残疾家庭的差异相对不大。但在沟通上，残疾家庭父亲、母亲与儿童沟通频次均显著低于非残疾家庭父母，父母残疾家庭中孩子外出游玩频率也明显少于非残疾家庭。

表8　父母残疾家庭与非残疾家庭监护能力与行为对比分析

		父母残疾家庭 N（%）	非残疾家庭 N（%）	χ2	P
父亲是否失业半失业	是	343（46.5）	500（23.0）	148.373	0.000***
	否	395（53.5）	1678（77.0）		
母亲是否失业半失业	是	303（42.7）	346（16.0）	217.687	0.000***
	否	406（57.3）	1814（84.0）		
父亲受教育水平	没受过任何教育	60（8.1）	64（2.9）	171.527	0.000***
	小学	294（39.8）	506（23.2）		
	初中	285（38.6）	898（41.2）		
	中专/技校/职高/高中	80（10.8）	442（20.3）		
	大专/大学	19（2.6）	264（12.1）		
	研究生及以上	0（0.0）	3（0.1）		
母亲受教育水平	没受过任何教育	119（16.7）	106（4.9）	199.946	0.000***
	小学	249（35.0）	502（23.2）		
	初中	252（35.4）	897（41.5）		
	中专/技校/职高/高中	77（10.8）	439（20.3）		
	大专/大学	14（2.0）	212（9.8）		
	研究生及以上	0（0.0）	7（0.3）		
父亲打骂	从不	411（55.4）	1198（55.1）	5.767	0.123
	偶尔	291（39.2）	901（41.4）		
	经常	31（4.2）	56（2.6）		
	总是	9（1.2）	21（1.0）		
母亲打骂	从不	465（62.8）	1200（55.1）	16.617	0.001***
	偶尔	235（31.7）	821（37.7）		
	经常	37（5.0）	118（5.4）		
	总是	4（0.5）	37（1.7）		

第九章 "贫困+残疾"家庭儿童的身心发展

续表

		父母残疾家庭 N（%）	非残疾家庭 N（%）	χ²	P
父亲沟通	从不	93（12.5）	169（7.8）	16.265	0.001***
	偶尔	254（34.2）	751（34.5）		
	经常	309（41.6）	962（44.2）		
	总是	87（11.7）	295（13.6）		
母亲沟通	从不	119（16.0）	165（7.6）	67.028	0.000***
	偶尔	179（24.1）	403（18.5）		
	经常	308（41.5）	1055（48.5）		
	总是	136（18.3）	554（25.4）		
父母吵架	从不	274（37.0）	861（39.7）	7.600	0.055
	很少	225（30.4）	679（31.3）		
	偶尔	185（25.0）	516（23.8）		
	经常	57（7.7）	112（5.2）		
外出游玩	从未	186（25.0）	339（15.6）	42.916	0.000***
	一年几次	229（30.8）	711（32.6）		
	每月一次	84（11.3）	213（9.8）		
	每月两三次	125（16.8）	496（22.8）		
	一周数次	89（12.0）	333（15.3）		
	每天	30（4.0）	86（3.9）		

注：*$p<0.05$，**$p<0.01$，***$p<0.001$。

（二）儿童残疾家庭相比非残疾家庭对儿童的监护能力与行为表现较差

表9是对儿童残疾家庭与非残疾家庭监护能力与行为进行对比分析。可见，儿童残疾家庭父母教育水平与非残疾家庭父母并不存在显著差异，但是儿童残疾家庭父亲失业半失业的比例高于非残疾家庭。在可能的家庭暴力方面，儿童残疾家庭呈现出某种程度的两极分化。相比非残疾家庭，父亲打骂孩子的频率存在显著差异，表现为选择从不打骂和经常、总是打骂的比例较高，选择中间状态偶尔打骂的比例较低。父母吵架方面，选择从不、经常两种极端状态的较高，而选择

很少和偶尔两种中间状态的较少。考虑到儿童残疾对亲子、家庭关系的冲击，笔者认为这可能与残疾儿童父母对孩子残疾事宜的适应能力有关。在父母沟通方面，父亲与孩子沟通频率显著低于非残疾家庭，但在外出游玩方面没有显著差异。

表9　儿童残疾家庭与非残疾家庭监护能力与行为对比分析

		儿童残疾家庭 N（%）	非残疾家庭 N（%）	χ^2	P
父亲是否失业半失业	是	28（38.9）	500（23.0）	9.850	0.002**
	否	44（61.1）	1678（77.0）		
母亲是否失业半失业	是	15（22.7）	346（16.0）	2.121	0.145
	否	51（77.3）	1814（84.0）		
父亲受教育水平	没受过任何教育	2（2.8）	64（2.9）	10.475	0.063
	小学	19（26.8）	506（23.2）		
	初中	32（45.1）	898（41.2）		
	中专/技校/职高/高中	14（19.7）	442（20.3）		
	大专/大学	3（4.2）	264（12.1）		
	研究生及以上	1（1.4）	3（0.1）		
母亲受教育水平	没受过任何教育	6（9.4）	106（4.9）	7.573	0.181
	小学	17（26.6）	502（23.2）		
	初中	27（42.2）	897（41.5）		
	中专/技校/职高/高中	8（12.5）	439（20.3）		
	大专/大学	5（7.8）	212（9.8）		
	研究生及以上	1（1.6）	7（0.3）		

第九章 "贫困+残疾"家庭儿童的身心发展

续表

		儿童残疾家庭 N（%）	非残疾家庭 N（%）	χ^2	P
父亲打骂	从不	49（66.2）	1198（55.1）	10.668	0.014*
	偶尔	19（25.7）	901（41.4）		
	经常	5（6.8）	56（2.6）		
	总是	1（1.4）	21（1.0）		
母亲打骂	从不	42（56.8）	1200（55.1）	2.719	0.437
	偶尔	24（32.4）	821（37.7）		
	经常	7（9.5）	118（5.4）		
	总是	1（1.4）	37（1.7）		
父亲沟通	从不	17（23.0）	169（7.8）	22.016	0.000***
	偶尔	23（31.1）	751（34.5）		
	经常	26（35.1）	962（44.2）		
	总是	8（10.8）	295（13.6）		
母亲沟通	从不	11（14.9）	165（7.6）	6.630	0.085
	偶尔	14（18.9）	403（18.5）		
	经常	36（48.6）	1055（48.5）		
	总是	13（17.6）	554（25.4）		
父母吵架	从不	5（6.8）	112（5.2）	10.443	0.015*
	很少	17（23.3）	516（23.8）		
	偶尔	11（15.1）	679（31.3）		
	经常	40（54.8）	861（39.7）		
外出游玩	从未	18（24.3）	339（15.6）	8.578	0.127
	一年几次	15（20.3）	711（32.6）		
	每月一次	6（8.1）	213（9.8）		
	每月两三次	18（24.3）	496（22.8）		
	一周数次	15（20.3）	333（15.3）		
	每天	2（2.7）	86（3.9）		

注：*$p<0.05$，**$p<0.01$，***$p<0.001$。

四 残疾家庭与非残疾家庭儿童的营养状况比较

(一) 父母残疾家庭儿童营养状况差于非残疾家庭

表10对父母残疾家庭与非残疾家庭儿童的营养状况进行对比分析。可以发现,父母残疾家庭的儿童吃水果与喝牛奶频率显著低于非残疾家庭。

表10 父母残疾家庭与非残疾家庭儿童的营养状况对比分析

		父母残疾家庭 N(%)	非残疾家庭 N(%)	χ^2	P
吃水果频率	零次	132 (17.7)	248 (11.4)	59.854	0.000***
	一周1—2次	339 (45.4)	778 (35.7)		
	一周4—5次及以上	275 (36.9)	1151 (52.9)		
喝牛奶频率	零次	379 (50.8)	826 (37.9)	38.876	0.000***
	一周1—2次	148 (19.8)	505 (23.2)		
	一周4—5次及以上	219 (29.4)	846 (38.9)		

注: *p<0.05, **p<0.01, ***p<0.001。

(二) 儿童残疾家庭儿童的营养状况与非残疾家庭无显著差异

表11对儿童残疾家庭与非残疾家庭儿童的营养状况进行对比分析,差异并不显著。但相较于非残疾家庭,儿童残疾家庭中儿童吃水果、喝牛奶频率在一周4—5次及以上的占比更低。

表11 儿童残疾家庭与非残疾家庭儿童的营养状况对比分析

		儿童残疾家庭 N(%)	非残疾家庭 N(%)	χ^2	P
吃水果频率	零次	13 (17.6)	248 (11.4)	3.854	0.146
	一周1—2次	29 (39.2)	778 (35.7)		

续表

		儿童残疾家庭 N（%）	非残疾家庭 N（%）	χ2	P
吃水果频率	一周4—5次及以上	32（43.2）	1151（52.9）		
喝牛奶频率	零次	34（45.9）	826（37.9）	3.431	0.180
	一周1—2次	19（25.7）	505（23.2）		
	一周4—5次及以上	21（28.4）	846（38.9）		

注：*p<0.05，**p<0.01，***p<0.001。

五 残疾家庭与非残疾家庭儿童获得学校保护的比较：与老师和同学的关系

（一）父母残疾家庭儿童在校表现、与老师和同学的关系弱于非残疾家庭儿童

表12对父母残疾家庭与非残疾家庭儿童的学业状况进行对比分析。在在学状态以及学校类型上，父母残疾家庭儿童与非残疾家庭儿童并无显著差异。但是父母和孩子对于教育的期望存在显著差异。虽然有近57%残疾父母希望自己的孩子能够有大学本科学历，更有25.4%希望孩子能够有博士学历，但相比非残疾家庭，父母残疾家庭对孩子教育期望值较低。孩子自身的教育期望与父母类似，相比非残疾家庭儿童为低。在对孩子的作业辅导上，父母残疾家庭相比非残疾家庭没有显著差异。

表12　父母残疾家庭与非残疾家庭儿童的学业状况对比分析

		父母残疾家庭 N（%）	非残疾家庭 N（%）	χ2/F	P
在学状态	小学	375（50.3）	1209（55.5）	9.300	0.098
	初中	307（41.2）	807（37.1）		
	高中	52（7.0）	128（5.9）		

续表

		父母残疾家庭 N（%）	非残疾家庭 N（%）	χ2/F	P
在学状态	职高/技校/中专	8（1.1）	25（1.1）		
	大学及以上	1（0.1）	0（0.0）		
	未上学	3（0.4）	9（0.4）		
学校类型	普通学校	679（91.1）	1933（88.8）	3.230	0.072
	重点学校	66（8.9）	244（32.8）		
父母对孩子教育的期望	小学	1（0.1）	1（0.0）	31.076	0.000***
	初中	16（2.2）	19（0.9）		
	高中	44（5.9）	73（3.4）		
	大专	30（4.0）	62（2.9）		
	大学本科	421（56.6）	1158（53.3）		
	硕士	42（5.6）	156（7.2）		
	博士	189（25.4）	700（32.2）		
	不念书	1（0.1）	3（0.1）		
孩子的教育期望	小学	4（0.5）	9（0.4）	28.507	0.000***
	初中	30（4.1）	43（2.0）		
	高中	88（12.0）	201（9.3）		
	大专	39（5.3）	90（4.2）		
	大学本科	395（53.7）	1112（51.4）		
	硕士	62（8.4）	257（11.9）		
	博士	117（15.9）	448（20.7）		
	不念书	1（0.1）	5（0.2）		
辅导频率	天天（每周5—7次）	181（33.8）	597（49.7）	3.662	0.454
	经常（每周2—4次）	189（35.3）	646（34.6）		
	偶尔（每周1次）	122（22.8）	335（12.6）		
	很少（每月1次）	35（6.5）	97（2.8）		
	从不	9（1.7）	23（0.3）		

注：*p<0.05，**p<0.01，***p<0.001。

第九章 "贫困+残疾"家庭儿童的身心发展

在这种较低的教育期望下,进一步比较发现父母残疾家庭儿童的在校表现以及可能从学校获得的保护和支持,相比非残疾家庭呈现出显著差异。从表13可见,父母残疾家庭儿童相比非残疾家庭儿童,自评在校表现较差。与老师的亲密程度弱于非残疾家庭儿童,近46%父母残疾家庭孩子与老师关系一般。与同学关系方面,采用同伴关系量表考察,包含30个条目,分数越高,与同学关系越差。从均值来看,父母残疾家庭儿童的同伴关系要差于非残疾家庭,但因拒绝方差齐性假设,故这一差异是否显著尚不确定。

表13 父母残疾家庭与非残疾家庭儿童的在校表现、与老师和同学的关系对比分析

		父母残疾家庭 N(%)	非残疾家庭 N(%)	χ^2/F	P
自评在校表现	非常好	56 (7.5)	184 (8.5)	9.887	0.042*
	比较好	336 (45.3)	1032 (47.4)		
	一般	306 (41.2)	885 (40.7)		
	比较差	37 (5.0)	60 (2.8)		
	非常差	7 (0.9)	15 (0.7)		
与老师关系	非常疏远	15 (2.0)	30 (1.4)	12.821	0.012*
	比较疏远	26 (3.5)	79 (3.6)		
	一般	341 (45.9)	859 (39.5)		
	比较亲密	262 (35.3)	906 (41.6)		
	非常亲密	99 (13.3)	303 (13.9)		
与同学关系	均值	55	53	13.360	0.000

注:*p<0.05, **p<0.01, ***p<0.001。

(二)儿童残疾家庭中儿童的在校表现、与老师和同学的关系弱于非残疾家庭儿童

表14对儿童残疾家庭与非残疾家庭儿童的学业状况进行对比分析。相比非残疾家庭,儿童残疾家庭中儿童的在学状态与学校类型并无显著差异,这应与我国推进残疾儿童的特殊和融合教育的努力有关。残疾儿

童家庭辅导作业的频率相比非残疾家庭没有显著差异，但儿童残疾家庭父母对孩子教育的期望、孩子自己的教育期望与非残疾家庭相比都存在显著差异，表现为对本科及以上阶段相对较低的教育期望。

表14　儿童残疾家庭与非残疾家庭儿童的学业状况对比分析

		儿童残疾家庭 N（%）	非残疾家庭 N（%）	χ^2/F	P
在学状态	小学	44（59.5）	1209（55.5）	1.012	0.908
	初中	26（35.1）	807（37.1）		
	高中	3（4.1）	128（5.9）		
	职高/技校/中专	1（1.4）	25（1.1）		
	大学及以上	0（0.0）	0（0.0）		
	未上学	0（0.0）	9（0.4）		
学校类型	普通学校	70（95.9）	1933（88.8）	3.642	0.056
	重点学校	3（4.1）	244（32.8）		
父母对孩子教育的期望	小学	1（1.4）	1（0.0）	55.530	0.000***
	初中	4（5.4）	19（0.9）		
	高中	9（12.2）	73（3.4）		
	大专	4（5.4）	62（2.9）		
	大学本科	44（59.5）	1158（53.3）		
	硕士	3（4.1）	156（7.2）		
	博士	9（12.2）	700（32.2）		
	不念书	0（0.0）	3（0.1）		
孩子的教育期望	小学	1（1.4）	9（0.4）	27.350	0.000***
	初中	7（9.7）	43（2.0）		
	高中	8（11.1）	201（9.3）		
	大专	5（6.9）	90（4.2）		
	大学本科	37（51.4）	1112（51.4）		
	硕士	2（2.8）	257（11.9）		
	博士	12（16.7）	448（20.7）		
	不念书	0（0.0）	5（0.2）		

第九章 "贫困+残疾"家庭儿童的身心发展

续表

		儿童残疾家庭 N（%）	非残疾家庭 N（%）	χ^2/F	P
辅导频率	天天 （每周5—7次）	27（48.2）	597（35.2）	6.933	0.139
	经常 （每周2—4次）	12（21.4）	646（38.0）		
	偶尔 （每周1次）	12（21.4）	335（19.7）		
	很少 （每月1次）	4（7.1）	97（5.7）		
	从不	1（1.8）	23（1.4）		

注：$*p<0.05$，$**p<0.01$，$***p<0.001$。

可能与这种较低的教育期望以及儿童自身残疾限制有关，由表15可见，儿童残疾家庭儿童的自评在校表现显著差于非残疾家庭儿童，与老师关系的亲密程度弱于非残疾家庭。与同学关系方面，依然用同伴关系量表考察，得分越高，与同学关系越差。结果显示，残疾儿童对自己与同学关系的反馈得分显著高于非残疾家庭儿童，残疾儿童与同学的关系相比非残疾家庭儿童要差。

表15 **儿童残疾家庭与非残疾家庭儿童的在校表现、与老师和同学的关系对比分析**

		儿童残疾家庭 N（%）	非残疾家庭 N（%）	χ^2/F	P
自评在校表现	非常好	13（17.8）	184（8.5）	41.104	0.000***
	比较好	16（21.9）	1032（47.4）		
	一般	35（47.9）	885（40.7）		
	比较差	5（6.8）	60（2.8）		
	非常差	4（5.5）	15（0.7）		
与老师关系	非常疏远	6（8.1）	30（1.4）	24.024	0.000***
	比较疏远	1（1.4）	79（3.6）		
	一般	31（41.9）	859（39.5）		

续表

		儿童残疾家庭 N（%）	非残疾家庭 N（%）	χ^2/F	P
与老师关系	比较亲密	23（31.1）	906（41.6）		
	非常亲密	13（17.6）	303（13.9）		
与同学关系	均值	60	53	16.350	0.000***

注：*p<0.05，**p<0.01，***p<0.001。

六 残疾和非残疾家庭儿童可获得社会支持的比较

（一）父母残疾家庭儿童与邻居的熟悉程度差于非残疾家庭儿童

表16对父母残疾家庭与非残疾家庭儿童与邻居熟悉程度进行对比分析。以与邻居的熟悉程度为测量指标，可见父母残疾家庭儿童与邻居的熟悉程度整体来说低于非残疾家庭。

表16 父母残疾家庭与非残疾家庭儿童与邻居熟悉程度对比分析

		父母残疾家庭 N（%）	非残疾家庭 N（%）	χ^2/F	P
与邻居熟悉程度	都不熟悉	41（5.5）	108（5.0）	11.200	0.011*
	大部分不熟悉	142（19.1）	331（15.2）		
	比较熟悉	335（45.1）	953（43.8）		
	都熟悉	225（30.3）	786（36.1）		

注：*p<0.05，**p<0.01，***p<0.001。

（二）儿童残疾家庭中儿童与邻居的熟悉程度与非残疾家庭儿童相比没有显著差异

表17是对儿童残疾家庭与非残疾家庭儿童与邻居熟悉程度进行对比分析，可见儿童残疾并未带来儿童与邻居熟悉程度的差异，将近80%的残疾儿童表示与邻居比较熟悉或都熟悉。

表17 儿童残疾家庭与非残疾家庭儿童与邻居熟悉程度对比分析

		儿童残疾家庭 N（%）	非残疾家庭 N（%）	χ2/F	P
与邻居熟悉程度	都不熟悉	7（9.5）	108（5.0）	3.984	0.263
	大部分不熟悉	10（13.5）	331（15.2）		
	比较熟悉	35（47.3）	953（43.8）		
	都熟悉	22（29.7）	786（36.1）		

注：*p<0.05，**p<0.01，***p<0.001。

七 残疾与非残疾家庭儿童身心发展结果指标的比较

鉴于残疾家庭与非残疾家庭在经济状况、家庭监护环境、学校保护因素、社区保护因素方面均表现出一定程度的差异性，儿童身心发展结果也可能存在差异。这里选取监护人对孩子健康的评价作为身体健康的测量指标，考察残疾家庭儿童与非残疾家庭儿童的身体发展差异。在心理发展指标方面，考虑到现有研究成果多显示残疾或经济困境等不利条件对儿童不同心理健康维度的影响存在异质性，这里选取三个不同维度的心理健康测量指标，包括1）自尊量表，考察儿童自尊水平，包含10个条目，分数越高，自尊水平越差，越倾向于负面的自我评价。2）焦虑抑郁量表，包含25个条目，总分越高，焦虑与抑郁程度越高。3）一个简化的Buss和Perry攻击性量表，包含4个条目，根据通常处理方式，转化为百分制，分数越高，攻击性越强。

（一）父母残疾家庭儿童的身心发展相比非残疾家庭儿童为差

表18对父母残疾家庭与非残疾家庭儿童的身心健康进行对比分析。可见父母残疾家庭儿童的身体健康显著差于非残疾家庭，超过50%父母残疾家庭的监护人认为儿童的身体健康处于一般及以下状况；心理健康方面，用自尊、焦虑抑郁、攻击性三个维度的指标来衡量，得分越高，心理健康状况越差，结果显示父母残疾家庭儿童的自尊水平显著差于非残疾家庭儿童，焦虑抑郁水平显著高于非残疾家庭儿童，在攻击性方面，二者没有显著差异。

表18　父母残疾家庭与非残疾家庭儿童的身心健康对比分析

		父母残疾家庭 N（%）	非残疾家庭 N（%）	χ^2/F	P
监护人对儿童的健康评价	非常差/非常差	44（5.9）	78（3.6）	40.2692	0.000***
	一般	337（45.2）	751（34.5）		
	很好/非常好	365（48.9）	1349（61.9）		
心理—自尊	平均得分	20	19	5.680	0.017*
心理—焦虑抑郁	平均得分	18	17	7.880	0.005**
心理—攻击性	平均得分	28	27	1.390	0.239

注：*$p<0.05$，**$p<0.01$，***$p<0.001$。

（二）儿童残疾家庭中儿童的身心发展相比非残疾家庭儿童为差

表19对儿童残疾家庭与非残疾家庭儿童的身心健康进行对比分析。身体健康方面，二者差异显著。近80%儿童残疾家庭的监护人认为儿童身体健康处于一般及以下状况，而超过90%非残疾家庭监护人认为家庭内儿童身体健康为一般及以上。心理健康方面，儿童残疾家庭中儿童的自尊水平显著差于非残疾家庭儿童。在焦虑抑郁、攻击性指标方面，暂未发现显著差异。

表19　儿童残疾家庭与非残疾家庭儿童的身心健康对比分析

		儿童残疾家庭 N（%）	非残疾家庭 N（%）	χ^2/F	P
监护人对儿童的健康评价	非常差/比较差	20（27.0）	78（3.6）	118.996	0.000***
	一般	38（51.4）	751（34.5）		
	很好/非常好	16（21.6）	1349（61.9）		
心理—自尊	平均得分	21	19	8.940	0.003**
心理—焦虑抑郁	平均得分	18	17	1.570	0.211
心理—攻击性	平均得分	24	27	1.580	0.208

注：*$p<0.05$，**$p<0.01$，***$p<0.001$。

第四节 "贫困+残疾"对儿童身心发展的回归分析

双变量分析表明，残疾家庭相比非残疾家庭更容易陷入贫困。残疾家庭儿童相比非残疾家庭儿童在家庭、学校、社区等环境中可能获得的保护与支持存在差异。并且，从儿童发展的结果指标来看，包括监护人对儿童身体健康的评价以及儿童的心理健康指标，残疾家庭儿童与非残疾家庭儿童也存在显著差异。这些差异是否与残疾抑或贫困直接相关？此前诸多研究表明，贫困与残疾可能对儿童成长的生态系统造成影响，继而影响儿童身心发展。那么在控制儿童成长可能从家庭、学校、社区获得的支持之后，贫困与残疾是否还与儿童身心健康直接相关？当贫困与残疾同时出现时，是否带来更加不利的儿童发展结果？为了回答这些问题，本部分结合贫困与残疾两个维度，将样本中的家庭进行分类。需要指出的是，鉴于残疾儿童数量相对较少，这里在进行回归分析时，不再区分残疾儿童家庭与父母残疾家庭，而是统一视为残疾家庭，父母与儿童均不残疾的家庭视为非残疾家庭。在此基础上，结合家庭经济状况的分类，总共分为六类家庭，包括非残疾普通家庭、非残疾边缘家庭，非残疾低保家庭、残疾普通家庭、残疾边缘家庭、残疾低保家庭。

一 身体健康回归分析

（一）变量基本情况

以监护人对儿童身体健康评价为因变量，分为一般及以下、很好/非常好两类。主要自变量为家庭类型、家庭养育条件，如父母教育水平、与父母的沟通频率为儿童提供营养食品（牛奶、水果）的频率。控制变量包括儿童的性别、年龄与户籍（表20）。

表 20　　　　　　　身体健康回归中主要变量说明

因变量	
监护人评价儿童身体健康	1—很好/非常好，0——般及以下
自变量	
家庭类型（以非残疾普通户为参照）	
家庭类型—残疾低保户	1—是，0—否
家庭类型—残疾边缘户	1—是，0—否
家庭类型—残疾普通户	1—是，0—否
家庭类型—非残疾低保户	1—是，0—否
家庭类型—非残疾边缘户	1—是，0—否
父亲教育水平	1—中专及以上，0—初中及以下
母亲教育水平	1—中专及以上，0—初中及以下
教养方式—与父亲沟通	1—经常/总是，0—从不/偶尔
教养方式—与母亲沟通	1—经常/总是，0—从不/偶尔
吃水果频率（以一周0次为参照）	
吃水果频率——周1—2次	1—是，0—否
吃水果频率——周4—5次及以上	1—是，0—否
喝牛奶频率（以一周0次为参照）	
喝牛奶频率——周1—2次	1—是，0—否
喝牛奶频率——周4—5次及以上	1—是，0—否
性别	1—男，0—女
年龄	数值
户籍	1—城市，0—农村

（二）身体健康回归结果

以监护人评价的身体健康为因变量，运用 logit 模型多次回归。第（1）次回归仅考虑家庭类型与儿童的一般社会人口特征变量（性别、年龄、户籍），第（2）次回归加入其他家庭养护环境变量。表中的值为优势比值（odds ratios），括号内的值为标准误（表21）。

第一次回归结果表明，家庭类型与监护人对儿童的身体健康评价显著相关。相比非残疾普通家庭，贫困与残疾家庭监护人对儿童身体

第九章 "贫困+残疾"家庭儿童的身心发展

健康评价为好的可能性明显降低。按照降低的程度由低到高依次为：非残疾边缘、非残疾低保、残疾边缘、残疾普通和残疾低保。也就是说，残疾低保家庭儿童的身体健康水平表现最差。第二次回归纳入家庭养育条件后，家庭类型依然显著，并且相对非残疾普通家庭，贫困和残疾家庭儿童的身体评价为好的可能性仍然较低。按照降低的程度由低到高排序依次为：非残疾边缘，非残疾低保，残疾边缘，残疾低保，残疾普通。这里出现了一个奇怪的结果，残疾普通家庭对儿童健康评价低的可能性最高，而非残疾低保家庭。但是结合本书第三部分关于残疾家庭经济状况分析，可知95%的残疾家庭为低保或边缘家庭，残疾普通家庭数量较低。鉴于样本量较少，这一结果还有待以后补充调研。如果将残疾普通家庭的结果暂且刨除在外，两次回归结果均表明，贫困家庭相比普通家庭对儿童健康评价为好的可能性较低，而残疾累加低保或边缘家庭时，对儿童身体健康评价为好的可能性更低。也就是说，贫困对儿童健康的负面影响在残疾家庭里的作用更加突出，或者说残疾会加剧贫困家庭的资源约束、不利于儿童健康。

虽然纳入家庭养育条件后，家庭类型与儿童健康的关系依然显著，但是其所对应优势比明显变大，表明贫困与残疾对儿童健康的影响部分可能经由家庭生态系统中介发挥。具体来看，父母的教育水平越高，对儿童身体健康评价为好的可能性越高，父母与儿童沟通越频繁，对儿童身体健康评价为好的可能性越高。父亲与母亲相比较来看，父亲教育水平相比母亲教育水平对儿童身体健康影响更显著，但母亲与儿童沟通的频率相比父亲沟通的频率更重要。儿童每周食用牛奶、水果频率越高，对儿童身体健康评价为好的可能性越高。

控制变量方面，可以发现，第一次回归中，城市户籍相比农村户籍，监护人对儿童身体健康评价为好的可能性稍高。但在第二次回归纳入家庭教养方式后，户籍不再显著，儿童年龄的作用变得显著，随着儿童年龄提高，对儿童身体健康评价为好的可能性提高。这提示家庭贫困、残疾等劣势因素对儿童身体健康的负面影响可能在儿童发育早期更加突出。

表 21　　　　　　　儿童身体健康影响因素回归分析

变量	(1) 身体健康	(2) 身体健康
残疾低保户	0.279 ***	0.419 ***
	(0.033)	(0.055)
残疾边缘户	0.296 ***	0.420 ***
	(0.050)	(0.076)
残疾普通户	0.284 ***	0.324 ***
	(0.101)	(0.118)
非残疾低保户	0.309 ***	0.433 ***
	(0.035)	(0.053)
非残疾边缘户	0.477 ***	0.567 ***
	(0.054)	(0.067)
性别	0.972	0.983
	(0.074)	(0.078)
年龄	1.016	1.032 **
	(0.015)	(0.016)
户籍	1.138 *	0.884
	(0.089)	(0.079)
父亲教育水平		1.497 ***
		(0.163)
母亲教育水平		1.205 *
		(0.134)
与父亲沟通		1.168 *
		(0.097)
与母亲沟通		1.221 **
		(0.111)
吃水果频率——周1—2次		1.165
		(0.146)

第九章 "贫困+残疾"家庭儿童的身心发展

续表

变量	(1)	(2)
	身体健康	
吃水果频率——一周4—5次及以上		1.500***
		(0.192)
喝牛奶频率——周1—2次		1.367***
		(0.143)
喝牛奶频率——一周4—5次及以上		1.458***
		(0.143)
常数	2.473***	0.785
	(0.498)	(0.195)
Observations	2,977	2,901

注：***$p<0.01$，**$p<0.05$，*$p<0.1$。

二 心理健康回归分析

（一）变量基本情况

第三部分的双变量分析表明残疾家庭儿童与非残疾家庭儿童在自尊水平、焦虑抑郁程度方面存在显著差异。这里以儿童自尊、焦虑抑郁为因变量分别进行多次回归分析，以考察贫困、残疾以及儿童所处生态系统与儿童心理健康水平的相关性。所涉及的主要变量如下表所示（表22）。仍然分为两次回归，第（1）次回归仅考虑家庭类型与儿童社会人口统计学变量，第（2）次回归加入家庭、学校和社区生态系统变量。

表22　　　　　　　　心理健康回归中主要变量说明

因变量	
心理—自尊	得分越高，自尊水平越差
心理—焦虑抑郁	得分越高，焦虑抑郁越严重
自变量	
家庭类型（以非残疾普通户为参照）	
家庭类型—残疾低保户	1—是，0—否
家庭类型—残疾边缘户	1—是，0—否
家庭类型—残疾普通户	1—是，0—否
家庭类型—非残疾低保户	1—是，0—否
家庭类型—非残疾边缘户	1—是，0—否
父亲教育水平	1—中专及以上，0—初中及以下
母亲教育水平	1—中专及以上，0—初中及以下
教养方式—与父亲沟通	1—经常/总是，0—从不/偶尔
教养方式—与母亲沟通	1—经常/总是，0—从不/偶尔
学校与社会因素—老师关系	1—比较/非常亲密，0——般及以下
学校与社会因素—与同学关系	得分越高，关系越差
学校与社会因素—与邻居关系	1—熟悉，0—不熟悉
性别	1—男，0—女
年龄	数值
户籍	1—城市，0—农村

（二）自尊水平回归结果

以自尊水平为因变量（得分越高，越倾向于负面自我评价，自尊水平越差）进行回归分析，结果如表23所示。第一次回归结果表明，所处家庭类型与儿童的自尊水平显著相关。相较于非残疾普通户家庭，残疾低保户、残疾边缘户、非残疾低保户、非残疾边缘户家庭儿童心理自尊水平更差，其中残疾低保户、非残疾低保户与非残疾普通户的差异最为明显。但是纳入家庭、学校和社区生态系统因素后发现，家庭类型与儿童自尊的关系不再显著。提示家庭类型或者说贫困与残疾对儿童自尊的影响，可能经由其所处生态系统间接发挥作用。

第九章 "贫困+残疾"家庭儿童的身心发展

具体来看,父母亲教育水平、父母与儿童沟通的频率、与老师关系、与同学关系等都对自尊有显著影响。父母教育水平,尤其是父亲教育水平越高,儿童自尊状况越好。与父亲、母亲尤其是与母亲沟通越频繁、儿童自尊水平越好;与老师关系越亲密,与同学关系越好,儿童自尊水平越好。控制变量方面,城市户籍儿童相较于农村户籍儿童,自尊状态更好。

表23 儿童心理自评健康影响因素回归分析

变量	(1) 自尊	(2) 自尊
残疾低保户	1.047***	0.020
	(0.221)	(0.199)
残疾边缘户	0.971***	0.136
	(0.330)	(0.286)
残疾普通户	0.585	-0.149
	(0.704)	(0.581)
非残疾低保户	1.067***	0.283
	(0.211)	(0.184)
非残疾边缘户	0.428**	0.163
	(0.209)	(0.175)
性别	-0.132	-0.192
	(0.147)	(0.123)
年龄	-0.011	-0.014
	(0.029)	(0.024)
户籍	-1.621***	-0.708***
	(0.150)	(0.140)
父亲教育水平		-0.383**
		(0.166)
母亲教育水平		-0.369**
		(0.171)

续表

变量	（1）	（2）
	\multicolumn{2}{c}{自尊}
父亲沟通		－0.416***
		（0.131）
母亲沟通		－0.458***
		（0.145）
与老师关系		－1.136***
		（0.130）
与邻居关系		－0.129
		（0.155）
与同学关系		0.133***
		（0.005）
常数	20.098***	14.559***
	（0.383）	（0.492）
Observations	2,977	2,901
R-squared	0.048	0.332
VIF	1.20	1.26

注：***$p<0.01$，**$p<0.05$，*$p<0.1$。

（三）焦虑抑郁回归结果

以焦虑抑郁状况为因变量（得分越高，焦虑抑郁程度越重）进行回归分析（表24）。结果表明，仅考虑家庭类型与儿童一般社会人口特征变量时，家庭类型对儿童焦虑抑郁情绪有显著影响，具体表现为残疾低保户与非残疾低保户家庭，相较于非残疾普通户，对儿童焦虑抑郁情绪有负面影响。但加入其他自变量后，家庭类型或说贫困与残疾与儿童焦虑抑郁状况的关系不再显著，提示贫困、残疾可能主要通过儿童所处生态系统发挥作用。具体来看，父母亲教育水平，尤其父亲教育水平越高，儿童焦虑抑郁得分越低，心理状况越好。与父亲沟通越频繁，焦虑抑郁得分越低，心理状况越好；与同学关系越差，焦

第九章 "贫困+残疾"家庭儿童的身心发展

虑抑郁得分越高,心理状况越差。与老师的关系以及与邻居的熟悉程度与儿童焦虑抑郁关系并不显著。控制变量方面,男孩相较于女孩,焦虑抑郁程度更低;城市相较于农村,焦虑抑郁程度更低;年龄越大,儿童焦虑抑郁程度越低。

表24　儿童心理负面情绪影响因素回归分析

变量	(1) 焦虑抑郁	(2) 焦虑抑郁
残疾低保户	0.767***	-0.043
	(0.240)	(0.225)
残疾边缘户	0.400	-0.327
	(0.358)	(0.322)
残疾普通户	0.914	0.294
	(0.764)	(0.655)
非残疾低保户	0.416*	-0.278
	(0.229)	(0.207)
非残疾边缘户	-0.003	-0.157
	(0.227)	(0.198)
性别	-0.514***	-0.545***
	(0.160)	(0.139)
年龄	-0.074**	-0.083***
	(0.031)	(0.027)
户籍	-1.203***	-0.391**
	(0.162)	(0.157)
父亲教育水平		-0.371**
		(0.187)
母亲教育水平		-0.349*
		(0.193)
父亲沟通		-0.278*
		(0.147)

续表

变量	(1)	(2)
	焦虑抑郁	
母亲沟通		0.004
		(0.164)
与老师关系		0.070
		(0.147)
与邻居关系		-0.222
		(0.175)
与同学关系		0.155***
		(0.006)
常数	19.299***	11.568***
	(0.415)	(0.555)
Observations	2,977	2,901
R-squared	0.026	0.272
VIF	1.20	1.26

注：***$p<0.01$，**$p<0.05$，*$p<0.1$。

第五节 主要结论与政策建议

一 研究结论

基于以上分析，可以对残疾、贫困以及儿童的身心发展得到以下主要结论：

第一，残疾与贫困高度相关。残疾家庭陷入贫困的比例大大高于非残疾家庭。本次调查的样本中，残疾家庭处于低保或边缘家庭状态的比例高达90%以上，而非残疾家庭处于低保或边缘家庭状态的比例约为65%。

第九章 "贫困+残疾"家庭儿童的身心发展

第二，残疾构成儿童发展过程中的风险因素。对残疾家庭儿童与非残疾家庭儿童的身心健康进行比较，可见残疾家庭儿童相比非残疾家庭儿童在身体健康方面评价较低，在自尊水平、焦虑抑郁等心理健康指标方面也表现较差。

第三，当残疾与贫困叠加时，对儿童身体和心理健康的影响存在差异性。首先，在身体健康方面，贫困家庭相比普通家庭对儿童健康评价为好的可能性降低，而当低保或边缘家庭累加残疾时，对儿童身体健康评价为好的可能性更低。也就是说，贫困对儿童健康的负面影响在残疾家庭里的作用更加突出，或者说残疾会加剧贫困家庭的资源约束、不利于儿童健康。并且在控制了家庭养育环境因素之后，贫困及残疾与儿童身体健康的直接作用依然显著。然而，在心理健康方面，贫困或残疾对儿童心理健康的直接影响均不显著，家庭、学校生态系统的作用突出，主要包括父母亲教育水平、父母与儿童沟通的频率、儿童与老师关系、与同学关系等。

二 政策建议

贫困和健康问题共同影响儿童一生的发展，带来社会不平等。贫困和残疾可能引致儿童身心发展的劣势，尤其在身体健康方面，在控制了家庭养育环境因素后，贫困和残疾依然与儿童身体健康表现出显著相关性。基于此，建议今后针对贫困儿童的福利政策应在以下方面进一步改进。

第一，贫困直接影响儿童的身体健康。家庭在提供儿童身体成长所必需的关爱、营养等物质条件方面至关重要，应继续重视针对贫困家庭的经济支持，提高儿童身体健康水平。此外，建议可参考其他国家经验，建立国家食品援助计划体系。针对贫困家庭建立普遍性的食品券计划，相比发放现金，食品券更能促进救助对象的营养和身体健康，并能给予救助对象一定选择权。此外，还应针对妇女儿童尤其是贫困孕妇、哺乳期妇女、婴幼儿特殊人群提供营养计划，包括提供营养食品和营养知识，这将有助于防止由于营养不良导致的贫困代际传递。①

第二，鉴于残疾家庭在贫困家庭中的较高比例，应在扶贫助贫政策制定中，更加关注针对残疾家庭的专门扶助措施。除了当前低保政策针对残疾人的优惠措施外，应根据残疾程度予以就业支持，对于有一定劳动能力的残疾人，应加大就业培训、职业介绍或创业辅导，增强家庭的造血能力。此外，残疾家庭的突出需求通常包括医疗和康复。② 应考虑与残联等相关部门合作，落实《残疾预防和残疾人康复条例》中关于为贫困残疾家庭、残疾儿童提供康复救助的要求。如为残疾父母提供康复补贴或定点康复服务，尽可能减弱残疾对于家庭生活的影响，优化儿童生长环境。考虑到儿童期对成年发展的意义和早期干预的重要性，特别要重视为残疾儿童提供康复支持。

第三，对于贫困家庭，除了低保等经济支持外，还应注意提供育儿知识技能培训、设计并提供亲子活动等服务来提高父母养育知识，增进亲子交流。良好的亲子关系比如父母与儿童沟通的频率，尤其是母亲与儿童沟通的频率有助于改善儿童身心发展状况。这方面干预服务的提供可借鉴国内外经验，在社区设立儿童福利主任岗位，专职负责社区困境家庭儿童的福利与服务干预。

第四，除了家庭之外，应在学校层面建立儿童心理健康干预机制。儿童所处学校环境对于削弱贫困残疾家庭对儿童心理发展的负面影响具有显著作用。良好的师生关系、同学关系对于提高贫困残疾家庭儿童自尊水平、减少其焦虑抑郁状态作用显著。可考虑在各级学校设立专门岗位吸纳专业社工或心理咨询师，为儿童建立良好师生关系、同伴关系提供咨询和协调，对出现心理健康问题的儿童及时干预

---

① 彭亚拉、唐晓纯、齐思媛、李莹星：《关于建立和完善我国国家食品援助计划的思考——基于我国贫困人口的营养现状以及美国等国家食品援助计划的启示》，《中国软科学》2014年第4期。
② 王大伟：《大城市残疾人社会救助现状与分析——以上海市为例》，《人口与发展》2010年第4期。

第九章 "贫困+残疾"家庭儿童的身心发展

或提供转介服务。

第五,提高儿童救助队伍的专业化、社会化程度。儿童和家庭服务、残疾儿童或残疾父母的康复服务的开展均需要专业人员支持。建议依托社区服务机构,加大基层儿童服务队伍建设,特别要注意增加社工、心理咨询师、康复师等专业人员招聘力度,提升专业化水平。此外,还可通过政府购买服务或岗位等多种形式,吸引社会服务组织进入儿童和家庭服务领域,弥补公立机构专业人才和服务的不足。

后 记

消除贫困是中国保障和改善民生、全面建成小康社会的重要任务。生活在困难家庭中的儿童面临着物质保障的不足和多维度的匮乏，是社会最弱势群体，也是最需要关爱保护的特殊群体。为进一步完善困难家庭儿童各项干预和福利保障政策，2018 年，民政部政策研究中心在"托底性民生保障政策支持系统建设"重大科研项目中专设儿童青少年调查专题，对城乡低保家庭、低保边缘家庭等贫困家中儿童进行了问卷调查，并联合中国人民大学劳动人事学院韩克庆教授研究团队对调查数据进行了分析开发。本书通过构建分析模型等方法，全面分析了困难家庭儿童的营养与健康、教育、认知、心理健康、社会关系等问题，对消除儿童贫困、促进儿童健康和改善儿童教育、认知提出了有针对性的干预策略和政策建议。

本书由王杰秀和韩克庆审定框架，韩克庆组织全书撰写。参与撰写人员分别为：第一章魏达、郑林如、樊丹迪；第二章王天宇、刘凯；第三章白晨；第四章成彦、刘宝臣；第五章赵晰；第六章郭瑜、张一文；第七章付媛媛；第八章王燊成、徐曼、杨晶晶；第九章李莹。江治强负责调查统筹工作，安超承担了调查协调联络工作，付长良、江治强、刘振杰、安超参与了报告框架拟定和修改讨论。韩克庆教授统稿，王杰秀对全书进行了修改审定。

在此，谨对参与本项研究的所有人员表示感谢！

编者
2020 年 9 月